増補改訂版
アダム・スミスの倫理学

『哲学論文集』・『道徳感情論』・『国富論』

・

田 中 正 司

カーコーディのアダム・スミス クローズ

御茶の水書房

カーコーディのミュージアム

カーコーディの海岸（A・S・クローズから北海に出たところ）

オックスフォード市街

ベリオル カレッジ（オックスフォード）

キャノンゲートの教会

キャノンゲートのアダム・スミスの墓

はしがき

「アダム・スミス研究は、近年ルネサンスを経験した」といわれる。その背景と動向は「序章」でみる通りであるが、スミスがアカデミズムの世界を超えて一般にも改めて注目されるようになったのは、ケインズ主義の行詰まりと社会主義の破綻と関係がある。欧米においては、一九七九年以降、レーガン主義やサッチャー主義に代表される自由市場論者が、スミスの名において無制約的なリバタリアン政策を遂行したのに対し、現代社会における国家の役割の不可欠性を重視する論者が、自由市場論はスミスの権威を借りて自分たちの主張を正当化する「にせスミス復興」であるとしてはげしく反発したことも、いずれが「本当のスミス」かをめぐって、スミスに対する関心を高める契機となったといえるであろう。

本書は、こうした問題に直接答えることを目的とするものではなく、スミスの真実の姿をより根源的な次元で探ることを通して、現代世界の動向に対するスミスのメッセージを読み取ろうとするものに他ならない。そうした真のスミスに迫る方策として私が本書で採用した方法が、『道徳感情論』を中心とするスミスのテキストの読解である。こうしたテキスト読解の必要は、二冊の著作以外の資料をほとんど残していないスミスの場合、とくに大きいといえるであろうが、読解に当っては、『道徳感情論』と『国富論』の各版の差異に注意し、とりわけ、『道徳感情論』の初版と第六版をそれぞれ独立に考察することにする。内外の研究で一般に行われているように、版の差異に言及はしても、版の差異のもつ意味に十分な注意を払わずに、総体としてのスミスを他の思想家と対比するだけの接近では、経済学の生誕を導いたスミス倫理学の本来の主題も、その後における彼の苦悩も〝発見〟しえないからである。

本書の基本的接近視角は以上の点にあるが、本書の主題と特色を一言に集約すれば、スミス学説を「自然の体系」思想に立脚するものとしてとらえる点にある。スミス理論の核心をいわゆる「自然的自由の体系」に求めることには誰にも異論はないであろうが、その根幹をなす自然の体系の意味・内実については原理的解明がほとんどなされていないのが実態である。ほとんどの研究者がスミスの自然概念を現代の眼で切り、スミスの真実とは異なるスミス解釈をしている場合が多いのも、右の事実と関係があるのではないかと考えられる。本書は、こうした現状に対処するため、『道徳感情論』のテキストの読解と思想史的文脈分析を手掛かりに、その理論的内容を詳しく検討することを通して、『道徳感情論』の経験的社会理論が一八世紀の神学的前提概念を背景にしたスミスに独自な「自然の体系」思想に立脚している次第を浮き彫りにすることにより、そこにスミス思想の経験性と超越性の併存の謎を解く鍵を見出すことを一つの中心的な主題としたものである。その上で、『国富論』の自然的自由の体系がその論理的帰結として展開された次第を論証したのち、『国富論』以降における現実認識の進展に伴って、本来の自然主義と矛盾する自然と理性のテンションに直面せざるをえなくなった次第を、『道徳感情論』初版と『国富論』と『道徳感情論』第六版の対比的考察を通して明らかにしようとしたものである。

本書は、「序章」で私の主題との関連を中心に最近におけるアダム・スミス復興の背景と動向を概観した上で、第一部で、『道徳感情論』初版の主題と構造をテキストの各パートごとの読解と文脈分析を通して明らかにしようとしたものである。読者はそこに人間の感情の徹底した心理分析を通して、倫理と法の原理を明らかにしようとしたこの書物の斬新性と独自性を認識するとともに、その隠された中心主題がプーフェンドルフ＝ハチスン的な自然法学に代わるより経験的な自然法学の構築のための方法叙説の展開にあり、のちの『国富論』における経済学の生誕につながる論理と現状批判の芽が宿されている次第を知ることであろう。

第二・第三部は、『道徳感情論』の自然概念をベースに、その論理的帰結として展開された『国富論』の自然的自由のシステムと、それを根幹とする『国富論』の倫理観と国家観を検討した上で、『国富論』第三版改訂に象徴される現実認識の深化に伴って改めて自覚するに至った「道徳感情の腐敗」の問題に対処するために苦闘した『道徳感情論』第六版改訂の意図と主題を第六版増補分のテキストの読解を通して解き明かしたものである。読者は、そこに『道徳感情論』初版⇩『国富論』（初版）と、『国富論』第三版⇩『道徳感情論』第六版の絶妙な逆転的対応関係を見出すことであろうが、いかに逆転的であろうと、それが発生史的に考察するときに知られるスミスの真実であるとともに、この動態—その緊張を正しく読み取ることのうちにこそ、歴史が現代に語る真のメッセージがある次第を了解されることであろう。

アダム・スミス研究は一九七六年の『国富論』刊行二〇〇年記念祭を契機に活発化し、アダム・スミス ルネッサンスと呼ばれる活況を呈したが、今世紀には世紀の代り目に形成された「アダム・スミス学会」を中核として、より内在的・本格的に研究が進みつつあるといえるであろう。こうした学会の動向とは別に、専攻の枠を超える一般の読書人の間にもアダム・スミスに対する、とりわけスミスの倫理学についての関心が高まっているということが、より以上に注目される。こうした動向の背景としては、今日の世界経済の低迷や、地球環境危機の深刻化、高度文明社会の現状に対する漠然たる不安の感情などがあげられるであろう。

古典的文明社会への郷愁や経済学の原点回帰思想などが生まれる基盤はそこにあると考えられるが、その対象がなぜアダム・スミスなのか。その最大の理由は、スミス理論の Aktualität（現代性・現実性）にあるのではないかと考えられる。現代性といっても、何が、どこがそうかは人によって受け止め方が違うので一概に言えないことは言うまでもないが、ケインズ主義の需要刺激政策が完全に行き詰まって破綻した現在、一貫して供給サイドの経済理論を展開し、自然の原理に立脚した人間社会像と経済構造論を構築したスミス理論の奥深さ、人間洞察の見事さが、人々をスミスに引き付ける要因をなしているといえるであろう。

本書は、一九九七年に本書と同じ題名で刊行された書物を母体にしているが、今回の新著の刊行に際しては一部改稿したうえ、「『哲学論文集』と『道徳感情論』」と題する新章を付加し、スミスの初期の哲学論文の解析を通して、『道徳感情論』の解釈に新しい光を与えることを意図したものである。『哲学論文集』に収録された「天文学史」から始まる哲学三論文は、『道徳感情論』と『国富論』の主題と認識方法を予告するものであったが、三論文とは別の時期に執筆された「外部感覚論」は、『道徳感情論』が、他者を認識の対象化していたそれまでの哲学と違って人格主体相互間のコミュニケーション原理論として成立する最大の契機をなすものであった次第を明らかにするものであったのである。

なお、今回の再刊は、初版で採用した上・下巻分冊方式ではなく、上・下巻を一冊に合本することにしたものである。「自然的自由のシステム」の貫徹を保障するための観察者概念の変容などに象徴されるスミス理論の動態に迫るには、上・下巻相当分を一体的に捉える要があり、そのためには合本の方が良いといえるであろう。

本書は、こうしたスミス理論の動態に迫るため、一七四〇年代後半に執筆されたと思われる初期草稿から一七九〇年に至るまでの五〇年近いスミスの思想形成・展開・変質の歴史をたどることになったが、スミスの直面したジレンマは現代の人類の苦悩と重なる面が多いのではないであろうか。

今回の書物の出版に際しても御茶の水書房社長橋本盛作氏に格別のご尽力をいただいた。編集・校正の労をお取りいただいた同社編集部のスタッフの方々にも厚く御礼申し上げる次第です。

二〇一七年八月

田中正司

凡例

アダム・スミスの著書、講義ノート、書簡類からの引用は、原則としてグラスゴウ全集版（*The Glasgow Edition of the Works and Correspondence of Adam Smith*, Oxford at the Clarendon Press, 1976-83）による。引用ページ表示は、本文中の引用文のあとに、原書の略符号と全集版の部・編・章・節符号を表記し、そのあとに邦訳者の略符号を付した邦訳のページ数を付記する。

ただし、『道徳感情論』の場合、上記全集版の依拠する第六版と第一―二版とでは、部・編・章・節の構成と表記が異なるので、本文中の部・編・章の表記は、原則として初版のそれを使用し、第六版その他による場合はその旨明記する。また『道徳感情論』は、第三部その他で第一―二版と全集版（第六版）とでは内容が大きく異なっている場合が多いので、全集版と異なる第一―二版の論理が問題になる箇所では、*The Theory of Moral Sentiments* by Adam Smith, London 1759, & 2nd ed., London 1761, Rinsen Rep. 1992 の版数とページ数を表記する。そのほか、全集版以外のテキストを使用する場合には、その都度注記する。

テキストの略符号、ならびに、ページ数を表記する邦訳名とその略符号は、次の通りである。『道徳感情論』の略符号は、TMS. 邦訳は、水田洋訳『道徳感情論』（筑摩書房）＝M符号。『国富論』は、WN. 大河内一男監訳『国富論』（中公文庫）全三巻＝O符号。『法学講義』Aノートは、LJA. Bノートは、LJB.『哲学論文集』は、EPS. 水田洋ほか訳『哲学論文集』（名古屋大学出版会）＝M符号。『修辞学・文学講義』は、LRBL. 宇山直亮訳『修辞学・文学講義』（未来社）＝U符号。『国富論草稿』は、ED.『アダム・スミスの書簡』は、Correspondence.

以上の原則に基づく引用ページ表記を例示すれば、『道徳感情論』第二部第二編第三章第一節からの引用は、TMS, II.ii.3.

I,M.134 と表示される。『国富論』の第五編第一章第三節第二項第五〇節からの引用の場合は、WN, V. i. f. 50, O. iii. 143-4 となる。ただし、訳文は邦訳どおりでない場合が多いので、邦訳のページ表示は、テキストの該当個所案内にとどまる。

スミスに関する研究文献で、*Adam Smith Critical Assessments,* Vol. I-IV, ed. by J. C. Wood, London & Canberra 1983-4, Second Series, Vol. V-VII, London & N.Y. 1994. 所収の論文を利用した場合には、引用論文の著者名―表題のあとに、当該文献所収の上記論集の巻号とページ数を ASCA, V. 153 という風に表記する。

アダム・スミスの倫理学

目　次

目次

第三部　商業社会の道徳的再建論の展開
――『道徳感情論』第六版改訂の意図と問題点――

アダム・スミスの倫理学

——『哲学論文集』・『道徳感情論』・『国富論』——

序章　アダム・スミス復興の背景と動向

一　アダム・スミス復興とその背景

(1)　これまでの研究史鳥瞰

『国富論』の著者アダム・スミスは、二〇〇年以上にわたって繰り返し参照されてきた唯一の経済学者である。「経済学ではこれまでアダム・スミスの『国富論』ほど、その記念日に注目を浴びてきた著作は他にない(1)」ことも、これまでの研究史の示す通りである。「過去二〇〇年以上にわたる経済学の歴史は、アダム・スミスに対する脚注の続き《シリーズ》として適切に特色付けうる(2)」というローゼンベルグの賛辞は、こうしたスミスの経済学史上の独自な位置を端的に表現したものといえよう。しかし、スミスも、つねに同じように評価されてきた訳ではない。研究も流行《ファッション》や前提概念《プリコンセプション》に影響されるのは、スミスの場合も例外ではない。というより、今日までのスミス解釈史は、ブラックその他の指摘するように、「それぞれの時代の特定の前提概念《プリコンセプション》と知的方向性《オリエンテーション》を反映した干満の年代記として特色付けられる(3)」であろう。

スミスの処女作『道徳感情論』と同様、彼の主著『国富論』も、刊行直後から大きな反響を呼び起したが、その後の経済学の急速な進歩、とりわけ、リカードゥによる経済学の純化・抽象理論化の下で次第に影響力を失い、たんなるパトロン視されるようになっていったのであった。経済学をその歴史的・哲学的・道徳的夾雑物から純粋化して、厳密な探求の主題とすることによって、経済学を完成に導いたのは、スミスではなく、リカードゥであると考えられるようになったのである。「『国富論』は、多くの面で陳腐で、すべての点で不完全である。固有の意味での経済学は、アダム・スミスの時代以降にほとんど揺籃期から成長してきたのである[4]」というミルの『経済学原理』の「前書き」の言葉は、こうした時代の空気を象徴したものといえよう。一八七六年にロンドンの政治経済学クラブでグラッドストンが司会して開かれた『国富論』刊行一〇〇年記念の祝宴でも、祝辞の大部分は「『国富論』の方法と意義に関する対立主張と反対解釈から成っていた[5]」といわれる。

スミスの理論命題そのものも、こうした研究動向に対応して、新古典派によって第一編の原理論中心に静態均衡理論化され、以後、自由放任と市場の自動調節機構論の父、ワルラスの先駆者というスミス像が定着することとなったのであった。その帰結ないし表現が、一九世紀以後顕著になった新古典派の方法論的個人主義に立脚する機能合理主義的スミス解釈である。スミスを第一編の静態均衡理論中心に、自由放任資本主義のチャンピオンとみるマカロックやマンチェスター学派のスミス像は、こうしたスミス理解を最も通俗的に表現したものといえよう。その間、オンケンやハスバッハらのドイツの研究者たちは、こうした趨勢とは逆に、『道徳感情論』と『国富論』との一貫性をめぐって生まれたいわゆる「アダム・スミス問題」(Das Adam Smith Problem)を機縁に、いち早くこうした機能合理主義的スミス解釈とは本質的に異なるスミス像を提出していたし、一八九〇年代には、キャナン(グラスゴウ講義)、ボナー(蔵書目録)、レー(スミス伝)によって、今日に至るまでスミスに関する知識の基礎をなす文献が刊行されたが、キャナンも一九〇四年の『国富論』のキャナン版の「序文」では、まだキャンベルやスキナー、ウェスト、レクテンヴァルドらが一様に指摘しているように、第一編の静態均衡モデル中心にスミスをみていたといえるであろう。[6]シカゴで開催された一五〇年祭（1926）では、ヴァイナーその他がこうした新古典派的解釈とは異なる制度派的なスミス像を提出していたし、[7]今日のアダム・スミス復興の基礎を築く理論を展開したモローやスコットの研究が出たのもその前後のことであるが、[8]二〇世紀前半までのスミス研究は、一九世紀のそれと同様それほど活発であるとはいえないままに終っていたのであった。その最大の原因は、経済学のリカードゥ的純粋化の帰結として、スミスの歴史性や道徳哲学が軽視され、彼の著作のマルチ性が嫌われた点にあったといえよう。経済学は、一九世紀以降、機能合理性だけを追求するようになったため、機能合理性以上に価値合理性の解明を主題としたスミスの思想のもつ意義を正当に評価することができなかったのである。[9]

しかし、一九二六年までのスミス解釈は、スミス学説そのものに対する「基本的不信や挑戦」ではなかった点ではまだ「嵐の前の小康状態[10]」にあったのである。ケインズの『一般理論』（1936）の登場と「自由放任の終焉」宣言は、自由放任資本主義に対するマルクスの批判と相俟って、グラスゴウ大学における『国富論』二〇〇年コンファランスにおけるジョージ・スティグラーの式辞を借りていえば、以後「三〇年間に及ぶイデオロギー的パージ状態[11]」を生み出すことになったのであった。スミスは偉大な折衷主義者にすぎず、「『国富論』には真に新しい観念は何も含まれていない[12]」としたシュンペーターの酷評は、こうした空気に追い討ちをかけるものであったといえよう。

(2)　アダム・スミス復興の背景

日本の市民社会論的スミス研究が一時先進性をもちえたのは、こうした欧米の研究動向とは逆に、スミスを総体として問題にしていたためであるが、欧米でも一九六〇年代から、マクフィー、キャンベル、リンドグレンらを中心に、『道徳感情論』や『哲学論文集』などを基底にしたスミスの総体的解釈が活発化し、それまでのスミス評価を根底から一変させることになったのであった。その成果が一九七〇年代における『国富論』刊行二〇〇年記念事業を契機に一挙に爆発したのが、その頃から使われはじめた「アダム・スミス・ルネサンス」の発端である(13)。

グラスゴウその他の世界各地で開催された二〇〇年記念行事におけるスミスの学派を超えた普遍的な人気のほどは、ボールディングやサミュエルスンその他の大家たちが一様に最大級の賛辞を呈していたことからも窺い知られるが、学派を超えた普遍的な人気の秘密は、一五〇年祭までの動向とは逆に、歴史・倫理・経済・政治にわたる人間の社会生活のあるゆる側面を包含するスミスの多面性・全体性と人間性に求められる。そうしたスミスの道徳哲学体系の根幹をなす方法論の研究の結果、スミスの方法の一貫性もはっきりと承認されるようになり、折衷主義者スミス像も消滅したが、こうしたアダム・スミス復興《ルネサンス》の動向をより客観的に示しているのが研究文献数である。

その一つの目安として『アダム・スミス論評』(14)に収録された論文の点数をあげれば、一九二〇年代には七点、三〇年代は一〇点、四〇年代は五点、五〇年代は一四点、六〇年代は二七点だったのが、七〇年代には八一点（うち、七六年は三二点、七七年は一六点）に達している。純粋研究書も、一九七〇年から八〇年代前半までの間に、スミスの著作のグラスゴウ版全集（'76―'83）とその付属の論文集や(15)、前記のキャンベル（'71）とリンドグレン（'73）の他に、ホランダー（'73）、ウィンチ（'78）、スキナー（'79）、ホーコンセン（'81）など、戦後のスミス研究の代表的文献は、クロプシー（'57）とマクフィー（'67）を除いて、すべてこの時期に刊行されており、伝記や論文集などを含めると一八点以上になる。

二〇〇年記念の熱気が一段落した一九八〇年代後半以降も、スコットランド啓蒙研究に幻惑されてかつての精気を失った日本の動向とは逆に、引き続き活発で、九〇年以降新たな活況をみせつつある。その一つの目安に前出の『論評』の点数をあげれば、一九八〇年代には五八点、以後九二年までで二〇点に達している。研究論文は、その後も毎年、数点以上、年によっては十数点に及ぶ業績が発表されており、一九九六年にも、スミスに関する一四編の論稿から成る特集を組んだ雑誌が刊行されたりしている。[16] 研究書も、タイヒグレーバー（'86）、モリス・ブラウン（'88）、パック（'91）、ヴェアヘーン（'91）、ミュラー（'93）、ミノヴィッツ（'93）、ヴィヴィエンヌ・ブラウン（'94）、フィッツギボンズ（'95）など、八〇年代前半までの論考とはいささかちがった、重量感には欠けるがクールで精密なスタイルの著作が、論文集を含めると二〇点以上出版されている。この点数自体は、ロックやヒューム研究その他の哲学や政治学にわたる文献に比して決して多いとはいえないが、一八世紀の経済学者の中では群をぬいており、一九六〇年代までのスミス研究と対比すると、スミスに対する関心の高まりが感じられる。

一九九六年に刊行された雑誌のスミス特集号の巻頭論文の言葉を借りていえば、「一九七〇年代後半以来、われわれはスミスの思想体系全般に関する研究の前例のないブームを経験している」[17] のであるが、こうしたスミス復興の背景としては、第一に、一九世紀的専門化視点や純粋科学的分析ではとらえきれない現代社会の多様な動向の中で、スミスの総体性、総合性が改めて注目・再評価されるようになった点があげられる。[18]「リカードゥとシーニアからはじまる後継数世代によって遂行されたほぼ二世紀にわたる集中化と専門化は、……かなりの部分、社会・政治環境の安定性の仮定に依存していた」。それが孤立化的研究と古典・新古典派経済学の発展を可能にしていたのが、そうした安定した社会的枠組とそれが許す専門化が不確かになるにつれて、スミスの多面的学際的な思想がかつてのように陳腐な非実際的なものとしてではなく、逆に積極的に受け入れられるようになったのである。[19] 新古典派のアトム的・合理主義的・非歴史的・機械論的方法とスミスの歴史的・経験的方法との差異が強調されるとともに、スミスの意義が機能合理性よりも価値合理性を問題にしていた点に求められるようになった所以もそこにある。[20] スミス復興は、経済学の危機＝新古典派的通説に対するダウトを契機に、新古典派の方法的個人主義とは異なる視角からスミスを総合的にとらえ直す動きが一つの契機になっていたのである。

スミス復興の第二の背景としては、三〇年間にわたるイデオロギー的パージの執行人であったケインズ主義の行詰まりと社会主義の破綻があげられる。それらは、かつて批判の対象であった見えない手と市場の論理の真理性を改めて確証し、「市場の失敗」以上に「国家の失敗」を意味するものであったからである。「〝自然的自由〟の体系の有効性に関するスミスの快活な楽観主義は、規制緩和と自由貿易とペレストロイカの今日、全く新しい響きをもっている」[21] といわれる理由はそこにある。スミスはすでに死んだといわれていたのが再び復活する基盤を社会的にも与えられた訳であるが、スミス研究の動向自体も、こうした時代動向に対応して、一九七〇年代から八〇年代前半までのそれと、その後の、とりわけ、社会主義の破綻以降のそれとの間には微妙なムードの変化がみられるので、スミス復興の動向を二期に分けて考察することにしよう。

二　アダム・スミス復興の動向

(1)　第一期の研究の特色

一九七〇年前後から八〇年代前半までの第一期の研究動向の第一の特色は、詳細な相互参照《クロスレファレンス》を付したグラスゴウ全集版の完結に伴う『道徳感情論』と『国富論』、それらと『法学講義』、さらには『哲学論文集』や『修辞学・文学講義』をも含めたスミスの諸著作の総合解釈とスミス思想の総体把握がスミス研究の常識化しはじめた点にある。「スミスの作品を包括的に、総合的全体としてみ、『国富論』と『道徳感情論』を補完的なものとして扱い、……スミスの経済理論を彼の包括的な社会と歴史に関する見解の光に照らして分析する」のが「二〇〇年祭文献の新しい潮流となり」[22]、『国富論』自体も、第三―五編中心に読まれるようになったのも、こうした動向の必然的帰結であったといえよう。その結果、モローやマクフィーがいち早く指摘していたスミスと新古典派との差異が改めて確証されるとともに、自由放任と市場の自動調節機構の父としての単純なスミス像が破棄されることになったのであった。

第二の特色は、こうしたスミス自体の総合解釈に伴って、逆にスミスがスコットランド啓蒙の思想史の中で相対化されるようになった点にある。その最初の最大の成果が『富と徳』[23]である。スミスの主題は、たんなる富の増大ではなく、当時のスコットランドが当面していた富裕と徳性との矛盾・二律背反の解決にあったとの視点から、シヴィク・ヒューマニズム対自然法学の思想系譜の中で、スミスにおける経済学の生誕が語られるようになった。その過程で、スミスを自由市場経済学の代名詞とみる見解は影をひそめ、逆に、商業社会の陰をも見据えたより懐疑的・政治的なスミス像が提出されることになった。その典型が、道徳哲学や経済学よりも正義論を根幹にスミスの政治学的側面や立法者論的性格を強調するウィンチ（'78）やホーコンセン（'81）に代表される政治学的なスミス解釈である。戦後のスミス研究に一時期を画したこうした政治思想史的解釈には、Q・スキナーの方法論とポーコックの影響が色濃く影を落としているといえよう[24]。

スミス復興の第三の特色としては、制度的・法的枠組への注目があげられる。それには『法学講義』「Aノート」の公刊と、ヴェブレン、ミッチェル以来の制度学派の影響が考えられるが、制度派の研究者は、スミスと制度学派との親近性を強調し、N・ローゼンベルグがいち早く指摘していたように、スミスが「市場を有効に機能させるための適切な制度の分析」を重視していた次第を明らかにしたのであった。[25]「スミスの主要関心は、厳密で論理的に首尾一貫した価値理論の定式化にではなく、その代りに、経済成長過程の不可欠の部分としての」「市場の最適機能遂行に必要な自然条件……の探求にあった[26]」という彼らの見解は、スミスが市場の制度的枠組の研究を経済学の本来の主題と考えていた次第を明確にしたものといえよう。「周期的に起こる多人格的な状況における諸個人の活動を支配する行動規則（ないし行動パターン）」としての「制度の自然発生的出現の問題が、『道徳感情論』でスミスがのべていた主要問題であった[27]」というエルスナーの最近の見解も、こうした制度の問題を『感情論』レヴェルにまで深めたものとして注目される。「『道徳感情論』は、何よりも、社会制度がどのようにして情念を誘導し、他人に関心をもち、他人の権利を尊重することのできる人間を形成するかの説明である[28]」というミュラーの見解も、この系譜につながるものといえよう。この両者の業績は厳密には第一期に属するものではないが、こうしたスミス理論の制度論的研究の進展は、経済学者自身による重商主義や市場論の再評価の動きを強めることになったのであった。そうした動向は、グラスゴウ大学における二〇〇年記念討論の成果を収録した『市場と国家[29]』にも反映されているが、こうしたスミス理論の政治学的・制度論的側面への関心の時代的背景としては、ケインズ的自由放任批判に対応する二〇世紀の時代動向の下で、国家の役割が不可欠になってきた事情が考えられる。『国富論』第五編の国家論への注目も、こうした時代の先入見を反映したものであるが、こうした視角は一九七〇年代になってはじめて登場したものではない。ヴァイナーは、一五〇年講演ですでにいち早くスミスの自然調和論を修正・限定し、スミスが消極的国家観をとっていたのは当時の政府の無能・腐敗のためであるとしていたが[30]、一九七〇年以後の諸論稿でも、このヴァイナー説を継承する形で国家権力と重商主義に対するスミスの批判の根拠を当時の政府が極度に非能率で腐敗していた点に求め、スミスの反政府性は、原理の問題ではなく、国家介入の失敗と濫用をみていたためであるとする論調が一つの潮流になっている。[31] 疎外論や教育論が戦後のスミス研究の一つの焦点となった背景の一つもそこにあるといえよう。

スミス復興の第四の動向としては、モローやマクフィー以来の『道徳感情論』ベースの『国富論』研究の進展に伴って、『国富論』の倫理性と福祉論的性格を強調する論稿が数多く登場するようになった点があげられる。こうした『国富論』の倫理的解釈の背景としては、経済活動の倫理性が問われるようになった時代動向の中で、経済学の倫理的基礎の解明を中心主題にしていたスミスへの関心の高まりが考えられる。しかし、この潮流も、こうした外的要因にのみ基づくものではない。『『国富論』は、『道徳感情論』の中に暗黙に含まれている哲学のたんなる特殊のケース―経済ケースにすぎず』、「経済人もまた社会的同感と事情に通じた観察者の公平な裁定の支配下にある」[32]としたマクフィーのアダム・スミス問題不在説が、内在的契機をなすものであった。これらの論者がほぼ一様にマクフィーに言及しているのがその何よりの証左であるが、こうした『国富論』の倫理的解釈の代表例としては、①スミスの同感論は、「福祉国家論に対してだけでなく、消費者主権にも確固たる基礎を提供しうる」[33]とするウィルスンの見解や、②政府の公共サービス機能に注目し、観察者原理に立脚する『感情論』の論理と『国富論』を根拠に、国家による再配分の規範的・積極的側面を考察したマスグレーヴの論稿や[34]、③スミスは、下層民の福祉を積極的に認めており、彼が自然的秩序の摂理性を確信していたのは『感情論』だけで、『国富論』では欠陥是正のための国家機能を認めていたとするリムリンガーの解釈[35]などが、あげられる。その他に、④福祉は観察者が是認する感情で、スミスは分配の平等をそうした視点から要請していたとするジーや[36]、⑤『国富論』は正義論を根幹とする「公正経済」(just economy)論であるというビレットの見解[37]、さらには、⑥『国富論』は配分的正義論であり、スミスは効率《エフィシエンシー》基準だけでなく衡平《エクイティ》をも考えており、福祉・規範視点をもっていたとするブキャナンの論稿なども[38]、⑦『国富論』のシヴィク的解釈の系譜としてのフィリップスン（や最近ではドワイヤー）などとともに[39]、同様な視角から展開されたこの時期における倫理的解釈の系譜に含めることができるであろう。

以上のようなアダム・スミス復興の潮流の中で、改めて活発化してきたスミス自身の著作をめぐる個別主題の研究動向としては、戦後発見された「Aノート」を根幹とする『法学講義』研究と、「天文学史」を中心にしたスミスの科学論・学問方法論や、『修辞学・文学講義』を手掛りにするレトリック論や言語論の研究の活発化と、分業論と疎外論研究の進展、スミスの人間論や『感情論』の中核をなす「道徳心理学《モラル・サイコロジー》」への着目などがあげられる。

(2) 第二期の動向と問題点

一九八〇年代前半までのスミス研究の動向を以上のように概括できるとすれば、八〇年代後半以降、とりわけ、一九九〇年以降のスミス復興の第二期の主要な動向としては、第一に、スミスに対する関心のより多面化があげられる。その一つの例証が前出の『アダム・スミス論評』第二集である。そこには第一集に比して、スミス研究の層の拡がりがみられる。たとえば、社会心理学者たちがスミスの共感的相互作用論に大きく注目し関心をもつなど、経済学研究者はもとより、経済学の枠を超えた多分野の研究者が、それぞれの観点からスミスに論及し、現代の問題につながる何かをスミスから学ぼうとする姿勢が色濃く感じられる。それだけに散漫な、思いつき的研究も数多く見受けられるが、他面、専門研究書では、精巧なガラス細工のようなよりクールな形の研究の精密化も進んでいる。

スミス復興の第二期の研究の第二の特色としては、前述のような第一期以来の倫理的解釈が一段と活発化している点があげられるが、一九八〇年代後半以降における『国富論』の倫理性強調の一つの背景としては、七〇年代末以降、ケインズに代って登場した新自由主義者たちが、アダム・スミスの名においてスミスとは必ずしも同じでないレーガン主義的自由化政策を唱導し、それがさまざまな問題を生み出したことに対する批判ないし反撥があると考えられる。

最近の研究が、「スミスの古典的自由主義のヴィジョンの基礎は倫理学にあり」、「スミスがこの倫理的基礎の上に自らの古典自由主義的市場分析を設定していた(40)」次第を改めて強調している一つの背景はそこにある。スミスの資本主義観を「モラル・システム」としてとらえ、「自由競争経済に対するスミスの批判」的視点を強調したパック(41)や、スミスは道徳的行動と正義の強制が完全競争市場の本質的前提条件であると主張していたとするヴェアヘーン(42)の書物は、レーガン、ハイエク的な自由市場論者を正面から攻撃したリューベイズの論稿(43)などとともに、こうした八〇年代における新自由主義の台頭に対する批判的視点を最も端的に表現したものといえよう。

第三の動向は、こうした潮流とは逆に、一九八九年以降に表面化した社会主義の破綻を契機に顕在化してきたより新しい傾向であるが、七〇年代以降のスミス研究に最も大きな影響を与えたマクフィーとウィンチやホーコンセンに代表される『国富論』の倫理学偏向的解釈と政治学的・国家論中心的解釈に対する全面批判と、それに伴うより自由主義的・経済学的スミス像の復活がみられる点である(44)。これは、第一期の研究動向とその内実に対する理論的批判である以上に、「市場経済の神話」の復活に伴う、ヴァイナー以来の二〇世紀イデオロギー的スミス解釈に対する反動であるとも考えられるが、一九八〇年代中葉以降におけるスミス研究のもう一つの新しい動向としては、神学的関心の高まりがみられる。

こうした神学的関心（見えない手）と自由主義的スミス像（自然的自由論）とが、最近の研究動向の中で、期せずして改めてクローズアップされてきたことが共通の問題意識に基づくものであったといえるかどうかは疑問であるが、この両者は論理的には無関係ではないので、次に、第二期における『国富論』の倫理的解釈の動向を大きく概観した上で、それに対する最近の批判的解釈の潮流を見えない手解釈の動向とからめて検討することを通して、第一期以来のアダム・スミス復興の問題点を整理することにしよう。

第一に、一九七〇年代以降、前述のような形で顕在化してきた『国富論』の倫理的解釈は、一九八〇年代後半以降も引続き活発に展開されている。前述のパックとヴェアヘーンや、『国富論』はストア的徳性観によって自由主義を基礎付ける社会改革計画の一部であるとする最近のフィッツギボンズの著作など[45]も、この潮流に属することは明らかであるが、最近の数編の研究論文は、『国富論』の主題が、いわゆる商業⇩自由論の展開による封建的依存・隷従に代る市民の自由・独立・道徳性の確立にあったとの視点から、『国富論』の課題の倫理性を強調している。たとえば、メリルは、「商業の精神による社会の上流・下層階層の道徳的刷新」が『国富論』の主題であったとして、スミスが商業社会の解放性を認めていた次第を強調し、「スミスは、重商主義の理論と、それが作り出した制限と、それから利益を受ける人々を攻撃することで、富裕の進歩を助けるだけでなく、商人たちを商業的徳の領域に引き入れることによって、イングランドの道徳的再生をも援助しようとしていたのである[46]」としている。ローゼンベルグも、商業社会の道徳性の検証を通して、スミスが商業を封建的腐敗の解毒剤としていた次第を強調している[47]。パールマンも、同じような商業⇩自由の視点から、スミスの生産的・非生産的労働論や高賃金論などが人間の生活そのもの、その道徳性を問うものであった次第を明らかにしている[48]。スミスはたんなる経済成長論者ではなく、成長の目的を商業化による文明の実現、文明社会における人間の尊厳《ディグニティ》ないし徳性の現実化に求めていたのであり、第二編の蓄積論の主題も商業文明論であるというプラッシュの論稿も[49]、同じ商業⇩文明化論の文脈に属するものに他ならないといえよう。

こうした形の『国富論』の倫理的解釈とならんで、自然価格論その他のスミスの経済理論そのものの配分的正義性を強調する論稿も引き続きみられる。スミスの自然価格論や価値（真実価格）論の配分的正義性・公正価格性を強調するジョンソンやヤングの議論は[50]、前記のビレットや、「スミスには〝効率《エフィシエンシー》〟と〝衡平《エクイティ》〟との使い分け《トレードオフ》はない[51]」というブキャナンの見解と系譜を同じくするが、『国富論』にも配分的正義視点が貫徹しているとみるこれらの議論は、

『国富論』における経済学と正義論との関係についての解釈の変化を感じさせる。『国富論』には、多くの経済学者のいうような最適配分論とか効率論などはどこにもなく、スミスの主題は重商主義が商人や製造業者の利益のために営業の自由を制限する点で正義に反する次第の論証にあったというフィッツギボンズの主張は[52]、こうした視点をより端的に表現したものに他ならないが、こうした見解はこれまでの解釈に変更を迫るものといえよう。

これまでの伝統的スミス解釈では、スミスは「正義の原理にではなく、便宜の原理に基づく政治的諸規制の吟味」(EPS, 275) を道徳哲学講義の第四部門の主題にしていたというういわゆるジョン・ミラー証言解釈に従って、経済学は、正義の原理に従う法学とちがって、便宜の原理に従うものと解されている。しかし、こうした二分法は、のちに第三部で詳説するように、ミラー証言の完全な誤読に基づく謬見で、『道徳感情論』の共感原理に基づく正義（エクイティ）の原理が、法学だけでなく『国富論』の経済世界でも一貫して生きていることは明白である。『国富論』は『感情論』の主題の展開であるのであるが、そのことは必ずしも最近の『国富論』の倫理的解釈が強調するような『感情論』の共感原理に基づく配分的正義（エクイティ）の実現をスミスが『国富論』の直接の政策主題としていたことを意味しない。『国富論』には、そうした配分的正義の担い手としての「公平な観察者」概念がみられないのも、この事実と無関係ではない。しかし、『国富論』の倫理性を強調する論者は、こうした解釈とは逆に、スミスが『国富論』で配分的正義を直接主題としていた証拠として、『国富論』にも『感情論』の観察者視点が生きている次第を強調している。たとえば、ヤングは、一九八五―八六年に続けて発表された二つの論文で次のようにのべている。ヴァイナーは「市場は非人格的競技場なので、市場には観察者メカニズムが働く余地は少ない」というが、交換は観察者の共感を前提しており、「観察者メカニズムは市場にも現存している」。観察者視点は、価値判断原理をなすものとして、スミスの価値論や分配論でも働いており、自然価格は観察者が是認する唯一の価格である。スミスの自然価格はスコラの公正価格に近いものであり、それが経済活動における正義の規準をなしている。スミスの厚生経済学は観察者の同感に基づくものである。[53] というのがヤング説の大要であるが、「自然価格は、社会が公平《フェアー》で合理的であると信ずる、従って、公平な観察者の同感をうる」、「正義と適宜性の基準に合致した」「規範的な意味をもつ」価格であるとするオズワルドの解釈も、[54] 同じような視点に立脚するものといえよう。これに対し、『国富論』にはビッターマンのいうように「公平な観察者」用語は存在しないが、スミス自身が公平な観察者の役割を演ずる形で観察者視点からの商人批判やエクイティ論を展開しているので、『国富論』でも観察者は前提されているというシュナイダーの論文[55]や、福祉は、観察者が是認する感情であり、スミスは分配の平等をそうした視点から要請していたとするジーの見解[56]は、いずれも一九六〇―七〇年代に発表されたものであるが、こうしたヤング的な解釈に基礎を提供するものであったといえよう。

『国富論』が配分的正義を政策主題としていたとする論者は、その根拠を『感情論』の観察者視点が『国富論』にも生きている点に求めているのであるが、こうした配分的正義論的『国富論』解釈がその根拠としているスミスの「公平な観察者」概念は、本書第三部で詳説するように、『感情論』第六版のそれにすぎない次第が注意される要がある。交換的正義の原理の確立を主題としていた『感情論』初版の観察者論にはこうした配分的正義の担い手的視点はないからである。この事実は、『感情論』＝『国富論』一体説（アダム・スミス問題不在説）を根拠に、『感情論』の観察者概念に基づいて『国富論』の経済理論の倫理性を論証しようとする『国富論』解釈が、実際には『感情論』六版の眼で『国富論』の主題をとらえたものにすぎず、こうした逆立ちした接近では『国富論』の本来の主題はとらえきれない次第がはっきりと確認される要がある。

こうした第一期以来の『国富論』の倫理的解釈や政治学偏向的解釈の共通の難点を最も端的に示しているのが、

『国富論』の根本原理をなす「自然的自由の体系」や、その内実をなす意図しない帰結の理論との非整合性である。『感情論』⇩『国富論』を一貫するスミスの道徳哲学体系の根幹が、自然の原理に立脚する「自然的自由の体系《システム》」にあることは周知の事実であるが、『感情論』初版の観察者論は、キャンベルのいうように、こうした「自然の体系」の貫徹保障のための「第三者」視点論にすぎず[57]、『国富論』も観察者視点に基づくエクイティの実現を直接的な政策主題としたものではない。『国富論』の主題は、交換における正義の原理としての第三者（観察者）視点に基づく正義の法さえ遵守されれば、各人の自由な私益追求活動の意図しない帰結として、誰もが是認しうるそれなりのエクイティが自然に実現される次第の経済学的論証にあり、公平な観察者視点に基づく配分的正義や福祉の直接的実現を意図したものではない。エクイティは障碍さえ排除すればおのずから実現されるものであり、その実現に国家の積極的関与を要請するようになったのは、交換的正義の法秩序の配分的正義性に疑問をもたざるをえなくなった『国富論』三版⇩『感情論』六版の主題にすぎない。

『国富論』の倫理的解釈の最大の問題点は、こうした事実を無視して、『感情論』の観察者概念を無差別・無原則に『国富論』に持ち込み、それによって『国富論』の倫理性を裁断している点にあるのであるが、こうした視点から上述のような『国富論』の倫理的解釈と政治学的解釈をきびしく論難したのが、ヴィヴィエンヌ・ブラウンの著作である[58]。

ブラウンは、『感情論』と『国富論』の文体（話法《ディスコース》）の差異を根拠にいわゆるアダム・スミス問題不在説を批判し、前者では観察者概念が中核をなしているのに、後者では見えない手の比喩が基礎になっていることから、『国富論』に観察者論を持ち込むのは筋違いで、『国富論』の主題は、自然的自由の体系に基づくポリティカル・エコノミー批判であるという。この批判は、『国富論』の倫理的・政治学的解釈の難点を明確に暴き出したものとして注目に値する。問題は、『感情論』がすぐれて「対話的《ダイアロジカル》な論説《ディスコース》」であることから、『感情論』はストアであるとして、ストアの「内部討論《インナー・ディベート》」論が『感情論』の観察者論のベースをなしているとしている点にある。『感情論』のストア性は、グラスゴウ全集版の編者やワゼックその他多くの研究者がほぼ一様に指摘している点で、フィッツギボンズも『感情論』のストア性を強調しているが、ブラウンは、二章にわたってストアと『感情論』との関係について詳説し、スミスにおける自己の二分割論のルーツや「鏡《ルッキンググラス》」の比喩のストア起源を明確にするなど、『感情論』のストア的前提・枠組を浮き彫りにした功績は大きいといってもよい。しかし、ブラウンの強調するようなストア的な観察者視点＝それに基づく対話的論理《ダイアロジック》が積極的に展開されているのは、六版の世界で、初版の観察者論は、キャンベルがいち早く指摘していたような人―人関係の裁定者としての自然法的第三者視点論にすぎない。ブラウンの解釈は、その差異を無視して、六版の観察者論で『感情論』を抑えるため、ストア的理性主義とは本質的に異なる自然主義に立脚するスミスとストアの原理的差異を明確にすることができず、そのため、ストアの理性的自然概念では説明できないスミスの自然的自由の体系の根幹をなす見えない手＝意図しない帰結＝欺瞞の論理を消極視せざるをえなくなっている[59]。こうしたブラウンの理論の論理的破綻の根本原因は、スミスがストア哲学を下敷にした論理を展開しながらも、自然のロゴスの表現としてのストアの理性的自然概念とは本質的に異なるキリスト教的自然概念の上に自らの論理を構築していた次第がとらえられていない点にある。フランシス・ハチスンのキリスト教的ストア主義の批判的継承から自らの問題を出発させたスミスにおけるストア哲学とカルヴァン主義的キリスト教との関係（スコットランド啓蒙における自然神学の系譜と、その象徴としての見えない手の神学性）の根源的理解が西欧一八世紀思想の真実理解のために不可欠な理由はそこにある。

三　見えない手解釈の動向

(1) 見えない手の実証主義的解釈の系譜

スミスが『感情論』と『国富論』の中で言及した有名な「見えない手」については、その神学性をめぐって、さまざまな解釈がなされているが、スミスの理論的探求の「出発点《アウスガングスプンクト》」を神の教義に求めたハスバッハ的な見解は[60]、ヴェブレンやコモンズ、ヴァイナーなどによって一様に継承されてきた視点であった[61]。しかし、ここ数十年来、一九世紀以降次第に一般化してきた実証主義的思考様式の影響と、スミスに対するヒュームの影響を重視するスミスのヒューム的解釈の台頭に伴い、神学的・「目的論的議論は、『感情論』の中に現前するが、彼の分析の適切さを傷つけることなしに、削除しうる[62]」とする見方が支配的になっていたように思われる。

たとえば、ビッターマンは、『国富論』には見えない手を神に結びつける証拠はないのに対し、『感情論』では見えない手が摂理と直結している事実をはっきりと認めながらも、「スミスは、『国富論』ではもっぱら物質的福祉に関する経験的に観察可能な作用因にのみ関心しており」、「彼の道徳理論は、作用因としての人間本性に関する議論につねに立脚している[63]」として、スミス思想における目的因の実質的役割を否定している。同様に、マクフィーは、こうしたビッターマンの見解を継承する形で、『感情論』における「自然、神、見えない手」等の語句は「同感―観察者論」とほとんど関係がなく、「彼の個人的観察者倫理は」、道徳判断を社会的相互行為における諸個人の経験に基づく合理的判断から導く「社会理論と織り合わされている[64]」ので、目的論的構成要素は無くともよいとしている。メディックも、『道徳感情論』におけるスミスの見えない手の比喩は、……人間の社会的・経済的行為に関するスミスの経験的に基礎付けられた陳述と何も直接的関係はなく[65]」、見えない手は、社会の経験的現実が個人を越える力をもつことを示す比喩にすぎないとしている。スミスの道徳理論には「目的論的説明、従ってまた目的論的秩序の保障者を枢軸とするものは何もなく[66]」、目的論にみえるものも実際には作用因論の展開にすぎないというホーコンセンの解釈は、同様な視点を別の角度から表現したものに他ならないといえよう。ラファエルも、「自然の創造者」などの神学用語にとらわれる要はなく、「自然の行程に関するスミスの説明は、神学の支柱を何も必要としない自己免許の科学的企てとして読むことができる[67]」としている。スミスのいう「自然の指揮者《ディレクター》」等の用語は、「自らの宗教的確信の非正統性をぼかし」、「読者の同意」をうるための「戦略的修辞」にすぎないというリンドグレンの見解[68]は、こうした視点をより大胆に表現したものに他ならない。こうした修辞・偽装説は、スミスにおける経験主義と神学性との矛盾を統一的に説明する論理として多くの研究者によって採用されてきたが、スキナーやフリュウなども、ヒューム＝スミス同一説に立って、見えない手の摂理性を否定している[69]。これに対し、キャンベルは、「自然の全知の創造者に対する彼の信仰が確実に彼の思想の重要な前提をなしている」点を重視しているが、彼も「神の意志のタームによる説明は、行動の作用因の確定に何らの役割を果さず、科学的説明が終った後の段階で入ってくる」ので、「神学的用語と仁愛的な神に関するスミスの省察は、彼の著作の経験的内容に影響を与えることなしに取り去ることができる[70]」とのべている。

新古典派とそれ以降の経済学者たちも、こうした哲学者たちの解釈に照応する形で、見えない手を完全競争モデルに変形し、市場理論に解消することによって、見えない手を世俗化・比喩化している。見えない手は、一九世紀以降の経済学者の間ではもっぱら機械論的に解釈されるようになり、機械的市場過程の規制原理とされるようになったのである。ブローグその他も、「見えない手は、……競争市場の自動均衡メカニズム以上の何物でもない[71]」としている。「見えない手は、競争の残酷な手で」、市場が摂理の代りに「市場の諸法則の最適化機能」を果すので、「スミスの見えない手は、神の導きとは何も関係はない[72]」とされたのである。山田雄三は、こうした最近の経済学者たちの見えない手観を詳しく紹介しているが[73]、「見えない手は、市場活動の結果であって、経済問題の〝究極の支配者〟ではない。」『国富論』では見えない手は、経済的交換が意図せずして経済成長と交換に直接参加していない人々さえもの福利を生み出すのはなぜかを説明する説明用語である[74]」というヴェアヘーンの見解や、見えない手は、「利潤動機と価格機構《メカニズム》を通して、利己心を全体の利益に誘導する市場の社会的にプラスになる意図しない帰結の比喩にすぎず、〝見えない手〟には神秘的なものは何もない[75]」というミュラーの見解なども、同じ系譜に属するといえるであろう。

　こうした新古典派的見解の共通の難点は、完全競争モデルを前提した議論でしかない点にある。スミスの理論は、完全競争を前提するものではなく、逆に完全な自由の存在しない現実の中で、さまざまな障碍や失政にもかかわらず、デザインはおのずから実現されるとする点に特色をもつものであるからである。『国富論』の見えない手も、「市場の法則に完全には還元されえないものを含んでいる[76]」といわれる所以はそこにある。こうしたスミス理論の特色を理解するためには、〝科学〟に還元しえない、モリス・ブラウンのいうスミス体系における「神学的常套句[77]」のもつ意味が改めて問題にならざるをえない。ハイルブローナーが、「神学に関するスミスの消失した意見……が、見えない手の本性と目的について納得のゆく明白な叙述を提供していたのかも知れない[78]」とのべたのは、彼もこうした事実を認めざるをえなかったためであるといえよう。「経済学は、見えない手を完全競争の自動均衡メカニズム化することによって、〝実証科学〟としてのエリート的地位に上昇することができた」が、その反面、「スミスのテーゼから、〝宇宙の知的な創造者〟を追放した結果、……その必然論的性格を見失う[79]」ことになった次第が注意される要がある。

「見えない手はたんなる言葉の綾にすぎないという主張は、それゆえ、歴史に即さず《アヒストリカル》、証拠と学識にも反している」(80)というマーティンの結論は、必ずしも誇張ではないのである。ヴァイナーが思想史家として断言しているように、「アダム・スミスの思想体系は、経済学を含めて、彼がそこで目的論的要素、〃見えない手〃に割当てた役割を無視しては理解しえないと主張せざるをえない」(81)構造になっているからである。

(2) 見えない手の神学性再評価の動向

一九八〇年代中葉以降、「現代の研究者たちの間にスミス思想における神学の演ずる重要性について意見の一致《コンセンサス》がみられるようになった」(82)背景はそこにあるが、この時期以降に発表された見えない手に関するモノグラフ的研究の特色をあげれば、次の諸点が注目される。

第一は、J・B・ディヴィス論文に代表されるように、見えない手の論理構造の客観分析を通して、その実態が論理的には is⇓ought 論に他ならず、その必然性は結論をあらかじめ前提していることに基づく次第が明確化される一方で、逆に、スミスがこうした議論を展開したのは、「自然の構造」論に立脚していたためである次第が認識されるようになった点である。(83)これは、見えない手が経験を超える論理を前提している次第を見えない手の論理の経験分析を通して明らかにしたものといえよう。

第二は、このディヴィス論文と後述のクラークや、マーティン、キットシュタイナー論文などにみられるように、こうした自然の構造論の根幹をなす作用⇓目的論が、私益⇓公益の見えない手のパラドックスを解く鍵をなす次第を明らかにすることを通して、スミスの見えない手にはたんなる市場メカ以上の「道徳哲学的・目的論的剰余が存在している」(84)次第を論証することによって、スミスの道徳哲学体系における目的因説の本源性を積極的に承認する論稿が多くみられるようになった点である。スミスの見えない手の理論は、目的因説、その中核をなす作用⇩目的の論理を前提したもので、それぬきにはその必然論的性格は理解しえない構造になっているという見方の有力化である。

第三は、こうした作用⇩目的の論理に立脚するスミスの見えない手の理論の核心をなす欺瞞理論のもつ重要性が指摘されるようになった点である。その代表がJ・R・ディヴィス論文で、彼は、『感情論』の欺瞞理論が見えない手の神学とともに『国富論』にもあり、欺瞞が経済活動の動機をなしている次第を明確にすることによって、スミスの政治学的解釈を批判している[85]。しかし、彼は、この欺瞞論の論証にさいして、スミスの欺瞞論とミラボーの神の手品（トリック）論との共通性を強調し、人々は「見えない手に導かれるというよりも、むしろ誤導（misled）されて」、「そうするように騙される（tricked）[86]」としているが、スミスの欺瞞論はトリック論ではない。スミスの欺瞞論は、自然の必然法則がみえないことから、人間には偶然・自由の余地があると考えて、勤労《インダストリ》に精を出すことが、作用⇩目的の必然法則に媒介されてデザイン実現につながるという論理で、欺瞞論のないミラボーの神の手品論で欺瞞論に媒介されるスミスの見えない手の理論を説明するのは、スコットランド啓蒙における自然神学の系譜を知らぬための見当外れの解釈という他ない。

第四は、「アダム・スミスのカルヴァン主義」を主題とする論稿が出てきた点で、スミス思想のカルヴァン主義的性格を強調し、『国富論』にはカルヴァン主義的道徳主義がみられるというダイツの主張[87]は、具体的論証を伴ったものではないので、簡単には承認しがたいが、長老派支配の思想風土を考えるとき、それなりに評価さるべき側面をもつといえよう。

上記以外の研究動向としては、スミスの見えない手の理論を「天文学史」―『感情論』―『国富論』の三者に即してより具体的に対比分析する論考や、ヘーゲルの理性の狡知論との対比論が目につく点であるといえよう。

こうした最近の見えない手解釈の動向に対し、パックは、それに反論ないし批判する視点から、スミスの「哲学的探求指導原理」の科学論を根拠に見えない手の実在性を否定し、スミスの見えない手が比喩にすぎない次第を強調している[88]。スミスが「天文学史」その他の哲学論文で展開した学問論（科学認識論）を根拠にスミス思想の神学性を否定するこのような解釈は、前述の哲学者たちの神学削除論の最大の論拠をなすものであったが、のちに論証するように、「天文学史」のジュピターの見えない手と『感情論』のそれとを同一視し、「天文学史」の神観念で『感情論』の問題をすべて説明しうると考える論理は、自然界と人間界との差異を無視しているだけでなく、認識と実在のちがいを看過している点でも、スミス思想の真実とはほど遠いものといわざるをえない。

以上のような最近の見えない手研究の意義は、スミスの道徳哲学体系の神学的前提、目的論的性格・構造を明確化した点にあるが、こうしたスミス理解における神学の不可欠性認識自体は、最近になってはじめて登場した視点ではない。スミスの見えない手の謎を解く鍵が彼の自然神学講義にある次第は、かねてから多くの論者によって指摘されてきた点であるが、最近の研究は、スミス理論の有機的・目的論的性格や、スミス体系における科学的経験性と必然論的性格との併存、さらには、スミスのヴィジョンの両極性などの謎を解く鍵が、上述のような神学的前提のうちにある次第を一段と明確化しつつある。たとえば、多くの研究者が一様に指摘している富裕の自然的進歩論のアプリオリ的非歴史性や、スミスの分析の究極的静態性は、クラークによれば、スミスの自然法的前提概念《プリコンセプション》、ないし目的因に対する信頼が、作用因の論理の展開を妨げたためであるという[89]。

こうした自然法的・自然神学的前提概念ないし目的因説に立脚していたスミス理論の構造とその限界の明確化こそ、スミス理解の最大の鍵をなす点であったのである。しかし、これまでの研究史では、実際には上述のような形で神学の重要性が指摘されながらも、スミスの思想体系におけるストアとカルヴァンの関係についての明確な理解を欠き、スミスの神学思想が摂理的調和論ないしストア的理神論と単純に同一視されていたため、理神論的摂理観と現実とのギャップを埋める論理を発見することができないままに、問題が二分法的に処理されているようにみえる。その典型がヴァイナーのスミス解釈である。周知のように、ヴァイナーは、スミスの『道徳感情論』と『国富論』との間にみられる自然的秩序《ナチュラルオーダー》観の根本的な乖離の根本原因は、前者ではスコットランドの楽観的神学思想に基づく自然調和思想がとられているのに対し、後者では現実認識の進展に伴って完全調和が否定されるに至った点にあるとして、『国富論』における国家介入の根拠をそこに求めている(90)。

このヴァイナー説は、その後多くの研究者によって継承されている見解であるが、このヴァイナー説を多少変形させた形でスミスにおける「二つの声《ボイス》」の並存を主張したのがイヴンスキーである。イヴンスキーによれば、「スミスは、世界を神のデザインとみる」一方、人間の弱さ（human frailty）が神のデザインを歪める現実を歴史的に観察する社会批評家（social critic）として、「二つの声」で自らを語っていたといわれる(91)。彼が、スミスも、自由放任は悪や不適宜性が存在しないデザイン・ケースにしか妥当しないと考えたため、現実世界における政府の積極的役割を認めていたとしているのは、こうした二分論に基づくものであったのである。イヴンスキーは、この二年後に発表された別の論考では、この二分法を歴史的にとらえ直し、商人批判の進展にスミスの現実批判の根拠を求めるようになっているので、全体としてより妥当な見解になっているが(92)、人間の弱さと不完全性にデザイン・ケースとの差異の根拠を求める上の二分論は、スミスの見えない手の神学と本質的に異なるものといわねばならない。スミスの道徳哲学は、のちに本論で論証するように人間の弱さをデザイン実現の阻害条件とみるのではなく、逆に、人間の弱さと不完全性を前提した上で、デザインがみえないままに目先の物質的快楽を追求する弱く不完全な人間の活動をデザイン実現の作用因化する点に基本的特色をもっているからである。それが彼の自然的自由＝意図しない帰結の理論の根幹をなすものであったのであるが、このデザイン論は、自然的自由の体系《システム》の貫徹阻害条件の排除を前提条件とするものであった。スミスの現実批判はそのためで、イヴンスキーのいうようなデザイン・ケースと現実批判という二つの声で語ったためではない。こうしたイヴンスキーの誤謬の根本原因は、見えない手が時計師の類比でしかとらえられていない点にある。人間界を含めたすべての動きが時計のように機械的にデザインされているとすれば、人間の悪や弱さは、時計師のデザインを乱すことになるので、人間自身がそれを防がねばならぬことになるが、スミスのデザイン論は、こうした機械論を一応は前提しながらも、デザインがみえないままに必然法則を逸脱する作用因の自由を前提するものであった[93]。スミスの見えない手の理論の特色は、こうした形で必然法則を逸脱して自由に走る人間の行動がその意図しない帰結として必然法則《デザイン》実現につながるとする点にあるが、イヴンスキーは、こうしたスミス神学の本質を十分にとらえきれないため、デザイン・ケースと現実ケースの二分論に陥らざるをえなかったのである。こうしたイヴンスキー説と同様、『道徳感情論』は神の計画を前提しているが、スミスは人間の可謬性や欠陥、不完全性を認めているので、自然的自由の唱導者ではないという見解も[94]、スミスの自然的自由論が人間の弱さと可謬性・不完全性を前提した論理である次第を見落としている点では完全に誤っているといえよう。

こうしたヴァイナー＝イヴンスキー的二分論に対し、クラークは、スミスの自然法学の神学的前提、目的論的性格を明確に承認した上で、スミスのうちには作用⇒目的の論理に立脚する自然法視点と、より進化論的なモンテスキュー的帰納法ないし歴史的影響論との二分法（dichotomy）がみられるという[95]。このクラーク説は、スミス思想の特色を自然の法典（Code of Nature）とモンテスキュー的帰納法との結合に求めたクリフ・レスリー説と[96]、その視点を発展させて、スミスのうちに事実問題《マターオブファクト》視点と物活説《アニミズム》的視点との並存をみたヴェブレンの見解を継承したものであるが[97]、スミスの主題は、自然法がみえないことから生まれる偶然・自由の感覚（道徳感情）に基づく経験分析によって、自然法を歴史化した点にあるので、自然神学とモンテスキュー的帰納法とを二分法的に分断するのは、スミス思想の真実とは似て非なるものといわざるをえない[98]。スミスの問題は、『感情論』の道徳感情理論に立脚する『国富論』の経験主義が彼の神学観の帰結でありながら、その目的論的先入見のゆえに経験主義の徹底展開を妨げられた点にあるが、こうした問題はスミスの神学思想についてのより深められた理解なしには解明しえない点であるといえよう。

見えない手研究の最近の動向は、上述のようにスミスの神学思想についてのより深められた理解に向う方向性を示してはいるが、これまでのスミス解釈の大勢は、スミスの理論からデザイン論を取り去った新古典派的純粋経験科学理論化か[99]、前期（『道徳感情論』）については神学的摂理観を認めても、後期（『国富論』）についてはその妥当を否定することによって、スミスの現実主義と国家正当化の根拠をそこに求める解釈のいずれかに分類されうるものであった。こうした解釈では、いずれにしても神学は本質的な問題にはならず、結局は否定されるものでしかないが、リンドグレンやラファエル、ジョン・ダンその他多くの研究者の主張する『感情論』六版における神学放棄説も、こうした潮流に対応するものといえよう。ディッキーの『感情論』六版＝神学化説は、あくまで例外的解釈でしかない[100]。しかし、神学は『感情論』初版⇩『国富論』⇩『感情論』六版を通して、一貫して根源的な役割を果しており[101]、たんなる摂理的楽観主義や形而上学的非合理主義の表現にとどまるものではない。スミスの神学的確信と苦悩はもっと根深く、スミスは最期までデザインの存在を確信しながらも、それだけでは済まぬ現実認識から生まれる問題に直面して苦悩していたように思われる。

こうした研究史の流れの中で、スミス体系における神学の決定的重要性に改めて大きく注目した上で、その揚棄を意図したのがミノヴィッツの研究である[102]。スミスの宗教・神学思想に正面から接近したこの書物の主題は、その副題の示すように、『国富論』の主題が古典的政治哲学と啓示神学からの解放にあった次第を論証することによって、スミス復興の第一波で否定された古典的自由主義者スミス像を復活させた点にある。彼が、その第一の根拠として、古典的政治哲学の主題が最良政体論《ポリタイア》にあり、近代の思想家たちも一様に政体論を扱っていたのに、スミスが政体論を拒否していたのは、スミスの自然的自由の体系が規制批判を主題にしたもので、人知よりも自然の英知を認めていたためであるとしている点は、ウィンチ的な政治学的解釈批判として一定説得力をもつといえよう。しかし、ミノヴィッツの中心主題は、『国富論』が神学からの解放論である次第を論証する点にある。彼は、その証拠に『国富論』では神や摂理について語られていないだけでなく、スミスの著作にはイエスやキリストなどの啓示神学用語はみられず、その代りに使われている the gods, the Deity などは、キリスト教の神を意味するものではない次第が力説されている。ミノヴィッツが強調しているように、『国富論』には宗教論はあっても神学がないのは、その通りというより、改めて指摘されるまでもない明白な事実である。しかし、『感情論』には神観念が色濃くみられることからいわゆるアダム・スミス問題に当面することになり[103]、この矛盾を解決するため、スミスは「天文学史」では啓示神学を認めていたのが、『感情論』では理神論になり、『国富論』では無神論に転化したとすることで、神学からの解放を正当化しようとしたが、『感情論』六版にも明白に神学思想がみられることから、ミノヴィッツは、スミスの神学思想をストアで総括することによって、スミスの反キリスト教性を正当化しようとしている。著者は、V・ブラウンやフィッツギボンズと同様に、スミスをストア化することによって、スミスの世俗性と宗教性の並存を合理化しようとしたのであるが、『感情論』に固有の神学用語が少ないのは、『感情論』が聖俗分界論の思想伝統に基づく地上の倫理の構築を主題としていたためで、啓示用語が少ないのは必ずしもキリスト教の拒否を意味するものではない次第が注意される要がある。『感情論』で基礎付けられた交換的正義の法の下での自然的自由の体系《システム》の衡平性《エクイティ》論証を主題とした『国富論』に神学への言及がないのはより以上に当然で、そのことは必ずしも『国富論』では神学が土台になっていないことを意味するものではない。『国富論』の自然的自由の体系は、直接には神学にふれてないにもかかわらず、のちに本書の第二部第一章で詳説するように、神学的自然概念を前提した論理を展開しているからである。著者は、そうしたスミス思想の根幹に着目することなく、スミスを近代的・無機的自然概念だけでとらえているため、『国富論』の中核をなす見えない手＝意図しない帰結の理論の意味自体を理解しえないままに終っているが、新古典派的近代科学の方法論だけではスミス思想の動態を把握しえないことは、すでにみた通りである。『感情論』と『国富論』を貫くスミスの基本主題が、古典的政体論と宗教から全面的に解放された地上の倫理の確立による商業社会における富裕と徳性との両立可能性を論証する点にあったことは著者もいう通りであるが、この課題は、キリスト教神学を排除することによって可能になったのではなく、反対に、神学を前提していたがゆえに逆に徹底して世俗的な倫理と社会理論の形成が可能になった次第がはっきりと確認される要がある。ケネーやステュアートと異なるスミスにおける経済学の生誕の秘密を解く最大の鍵も実はそこにあるのであるが、ミノヴィッツの研究がこうした認識に至りえなかった根本原因は、神学用語の有無を問題にするだけで、スミスの思想形成の根幹をなしていたスコットランド啓蒙における自然神学の系譜に着目する視点自体が基本的に欠落していた点にある。そのため、神学を問題にしながら、その動態がみえないという喜劇的結末に陥らざるをえなかったのである。

　ミノヴィッツとヴィヴィエンヌ・ブラウンに代表される最近のスミス研究の一つの特色は、第一期のスミス復興の一つの顕著な特徴をなしていたスミスの政治学的・倫理的・シヴィク的解釈への反撥、その行きすぎ、非経済学性の批判にあったと考えられるが[104]、それに代る形で改めて呈示されたよりリベラルなスミス像も、社会主義の破綻を契機に表面化したこれまでの二〇世紀イデオロギー的スミス解釈に対する反動《リアクション》的性格をもっていることは明らかである。アダム・スミス復興のスミス像も、このように現代のそれぞれの局面の先入見を反映しているのであるが、それだけにこうしたスミス像が果してどこまで「真のスミス」（real Smith）に近いかどうかは問題である。そうした時代の先入見やファッションに流されることなく、二一世紀に生きる人間として現代世界の当面する課題をそれとして踏まえながら、スミス思想の真実をそれ自体としてより深められた形で解き明かしてゆくことが、スミス研究者に課された義務であるといえよう。読者も、先入見にとらわれることなく、スミスの見識と苦悩を現代のわれわれ自身の問題として受け止めていただければ幸いである。

（1） Recktenwald, H.C.: An Adam Smith Renaissance anno 1976 ?, The Bicentenary Output-A reappraisal of his scholarship, *Journal of Economic Literature*, Vol. 16, 1978, p.56, ASCA, IV. p.249.

（2） Rosenberg, N.: Adam Smith and Laissez-faire revisited, *Adam Smith and Modern Political Economy, Bicentennial essays on The Wealth of Nations*, ed. by G.P.O'Driscoll, JR., Iowa 1979, p.19.

（3） Sobel, I.: Adam Smith : What kind of an institutionalist was he? Old wine in new bottles, ASCA, VI. p.102. Cf. Black, R.D.Collison: Smith's Contribution in Historical Perspective, *The Market and The State, Essays in honour of Adam Smith*, ed. by T.Wilson & A.S.Skinner, Oxford 1976, pp.42-63, passim.

（4） Mill, J.S.: *Principles of Political Economy*, ed. by W.J.Ashley, New impression, London 1929, p.xxviii.

（5） Hutchison, T.: Adam Smith and The Wealth of Nations, *Journal of Law & Politics*, 19-3, 1976, pp.508, ASCA, II. p.173.

（6） Cf. Sobel, I.: Adam Smith: What kind of institutionalist was he?, ASCA, I. p.757.

（7） Cf. Viner, J.: Adam Smith and Laissez-faire, *Adam Smith, 1776-1926, Lectures to commemorate the sesquicentennial of the publicatin of "The Wealth of Nations"*, 1928, Kelley Rep. 1966. pp. 116-155.

（8） Morrow, G.: *The Ethical and Economic Theories of Adam Smith*, New York 1923. Scott, W.R.: *Adam Smith as Student & Proffesor, with Unpublished Documents, including Parts of The "Edinburgh Lectures", a Draft of The Wealth of Nations* etc., N.Y.

1937.

(9) Cf. Peil, J.: A New Look at Adam Smith, ASCA, VI. pp.284-5.

(10) Hutchison: Adam Smith and The Wealth of Nations, p.508, ASCA, II. p.173.

(11) Sobel: Adam Smith: What kind of an Institutionalist was he? old wine in new bottles, ASCA, VI. p.101.

(12) Schumpeter, J.: *A History of Economic Analysis*, New York 1954, pp.184, 185.

(13) アダム・スミス復興の初期段階の動向と特性については、前掲注（1）（5）（9）の文献の他に、Cf.Hutchison, T.W.: The Bicentenary of Adam Smith, *Economic Journal*, 86, 1976, pp.481-492. ASCA, II. pp.160-171.

(14) Wood, J.C.(ed.): *Adam Smith Critical Assessments*, Vol.1-4, London & Canberra, 1983-4, Second Series, Vol. 5-7, London & New York, 1994. ただし、この『論評』に収録された論文は、スミス研究論文のすべてではなく、重要論文で収録されてないものも多いことに注意されたい。

(15) Skinner, A.S. & Wilson, T.(eds.): *Essays on Adam Smith*, Oxford 1975.

(16) Cf. *History of Economic Ideas*, IV-1-2, Pisa 1996.

(17) Raffaelli, T.: Human Psychology and the Social Order, *History of Economic Ideas*, IV-1-2, p.5.

(18) 前出注（16）のＨＥＩのスミス特集の編者も、特集の意義と動機をこうしたスミスの総合性に基づくスミスの著作の学際性と学際貫通的一貫性が、社会科学の再考、パラダイムの修正に絶えざる刺激を与える点に求めている。Cf. S.Fiori & E. Pesciarelli: Foreword, *History of Economic Ideas*, IV-1-2, p. 1.

(19) Cf. Hutchison: Adam Smith and The Wealth of Nations, p.513, ASCA, II. p.176.

(20) Cf. Peil, *op.cit.*, p.286.

(21) Persky, J.: Adam Smith's Invisible Hands, *Journal of Economic Perspectives*, 3-4, 1989, p.195.

(22) Hutchison：An Adam Smith Renaissance anno 1976?, pp.56, 66, ASCA, IV. pp.249, 258.

(23) Hont, I. & Ignatieff, M.(eds.): *Wealth and Virtue, The Shaping of Political Economy in the Scottish Enlightenment*, Cambridge

1983. 水田洋・杉山忠平監訳『富と徳』未来社

(24) スミスを相対化するようになった戦後の研究動向の一つの背景としては、ヒューム研究の進展に伴って、ヒュームを一八世紀思想の主像《メインフィギャー》とし、スミスを負け馬《オルソーランズ》の一人とみ、ヒュームとスミスを同一視するポーコック的見解の信奉者が増えてきた点があげられよう。

(25) Cf. Rosenberg, N.: Some Institutional Aspects of The Wealth of Nations, *Journal of Political Economy*, 18-6, pp.557-70. ASCA, II. pp.105-120.

(26) Sobel, *op. cit.*, p.114.

(27) Elsner, W.: Adam Smith's Model of the Origins and Emergence of Institutions: The modern findings of the classical approach, ASCA, VI. pp.337, 338.

(28) Muller, J.Z.: *Adam Smith in his time and ours, Designing the decent society*, New York 1993, p.114.

(29) Wilson, T. & Skinner, A.S.(eds.): *The Market and The State, Essays in honour of Adam Smith*, Oxford 1976.

(30) Cf. Viner, *op.cit.*, pp.141-142.

(31) Cf. Rosenberg: Adam Smith and laissez-faire revisited, pp.26-27. Lubasz, H. : Adam Smith and the 'free market', in *Adam Smith's Wealth of Nations, New interdisciplinary essays*, ed. by S. Copley & K. Sutherland, Manchester 1995, pp.52-56, etc.

(32) Macfie, A.L.: *The Individual in Society, Papers on Adam Smith*, London 1967, p.75.

(33) Wilson, T.: Sympathy and Self-interest, in *The Market and The State*, ed. by T. Wilson & A. S. Skinner, p.77.

(34) Cf. Musgrave, R.A.: Adam Smith on Public Finance and Distribution, *The Market and The State*, pp.296-319.

(35) Cf. Rimlinger, G.V.: Smith and the Merits of the Poor, ASCA, IV. pp.224-232, esp., pp.230-231.

(36) Cf. Gee, J.M.A.: Adam Smith's Social Welfare Function, ASCA, IV. pp.84-97, esp., p.86 f.

(37) Cf. Billet, L.: The Just Economy: The moral basis of The Wealth of Nations, ASCA, II. pp.205-220, esp., p.205.

(38) Cf. Buchanan, J.M.: The Justice of Natural Liberty, *Adam Smith and Modern Political Economy*, ed. by O'Driscoll, pp.117-131,

esp., pp.121-3.

(39) Cf. Phillipson, N.: Adam Smith as civic moralist, *Wealth and Virtue*, pp.179-202. Dwyer, J.: Virtue and Improvement: the civic world of Adam Smith, *Adam Smith Reviewed*, ed. by P.Jones & A.S.Skinner, Edinburgh 1992, pp.190-216.

(40) Evensky, J.: Adam Smith on the Human Foundation of a Successful Liberal Society, *History of Political Economy*, 25-3, 1993, pp.395, 396.

(41) Pack, S.J.: *Capitalism as a Moral System, Adam Smith's Critique of the Free Market Economy*, Aldershot 1991.

(42) Werhane, Patricia H.: *Adam Smith and his Legacy for Modern Capitalism*, Oxford 1991.

(43) Cf. Lubasz, H., *op.cit.*, pp. 45-69.

(44) こうした潮流の代表者としては、後述のヴィヴィエンヌ・ブラウンとミノヴィッツがあげられるが、前注（17）のラファエリなどもこの系譜に属する。逆に、モリス・ブラウンやJ・Z・ミュラーなどは、第一期の政治学的・シヴィク的解釈の影響を強く受けているので、この潮流とは区別される。

(45) Cf. Fitzgibbons, A.: *Adam Smith's System of Liberty, Wealth and Virtue, The moral & political foundations of The Wealth of Nations*, Oxford 1995, p.187.

(46) Merrill, B.: Adam Smith's Commercial Society as a Surrogate for Morals, ASCA, V. pp.95, 98.

(47) Cf. Rosenberg, N.: Adam Smith and the Stock of Moral Capital, ASCA, VII. pp.46-62, esp., pp.53 ff.

(48) Cf. Perelman, M.A.: Adam Smith and dependent social relations, ASCA, VII. pp.1-17.

(49) Cf. Prasch, R.E.: The Ethics of Growth in Adam Smith's Wealth of Nations, ASCA, VII. pp.269-282.

(50) Cf. Johnson, R.D.: Adam Smith's Radical Views on Property, Distributive Justice and the Market, ASCA, VII. esp., pp.111-113. Young, J.T.: The Impartial Spectator and Natural Jurisprudence: An interpretation of Adam Smith's theory of the natural price, ASCA, VI. pp.62-79, esp., pp.71-73, 76-77.

(51) Buchanan, *op.cit.*, p.122.

(52) Cf. Fitzgibbons, *op.cit.*, pp.172-174.

(53) Cf. Young, *op.cit.*, pp.66-77. ditto, Natural Price and the Impartial Spectator : A new perspective on Adam Smith as a social economist, ASCA, V. pp.334-353.

(54) Oswald, D.J.: Metaphysical Beliefs and the Foundations of Smithian Political Economy, *History of Political Economy*, 27-3, 1995, p.463.

(55) Cf. Schneider, L. : Adam Smith on Human Nature and Social Circumstance, *Adam Smith and Modern Political Economy*, ed. by O'Driscoll, pp.59-60.

(56) Gee, *op.cit.*, pp.86-95.

(57) Cf. Campbell, T.D.: *Adam Smith's Science of Morals*, London 1971, Ch.6, esp., pp.134-135.

(58) Brown, V.: *Adam Smith's Discourse, Canonicity, commerce and conscience*, London & New York 1994.

(59) こうしたブラウンの難点は、「虚栄心や自己欺瞞」の問題を「『感情論』の〝暗い〟側面」、「シニシズム」としかとらえられず、虚栄心をめぐる一―六版の見解の変化の意味が問われないままに議論されている点などにも示されているといえよう。Cf. Brown, *op.cit.*, pp.37-42. なお、スミス復興第一期の研究を代表するマクフィー、ウィンチ、ホーコンセンの研究、より具体的にはマクフィーの『感情論』中心の仁恵論的解釈の難点と、ウィンチ―ホーコンセンの正義論ベースの政治学的解釈の経済学との非整合性に対するブラウンの批判のもつパラダイム変革的意義と、にもかかわらぬ上述のようなストア偏向に起因するブラウン自身の分析の的外れ性については、Cf. Raffaelli, *op.cit.*, esp., pp.7, 30.

(60) Hasbach, W.: *Untersuchungen uber Adam Smith und die Entwicklung der politischen Ökonomie*, Leibzig 1891, S. 7.

(61) Cf. Veblen, T.: The Preconceptions of the Classical Economists, *Quarterly Journal of Economics*, 1899, pp.241-274. Commons, J.R.: *Legal Foundations of Capitalism*, New York 1924, esp., pp.137, 204. Viner, *op.cit.*, pp.121-125.

(62) Kleer, R.A.: Final Causes in Adam Smith's Theory of Moral Sentiments, *Journal of History of Philosophy*, 33-2, 1995, p.275.

(63) Bittermann, H.J.: Adam Smith's Empiricism and the Law of Nature, II, *Journal of Political Economy*, Vol. 48, 1940, pp.720, 723.

ASCA, I. pp.216, 218.

（64）Macfie, *op.cit.*, pp.102, 125.

（65）Medick, H.: *Naturzustand und Naturgeschichte der bürgerlichen Gesellschaft, Die Ursprünge der bürgerlichen Sozialtheorie als Geschichtsphilosophie und Sozialwissenschaft bei Samuel Pufendorf, John Locke und Adam Smith*, Göttingen 1973, SS.230-231.

（66）Haakonssen, K.: *The Science of a Legislator, The natural jurisprudence of David Hume and Adam Smith*, Cambridge 1981, p.77.

（67）Raphael, D.D.: *Adam Smith*, Oxford 1985, p.36.　久保芳和訳『アダム・スミスの哲学思考』四二ページ。

（68）Lindgren, J.R.: *The Social Philosophy of Adam Smith*, The Hague 1973, p.148.

（69）Cf. Skinner, A.S.: *A System of Social Science, Papers relating to Adam Smith*, Oxford 1979, esp., Ch.2. Flew, A.: *David Hume: Philosopher of Moral Science*, Oxford 1986, p.160.

（70）Campbell, T.D., *op.cit.*, pp.60, 61.

（71）Blaug, M.: *Economic Theory in Retrospect*, III, 1962, pp.55, 58.

（72）Rosenberg: Adam Smith and Laissez-faire Revisited, p.24.

（73）山田雄三『価値多元時代と経済学』岩波書店　一六八―二〇九ページ参照。

（74）Werhane, *op.cit.*, pp.21, 102.

（75）Muller, *op.cit.*, p.86.

（76）Kittsteiner, H-D.: Ethik und Teleologie: Das Problem der "unsichtbaren Hand" bei Adam Smith, *Markt, Staat und Solidarität bei Adam Smith*, Hg. F-X. Kaufmann u. H-G. Krüsselberg, Frankfurt 1984, S.65.

（77）Brown, M.: *Adam Smith's Economics, Its place in the development of economic thought*, London & N.Y. 1988, pp.105, 136.

（78）Heilbroner, R.L.: The Socialization of the Individual in Adam Smith, ASCA, V. p.129.

（79）Martin, D.A.: Economics as Ideology: On making "the Invisible Hand" invisible, ASCA, VII. p.132.

（80）*Ibid*., p.132.

（81） Viner, J.: *The Role of Providence in the Social Order, An essay in intellectual history*, Princeton 1972, p.82.

（82） Oswald, D.J.: Metaphysical Beliefs and the Foundations of Smithian Political Economy, *History of Political Economy*, 27-3, 1995, p.460. なお、こうした目的因再評価の気運の台頭と、その根拠については、Cf. Kleer, *op.cit.*, pp.281-300.

（83） Cf. Davis, J.B.: Smith's Invisible Hand and Hegel's Cunning of Reason, ASCA, VII. pp.300-320.

（84） Kittsteiner, *a.a.O.* S.43.

（85） Cf. Davis, J.R.: Adam Smith on the Providential Reconciliation of Individual and Social Interests: Is man led by an Invisible Hand or misled by a sleight of hand, ASCA, VII. pp.90-101.

（86） *Ibid.*, p.95.

（87） Cf. Ditz, G.W.: The Calvinism in Adam Smith, ASCA, V. pp.245-263.

（88） Cf. Pack, S.J.: Theological (and hence Economic) Implications of Adam Smith's "Principles which lead and direct Philosophical Enquiries", *History of Political Economy,* 27-2, 1995, pp.289-307.

（89） Cf. Clark, C.M.A.: Adam Smith and Society as an Evolutionary Process, ASCA, VII. pp.151-168, esp., pp.163-164.

（90） Cf. Viner: Adam Smith and Laissez-faire, pp.118-155. ヴァイナーは、こうした形でスミスの道徳哲学と経済学との不統一という「アダム・スミス問題」を『感情論』と『国富論』を切断することによって解こうとしたのであるといえよう。

（91） Cf. Evensky, J.M.: The Two Voices of Adam Smith: Moral philosopher and social critic, ASCA, VI. pp.175-195.

（92） Cf. Evensky, J.M.: The Evolution of Adam Smith's Views on Political Economy, ASCA, VI. pp.372-394.

（93） 時計師の比喩に立脚する社会メカニズム論も、作用⇓目的論に立脚しているが、『道徳感情論』の主題は、そうした作用⇓目的の論理の貫徹する自然法則と、それがみえないことから生まれる偶然・自由の感覚に媒介されて成立する道徳感情との乖離を前提するものとして、機械的な機械論とは性格を異にすることに注意されたい。オズワルドも、スミスのニュートン的方法の分析を通して、スミスがニュートンに影響されながらも、機械論を越えている次第を論証しているが（Cf. Oswald, *op.cit.*, p.460.）、フィオリは、スミスの『国富論』の市場社会論は、時計類比はもとより機械論でも説明しえず、見えない手の比喩のみがスミスの理論に適合的である次第を詳細に論証している。Cf. Fiori, S.: Order, Metaphors, and Equilibrium in Adam Smith's Thought, *History of Economic Ideas*, IV-1-2, 1996, pp.175-199.

（94）Cf. Naggar, T.: Adam Smith's Laissez-Faire, ASCA, I. p.717.

（95）Cf. Clark, C.M.A., *op.cit.*, pp.151-166.

（96）Cf. Cliffe Leslie, L.T.E.: The Political Economy of Adam Smith, ASCA, V. pp.14-28, esp., p.16.

（97）Cf. Veblen, Th.: *The Place of Science in Modern Civilization and other essays*, 1919, N.Y., 1961 ed. esp., p.100.

（98）オズワルドも、科学的知識と宗教的知識とを分断する認識論的二元論や実証主義を批判して、「社会的現実に対するスミスの経験的探求は、彼の非経験的・形而上学的信念に究極的・基本的に依存している」（Oswald, *op.cit.*, p.472）としているが、彼も、スミスの経験主義と形而上学との統一原理については何も言及していない。

（99）「スミスの構造からデザイン論を除去すれば、新古典派的一般競争分析と同様な構成になる」（Evensky: The Two Voices of Adam Smith, p.192）といわれる。

（100）Cf. Dickey, L.: Historicizing the "Adam Smith Problem": Conceptual, historiographical and textual issues, *Journal of Modern History*, 58-3, 1986, pp.605-608.

（101）オズワルドも、この事実を認めている。Cf. Oswald, *op.cit.*, p.471.

（102）Minowitz, P.: *Profits, Priests & Princes, Adam Smith's emancipation of economics from politics and religion*, Stanford 1993.

（103）注（90）でもふれたように、ヴァイナーは、このアダム・スミス問題を『感情論』と『国富論』とを切断することで解決しようとしていたことを想起されたい。

（104）こうした視角から、これまでの政治学的・倫理学的＝非経済学的スミス研究が、一つの転換点にさしかかっている次第を明確化した最近の論稿としては、Cf. Raffaelli, T., *op.cit.*, pp.5-13.

第一部　倫理と法の原理論の展開

——『道徳感情論』初版の主題と構造——

第一章　アダム・スミス問題再訪

(1)　アダム・スミス復興の実態

かつて日本の後塵を拝していた欧米のアダム・スミス研究は、序章でみたように、一九七〇年代以降、かつてなく活発化し、さまざまな成果を生み出しつつあるが、一九八九年以降の社会主義社会の動向は、スミス思想の本質的正しさを改めて確証することとなったため、スミスへの関心は、今後さらに全世界的に一層強まってゆくことであろう。しかし、スミス思想の文化的・政治的・経済的背景の探求を中心にしたこれまでの欧米におけるアダム・スミス　ルネサンスの実態は、スミス研究に幅と広がりを与えた反面、スミスの諸側面の一面的・無原則的強調に傾き、必ずしもスミスの思想体系の全体把握に至っていない。逆に、スミスの本来の主題やその歴史的・思想的文脈、さらにはスミス思想の形成・展開過程を無視した一面的なスミス像の提示に終っている場合が多い。スミスの『国富論』をシヴィク・パラダイムに基づく倫理的論考と規定した最近のドワイヤーの論説[1]など、その一つの典型といえよう。

こうしたドワイヤー的『国富論』解釈がシヴィク・パラダイムの機械的適用にすぎないことは筆者自身も認めている通りであるが、スミスを「非政治的思想家」[2]とみてきた従来の「伝統的見解」に対し、「政治家と立法者のための科学」の樹立者としてとらえるウィンチとホーコンセン[3]に代表される近年の政治学的スミス研究の潮流は、従来の自由主義的解釈と異なるスミス研究の新しい動向を象徴するものであったといえよう。しかし、こうした最近のスミス研究の支配的動向も、必ずしもスミスの社会科学体系の全体像を踏まえたものではなく、従来のプロ経済学的研究が看過していたスミス思想の政治学的側面の一面的強調に陥っている面が多いことは否定しがたい事実である。(4)こうした解釈が支配的になった一つの原因は、最近の欧米の研究が多分にポーコック・パラダイムの影響下に展開されたためではないかと考えられるが、これまでのスミス研究においてこうした形でさまざまなスミス解釈がかなり恣意的に展開されてきた根本原因は、一九世紀以降すべてのスミス研究者が当面してきた「アダム・スミス問題」の整理が十分になされていない点にあると考えられるので、「アダム・スミス問題」の再検討から『道徳感情論』一―六版と『国富論』との対比的研究を目的とする本書の主題を出発させることにしよう。

(2) アダム・スミス問題の所在

『国富論』の利己心原理と『道徳感情論』の同感理論は矛盾するのではないか。スミスは、エコノミストの影響で、共感の道徳哲学者から利己心の経済学者へ転向したのでないのか。当初こうした形で提起された「アダム・スミス問題」は、スミスが渡仏前にすでに治政《ポリース》経済論を展開していたことを確証した「法学講義」ノートの発見と『感情論』の「同感」理論理解の深化で解消し、完全に過去のものとなっている。(5)反対に、スミスの処女作『道徳感情論』研究の進展の結果、『感情論』を基底にしたスミスの統一解釈が支配的になりつつあることは、改めて指摘するまでもない周知の事実である。スキナーの研究(6)は、こうした最近の研究動向の一時期の成果を集約したものといえるであろうが、こうした最近のスミス研究者のアダム・スミス問題に対する支配的見解を代表的に表現しているのが、グラスゴウ全集版『道徳感情論』の編者であるラファエルとマクフィーの見解である。

彼らによれば、「いわゆる〝アダム・スミス問題〟は、無知と誤解に基づく疑似問題」にすぎず、「『感情論』と『国富論』との間にはいかなる根本的不統一もなく」、『感情論』にみられる自らの条件改善論や、節約・勤勉《インダストリ》論等は『国富論』を予告している。[7]『感情論』の一―六版間にも、「発展はあっても、基本的な変化はなく」、第六版に新しい第六部を挿入したのも、「スミスの倫理学の変化であるより、完成であり、明確化である[8]」といわれる。

グラスゴウ全集版の編者たちは、こうした形で『感情論』初版から『国富論』をへて『感情論』六版改訂に至るスミスの思想展開には何らの本質的矛盾はないと考えているのである。「『道徳感情論』の〝共感的〟倫理と『国富論』の〝利己的〟倫理との基本的相反性という最初の意味では、アダム・スミス問題は存在しない。……後の著作は、前の著作に含まれていた（経済行動を含む）社会行動の一般理論の経済活動の細目領域への専門的な適用とみなされうる[9]」というウィンチの解釈も、基本的には同じような理解に立脚していると考えられるが、こうした見解は今日スミス研究の主流となっているといえよう。

しかし、『感情論』初版と『国富論』、さらには、それらと『感情論』六版との関係は、実際には全集版の編者が明快に断定するほど単純ではない。基本的・本質的には決して矛盾・不統一があるわけではないが、三者の間には、関心と主題と強調点の大きな変化がみられる。とくに、『感情論』一―六版間には、「『感情論』の一七五九年版と一七九〇年版は全く別の書物であるという見解[10]」も、必ずしも誇張とはいえないほど大きな思想内容の変化、ときには逆転現象すら窺われる。それらを押しなべて矛盾なしとする見方では、『感情論』初版と六版との主題と内実の根本的変容に象徴されるスミス思想の動態のみならず、スミス思想の本質そのものも理解しえないといえるであろう。「アダム・スミス問題は、今日依然として大きく生きている[11]」とか、「アダム・スミスのパズルは今なお大きく生きたままであり、一層研究されなければならない[12]」といわれる所以はそこにある。今日、依然としてさまざまな対立的なスミス像が展開され、いろいろな形でアダム・スミス問題が語られるのも、そのために他ならないといえるであろう。

こうしたアダム・スミス問題の謎を解き、問題の所在を明確にするため、次にアダム・スミス問題の要点を簡単に整理してみることにしよう。

「アダム・スミス問題の基本的輪郭は」、ディッキーが指摘するように、「オーギュスト・オイケンが一八九八年にそれにやや十分な表現を与えて以来、実質的には変っていない」[13]。アダム・スミス問題をめぐる論者の見解は、連続(調和・一貫)説と変化(矛盾・対立)説の二つの潮流に大別される。

今日支配的な多数意見となっている連続説の基本的特色は、『感情論』の光に照らして『国富論』体系をみるという、『感情論』ベースの一元論的視点に立脚している点にある。「『感情論』と『国富論』との間に矛盾があると考える人も、前の著作を徹底的に参照する労をとりさえすれば、こうした証拠なしに申し立てられた矛盾は、大部分解消するであろう[14]」というラムの言葉は、こうした連続一元論者のアダム・スミス問題観を象徴しているといえるであろう。「『国富論』を『感情論』の中で展開されたスミスの道徳心理学の光に照らして再吟味する[15]」ことを通して、『感情論』が『国富論』の分析の基礎を築いた次第を論証しようとしてきた戦後のスミス研究の支配的な潮流も、この系譜に属するものに他ならない。最近のスミス研究が、「天文学史」その他の『哲学論文集』や『修辞学・文学講義』の解析を通して、スミス体系の方法的一貫性を解き明かそうとしているのは、こうした連続説的見解をさらに方法論レヴェルにまで深めたものといえよう[16]。

これに対し、オイケン、クニース、ブレンターノらからはじまる変化・矛盾説は、全体として、『感情論』と『国富論』とをそれぞれ独立の発想源とみる二元論的立場をとっているようにみえる。たとえば、ヴァイナーは、スミスが『感情論』では「摂理的楽観主義」に立脚していたのに、『国富論』には「自然的秩序」の欠陥認識がみられることから、『国富論』の思想は『感情論』の完全調和論とはほど遠く、スミスは『国富論』では自然的秩序が対立を生み出すことをみていたのであるとすることにより、政府の介入の根拠をそこに求めている[17]。このようなヴァイナーの見解が、前述のような二元論に立脚していることは明らかである。彼によれば、アダム・スミス問題が生まれるのは、スミスの「二つの著作の完全な合致の基礎を見出そうと意図する」からで、実際には、「『国富論』は『感情論』と部分的に分裂しているため、よりよい書物であった[18]」とされたのである。

このヴァイナーの解釈は、『感情論』と『国富論』の基本的相違点を強調したものであるが、スミスの諸著作のうちにみられるこうした見解のちがい（変化）のうちに矛盾をみる解釈は、スミスの著作の版の差異を無視した議論をしている場合が多い。たとえば、スミスのうちに、商業⇓徳性論と実践道徳論との対立をみ、一方では商業の道徳性を強調することによって道徳教育を放逐しながら、他方で実践倫理を説くスミスの道徳観の二面性を批判するクロプシーのスミス解釈は[19]、『感情論』の最終版の中に初版の経験倫理学と六版改訂版の論理（実践倫理学）が併存していることから生まれたものであった。一冊の書物の中に二つのちがった原理に立脚する倫理観が展開されているのは、原理的にはたしかに矛盾で、その点をいち早く感じとり、それを「アダム・スミス問題」として提起したのはその限り卓見であるが、クロプシーの誤謬は、ディッキーの指摘するように、「彼がスミスの二律背反《アンビヴァレンス》を立証するために引用した章句が『感情論』の初版と六版とによっている[20]」という版のちがいをはっきり自覚していない点にある。「スミスが一七九〇年までに道徳教育の価値について考えを変えていた[21]」と考えれば、二つの道徳観の並存も必ずしもアンビヴァレントではなくなるからである。

これまで提出されてきたさまざまなスミス解釈の一つの弱点は、最近のヴィヴィエンヌ・ブラウンやフィツギボンズのスミス研究、さらには、ロスの『スミス伝』に至るまで、こうしたスミスの問題意識の変化に伴う版の改訂の意味を十分踏まえることなく、『感情論』一—六版の思想を無差別にご都合主義的に引用している点にある。『感情論』六版の論理を根拠にスミスのストア性やシヴィク性、さらには『国富論』の倫理性を強調する解釈などその典型といえるが、その点がしっかり自覚されるようになれば、「アダム・スミス問題」は基本的にその様相を変えてゆくことであろう。

スミス研究は、戦後「天文学史」その他の『哲学論文集』や『修辞学・文学講義』、さらには言語論へと研究の輪を拡げてゆくようになった結果、より統一的なスミス像が形成されつつあるようにみえる。にもかかわらず、実際には依然としてこうした点に無自覚な議論が多いため、アダム・スミス問題を正しく克服しえないままにとどまっているのであるが、戦後のアダム・スミス問題解明のもう一つの新しい傾向として、『法学講義』媒介説がある。『感情論』と『国富論』との間に、『感情論』の論理の発展ないし帰結としての『法学講義』をはさんで考察することによって、『感情論』と『国富論』との間の懸隔に架橋し、アダム・スミス問題のパズルを解こうとする方法である(22)。これはスミスの社会科学体系の全体把握のためにも不可欠の手続きで、『法学講義』に媒介されることによって、『感情論』⇩『国富論』関係がより精確に理解されうるようになることはいうまでもない。スミスの『法学講義』研究の一層の進展が期待される一つの根拠はそこにあるが、従来のアダム・スミス問題解釈は、前述のような版の問題の他に、さらに次のような弱点をもっている次第が大きく注意される要がある。

それは、変化説が、スミスの思想の表現形態や主題と関心・強調点の差異や変化を強調する余り、そうした変化にもかかわらぬスミスの論理と概念の本質的一貫性を正しく認識しえないという欠陥に陥りやすいのに対し、連続説は、用語の同一性や共通面に目を奪われて、主題と関心の変化に伴う問題の所在を見落す傾向がある点である(23)。もっと問題なのは、『感情論』ベースにスミスの思想展開をみるさいにも、これまでの研究は、どちらも『感情論』初版を所与のものとして前提した上での一―六版の単純対比論にすぎないため、六版を基準に初版を評価する結果になっている点である。たとえば、全集版の編者は、『感情論』一―二―六版の差異を周知のように観察者概念の発展とそれに伴う良心論の展開に求めているが[24]、これは後述のように六版を基準にし、その目で初版の論理をみることから生まれた解釈で、こうした解釈では初版と六版の問題意識と主題の本質的相違点が必ずしも明らかにされえないことは、のちにみる通りである。

(3)　ディッキー＝ラファエル論争

こうしたアダム・スミス問題の現状に一石を投じたのが、「『感情論』の一七五九年版と一七九〇年版を、いかに両面価値的にであれ、単一の目的の下に書かれた一冊の書物を成しているかのように読むことを拒否」して、アダム・スミス問題は「一七五九年からはじまり、一七七六年を経由して、一七九〇年に頂点に達する発展的連鎖[25]」において歴史的に考察さるべきであるとするディッキーの「アダム・スミス問題歴史化」説である。このディッキー説の要点は、『感情論』初版と『国富論』の他に、「『感情論』の一七九〇年版をスミスの思想の第三の中心動因を成している[26]」とする点にある。ディッキーは、そうした視点から、全集版の編者が、一―六版間には「発展」はあっても「変化」はなく、六版は初版の「明確化」にすぎないとしているのに対し、九〇年版では、(1)慎慮の人に冷たい評価がなされ、(2)公共精神や自己規制観念に重大な変化がみられることから、(3)スミスは、六版では読者に初版とは明白にちがった「価値選択」(value choice) を迫り、(4)中産階級を擁護していた初版の命題を後退させて、中産階級を批判していたとする一方、(5)初版の基軸をなしていた「社会化原理」としての自然理論と異なる神学的自然観を抱くに至った点、初版とは本質的に変化しているとしている[27]。

こうしたディッキーの問題提起に対し、彼の批判対象になったラファエルは、近著でディッキーのいう六版における⑴慎慮の人に対する「冷たい評価」論は根拠がなく、⑵スミスが六版で「ストア主義に明確に対立する一八世紀の英独プロテスタント思想の中で展開されたキリスト教神学の伝統を反映した新しい見解を発表した」というのは「全くの虚構である」[28]として、感情的ともいえるほどきびしい言葉で反論している。その上で改めて、⑶『感情論』二版改訂は、「スミスが初版で陳述していた見解を、訂正するというより明確化（clarify）する」ものであったのに対し、六版では「以前書いたものをたんに明確化するだけでなく、自分の見解を若干修正（modify）している」[29]という、六版修正説を展開している。彼は、その根拠として、初版ではその第六部の道徳哲学説史の第一主題をなしていた「徳性の本性」論を省略していたので、六版はその欠陥を修理《リペアー》したのであるという、六版＝「省略補修」＝「完成」説を展開している。[30]このラファエルの議論は、ディッキーをきびしく批判しながらも、ディッキーの問題提起に対応して、自説を補強・修正したものであるが、[31]この六版補修説は、一―六版の相違点を二版以降の良心論＝公平な観察者論の発展に求めていた全集版「序説」の連続・発展・完成説とも論理的に整合するといえよう。

　しかし、これは「序説」の良心論の発展説と同様、六版を基準にその目で初版をみるための初版＝不完全⇒六版＝完成論に他ならない。ラファエルは、その根拠を上述のようにスミス自身が道徳哲学の二大主題の一つとした「徳性の本性」論が欠けているという形式的不完全性に求めているが、のちに具体的に論証するように、初版の意図と主題は、ラファエルその他が解するような意味での徳性論にはなく、関係＝適宜性がそれなりに道徳性をもつ次第を論証することを通して、地上の正義の原理を確立する点にあったのであった。スミスが第四版に「人びとがはじめは隣人たちの、のちには彼ら自身の行動と性格について自然に判断する原理の分析のための試論」という副題を付加したのも、ラファエル自身指摘しているように、[32]『感情論』の主題が道徳判断論である次第を明確化することによって、『感情論』が徳性論と解されることから生まれる誤解を解くためであったと考えられる。とすれば、ラファエルのように、六版改訂の主題が初版の欠陥の補修による『感情論』の道徳哲学体系としての完成にあったとみるのは、『国富論』に結集される社会科学体系を成立に導いた初版の独自の固有の意図と主題を看過したたんなる形式論理的発想にすぎないことは明らかである。それだけでなく、こうしたとらえ方は、初版とは別の意図の下に展開された六版の意図と固有の主題そのものをも誤り解することにもなりかねないであろう。

こうしたラファエルの解釈に象徴される従来の『感情論』研究、ならびに「アダム・スミス問題」論の共通欠陥は、『感情論』（初版）を所与のものとして前提し、そこから出発して議論している点にある。最近のスミス研究は、もとより、『感情論』だけを唯一のテキストとするものではなく、「天文学史」その他の『哲学論文集』や『修辞学・文学講義』、さらには言語論にまで手を拡げて、『感情論』との方法的関連が問われるようになりつつある点に特色をもつことはいうまでもない。しかし、これらの研究も、スミスの方法や発想源を多くの場合スミス体系の内部で、『感情論』や『国富論』との関係においてみるものにすぎず、『感情論』初版の主題と前提、その出自をそれ自体として明らかにする視点から展開するまでには至っていない。最近の新しい方法論的研究も、いまだ必ずしもこれまでの初版前提論の基本的枠組そのものを変えるに至っていないと断定する根拠はそこにあるが、こうした初版前提の接近では初版の主題は必ずしもみえないことが注意される要がある。それだけでなく、このような初版前提論は、六版の眼で初版を切ることになるため、初版は最終完成版の萌芽・未成熟型・欠陥態説になりやすいことは、否定しがたい事実であるといえよう(34)。全集版の編者が、既述のように一—六版の相違点を公平な観察者概念の発展による良心論の展開に求め、新六部の徳性論のうちに道徳哲学体系の完成をみたのもそのためであったが、こうした六版基準・完成説は、それ自体としての独自の固有の問題意識から出発した初版の主題の発見を妨げるだけでなく、それとは異なる別個の独自の問題意識から執筆された六版の固有の主題をも見失わせ、初版と六版の真の相違点の認識を曖昧化するおそれすらあるといわざるをえない[35]。

(4) 自然神学の媒介性

『感情論』をそれ自体として眺め廻すだけでなく、『感情論』がどのような時代的・思想的背景の下に展開（執筆）されたかを問う、初版の主題の歴史的文脈分析の必要根拠はここにあるが、こうした接近は、従来でもなかった訳ではない。多くの研究者が『感情論』をホッブズやヒュームとの対比において考察してきたことは、改めて指摘するまでもない周知の事実である。タイヒグレイバーも、「『道徳感情論』は、一八世紀特有の関心事の文脈で主として読まれるだけでは十分に理解しえない[36]」として、ルネサンス以来の「人文主義的道徳哲学の伝統」との対比において考察さるべき次第を強調している。全集版の編者がその「序説」で「『感情論』の形成」にふれるさいに、「ストア哲学の影響」をとくに重視し、独立節をもうけて大きなページをさいたのも[37]、同じような問題関心に基づくものであったといえよう。ロック研究から出発した私は、かねてから近代自然法との関係において『感情論』初版の主題を明らかにしようとしてきたが、ホーコンセンやホントその他、最近では新村聡の研究が、近代自然法学に大きく注目し、プーフェンドルフ—ロック—ハチスン—ヒューム—スミス関係を問題にするようになった所以も、『法学講義』や『国富論』の基礎をなす『感情論』の本来の主題をそれとして明らかにしようとする意図に基づくものといえよう。

しかし、『感情論』初版の主題と前提を明確化するためには、こうしたストアや自然法（学）との関係以上に、それらとの関係をも包摂するスミス思想のより直接的・本質的なルーツとして、当時のスコットランドにおける自然神学思想の系譜を知る必要がある。『感情論』は、別著で詳説したように、何よりも当時の長老派カルヴァン主義の硬直的な教義からの脱却を意図していたスコットランド啓蒙の思想運動の根幹をなしていた教会啓蒙の流れの中で、神学の自然化という形で上の課題に応えようとしていた「自然神学」の伝統の指導的フィギュアであったフランシス・ハチスンの解決に対する批判的応答として、ハチスンの『情念論』との格闘の中から形成されてきたものであったからである。[38]『感情論』が、彼の「道徳哲学」講義の第一部門の「自然神学」講義に続く第二部門の「倫理学」講義を素材にするものとして、自然神学講義の主題に対する解答として展開されたものであったことも、この事実を確証するものに他ならない。[39]『感情論』初版から『法学講義』をへて『国富論』に進み、さらに『感情論』六版に至ったスミスの思想展開は、すべてこうした神学の自然科学化としての自然神学の思想伝統の下で、最期まで神の摂理の妥当を確信（前提）しながら、その経験主義的とらえ直しに伴う問題に苦闘した営みに他ならず、こうしたスミス思想の神学的前提についての理解ないし認識を欠いたアダム・スミス問題についての揚言は、無意味な戯言にすぎないというのは必ずしも誇張ではないといえよう。[40]私がこれまで『感情論』読解の前提として、ハチスン以降の自然神学思想の文脈分析を行ってきたのもそのためであったが、今日いまだ解明されていない最大のアダム・スミス問題を解く鍵も、実はこの点にある次第が注意される要がある。

これまでのすべての真面目なスミス研究者を悩ませてきた最大のアダム・スミス問題は（後述の理由で、それがアダム・スミス問題として語られたことはめったにないが）、スミスが『感情論』や『国富論』ですぐれて経験的・科学的な理論を展開しながら、「決定的瞬間に神学的常套句（theological platitudes）をもち出す彼の傾向」[41]にある。多くの研究者が、スミスの経験論と彼の思想の神学的枠組をめぐるスミス思想の原理的異質性について、さまざまな形で論及してきた所以はそこにある。たとえば、ラファエルは、「スミスは、倫理学を経験倫理学と社会学のタームで説明しようと欲していたのに、道徳規則は神法に等しく、良心は社会的是認・否認に優越する権威をもつという、明白に因襲的なテーゼで終っている。読者は、スミスが書物の途中で経験主義を捨てて、不統一に気付くことなしに、有神論者と合理主義者の伝統的見解に忍び込んだと考えがちである。しかし、彼の理論をもっと注意深く吟味すれば、そうでないことが分かる。公平な観察者の概念は、一貫して経験的である」[42]として、スミスの経験倫理学とそれとは異質な要素との併存について語っている。同じような認識をヴェアヘェーンは、同感⇩適宜性論を基軸とする「倫理的相対主義」と摂理的な自然秩序観に立脚する形而上学的自然主義との対立というシェーマで表現している。彼女によれば、「スミスは、……道徳規則と道徳原理の発展をもたらす公平な観察者の諸行為が、特定の社会的文脈における個人的是認から生まれる」ものにすぎず、「道徳的是認が社会関係に依存している」だけでなく、「公平な観察者も、たんにある特定の社会における理想の平均的人格にすぎないので、社会の産物に他ならず」、社会がちがえば、「多くの異なった種類の道徳規則と多くの異なった種類の公平な観察者がありうる」次第を認めていたといわれる。その限り、「スミスは、倫理的相対主義者であるようにみえる」が、「他方、スミスの哲学においては、自然と自然的秩序という用語が重要な役割を演じ、彼の申し立てられた相対主義に疑問をもたらし」、「彼の道徳心理学のせいにしばしばされている遡及的な相対主義を排除している」[43]事実をヴェアヘェーンは見抜いていたのである。スミスの中に「社会化の原理」(a principle of socialization)としての是認概念と目的論的原理に立脚する是認概念との対立をみ、スミスが社会化原理に不満を表明し、社会化に必要な最小倫理《ミニマリストモラル》観から目的論的義務論に移行していたとする、ディッキーやハイルブローナーの見解[44]も、同じような認識に立脚しているといえよう。これに対し、スミス経済学の徹底「科学」的分析を主題としたモリス・ブラウンは、その分析過程でその意図とは逆に、「共感的相互作用」原理に立脚する「スミスの科学的モデルの背後に人間の潜在力に関するメタ科学的見解が横たわっている」ことを認め、「彼の命題を確立しようとすると、その過程でメタ科学が形而上学に合体する」「究極価値と目的論の議論に導かれ」、「決定的瞬間に神学的（おそらくは、ストア的な）常套句が持ち込まれる」ため、分析が妨げられることを嘆いている。[45] ウィンチは、こうしたスミスにおける「規範的主張と実証的主張、一方の形而上学的・神学的問題と他方の経験的問題の区別」から、スミスの理論はわれわれに「スミスによる合理主義的・一神論的自然法解釈と彼の経験主義が強調する解釈のどちらかの選択を迫っている」[46] として、スミスの「経験科学的性向」と「規範的要素」のいずれかを「選択」する必要があると考えられてきた次第を明らかにしている。

ヒュームとスミスの最大の相違点をなすこうした科学に還元しえない神学的要素を容認することから生まれるスミス思想の二面性ないし両極性、その原因としてのスミスの経験主義の神学的前提・枠組については、早くからさまざまな形で指摘がなされながら、問題を合理的・統一的に説明する原理が見出しえないままに、古くはビッターマンやクロプシーから、マクフィーやリンドグレン、さらにはホーコンセンその他に至るまで、『感情論』の神学的表現は、スミスの経験主義を偽装《カムフラージュ》するための修辞《レトリック》か、当時の思想風土の慣行《コンヴェンショナル》的な表現、でなければ、彼の経験主義とは異なる伝統との妥協の産物[47]、と解されてきたのであった。上の問題がアダム・スミス問題として提起されることがほとんどなかった理由もそこにある[48]。しかし、『感情論』の随所にみられるスミスの神学的表現は、自らの思想の革新性を隠すための修辞でも、時代思潮のたんなる慣行的表現にすぎないものでもなく、伝統との妥協のためでもない。大多数の研究者は、こうした解釈によって上の難点をクリアしようとしているが[49]、こうした理解ではスミスの経験主義ないし倫理的相対主義自体の真の本性を十分把握しえないといわざるをえない。多くの研究者が、スミスの不統一を非難し、スミス思想の神学的前提について「困惑」を表明してきた所以も、そこにあるといえるであろう。

たとえば、ビッターマンは、「アダム・スミスの方法論が、自然法学派の合理主義的方法とは対照的に、ニュートンとヒュームから示唆をえたものとして本質的に経験的であった」次第を詳しく論証する一方で、スミスが経験的・実証的分析から「規範的意味」を引き出している点を非難し、「彼の弱点は、おそらく、観察されたデータが効果的な規範的理想をもたらすという信仰にある[50]」としている。クロプシーも同様に、商業観などにみられるスミスの不統一を既述のような形で非難し、スミスを字義通りに取ると、「彼の全教義が本質的に理解できないままになる[51]」として、アンビヴァレンスの一方だけを吟味している。他方、モリス・ブラウンは、マクフィーが『社会における個人』では、「スミスがときおり神学的常套句（theistic platitudes）に頼っている」のは、科学的分析を支えるための形而上学的メカニズムにすぎないとしていたのに、グラスゴウ全集版の「序説」では、スミスの中に科学的説明と異なる形而上学的自然観がみられる事実を承認していることに戸惑いをみせながら[52]、科学の原理では説明できないこうした形而上学的自然観の存在を承認することは、「スミスが彼の委曲を尽した科学的説明様式と明白に対立する包括的自然観をもっていたことを意味することになるので、こうした見通しについては〔承認を〕留保したい[53]」とのべている。ブラウンは、マクフィーが見解を変えて「転向」したことを承認しながら、その帰結にたじろいでいるのである。これに対し、スミスの経験主義的解釈と合理主義的・一神論的自然法解釈とのいずれかを「選択」せざるをえない次第を明らかにしたウィンチは、スミスの目的因の取扱いのうちに存在している「神学的機能主義（theologischen Funktionalismus）」を前者の選択を好む社会科学者は「遺憾に思っている[54]」という、遺憾論を展開している。

　こうした「留保」・「選択」・「遺憾」論やマクフィーの転向は、修辞《レトリック》ないし慣行《コンヴェンション》論や、ビッターマンやクロプシーのようにスミスの不統一を非難して神学を一方的に切り捨てる解釈よりははるかに誠実であるが、自らの研究が対象の真実（本質）に迫りえていないことを示す点では変りない。従来のスミス研究は、『感情論』の神学的前提ないし枠組のもつ含意についての理解を欠いていたため、神学的要素を切り捨てることで経験主義的選択をするか、修辞ないし偽装と解することで問題を処理（回避）する他なかったのであるが、こうした背反・両極性は、スミスの経験倫理学（倫理的相対主義）が、人間を含む万物が従う作用（手段）⇩目的の自然法則（神のデザイン）の貫徹を保障するため、自然の必然法則（goal-directed order）を逸脱して善悪無差別《インディファレンス》の自由に走る人間に要請されるコンヴェンション的な交通規則として、「彼の同胞の行動を監督するため、地上における神の代理人に任命された」（TMS, 2ed. 204）人間が自ら考案したものに他ならないと考えれば、一挙に解消することであろう。[55]『感情論』の論理が、後述のように「神の法」（自然の必然法則）と「神の正義」を前提した上での地上の正義論として展開されていることも、この事実を傍証するものに他ならない。神の正義を認めることと地上の正義論の構築を主題とすることとは何ら対立するものではなく、神の法の支配を前提することは、必ずしもスミス理論の経験性を損うものではないのである。スミスの経験倫理学（倫理的相対主義）は、神の設定《デザイン》した自然の必然法則（神のデザイン）がみえないことから、自由に手段の体系を追求する人間が作用因（神の目的期成因）としての機能を果たすさいに必要な地上の交通《コミュニケイション》倫理として構想されたものに他ならず、スミスの社会科学は、それさえ守れば、作用因としての人間の自由な活動がおのずからデザイン実現に至る過程《プロセス》を作用因の活動の経験観察を通して明らかにしたものであるからである。こうしたスミスの経験理論の神学的前提を知るとき、本書の第二部第一章でより詳しく具体的に論証するように、上述のごときスミスの倫理的相対主義と形而上学的自然観、経験主義的科学観と神学的前提ないし枠組との関係も、矛盾とか修辞・偽装・伝統回帰という形で一方を切り捨てる要がなくなり、すんなり両立させうることであろう。こうした解釈に対する反対論の最強力の根拠とされる「天文学史」に代表される彼の科学的認識論とスミス理論の神学的前提との非整合性の問題も、後述のようにニュートン自身が目的論を前提していた次第を知るとき、おのずと解消するといえよう。[56]

アダム・スミス問題は、こうした神学的枠組の下で経験倫理学（地上の正義論）の確立を主題としたスミスが、なぜ、どのようにして倫理学から法学をへて経済学へ進んだのか、そのスミスが九〇年に徳性論の再構築（実践倫理学の展開）を主題とするに至ったのはなぜか、それらの内実を明らかにすることを通して、スミスがスコットランド啓蒙と当時の世界史の動態の中で自ら当面した「富と徳性」問題にどう解答したかを解き明かす点にある。それは、直接的にはあくまでも一八世紀ヨーロッパ社会の現実の中に生きたスミス自身の問題であるが、その中にわれわれは現代のわれわれ自身の問題につながる生きた真理を見出すことであろう。

（1） Cf. Dwyer, John: Virtue and improvement: the civic world of Adam Smith, in *Adam Smith Reviewed*, ed. by P. Jones & A. S. Skinner, Edinburgh 1992, esp., pp.191, 211.

（2） Cf. Winch, D.: *Adam Smith's Politics, An essay in historiographic revision*, Cambridge 1978.（永井義雄・近藤加代子訳『アダム・スミスの政治学』）

（3） Cf. Haakonssen, K.: *The Science of a Legislator, The natural jurisprudence of David Hume & Adam Smith*, Cambridge 1981.

（4） 有江大介「アダム・スミスによる自律的経済世界の発見への途―シヴィック・ヒューマニスト・パラダイムの見失うもの―」横浜国大『エコノミア』四五―三号参照。

（5） Cf. Morrow, G. R.: *The Ethical and Economic Theories of Adam Smith*, New York 1923, Kelley Rep., 1969, pp.3-9.（鈴木信雄・市岡義章訳『アダム・スミスにおける倫理と経済』一三―二〇ページ参照）。Nieli, Russell: Spheres of Intimacy and the Adam Smith Problem, *Journal of the History of Ideas*, 47-4, 1986, pp.611-624, etc.

（6） Skinner, A. S.: *A System of Social Science, Papers relating to Adam Smith*, Oxford 1979.（田中敏弘・橋本比登志・篠原久・井上琢智訳『アダム・スミスの社会科学体系』）

（7） Cf. Smith, Adam: *The Theory of Moral Sentiments*, ed. by D. D. Raphael & A. L. Macfie, Oxford 1976, editor's Introduction, pp.9, 20, 24-25.

（8） *Ibid*., pp.18, 20.

（9） Winch, *op. cit*., p.10.

（10） Dickey, L.: Historicizing the "Adam Smith Problem": Conceptual, historiographical, and textual issues, *Journal of Modern History*, 58-3, 1986, p.595.

（11） *Ibid*., p.609.

（12） Teichgraeber Ⅲ, Richard: Rethinking *Das Adam Smith Problem, Journal of British Studies*, 20-2, 1981, p.111.

（13） Dickey, *op. cit*., p.581, Cf. Oncken, A.: "Das Adam Smith-Problem", *Zeitschrift für Sozialwissenschaft*, Berlin, 1898, I: SS. 25-33, 101-8, 276-87.

（14） Lamb, Robert B.: Adam Smith's System: Sympathy not Self-interest, *Journal of the History of Ideas*. 35-4, 1974, p.673. このラムの言葉は、アダム・スミス問題は「全く架空のものにすぎない」（Morrow, *op. cit*., pp.8-9）というモローの見解を集約したものである。

（15） Werhane, P. H.: *Adam Smith and his Legacy for Modern Capitalism*, New York 1991, p.13.

（16） たとえば、リンドグレンの方法を継承したモリス・ブラウンも、スミスの言語論や『哲学論文集』の理論を根拠に、「彼の主要な作品のうちに重大な方法論的接近の差異があるという意味でのアダム・スミス問題は存在しえない」（Brown, M.: *Adam Smith's Economics, Its place in the development of economic thought*, London & New York, 1988, p.39.）としている。

（17） Cf. Viner, Jacob: Adam Smith and Laissez faire, in *Adam Smith, 1776-1926, Lectures to commemorate the sesquicentennial of the publication of "The Wealth of Nations"*, 1928, Kelley Rep., 1966, pp.116-155.

（18） *Ibid*., p.120.

（19） Cf. Cropsey, J.: *Polity and Economy, An interpretation of the principles of Adam Smith*, The Hague 1957, esp., pp.23-25.

（20） Dickey, *op. cit*., p.588.

（21） *Ibid*., p.588.

(22) Cf. Teichgraeber, *op. cit.*, p.111. こうした接近の代表例としては、前出のウィンチやホーコンセン、拙著『アダム・スミスの自然法学』などがあげられよう。

(23) たとえば、ディッキーのいう『感情論』六版における慎慮の徳に対する「冷たい評価」の問題も、論理そのものより、中産階級に対する評価の変化の問題であるのに、ラファエルのように連続説の立場から論理の一貫性だけを問うことになると、後述のディッキー―ラファエル論争にみられるように、問題自体がみえなくなってしまうといえよう。

(24) Cf. TMS, editor's introduction, pp.15 ff.

(25) Dickey, *op. cit.*, p.609.

(26) *Ibid.*, p.609.

(27) Cf. *Ibid.*, pp.588-609. このディッキー説は、多くの誤謬・難点をはらみながらも、真理にふれる側面をもっている。ただし、ディッキーは、スミスの神学的前提に無知なため、初版の経験倫理学の神学的枠組を認めていない点、私見とは決定的に異なる次第を念のため明言しておきたい。なお、ウィンチも、このディッキー説に注目している。ドナルド・ウィンチ「アダム・スミス問題再訪」（渡辺邦博訳、奈良産業大学『産業と経済』五巻二号、九―一二ページ）参照。

(28) Cf. Raphael, D. D.: Adam Smith 1790: the man recalled; the philosopher revived, in *Adam Smith Reviewed*, ed. by P. Jones & A. S. Skinner, pp.106-108, 112.

(29) *Ibid.*, pp.103, 104.

(30) Cf. *Ibid.*, pp.108-112.

(31) たとえば、グラスゴウ全集版『感情論』の編者「序論」には、上述のような二版「明確化」視点はなく、二版に初版の良心論と異なる良心論の出発点が求められ、二版と六版の良心論の連続・共通性が強調されている。しかし、一―二―六版の関係は、こうした「序論」の見解や、それに影響された一般の解釈の示すような初版対二＝六版連続関係においてではなく、補論で詳しく論証するように、一＝二版対六版という図式においてとらえられるべきであると考えられる。上のラファエルの二版明確化、六版修正説は、その点微妙な軌道修正を行ったものといえよう。

（32）　Cf. Raphael, *op. cit.*, pp.109-110.
（33）　これらの主題についても、リンドグレンの研究や、日本では最初に「天文学史」の意義を明らかにした只腰親和の業績をはじめ、内外ともに数多くの文献が蓄積されつつあるが、こうした最近の研究動向は、全一〇編の収録論文のうち前半の四編をこれらの主題に捧げた『アダム・スミス評論』（*Adam Smith Reviewed*, ed. by Peter Jones & A. S. Skinner, Edinburgh 1992）の構成にも端的に示されているといえよう。
（34）　今日でも六版でスミスを代表させる見解が多くみられるが、六版でスミスを代表させると、初版はその萌芽・未成熟型ということになり、ラファエル的な六版完成説になるが、これは『感情論』前提説の陥りやすい重大な落し穴であることに注意されたい。
（35）　これまでの「アダム・スミス問題」論議がその中心争点の一つをPrudent-Frugal Man modelの変化の有無に求めてきたのも、『感情論』と『国富論』を単純に対比的に考察してきたことによるところが大きく、初版の固有の主題がしっかり踏まえられていたら、「アダム・スミス問題」の様相もおのずから変っていたことであろう。
（36）　Teichgraeber, *op. cit.*, p.112.
（37）　Cf. TMS, editor's Introduction, pp.5-10.
（38）　拙著『アダム・スミスの自然神学』前編第一―三章参照。
（39）　拙著、前掲書、後編第二章参照。スミスの倫理学講義の展開としての『感情論』初版の主題は、何よりもこうした彼の「道徳哲学」講義の第一部門の自然神学講義との関係においてとらえられることによって、はじめて明らかになる次第を重ねて強調しておきたい。
（40）　ミノヴィツも、これまで研究者がスミスの宗教論に関心をもたず、「〝アダム・スミス問題〟も、ほとんど専ら非宗教的問題でのみ解明されてきた」事実にふれ、最大のアダム・スミス問題は『道徳感情論』と『国富論』の宗教観のちがいにある次第を示唆している。Cf. Minowitz, P. : *Profits, Priests, and Princes*, Stanford 1993, p.8 f.
（41）　Brown, M., *op. cit.*, p.105.

(42) Raphael, D. D.: The Impartial Spectator, in *Essays on Adam Smith*, ed. by A. S. Skinner & Th. Wilson, Oxford 1975, p.98.

(43) Werhane, *op. cit.*, pp.51-52.

(44) Cf. Dickey, *op. cit.*, pp.603-604. Heilbroner, R. L.: The Socialization of the Individual in Adam Smith, *History of Political Economy*, 14-3, 1982, pp.427 ff.

(45) Cf. Brown, M., *op. cit.*, esp., pp.105, 127, 136, 141.

(46) Winch, Donald: Adam Smith als politischer Theoretiker, in *Markt, Staat und Solidarität bei Adam Smith*, Hg. von Franz-Xaver Kaufmann u. Hans-Günter Krüsselberg, Frankfurt 1984, S. 102.

(47) たとえば、ラファエルによれば、「スミスは、一方では良心の声は神の声を代表しているので、世論に優越するという伝統的見解を保持しようと欲しながら、他方では良心が発生的には社会的是認・否認の結果であることを信じていた」(Raphael, *op. cit.*, p.91) といわれる。後者の見解が初版の基調をなすのに対し、前者の見解がエリオットの批判に答えるために二版で挿入された思想の基底をなすことは明らかであるが、スミスがこのような見解を導入したのは、伝統との妥協のためと考えられていたのである。

(48) ハイルブローナーは、「たんに生活力があるだけでない、道徳的な社会が社会心理学的仮定から構成されうるかどうか」にアダム・スミス問題をみ、『感情論』が「経験的観察者」と「道徳的教師」の「二つの声」の下に書かれたことを強調しているが (Cf. Heilbroner, *op. cit.*, pp.427, 429 Note)、これは経験主義と神学的前提との対立のうちにスミス問題をみるものといえよう。

(49) ホーコンセンも、「スミスが、目的論的説明の問題を扱うさいに、人間が実際に宇宙一般、とくに物理的世界における目的指向的秩序 (goal-directed order) を知覚しているという仮定から出発している」事実を認めながら、それは「修辞的な目的」のもので、正しい「説明に到達するためには、作用因を目的因から区別する」要があるとしている。Cf. Haakonssen, *op. cit.*, p.77.

(50) Bittermann, H. J.: Adam Smith's Empiricism and the Law of Nature, I, *Journal of Political Economy*, Vol. 48, 1940, pp.497ff.,

506, 507.

（51）Cropsey, *op. cit.*, pp.92-93. Cf. Fitzgibbons, A.: *Adam Smith's System of Liberty, Wealth and Virtue, The moral & political foundations of The Wealth of Nations* , Oxford 1995, pp.36-37.

（52）Cf. Brown, M., *op. cit.*, pp.135-138.

（53）*Ibid.*, p.138.

（54）Winch, *a. a. O.* S. 102.

（55）フィツギボンズは、のちに下巻の第三部で詳説するように、スミスをストアと解することで、スミス思想の形而上学性＝神学性とそれに依拠する彼の道徳観と、スミスのヒューム的経験主義とのバランスを図ろうとしているが（Cf. Fitzgibbons, *op. cit.*, esp., pp.16-21, 31-38, 87-94）、ストア的理神論を持ち出すだけでは、のちに第二部第一章で具体的に詳しく論証するようなスミスにおける経験主義と超越主義的論理との両極的並存の問題を十分統一的に説明しえない次第については、第三部第四章のストア論を参照されたい。

（56）Cf. Oswald, D. J.: Metaphysical Beliefs and the Foundations of Smithian Political Economy, *History of Political Economy*, 27-3, 1995, pp.449-473.

（初出　神奈川大学『商経論叢』二八―三号　一九九三年）

第二章　スミス倫理学の主題と批判対象

一　スミス倫理学の主題

(1)　道徳心理学の展開

一七五九年に上梓され、一七九〇年の第六版最終版で大幅に増補・改訂された『道徳感情論』の主題は、一―六版とも外見上は一貫して徳性論で、「徳性」をめぐる議論が全編でさまざまな角度から展開されている。『感情論』が「厳密な意味でそう呼ばれている倫理学[1]」の主題を展開したものであったとされてきた理由はそこにある。しかし、『感情論』の魅力は、彼がこうした「徳性」論を中心とする道徳理論を「厳密な意味での倫理学」の主題に属する「完全な存在がいかなる原理に基いて悪い行為の処罰を是認するであろうか」（TMS, II. i. 5. 10, M.120）を問う「権利の問題」ないし、それと裏腹の関係に立つ形の「義務論」（Deontology）として展開した点にあるのではない。逆に、「倫理」や「徳性」の問題をそうした権利論や義務論、あるいは、倫理や道徳についてわれわれが一般に抱いている建前論から解放し、「倫理」や「徳性」を裸にして社会心理学に還元する形で、「人間のように弱く不完全な被造物が現実に事実上」（*Ibid.*）何を、なぜ徳として「是認するか」を問うことを通して、人間の自然の感情に基づくコンヴェンション的な倫理（Mores）の実態を深層心理学的に描き出した点にある。「歓喜は楽しい情動であり、われわれは全く取るに足らない機会にさえも、喜んでそれに身を委ねる。従って、われわれは他人の歓喜に、われわれが羨望による偏見をもたないときには、いつでもすぐに共感する。しかし、悲嘆は苦痛であり、精神は、それがわれわれ自身の不幸である場合にさえも、悲嘆に自然に抵抗し、尻込みする」（TMS, I. ii. 5. 3, M.60）。小さな心痛が共感（感情）を掻き立てず、最大の同感を呼びおこす深い苦難にも観察者がついてゆききれない（go along with しえない）のは、そのためである。だから、当事者は、他人の前では、人びとが go along with する程度にまで感情表現を抑制せねばならないという、水田洋のいう「観察者の優位」論にもつながる感情の心理分析（道徳感情の実態分析）の卓抜さ。『感情論』の魅力、その素晴らしさは、こうした透徹した人間感情の心理分析を通して、人間が守るべき倫理（モラル）の根本が、人間の自然の感情原理としての共感概念に即して、それを唯一の原理として、社会心理学的に解き明かされている点にある。

こうした心理学的方法が、『哲学論文集』や『修辞学・文学講義』から『国富論』に至るまでのスミスの著述の共通の基本的特色をなしていることは、内外のスミス研究が明らかにしつつある事実であるが、[2]『感情論』は、何よりも上述のような心理学的方法を縦横に駆使して道徳の原理を明らかにすることを意図した「道徳心理学（moral psychology）」[3]の書物である点に基本的特色をもつものであった。スミスが『感情論』で決疑論をきびしく批判した理由の一つも、それが「道徳に関する書物の主要な効用である、情動を心の中でかきたてる（excite する）ことが何もできない」（TMS, VII. iv. 33, M. 432）点に求められていたが、[4]『感情論』の基本的特色の一つがこの点にあることは、これまでの研究でもほぼ一様に認められていた点である。たとえば、タイヒグレーバーによれば、「〝徳〟の議論に対するスミスの独自の貢献は、今日われわれが道徳心理学と呼んでいる領域にある。」「スミス理論の斬新性は、道徳心理学の原理の見事な単純化にあり、」「〝徳性〟の内容の定義には何も独自なものがないことをスミスは認めていた[5]」といわれる。スミスの倫理学には少数のエリートにのみ開かれた「完全徳性」論があることを強調するワゼックも、「一七五九年にはじめて公刊されたスミスの『道徳感情論』の決定的な主張は、……〝公平な観察者〟の〝同感〟によって決定される完全な〝適宜性〟」論で、「上の概念に基いてスミスが明らかにした社会心理過程の叙述が、彼の倫理思想の独創性と永続的意義を構成している[6]」ことを認めている。

こうした倫理学書としての『感情論』の基本的特質は、一―六版とも基本的には全く同じであるが、より正確には、六版よりも初版の方に、倫理学を社会心理学に還元しながら、そうすることがそのまま倫理の原理を解き明かすことになるという、『感情論』独自の手法がより純粋に展開されているといえるであろう[7]。スミスが『感情論』刊行を契機に一躍令名を確立した最大の理由の一つも、こうした『感情論』の手法にあったことは明らかである。『感情論』が公刊直後から爆発的な称賛を博したことは、「公衆はそれを極端に称賛したい気持ちになっているようにみえる。……文筆界の群衆は、すでに声高に称賛しはじめている[8]」というヒュームの揶揄的報告をはじめ、ウィリアム・ロバートスンや『マンスリ・レヴュウ』、『アニュアル・レジスター』その他の批評に示されている通りであるが[9]、絶賛の最大の理由は、「この著者は、この主題に新しい、同時に完全に自然的な考察方法を案出した[10]」というバークの評に暗示されているように、従来の倫理学書の常識を破った心理分析の見事さにあったといえるであろう。こうした『感情論』の特色は、『感情論』と同じような情念分析に基づく実践倫理学を展開したハチスンの『情念論』の無味乾燥性と対比するとき、より明白になることであろう。

(2)『感情論』倫理学の主題の二重性

『道徳感情論』は、従来の倫理学書とはスタイルの異なる新しい倫理学書として歓迎されたのであるが、こうした形で登場した初版の論理と九〇年の六版増補部分を別々に読むと、両者の間には思想内容に微妙な重大な差異が感じられる。六版改訂・増補分は、のちに本書の第三部で詳説するように、「実践道徳体系（a practical system of morality）」の構築を中心主題にしたもので、六版では六版三部の良心論と六版六部の徳性論に代表されるより実践的な道徳論の展開に力がそそがれているだけでなく、ハチスン『情念論』の中心主題をなしていた情念抑制、性格改善の問題なども主題とされている。他方、初版には、六版増補部分にみられるような実践倫理学や有徳者政治学（virtuous politics）は展開されておらず、作用因の論理に従って動く人間の情念や道徳感情の実態分析がなされているだけにすぎない。それだけでなく、初版では「慈恵」その他のさまざまな「徳性」について語られながらも、「正義」の徳だけが市民社会に生きる人間に必要不可欠な唯一の徳とされた上で、正義の原理に基づく法の基礎付けが事実上の中心主題になっている。初版の主題と構成は、のちに具体的に論証するように、「厳密な意味での倫理学」という言葉から連想される内容より、むしろ法学の方法叙説的性格を色濃くもっており、倫理と法の区別を柱とする法の原理論に大きなページがさかれているのである。『感情論』初版と六版とは「全く別の書物である」という論者の見解も、その限りでは必ずしも誤りではないといえよう。

『感情論』初版と六版は全く別の問題意識に立脚していたのであるが、従来の『感情論』解釈では、こうした一―六版の主題のちがいがそれなりに認識されながらも、その本質や含意が明確に概念把握《ベグライフェン》されないため、初版のモレス（コンヴェンション）論としての倫理学の主題と六版の徳性論との本質的差異が明確にされないままに、徳性論として議論が展開されていた場合が多かったといえるであろう。前章でみたように、ラファエルが六版六部の「徳性の性格」論のうちに（初版の）「徳性の本性」論の「完成」をみたのも、そのためであった。しかし、初版は、六版のように徳性論の展開を意図したものではなく、道徳判断原理としての同感⇩適宜性原理に基づくコンヴェンション的な倫理の確立を唯一の主題とするものであった。初版には、ラファエルも指摘しているように、「個々の徳性に関する若干の付随的な所見はあるけれども、徳の本性に関する体系的な理論にわずかにでも似ているものは何もない[11]」のが、その何よりの証左である。徳性論は、初版では秘儀的にしか扱われていないのである。こうした『感情論』の本質をそれなりに見抜いて、初版の倫理学のうちに徳性論をみることを否定していたトマス・リードの言葉を借用すれば、初版の倫理学で「求められているのは、行為者の情動と観察者の同感が調和しているか、一致（concord）していることだけ[12]」で、道徳的（virtuous）であることではなく、スミスは人びとの間の感情の一致のうちにコンヴェンション的なモレスの原理を見出すことを倫理学の主題としていたのである。

初版の主題は徳性論ではなかったのであるが、スミスが初版で「倫理学」の主題としてこのような論理を展開した最大の理由は、初版におけるスミスの基本的思想主題がハチスン決疑論批判にあったためであった。スミスの師、フランシス・ハチスンは、当時のスコットランド社会の当面していた「富と徳性」の両立という思想課題に答えるため、「道徳感覚」原理に基づく「自然の構造」分析を通して、神学を自然化し、自然法を経験主体化することを道徳哲学の中心主題としたが、彼は自然法の道徳哲学化を急ぐあまり、倫理的命題を法律化し、法学的主題に倫理的概念を混入する決疑論に陥ってしまったのであった。こうした倫理の法律化ないし法学の倫理化を批判し、ハチスンの提出した感覚ないし感情原理に立脚する新たな自然法学を展開することが、ハチスンの思想的影響下に出発したヒューム―ケイムズ―スミスらの啓蒙の第二世代の共通主題となったのは、そのためであった[13]。ヒュームが、ハチスンから受けた思想的インパクトの下に『人間本性論』を執筆しながら、ハチスン理論の実践倫理学的帰結を否定した法の原理論としての「人間の科学」を展開した所以もそこにあるが⒁、スミスの思想主題もヒュームと基本的には同じであった。スミスの処女作『道徳感情論』も、ヒュームと同じような問題意識の下に、倫理学の根本原理を明らかにし、倫理と法の区別を明確にすることによって、「近代人の中では……他の誰にもまして大抵の場合に決してゆるやかな決疑論者ではなかった故ハチスン博士」（TMS, VII. iv. 11, M.422）を批判することを意図したものであった。『感情論』初版が、「徳性」を主題とする「倫理学」の書物でありながら、倫理と法の区別に関心し、さらには、倫理と異なる法の原理の構築を隠された主題とする法学方法叙説的性格をもっていた謎を解く一つの鍵はそこにある。『感情論』の主題と構造を理解するためには何よりもこうした『感情論』「倫理学」そのものの主題の二重性を知る要がある。『感情論』は、市民社会における人―人関係の「倫理」（モレス）の根本原理を明らかにし、倫理と法の混同を批判することを通して、市民社会における人―人関係の倫理としての正義⇩法の原理を確立することを隠された真の主題とするものであったのである。

こうした『感情論』の基本性格は、『感情論』が、前著で論証したように⒂、ハチスンの『情念論』との格闘の産物として、『情念論』を最大の想源にしながら、その実践倫理学的構成を批判する営みの中から形成されてきたことからも傍証されるが、一七九〇年に大幅に増補された『感情論』六版改訂の意図は、本書の第三部で詳説するように、こうした初版の主題とはちがって、『国富論』第四編に象徴されるような諸国家間の対立・抗争に明け暮れるヨーロッパの現状、とりわけ、そうした現実の中で私的利益の追求に狂奔する中産市民階級のモラルの現状批判、彼らの間で顕在化してきた「富と徳性」の分裂を批判する点にあったのであった。彼が六版増補分で、中産のモラルの腐敗・堕落を矯正するための実践道徳論と有徳者政治学を展開した根本の動機はそこにある。六版の主題は、一言でいえば、彼が初版で描いた「共感的相互作用」（sympathetic interaction, or, interplay）の場としての市民社会の理想と異なる現状を批判し、中産階級自体の中から失われた「富と徳性」両立の理想再建のための主体の倫理（「真の徳性」）の再建と、そのために立法者や政府の果すべき積極的役割を再検討することを主題とするものであったのである。『感情論』の初版と六版の主題がこのように大きく変化しているということは、必ずしも一部の変化・矛盾論者のいうように、両者を貫くスミス思想の根本原理そのものが変化したことを意味するものではない。⑴神のデザインした自然の必然法則（自然の体系《システム》）の支配を前提する自然神学と、⑵自然の必然法則の設計者《デザイナー》としての神の正義の支配下で、神のデザインの有効化因《エフィシィエント・コーズ》（作用因）として行動する人間に要請される地上の倫理の原理としての「公平な観察者」の立場の論理は、一―六版を貫く『感情論』の不変のメロディをなしている。

この後者の論理が『感情論』の経験倫理学の中核をなしていることは改めて指摘するまでもない周知の事実であるが、その前提をなしている『感情論』の神学的仮定・枠組の含意を正しく評価することなしに、観察者の同感＝適宜性原理に立脚するコンヴェンショナルな倫理的相対主義だけが『感情論』の倫理学の本質をなしていると考えると、たんなる相対主義を超える『感情論』の思想の本質が見失われ、前章でふれたようなアダム・スミス問題に陥ることであろう。『感情論』は、作用⇩目的の必然法則の設計者《デザイナー》としての神の法の支配下で、作用因としての人間に要請される唯一の倫理としての人―人関係のモラルの原理を公平な観察者の立場の論理、その立場の一人称化（内面主体化）に求めたものであり、この本質は六版でも全く変っていない。六版の独自性は、のちに本書の第三部で詳説するように、こうした観察者視点の徹底内面主体化による徳性の涵養を意図する一方、「有徳な性格」の実態をえぐり出すことを通して、徳性の腐敗・堕落の現状を克服するための一つの手段として初版にはない有徳者政治学を展開するに至った点にあるにすぎない。

本書の基本主題は、こうした観点から、『国富論』の基礎をなした『感情論』初版の主題と構造と、その論理的帰結としての『国富論』の倫理観の『感情論』六版の主題との差異—それに伴うスミスの倫理観そのものの逆転・変質の事実を『感情論』と『国富論』のテキストに即して内在的に論証することを通して、スミスの社会科学体系理解への道を切り開く点にある。

二　第六部　道徳哲学学説史の批判対象

(1)　道徳哲学学説史の序説性

『道徳感情論』(初版)は、人間の自然の共感感情に基づく是認の原理としての適宜性論(第一部)、それを基準とする報償・処罰の原理としてのメリット論(第二部)、その内面化に伴う義務の遵守の一般諸規則論(第三部)を根幹とし、その上に、是認に及ぼす効用と慣習の影響論(第四・五部)と、道徳哲学学説史(第六部)が展開されるという構成になっている。このような『感情論』初版の主題と構成は、『感情論』が実践倫理学の構築を意図したハチスンの『情念論』と基本的に異なる主題を『国富論』と同じ理論⇩政策⇩歴史の順で展開していたことを窺わせる。スミスは、分業論からはじめた『国富論』と同様な手法で、「共感」の概念規定からはじめて、その上に全体系を展開していたのであるが、こうした手法に立脚する『感情論』の意図と主題をスミス自身のテキストに即して解明する最良の手掛りは、第六部(六版七部)の道徳哲学学説史の叙述そのもののうちにある。

その理由は、グラスゴウ全集版の編者がいち早く指摘していたように、「書物の最後の部分が、その最も早い版では、倫理学に関する講義の最初の部分をなしていた題材に由来するように思われる[16]」点にある。編者たちは、そう推定する根拠を「そうでなければ、スミスがここ（TMS, VII. i. 2）で、彼の課題が事実上ほとんどすでに達成された時点で、あたかも序説のような形で倫理学説の二つの主要な問題を詳しく説く筈はない[17]」点に求めているが、編者の一人のラファエルは、最近の論考ではより積極的に、スミスが初版の第六部で道徳の原理を扱うさいの二つの問題として提出した「第一に、徳性はどこに存するか……第二に、この性格が、それがどのようなものであれ、われわれに推奨されるのはどのような精神の力ないし能力によるのか（VII. i. 2, M.328）というこの所説は、論究《トリーティーズ》ないし論説《ディスコース》の発端のように読める。それで、私は『道徳感情論』のテキストを編集したさい、スミスの講義の最初の話は、スミス自身の見解を展開する以前に、先行理論の批判的概観の形で、この点から多分はじまったということを暗示していたが、今では、上の陳述は、スミスの講義の冒頭から移されたのであり、一―五部が書物の形に構成されたのちに書かれたものではないと推定するより以上の根拠があると考える[18]」と断定している。

初版の第六部は、ラファエルの断定するように、『感情論』のベースをなしたスミスの倫理学講義の冒頭の思想の論旨をより精密に書き直したものであったと推定される次第であるが、こうした講義の冒頭の思想がなぜ『感情論』の意図と主題を解明する最大の手掛りをなすのか。その理由は、いうまでもなく、誰しも、話のはじめに自らの問題（主題）を語るからである。それも、真面目な研究者なら、自分の問題意識を闇雲に語るのではなく、彼自身の生きている社会の現状認識に基づく先行学説に対する批判的問題設定を、先行学説の批判的概観を通して行う形をとる場合が多いからである。スミスがグラスゴウ大学における倫理学講義の冒頭で、第六部（六版七部）第一編で提示されたような主題設定を含む学史叙述を展開していたとすれば、それはたんに学生に講義の主題を分りやすく理解させるための方便ないし親切にとどまるものではなく、そうした紹介の形でこれまでの道徳哲学説史を批判的に概説することを通して自らの主題を設定するという隠された意図の下になされたものと考えて差支えないであろう。スミスは、『感情論』第五部の慣行批判に端的に示されているような当時の社会の現状批判の意図をも秘めた倫理学講義の冒頭で、それまでの先行道徳学説を批判的に再検討する過程で、当時のスコットランド社会の当面していた問題に応答するためには、道徳感覚理論と仁愛原理を根幹とするフランシス・ハチスンの道徳哲学に代る新しい道徳哲学の構築が不可欠である次第を認識するに至ったため、ハチスンの「道徳感覚」理論に代る「共感」理論をベースにした新しい道徳感情の理論の展開を『道徳感情論』の主題とするに至ったのである。

『感情論』が「共感」論からはじまっている理由を理解する一つの鍵はそこにある。第一部の冒頭の「共感」論は、その叙述の外見から想像されるような純粋に抽象的な概念規定にとどまるものではなく、当時の社会の現状に対するスミス自身の批判意識と、そうした現状に対するそれなりの応答として展開された先行学説の批判的総括の帰結として、ハチスンの『情念論』との格闘を通して獲得された新しい理論形成のための基礎概念をなすものであったのである。にもかかわらず、『感情論』の編別構成が、こうした問題意識から想定されるような歴史的現状批判(歴史分析を基底とする現状批判)から出発する形になっていないのは、いうまでもなく、研究の方法と叙述の方法のちがいによるものに他ならない。スミスは、先行学説との格闘を通して、その中から自らの社会分析の基礎範疇を学びとり、それによる歴史的現状批判を意図しながらも、自らの理論の展開に当っては、単一原理に基いて全体系を統一的に説明するニュートン的方法こそが最も良い叙述方法であると考えたため、『感情論』一—三部で共感原理に基づく道徳的諸感情の理論を構築した上で、改めて、現状の歴史的批判を四—五部の政策批判と六部における学説史批判の形で展開したのである。スミスの倫理学講義の冒頭の問題意識と思想内容を基底にしていたと考えられる第六部の道徳哲学学説史の思想内容が、『感情論』の意図と主題を解き明かす最良の手掛りをなす根拠はそこにある。

(2) 道徳感情理論の主題

スミスは、初版の第六部の冒頭で、「道徳的諸感情の理論において検討さるべき問題」ないし「道徳の原理」に属する問題として、「徳性はどこに存するか」という「徳の本質（the nature of virtue）」に関する問題と、是認の原理に関する問題をあげている。この分類は、『感情論』の主題が、性格改善や情念規制を主とする実践道徳論にではなく、道徳に関する原理的諸問題にあったことを示している。スミスの伝記作家デューゴルド・ステュアートは、そのスミス伝の第二節の冒頭で、「倫理学は、近代の著述家たちによって二つの部門に区分されてきた。一部門は道徳理論を、他の一部門は実践的教説を含む」とした上で、前者の部門に属するものとして「道徳的識別」（道徳判断）の原理としての「道徳的是認の原理」論と「道徳的是認の本来の対象」としての「美徳の本質」論の二つの主題をあげている。[19]スミスが『感情論』の主題とした前述の二つの問題は、この前者の部門に属するもので、後者の部門に属する実践道徳論は、初版ではごく付随的にしか論及されていない。スミスは、『感情論』では実践道徳論ではなく、道徳の原理的考察を基軸にする道徳理論の構築を主題にしていたのである。しかし、この事実は、『感情論』の主題が道徳的是認の究極原理を問う権利論、ないし、道徳的義務の根拠を問う義務論であったことを意味しない。[20]彼は、第二部第一編の末尾に付した脚注の中で、自分の「現在の研究は、権利の問題に関するものではなく、そういってよければ、事実の問題に関するものである」（TMS, II. i. 5. 10, M.120）として、『感情論』の主題が、刑罰や正義の究極原理を問うものではなく、「人間のように弱く不完全な被造物が現実に事実上それを是認するのは、どのような原理によっているのか」（*Ibid.*）を問うものにすぎない次第を明らかにしている。この指摘は、スミスが道徳的是認の原理の問題を是認の究極原理に関する形而上学的問題から相対的に自由な地上の人—人関係の問題として考察しようとしていた次第を示しているが、このように権利の問題と事実の問題とを区別して問題を考察する思想を展開したのは、必ずしもスミスが最初ではない。

たとえば、ロックは、一六九〇年に公刊された『人間知性論』の中の道徳規則ないし法を三種類に分類した個所で、神法や市民法と異なる第三の法として「公衆の意見または評判の法」をあげて次のようにのべている。「徳・悪徳は、……神法と合致する」が、「世界のさまざまな国民や社会にみられるその適用の個々の具体例においては、徳・悪徳というこれらの名辞は、それぞれの国や社会で評判ないし不信の的になっている行為にのみ帰せられる」ものであり、「人びとが……彼らの間で称賛に値する（praise-worthy）と判断される行為に徳の名を与え、非難に値すると考えられるものを悪徳と呼ぶのは、不思議と思われるべきでない[21]」と。

ロックは、このように主張した上で、この評判法についてより立入った議論を展開しているが、第四版の序文では人びとの誤解をとくために次のような見解を追記している。「私がそこでしようとしたことは、道徳規則を設定することではなく、道徳観念の起源と性質を示し、人びとが道徳的関係において利用する諸規則を枚挙することであって、それらの規則が正しいか間違っているかは問うところではない。」「私は、たんに他の人たちが何を徳・悪徳と呼ぶかを事実の問題として報告したにすぎない[22]」のであると。

このようなロックの評判法の観念とスミスの『道徳感情論』の思想とは厳密にはもとより質を異にするが、「人びとが何を徳・悪徳と呼ぶかを事実の問題として報告する」ことを通して、道徳の問題を道徳的是認の究極原理としての神法との関係における権利論とは別の角度から考察し、人びとの道徳観念が実際にはそれぞれの社会の流行や習慣によって規定される次第を明らかにしたロックの評判法の思想が、スミスの道徳的諸感情の理論とつながる契機をもっていたことはかつて詳しく論証した通りである[23]。しかし、スミスが『感情論』でこうした事実の問題としての道徳的諸感情の理論を展開するに至った直接の契機は、ロックよりもむしろ道徳の問題を権利問題として扱い、「行為の道徳性を神学だけに関連させ、それだけが義務の自体的な根拠をなす[24]」次第を強調していたカーマイケル以降のグラスゴウの自然神学思想の伝統にあった次第が大きく注意される要がある。スミスは、別著で論証したように、その系譜に属するハチスンとケイムズの自然神学思想を直接継承・克服の対象にしていただけでなく、〝神法は人間の行為の最高の規則であり、行為の道徳性は神意を前提する[25]〟とするカーマイケル的な「権利」論を逆転させて、自然の必然法則がみえないため、人間には偶然・自由の余地があると考えることから「道徳感情」が生まれるとしたケイムズ的な自然神学観に基づく「事実の問題」としての道徳感情理論の構築を『感情論』の主題としていたからである[26]。スミスは、こうした自然神学思想に従って、前述の『感情論』（TMS, II. i. 5. 10, M.120）の原文の示すように、「自然の創造者」が「神の代理人」としての人間に「社会の福祉と保存」という「目的を達成するための適切な手段」として与えてくれた「直接的で本能的な明確な是認」の原理を問うことを事実論としての『感情論』の主題としていたのである。

(3)　「徳性の本性」論の主題

スミスが『感情論』を事実の問題として展開したのはこうした背景に基づくものであったのであるが、彼はこうした事実論《ファクト》としての『感情論』の第一主題をなす第六部（六版七部）第二編の「徳性の本性」論では、①適宜性のうちに徳性を認める多くの思想家の見解と、②慎慮のうちに徳性をみる見解と、③仁愛を徳性の原理とする論者の見解についてそれぞれ詳しく論じている。スミスがステュアートのいう「道徳理論」の第一主題をなす徳性の本性（本質）論をこのような形で展開していたことは、読者に『感情論』の主題が適宜性原理に基づく「徳性」論の展開にあったとの感を抱かせることであろう。現に、彼は六版では適宜性を基本原理とする徳性（美徳）論を積極的に展開しているだけでなく、初版でも、適宜性原理による「正義」その他の徳性の基礎付けが行われ、自愛心も徳性たりうる次第が適宜性原理に基づいて論証されている。『感情論』が一般に「徳性」論を主題とするものであると解されてきた根拠はそこにある。たとえば、タイヒグレーバーなども、「『道徳感情論』は、〝徳性〟という言葉の意味を定義する著作である。この書物はきちんと組み立てられてはいないが、その中心には二つの問題がある。第一は、何が有徳な人間の資質（qualities）をなすかであり、第二は、他人の行為のうちに徳性があるかないかを判断するように促すのは、どのような人間本性であるかである」[27]とのべている。この解釈は、『感情論』の最終版の思想に依拠していると考えられるが、こうした一般の見解を初版六部（六版七部）の論理を根拠にしてより具体的に展開したのが既述のラファエル説である。

ラファエルは、既述のように、スミスが初版の第六部で「道徳的諸感情の理論において検討さるべき問題」として、㋑徳性の本性論と、㋺道徳的是認の原理論の二つをあげながら、『感情論』の一―五部でスミスが実際に展開したのは㋺のみで、㋑は付随的にしか取扱われていなかったので、その欠陥を補修したのが新六部の徳性論であるとしている。ラファエルは、スミスが倫理学講義の冒頭で、道徳哲学の第一主題として「徳性」（の本性）論を設定しながら、倫理学講義や『感情論』の初版では徳性論を展開しないままに終っていたので、六版で第一主題を積極的に展開したのであると考えたのであるが、このラファエルの解釈は、旧六部の「徳性の本質（the nature of virtue）」論の主題を「徳性」論ないし「徳性の性格（the character of virtue）」論の問題と事実上同一視し、さらには、それを新六部の「実践道徳論」の主題と直結させている点で、基本的な誤りを犯しているように思われる。『感情論』初版の主題を理解するためには、この点をしっかり確認することが必要なので、次に旧六部（六版七部）の構成を検討してみることにしよう。

旧六部は、はじめの第一編で、「徳性はどこに存するか」という「徳の本質」論に関して「これまで与えられてきた説明」として、①ハチスン的な仁愛（＝徳性）説と、②クラーク的な関係（＝徳性）説と、③幸福説の三つがあることが指摘されている。その上で次の第二編で、「徳性が適宜性に存しないとしたら、それは慎慮か仁愛かのいずれかに存するにちがいない」（TMS, VII. ii. intro. 4, M.331）として、徳性がそのいずれに存するかを明らかにするため、①「徳性が適宜性にあるとする諸体系」と、②「慎慮にあるとする諸体系」と、③「仁愛にあるとする諸体系について」、これまでの思想家が展開してきた学説がそれぞれかなり詳しく紹介されている。

この第二編の第一章では、第一の徳性＝適宜性論の代表として、プラトン、アリストテレス、ストア、近代ではクラーク、ウォーラストン、シャーフツベリがあげられ、彼らがそれぞれどのような形で適宜性のうちに徳性を見出したかが詳説されている。これらの先行思想に対するスミス理論の意義と特色は、ラファエルの指摘するように、それまでの適宜性道徳論では十分特定《スペシファイ》できなかった適宜性の度合（適宜点）を道徳判断原理としての同感理論によって特定した点にあるが[28]、スミスは、ギリシャ以来多くの哲学者が徳性を「行動の適宜性」や「対象への適合性」のうちにみていた次第をかなり好意的に描写している。その上で続く二・三章では、エピクロスの徳性＝慎慮説と、ケンブリッジ・プラトニストとハチスンに代表される仁愛＝徳性説が、同じような形で詳しく論及されている。しかし、スミスは、徳性＝適宜性論とちがって、徳性＝慎慮説は、自分が「これまで確立しようと努力してきた体系と全く両立しない」（TMS, VII. ii. 2. 13, M.371）として否定する一方、仁愛動機を徳の条件とし、自愛もそれなりに道徳性をもちうることを否定するハチスンの仁愛動機＝徳性論をも批判し、自愛も一定の関係の下では美徳たりうる次第を強調している。

スミスは、さらに次の第四章ではマンデヴィルの「放縦な体系について」ふれ、ヒュームのマンデヴィル評価に共鳴して、ハチスンに対してよりもむしろマンデヴィルに対して好意的・肯定的な見方をしているが、(29)第二編の議論は、全体として、徳性の本質が他人との関係における適宜性のうちにある次第を強調することによって、徳性を幸福に帰する幸福説と、徳の本質を仁愛に求め、他人に対する仁愛動機を徳性の不可欠の条件とする仁愛説を批判することを意図したものといえよう。第一編では、徳は利他的な感情を前提するという伝統的な徳性観に従って、前述のように①仁愛説、②関係説、③幸福説の順で、徳性の本質がそのいずれに存するかが問われていたのに、第二編では、②の関係＝適宜性論が最初に詳しく展開され、それを基準にして、③の幸福説と①の仁愛＝利他心説が批判される構成になっているのも、こうした考え方に対応するものといえよう。スミスが倫理学講義の冒頭で「道徳理論」の基本問題として提示したと考えられる「徳性の本性《ネイチュアー》」論の内実は、徳性の本質＝関係＝適宜性のうちにある次第を明らかにすることによって、仁愛＝徳性説を批判し、仁愛動機や利他心を前提しない人―人関係倫理（モレス）も、道徳性をもちうる次第の論証を主題とするものであったのである。

ラファエルは、こうした第二編の論理に対して、上述のような『感情論』の論理展開は、徳性が何に存するかという「道徳哲学の二つの主要問題の一つと考えられる問題の解決としては、第二の問題についてのスミスの精巧な良く構成された解決とは全く対照的に何も達成していない」(30)に等しく、「徳性は適宜性に存するという理論は、説明としては余りに曖昧で」、慎慮説や仁愛説との区別が明確でなく、適宜性と徳性とのちがいもはっきりしないと批判している。(31)しかし、スミスが道徳哲学の第一の問題として自ら設定したプログラムは、徳性の本質が利己心や利他心にではなく、関係＝適宜性にあり、関係における適宜性が徳性をもちうる次第を論証することによって、人―人間の共感に基づく人―人関係道徳を確立する点にあったので、上の批判はスミスの意図に即したものとはいえない。ラファエルの見解が、初版の徳性の本質論の主題を六版の徳性（の性格）論に結びつけてみることから生まれた的外れの批判と考えられる根拠はここにある。

スミスが、初版の第六部第二編第四章でも、彼の徳性論の核心をなす「愛すべき諸徳性と尊敬すべき諸徳性」[32]にふれ、仁愛が愛すべき徳性であるのに対し、適宜性は「偉大な、畏怖すべき、尊敬すべき徳性」につながる契機を含むとしながらも、この主題を表題とした第一部第二編第四章では、適宜性と徳性とはちがい、「徳性とたんなる適宜性との間、感嘆され祝福されるに値する資質や行為と、たんに是認されるに値するだけの資質や行為との間には重大なちがいがある」（I. i. 5. 7, M.33）次第を自ら明言していたことも、右の事実を傍証するものといえよう。初版の主題は、道徳的是認の原理としての同感⇩適宜性＝徳性論証による人―人関係倫理の構築にあったため、スミスは、のちに具体的に論究するように、徳性論そのものは逆に意識的に秘儀化して、もっぱら人―人関係における是認の原理としての同感＝適宜性論の展開を主題とすることになったのである。スミスが『感情論』の初版第六部で自ら設定した二つの問題のうち、もっぱら第二主題の是認の原理論の展開に力をそそぎ、第四版に新たに付加した副題で、『感情論』の主題がその点にある次第を明確化した所以もそこにある。スミスは、第二主題の是認の原理論の展開を『感情論』の中心主題にしていたのであるが、ということは、彼がラファエルのいうように、道徳哲学の二つの主題のうち、第一の主題については十分展開しなかったことを意味するものではない。第一の主題の「徳性の本性」論は、徳性論それ自体の展開を意図したものではなく、徳の本性（本質）が関係＝適宜性のうちにある次第を論証することによって、道徳的是認の原理としての同感感情に基づく適宜性＝人―人関係倫理の道徳性を裏書きすることを主題とするものであったからである。スミスが倫理学講義の冒頭で提示した二つの問題は、スミスの問題意識においては一本につながっていたのであり、第一主題は第二主題の是認の原理としての同感感情に基づく人―人関係倫理がそれなりに道徳性をもちうる次第の論証を意図したものであったのである。こうした二つの主題の不可分性に注目することなく、ラファエルのようにスミスが第一主題には十分応答していなかったと解するのは、徳性の本質論と徳性（の性格）論とを混同するものといわざるをえない。六版の「徳性の性格」論それ自体も、実際には第一主題の適宜性＝徳性論証に基づく徳性論の展開（完成）それ自体を中心主題とするものではない次第は、のちに本書の第三部で詳しく論証する通りである[33]。

第六部第二編は、このように徳性が古来、関係＝適宜性に求められてきた次第を強調する傍ら、幸福や仁愛を徳性の本質とみてきた道徳観を批判することによって、適宜性もそれなりに道徳性をもちうる次第を論証したものであった。スミスは、徳性の本質が仁愛や幸福それ自体に存するのではない次第を明らかにすることによって、仁愛動機を前提しない同感＝適宜性原理に基づく人―人関係倫理への道を切り開こうとしたのである。こうした第二編の内実は、『感情論』初版の主題が、実践道徳論の主題をなす徳性（涵養）論ではなく、正義その他の徳性を適宜性原理によって基礎付けることによって、徳性を慎慮や仁愛に求める見解、とりわけ、徳性を仁愛に求めたため、正義にも仁愛動機を要求していたハチスンの仁愛正義論を批判する点にあったことを示すものといえるであろう。

(4) 是認の原理論の批判対象

こうした『感情論』初版のハチスン批判論的枠組をより明確に示しているのが、第六部第三編の是認の原理論である。彼はそこで人が他人の行為や感情を是認する原理として、①自愛心説、②理性説、③感情説をあげている。

第一の自愛心説の代表者としては、ホッブズがあげられている。スミスは、人間が社会の秩序維持に役立つことを徳として是認するのは、人間の自然的情動（自分の種に対する自然の愛）によるのではなく、利己心の社会的実現にそれが必要なことを認めるためであるというホッブズに代表される自愛心説論者の見解に対し、われわれが公共に利益をもたらす人の徳性に喝采するのは、恩恵ないし被害を受けた人の感謝ないし憤慨に対する「間接的同感」に基づく次第を論証することによって、自愛心に基づくかにみえる是認も、実際には自愛心に基づくものではない次第を明らかにしている。スミスは、是認の原理としての同感が必ずしも利己心によるものではない次第を論証することによって、同感の非利己性を明確化しようとしたのである。

　第二の理性説の代表としてはラルフ・カドワースがあげられているが、スミスは、正邪の原理を理性に求める見解に対して、「理性が……道徳の一般規則の源泉をなし」、「正義の一般規則を発見するのは理性である」（TMS, VII. iii. 2. 6, 7, M.404, 405）ことを認めながら、「正邪についての最初の知覚」は、理性によるのではなく、「直接的な感覚と気分《フィーリング》」によるのであるとして、その点を最初に明確にしたハチスンの功績を讃えている。

　スミスが『感情論』で以上の①②の説を批判の対象としていたことはいうまでもない。とりわけ、①のホッブズ説の根拠をなしていた人間の利己心や自己偏愛性《パーシャリティ》の問題が『感情論』の基本前提をなしていることは明白である。しかし、こうした自愛心説や理性説の批判は、スミスの独自の主題をなすものではなく、彼自身が第三章の第四節で明言しているように、ハチスンの功績に属するものであった。スミスの主題は、感情を是認の原理とする第三の感情説の創始者としてのハチスンの道徳感覚理論の実体論的性格を批判することを通して、ハチスンが切り開いた地平を前進させる点にあったのである。

　周知のように、ハチスンの道徳感覚理論は、「情念の否定・抑制ないし教化が徳性への最初の歩みであるとしていた伝統的人文主義の仮定を逆転させ[34]」、情念を徳性の原理たらしめることを可能とした点で、道徳哲学の歴史に新しい地平を切り開いたものであった。それは、既述のように、「徳性を情念や感情と結合させ」、「道徳が感情のみによって決定される[35]」次第を主張した点で革新的意味をもつものであった。ヒュームとスミスが自らの思想形成をハチスン思想の摂取からはじめた理由もそこにあるが、ハチスンの道徳感覚理論は、「道徳感覚」を人間の生得的力能として実体的にとらえ、「われわれの力能の対象に属する道徳的属性」を「感覚それ自体に帰属[36]」させていた点で重大な難点をもつものであった。スミスが第三編でハチスンの道徳感覚理論に最も多くのページをさき、その背理性を情熱的に批判していた理由はそこにある。スミスは、倫理学講義の冒頭でこれまでの道徳哲学学説史を批判的に概括するにさいして、是認の原理論としてのハチスンの道徳感覚理論の意義と限界を明らかにすることによって、ハチスンの道徳感覚理論に代るより経験的な社会認識の論理の構築が必要である次第を明確にしようとしていたのである。

スミスが『感情論』で「共感について」語ることから自らの問題を出発させたのは、このような背景に基づくものであった。共感の概念規定からはじまる『感情論』は、ハチスンの道徳感覚理論批判を前提するものであったのであるが、スミスの同感論が「想像上の立場の交換」の論理を中核とする所以もそこにある。「スミスは、〔ハチスンの〕道徳感覚理論〔の難点〕を避けるため、各人は他人の気分や情念や観点を再創造することを可能とする能動的想像力をもつ[37]」として、想像力（imagination）を武器とすることによって、ハチスンの道徳感覚理論の難点を克服した経験的な社会認識論を構築しようとしたのである。「想像上の立場の交換（imaginary change of situation）」の論理に立脚するスミスの同感論は、こうした学説批判に基づくハチスンの道徳感覚理論批判、それに代る新しい社会認識原理論構築の意図の下に展開されたものであったのである。

スミスが、ヒュームの展開した「徳性を効用に置く体系」（TMS, VII. ii. 3. 21, M.382）と、その原理としての効用への共感論（VII. iii. 3. 17, M.415-6）について、いずれも上のハチスン批判と同じ章の末尾で付随的に言及しているのも、こうした文脈の中で理解さるべきであろう。スミスは、ヒュームが自分と同じ立場からするハチスン批判の先駆者であることを明確に自覚していたため、ヒュームの理論との相違点をハチスン批判に付随する形で明確にしておこうとしたのである。

(5) 決疑論批判と法慣行批判

『感情論』がハチスンの道徳感覚理論と仁愛徳性論を主要な批判対象とし、それに代る道徳哲学の構築を主題とするものであったことは、『感情論』の問題意識を表現した以上のような道徳哲学学説史の総括の仕方からも明白であるが、その次第をより端的に示しているのが、第六部第四編の決疑論批判である。スミスはそこで、キケロとならんで、「近代人の中では、プーフェンドルフ」と「他の誰にもまして故ハチスン博士」に代表される決疑論者に共通する良心（倫理）の規則（法律）化をきびしく批判している。彼がプーフェンドルフと他の誰よりもハチスンを近代における決疑論の代表者としたのは、彼らが良心に委ねらるべきことをも法律的に規定し、「気分や感情に属することを精密な規則で指示しようと無駄に試み、……規則が不適当なゆるやかな徳性にも規則を適用し[38]」、規則であらゆるケースに対処しようとしたためである。ハチスンの道徳哲学がこうした決疑論的性格をもっていた次第は、「人類の一般的権利」や「稀に必要な場合に生まれる臨時の権利」について論じたハチスンの『道徳哲学体系』や『道徳哲学綱要』の該当章などに最も典型的に表現されているといえるであろう[39]。

スミスが「ハチスン博士は、大抵の場合に決してゆるやかな決疑論者ではなかった人である」（TMS, VII. iv. 11, M. 422）としたのはそのためであったが、スミスが批判の対象としたハチスン思想の特色は、倫理にまかせらるべきことをも法律的に規定しただけでなく、法学的主題に倫理を導入した点にあった。ハチスンは、プーフェンドルフの自然法学における神学的基礎付けの欠如を批判したライプニッツ（「プーフェンドルフの原理に関する私見」一七〇六年）

と、その精神に従ってプーフェンドルフの『義務論』に脚注を付したカーマイケルの主題を継承する形で、プーフェンドルフの自然法学を道徳哲学化しようとしたが、彼はいまだ市民社会の法則性を確信しえなかったため、市民社会の秩序維持原理としての法の原理を「相互仁愛」という倫理的原理に求めていたのであった。こうした相互仁愛原理に立脚する市民社会論をスミスが批判の対象にしていたことは、『感情論』第二部第二編第三章の冒頭のパラグラフ（II. ii. 3. 1-2, M.134）からも明らかである。彼はそこで市民社会が「さまざまな商人たちの間でのように、その効用の感覚から、相互的な愛情や愛着がなくても存立しうる」（*Ibid.*）次第を強調しているが、そうした観点から、市民社会原理を相互仁愛に求めていたハチスンとその師に当るプーフェンドルフやリチャード・カンバーランドらの仁愛主義的市民社会論[40]の根底にあった法と倫理の混同を批判することが、決疑論批判に象徴される『感情論』の隠された思想主題をなすものであったのである。

スミスが、「道徳哲学の二つの有用な部分は、倫理学と法学である。決疑論は全面的に拒否されるべきである」（TMS, VII. iv. 34, M.432）として、決疑論を否定した一つの根拠はそこにある。しかし、スミスがこうした形で決疑論をきびしく批判し、倫理学と法学のみを道徳哲学の構成部分としたことについては、そのより一般的な時代背景として、ドウニィーの指摘するように、①宗教改革に伴う「個人の道徳的良心の自律」と、②「一七世紀の後半に起こった社会経済的変化」の帰結としての「所有個人主義の台頭[41]」が考えられる。決疑論は、カトリックの慣行に立脚するものとして、中世の思想と社会経済環境にそれなりに適合していたのに対し、宗教改革思想と所有個人主義の一般化は、個人の内面の自律に基づく自立的・主体的な「倫理」観念の台頭を促す一方、商品交換秩序維持のため細かく規定することが必要な共通規則の規制原理としての自然法学の展開を要請することとなったのである。一七世紀以降の近代社会における倫理学ないしそれを中核とする道徳哲学の展開と、それを基底にしながらも、それと区別された自然法学の台頭の根拠は、そこにあったといえるであろう。スミスは、このような時代背景の下で、古代の道徳学者がやっていたような「ゆるやかな方法に従った」倫理の一般原理を明らかにした上で、それと区別された法の原理論の構築による自然法学の展開を『感情論』の究極主題としていたのである。スミスが、グラスゴウ大学で行った講義原稿の一部と考えられる正義論草稿の中で、「正義の自然的諸原理」を扱う「自然法学ないし法の一般諸原理に関する理論」は、「道徳感情に関する理論の極めて重要な部分をなす(42)」として、「〝道徳感情の理論〟という語句を〝法の一般諸原理に関する理論〟と相似するものとして使用(43)」していたことも、この事実を傍証するといえよう。『感情論』は、倫理と法を決疑論的に混同していたハチスンの道徳哲学体系、その中核をなすハチスン自然法学に代る新しい道徳哲学の展開に伴う自然法学の構築を倫理学講義以来の主題の一つとするものであったのである。

しかし、スミスがこうした決疑論批判に象徴される倫理と法の区別に基づく自然法学の構築を意図したのは、たんにハチスンにおける法と倫理の混同をそれとして批判するためであったのではない。スミスが『感情論』で同感原理に立脚する法の原理論の構築を意図したより現実的な背景は、当時のスコットランドの現実批判、より具体的には当時のスコットランド社会に根強く存在していた封建的法慣行やそれに基づく実定法、さらには、それらと癒着した重商主義的独占や規制を批判する点にあったのであった(44)。その次第を明示しているのが、『感情論』の巻末の思想である。彼は、第六部第四編の『感情論』全体の結論部分で、「実定法の体系はすべて自然法学の体系、ないし、個別的な正義の諸規則の目録の多かれ少なかれ不完全な試みとみなされうる」が、実定法の規則は、つねに「自然的正義の規則」に合致するわけではなく、「国家の構造」と呼ばれる「政府の利害」や「政府を圧政化する特定階層の利害」や人民の「風習」(manners)が、「正義についての自然的感覚が指示する」自然的正義の実現を妨げている(TMS, VII. iv. 36, M.433-4)という思想を展開している。

スミスは、こうした実定法観に基づいて、実定法批判原理としての「自然法学」の展開を次著の主題として予告しているが、このような予告で終る第六部の論理の基本内容が倫理学講義の序説であったとしたら、それを受けた本論としての『感情論』第一部以降の論理展開は、全体が自然法学展開のための方法叙説であったということになるであろう。彼が『感情論』第四部で行った「効用」理論（人為的政策）批判と第五部の法「慣行」批判が、第三部までの「自然」理論と対をなしていることも、効用理論や法慣行批判に基づく自然法学の展開が、『感情論』の本来の主題と別の主題ではないことを示すものに他ならない。スミスは、四・五部の論理の示すように、人間の自然の感情原理に基づく、さらにはその前提としての作用⇩目的の論理に立脚する自然理論の確立による実定法や法慣行批判をはじめから『感情論』の主題の一部としていたのであり、そのための方法叙説が『感情論』であったのである。しかし、スミスは、こうした意図を第六部の学史叙述の中では暗示的に提示するにとどめ、同感の基本論理の展開から『感情論』の主題を出発させている。

（1） Stewart, Dugald: Account of the Life and Writings of Adam Smith, LL.D. in Adam Smith: *Essays on Philosophical Subjects*, ed. by W. P. D. Wightman, J. C. Bryce & I. S. Ross, Oxford 1980, p.274. 福鎌忠恕訳『アダム・スミスの生涯と著作』一一ページ。

（2） これらの主題に関する最近の文献としては、『哲学論文集』については、只腰親和『天文学史とアダム・スミスの道徳哲学』（多賀出版）、Raphael, D. D.: Adam Smith: Philosophy, Science and Social Science, in *Philosophers of the Enlightenment*, ed. S. C. Brown, pp.77-93. Brown, Maurice: *Adam Smith's Economics*, Ch. 3, esp., pp.27, 31 f. etc.,『修辞学・文学講義』と美学については、*Adam Smith Reviewed* 所収のJ. C. Bryce, Frans Plank, Peter Jones 論文や、Endres, A. M.: Adam Smith's Rhetoric of Economics, *Scottish Journal of Political Economy*, 38-1, 1991. など、経済学については、上の評論集所収のA. S. Skinner 論文など参照。

（3）‘moral psychology’という言葉は、社会心理学と訳した方が良いかと思われるが、モラルの心理学的説明（解析）というニュアンスで使われているので、あえて「道徳心理学」と直訳する。〝道徳の社会心理学的説明〟という意味にご理解いただければ幸いである。

（4）Cf. Downie, R. S.: Ethics and casuistry in Adam Smith, in *Adam Smith Reviewed*, pp.120-121, 126.

（5）Teichgraeber III, Richard: Rethinking *Das Adam Smith Problem*, *Journal of British Studies*, 20-2, 1981, p.115.

（6）Waszek, Norbert: Two Concepts of Morality, A distinction of Adam Smith's ethics and its Stoic origin, *Journal of the History of Ideas*, 45-3, 1984, p.591.

（7）グラスゴウ全集版『感情論』の編者は、スミスのグラスゴウ大学における倫理学講義を基礎にした初版が「一八世紀中葉の講義で容認されていたスタイルに合った修辞的な傾向をもっている」のに、六版は「『国富論』的なより洗練されたスタイルになっている」（TMS, editor's Introduction, pp.4-5）点に、一―六版の相違点を認めているが、初版に『感情論』独自の手法がより純粋に表現されているのは、こうした文体の差異によるのではない。初版の方により純粋に『感情論』独自の手法がみられるのは、初版の主題が倫理を道徳心理学に還元する点にあったのに、六版では倫理を必ずしも心理学に還元しえないことが意識されるようになったためであるといえよう。

（8）*The Correspondence of Adam Smith*, ed. by E. C. Mossner & I. S. Ross, Oxford 1977, p.35. このヒュームの手紙は、水田洋『アダム・スミス』（講談社学術文庫）五一―五三ページに紹介されている。

（9）『感情論』に対する刊行直後の反響と論評については、Cf. TMS, Editor's Introduction, pp.25-29.

（10）*Ibid*., p.28.（傍点引用者）

（11）Raphael, D. D.: Adam Smith 1790: the man recalled; the philosopher revived, in *Adam Smith Reviewed*, p.109.

（12）Stewart-Robertson, J. C. & Norton, D. F.: Thomas Reid on Adam Smith's Theory of Morals, *Journal of the History of Ideas*, 45-2, 1984, p.318.

（13）以上の諸論点については、詳しくは、拙著『アダム・スミスの自然法学』第一部第一章、第二部第一・二章参照。

（14）川久保晃志「スコットランド道徳哲学におけるカーマイクル、ハチスン、ヒューム」（田中正司編著『スコットランド啓蒙思想研究』所収）九九―一〇三ページ。拙著『アダム・スミスの自然神学』九四ページ参照。
（15）拙著 前掲書 九八―九九ページ参照。
（16）TMS, editor's Introduction, p.4.
（17）*Ibid.*, p.4.
（18）Raphael, D.D., *op. cit.*, p.109.
（19）Stewart, D.: Account of the Life and Writings of Adam Smith, LL.D. p.278-279. 邦訳一五―一六ページ。
（20）スコットランド啓蒙思想史において、道徳の問題を権利論として展開していた典型例としては、「私はあらゆるところで行為の道徳性を神学だけに関連させ、それだけが義務の自体的な根拠をなし、人定法の義務はすべて究極的にはそれに帰着するとしてきた」（Moore, J. & Silverthorne, M.: *The Political Writings of Gershom Carmichael*, unpublished translation of Carmichael's preface & notes to his edition of Pufendorf's *The Duties of Man and the Citizen*, p.32. *Gershom Carmichael's supplements & appendix* to Samuel Pufendorf's *De Officio Hominis et Civis juxta Legem Naturalem*‥tr. by Charles H. Reeves, 1985, p.7）というカーマイケルがあげられるが、道徳の問題は、究極的にはこのような権利論を前提するもので、その点はスミスにおいても必ずしも例外ではないことに注意されたい。
（21）Locke, John: *An Essay concerning Human Understanding*, II. xxviii. 10, ed. by Peter H. Nidditch, Oxford 1975, p.353.
（22）*Ibid.*, II. xxviii. 11 note, p.354.（〇点は原文イタリック、傍点引用者）
（23）拙著『市民社会理論の原型』第三部第三章参照。
（24）Carmichael, *op. cit.*, Supplement, I. xix, Moore & Silverthorne, p.32, Reeves, p.7.
（25）Cf. *Ibid.*, I. x, xiii, xiv, Moore & Silverthorne, pp.31-32, Reeves, pp.4-5.
（26）拙著『アダム・スミスの自然神学』前編第二章以下参照。
（27）Teichgraeber III, Richard: Rethinking *Das Adam Smith Problem*, p.113.

（28）Cf. Raphael, *op. cit.*, p.111.

（29）Cf. Skinner, A. S.: Adam Smith: ethics and self-love, in *Adam Smith Reviewed*, pp.162-163.

（30）Raphael, *op. cit.*, p.111.

（31）*Ibid.*, pp.111-112.

（32）この二つの徳の区別は、「ヒュームが『道徳原理探求』の中で、それぞれちがった型の是認を呼びおこす〝愛すべき徳〟と〝恐るべき徳〟との間に引いた区別に従った」（TMS, editor's Introduction, p.14.）ものとも考えられるが、筆者には断定しえない。

（33）誤解を避けるため、あらかじめ要点を指摘しておけば、六版の徳性論は、①初版と同じ同感⇒適宜性原理による徳性の基礎付けを基底にしながらも、②適宜性自体は徳性たりえないため、自己規制原理による適宜性論の徳性論への梃入れ《パワーアップ》を図る一方、③利他的仁愛感情をも前提する「完全な徳性」論の展開を意図したもので、初版六部の第一主題をなす「徳性の本質」論の主題である適宜性＝徳性論証とは、意図も内実も異なるといえよう。

（34）Teichgraeber III, Richard F.: *Free Trade and Moral Philosophy, Rethinking the Sources of Adam Smith's Wealth of Nations*, Durham 1986, p.33.

（35）*Ibid.*, pp.32, 41. 拙著、前掲書　六四ページ参照。

（36）Teichgraeber, *op. cit.*, pp.129-130.

（37）Werhane, P. H.: *Adam Smith and his Legacy for Modern Capitalism*, p.34.

（38）Downie, R. S.: Ethics and casuistry in Adam Smith, in *Adam Smith Reviewed*, p.125.

（39）Cf. Hutcheson, F.: *A System of Moral Philosophy*, London 1755, BK. II, Chs. xvi, xvii. ditto, *A Short Introduction to Moral Philosophy*, Glasgow 1747, BK. II, Ch. xvi.

（40）プーフェンドルフとカンバーランドの自然法論が、ハチスンと同様、相互仁愛を市民社会の根本原理としていた次第については、拙著『市民社会理論の原型』一三五―一三八ページ参照。

（41） Downie, *op. cit.*, pp.128-129, 131.

（42） Smith, A.: *The Theory of Moral Sentiments*, ed. by D. D. Raphael & A. L. Macfie, Appendix II, p.389. Raphael, D. D.: Adam Smith and "The Infection of David Hume's Society", New light on an old controversy, together with the text of a hitherto unpublished manuscript, *Journal of the History of Ideas*, 30-2, 1969, p.234.

（43） Raphael, *op. cit.*, p.243.

（44） スミスの庇護者であったケイムズ法学の中心主題も、封建的法慣行批判であった次第を想起されたい。Cf. Henry Home, Lord Kames: *Essays upon Several Subjects concerning British Antiquities*, Edinburgh 1747. ditto, *Historical Law-Tracts*, Edinburgh 1758. 拙著『アダム・スミスの自然法学』第一部第二章参照。

（初出　神奈川大学『商経論叢』二八―三号　一九九三年）

第三章　交換的正義の倫理学の展開

一　第一部　適宜性論の主題

(1)　相互同感論

スミスは、「行為の適宜性（Propriety）について」と題する『道徳感情論』初版（一七五九）の第一部の第一編で「共感（Sympathy）について」論じている。[1] 彼はそこで「その最も固有で始原的な意味においては、他の人々の……受難に対する同胞感情を表わすものであった」（TMS, I. iii. 1. 1, M.62）同感が、「想像上の立場の交換（imaginary change of situation）」による状況（situation）の考察に基づく次第を明らかにしている。このスミスの同感論がヒュームの共感論を暗黙の批判の対象にしていたことは、内外の研究によって指摘されている通りであるが、[2] スミスの同感概念は、われわれが想像力（imagination）の力を借りて、想像上主たる当事者の立場に立って、当事者の置かれた事情を考察するとき、おのずから生まれる自然の情動を意味する点に最大の特色をもつものであった。スミスのいう同感とは、想像力の活動に伴う人間の自然の情動を表わすものであったのであるが、このようなスミスの同感概念が、人間の道徳能力を「自然が……人間精神に授けておいた特殊な種類の一能力」(TMS, VII. iii. 3. 4, M.408) としていたハチスンの「道徳感覚 (moral sense)」理論と基本的に性格を異にすることは明らかである。ハチスンは、道徳的感覚の実在性を形而上学的に前提していたのに対し、スミスは、われわれが想像力の力を借りて、当事者と立場を交換するとき、自然に共感という人―人間の交通《コミュニケーション》の原理となる感情が人間の自然の情動そのもののうちに生まれると考えていたからである。

スミスは、ラファエルやヴェアヘーンの指摘するように、他人の感情や観点そのものを再創造することを可能とする想像力の能動的機能に注目することによって、(3) 倫理学講義の序説としての第六部(六版七部)で批判の対象としたハチスンの道徳感覚理論に代る新しい社会認識の原理を構築しようとしたのであるが、彼は第一部の次の第二編第一章では、こうした共感原理に基づく、「相互同感 (mutual sympathy)」関係が人―人関係の基本原理である次第を強調している。スミスは、人間が仲間の同調を喜び、無視に耐えられぬ存在であることを「相互同感の喜び」という言葉で表現しているが、人間が仲間の「共感によって喜び、その欠如によって傷つけられる」(4) (TMS, I. i. 2. 6, M.17) 存在であるという認識それ自体は、必ずしもスミスの独創ではない。ハチスンやクラークらも、共感の喜びの根拠を人間の社会性に求める思想を展開し、「他人の共感をみることの快」(5) という言葉で、幼稚ではあるが、本質的にはほぼ同じような思想を展開しているからである。スミスの独自性は、こうした認識に基づいて、「主たる当事者の本源的情念と観察者 (the spectator) の同感的情動とが完全に協和」(TMS, I. i. 3. 1, M.19) する地点に、行為や感情の是認の原理としての適宜性の尺度を求めている点にある。彼は、観察者が当事者と立場を交換して当事者の事情を考察するとき、当事者と感情を同じくし、当事者の感情に enter into し、go along with することができる点に、道徳的是認の対象となる行為や感情の適宜点を見出すことによって、行為や感情の適宜性の度合を「特定する」ことを可能にしたのである。

スミスの共感論と、第六部の道徳哲学学説史でスミス自身が紹介していた先行の適宜性＝徳性説との相違点がその点にあることは、ラファエルの指摘の通りであるが[6]、このスミスの共感論は「想像上の立場の交換」を前提するものであった。「観察者は、何よりもまず第一にできる限り彼自身を相手の立場に置き、受難者に起こる可能性のある災難のあらゆる細かい事情を自分自身の問題とするように努めねばならない」（TMS, I. i. 4. 6, M.27）といわれる所以はそこにある。しかし、「同感の基礎をなす想像上の立場の交換は、瞬間的なものにすぎず」（I. i. 4. 7, M.27）、観察者は所詮受難者自身の身にはなりきれないので、当事者の情念（Passion）と観察者の情動（Emotion）との感情的協和を実現するためには、双方がそれぞれ相手が「ついてゆける程度にまでその情念〔の自然の調子の鋭さ〕を低める」（I. i. 4. 7, M.28）必要がある。スミスの同感論が水田洋のいう「観察者の優位」論に立脚する市民社会の道徳哲学に他ならないといわれる所以はそこにあるが[7]、スミスはこうした相互抑制機能の働く市民社会で当事者と観察者の感情の一致（共感）が成立するところに、行為や感情の適宜性があり、それが徳として是認されると考えたのである。

(2)　徳性論の実態

スミスは、第一部第一編（六版では第一編）の第一―三章で上述のような形で相互同感原理に基づく是認の原理を基礎付けた上で、続く第四章で「主たる当事者の感情に入りこもうとする観察者の努力」に基づく「愛すべき徳性（the amiable virtues）」と、「自分の情動を観察者がついてゆけるものにまで引き下げようとする主たる当事者の努力」（TMS, I. i. 5. 1, M.30）に立脚する「尊敬すべき徳性（the awful & respectable virtues）」について語っている。

このような第一部第一編の構成は、読者に一見スミスが第一編で提示した同感原理に基づく徳性（美徳）論の展開が『感情論』の中心主題であるとの感を抱かせることであろう。現に彼はこの第一編第四章（六版第一編第五章）で、人間愛という愛すべき徳性が鋭い感受性を必要とし、尊敬すべき徳性の本質が強い自己規制のうちにある次第を明らかにし、われわれの行為や感情が美徳として感嘆・喝采されるのは人間愛か自己規制が要求されるためであるとして、感嘆や喝采の対象としての徳性そのものについて語っている。彼がここで展開している徳性観は、一七九〇年の第六版に新たに書き加えられた新六部の徳性論と全く同じである。しかし、この事実は、初版の主題がこうした「愛すべき尊敬すべき徳性」の涵養（そのための実践道徳論の展開）にあったことを意味するものではない。スミスは、この章で「徳性とたんなる適宜性との間、感嘆され祝福されるに値する資質や行為と、是認されるに値するだけの資質や行為との間には、重要なちがいがある」（TMS, I. i. 5. 7, M.33）次第を強調している。この指摘は、道徳的是認の原理を適宜性に求める彼の論理と別に矛盾するものではないが、是認＝適宜性と徳性とはちがい、後者は前者を「はるかに超える」というのは、適宜性観念によって正義や慎慮の徳性を基礎付けることを基本主題とした『感情論』の論理とはトーンが異なることは明らかである。スミスがこうした適宜性を超える「真の徳性」について語っているのは、初版ではこの第一部第二編第四章だけで、第二部以降では適宜性原理による正義や慎慮の徳の基礎付けと、是認に及ぼす効用と慣習や流行の影響が論じられるだけにとどまっているのも、この事実に対応するものに他ならない。スミスは、徳性が「鋭い感受性」や「強い自己規制」を必要とするものとして、たんなる適宜性とは異なる次第をはっきり認めながらも、相互同感関係からなる人―人関係のモラルには必ずしも感嘆や喝采の対象となる愛すべき徳性も尊敬すべき徳性も必要不可欠ではない次第を明らかにすることによって、自らの主題がそれとはちがうことを示唆していたのである。彼が、この第二編第四章で徳性を主題にしながら、その主題を具体的に展開することなく、逆に『感情論』では徳性論が秘儀化されていた謎を解く鍵はそこにある。(8) スミスは、徳性と適宜性との差異を強調することによって、道徳的是認の原理論としての『感情論』の主題から徳性論を除外したのであるが、このようなスミスの論理展開が『感情論』の主題を明確化する意図に基づくものであることは明らかである。スミスは、「徳性とは卓越であり、大衆的で通常のものをはるかに超えて高まった、何か並外れて偉大で美しいものである」(I. i. 5. 6, M. 32) 次第を強調することによって、[9]「真の徳性」についての自らの認識を明らかにする一方で、『感情論』がそうした美徳論の展開を主題とするものではない点について、読者の了解をえようとしていたのである。

『道徳感情論』(初版) は、人―人関係のモラルの原理の確立を主題としたもので、美徳論ではなかったのであるが、多くの研究者は、このようなスミスの倫理学とストアの徳性論との親近性を強調している。その代表者の一人であるワゼックによれば、スミスは、徳を少数の人間にのみ実現可能な「完全な徳 (perfect virtue)」と「不完全な徳 (imperfect virtues)」とに二分していたストアに従って、卓越が要求される「完全な徳はめったにないが、適宜性と行儀良さは万人の間にみられ、大衆でさえ、〝一致した評価に従って尽力の金銭的交換〟をすることができる」[10] ことから、大衆も達成することのできる不完全な道徳としての適宜性論の展開を『感情論』の主題としたのであるといわれる。しかし、スミスは、必ずしもワゼックのいうように、徳性を少数のエリートにのみ実現可能な完全な徳と大衆を対象とした不完全な徳とに二分していたストア的徳性観に従って、「卓越は少数のエリートの英知に依存する」が、「適宜性の標準は人類のうちの最も価値のない人々の間でさえ一般にたどりうるので、……完全な徳よりもむしろこの水準の徳を主な関心の対象にし」、「完全な徳についての記述は、少数の秘儀的な語句に限定」[11] したのではない。スミスは、六版ではたしかに少数のエリートを対象とした「完全徳性」論を展開しているだけでなく、初版でもストア的なエリート―大衆の二分論に対応する「二つのちがった道徳規準」(I. i. 5. 9, M.34) を認めているので、スミスがストアの道徳論を前提していたことは確かであるが、そのことは、スミスが、ワゼックのいうようにストアの不完全徳性論の展開を『感情論』の主題にしていたことを意味しない。こうしたストア的二元道徳論は、本書第二部で詳説するように、ハチスン的なキリスト教的ストア主義の伝統から出発しながらも、その難点をカルヴァン主義の教理によって克服しようとしていた『感情論』初版の論理とは基本的に性格を異にするからである。『感情論』は、後述の第二部第二編第三章末尾の贖罪節の思想の示すように、「人間の徳性の〔本質的な〕弱さと不完全さ」（TMS, 1ed. 204, II. ii. 3. 12 Note, M.143）を前提した上で、「彼自身の行為の不完全な適宜性」や「無数の義務の侵犯」のゆえに、神の前では正義を語りえない人間がキリストの贖罪のお陰で罪を赦されて自由な作用因として活動するさいに唯一必要な人―人間の交通道徳の確立を唯一の主題とするものであったからである。[12] スミスがこの章で徳性について語り、徳性の本質が「卓越」にある次第を強調しながら、そうした「完全な徳性についての記述は、少数の秘儀的語句に限定」したのも、ワゼックのいうように卓越は大衆には期待しえないからではなく、作用因（神の目的期成因《デザイン》）としての人間の共同生活のためのモラルには、エリートであると大衆であるとを問わず、卓越は必要ないと考えていたために他ならない。『感情論』初版の倫理学は、六版のそれとちがって、人間が神の目的期成因として自由に活動するさいに要請される唯一の倫理としての人―人間の交通《コミュニケーション》倫理の確立を主題としたもので、それさえ守ればおのずからデザインが実現されると考えられていたため、適宜性を超える完全道徳論は、議論の対象から除外されていたのである。[13] スミスが『感情論』初版でもっぱら道徳的是認の原理としての適宜性についてのみ語り、適宜性を超える徳性論を展開しなかったのは、前章でみたように、彼が自ら設定した道徳哲学の第一の問題に十分解答しえなかったためではなく、初版の主題がそこにはなかったためであったのである。そうした『感情論』の基本性格は、次の第三編〔六版第二編〕で展開されている情念論が、ハチスンの『情念論』とちがって、「愛すべき・尊敬すべき徳性」の涵養を主題としていないことからも傍証されるであろう。

(3) 情念論の展開

スミスは、第一部第三編（六版では第二編）で、どのような情念が、同感の対象となり、適宜性と両立しうるか――従って、是認されうるか、それとも抑制さるべきかを明らかにするための情念論を展開しているが、この第三編の情念論も、別著で論証したように[14]、ハチスンの『情念論』の情念論をベースにしたものであった。

ハチスンは、『情念論』の第一編で「快苦の知覚力」としての人間の感覚を①「外的感覚」、②「想像力のもたらす快」を受け取る力としての「内的感覚」、③感謝・共感・友情等の「公共感覚」、④「道徳感覚」、⑤他人の是認や感謝に喜びを感じ、非難や憤慨に恥辱を感じる「名誉感覚」の五種類に分類している。[15] その上で、第二編以下ではそのような感覚に基づく情念（Passion & Affection）の分析に入り、人間には肉体の運動に伴う私的な情念の他に、共同生活に資する「公共的情動」があり、われわれの情動は、マンデヴィルのいうようにすべて利己的なものでしかないのではなく、われわれの情動が自愛心とはちがったものによって喚起される次第を明らかにしている。[16] ハチスンは、そうした非利己的情念の例として、①自己是認・悔恨・嫌悪・謙遜・恥辱・野心・矜持等の名誉感覚に基づく、従って、他人の意見に影響されやすい自己の行為に関する情念、②共感・憐憫・感謝等の「他人の状態に関する公共的情念」、③後悔や怒りのような「行為者の美徳や悪徳に関する道徳的知覚と結びついた公共的情動」、④われわれが観察者として当事者の感謝や報恩をみる場合に生まれる愛と尊敬等の共感的感情などをあげている。[17]

こうしたハチスンの情念分類論がスミスの情念論の前提になっていたことは、上の③の怒り（Anger）論からも窺われる。ハチスンは、『情念論』の中で「怒りは、無用の情念と考える人もいるが、実際には他の〔公共的情動〕と同様に必要なものであり、……侵害を抑制するには、そのような激しい情念によってすべての人を不正な侵入者に対して何らかの形で恐るべきものにすること以上に賢明な工夫（contrivance）はありえない[18]」という趣旨のことを語っている。こうした議論がスミスの憤慨理論のベースになっていることは容易に推察されるが、ハチスンは、スミスとちがって、情念を以上のように分類することを通して、公共的情動《アフェクション》の涵養による利己的情念《パッション》の克服・抑制を『情念論』の主題としていたのである。ハチスンの『情念論』がその最終節（第六節）の表題の示すように、「われわれの欲望を最もよく管理する」ための実践道徳論の構築を主題としたものであったと考えられる根拠はここにある。

ハチスンは、人間の情念の分析・分類を通して、「愛すべき尊敬すべき徳性」の涵養を意図していたのであるが、スミスの『道徳感情論』は何よりもこうしたハチスンの『情念論』の情念論とその原理としての道徳感覚論をベースにしたものであった。しかし、『感情論』第一部第二編のスミスの情念論は、ハチスンのように公共的情動や審美眼の涵養による肉体的快楽の抑制を意図したものではなく、それぞれの情念がいかなる場合に適宜性と両立しうるかの分析を主題としたものであった。彼は、この第二編で情念を①肉体に起源をもつ情念、②想像力に起源をもつ情念、③非社会的情念、④社会的情念、⑤利己的情念の五つに分類しているが、第一の「肉体に起源をもつ情念」は、同感できないので、その表現は適宜性をもちえず、同感が成立するのは、②の「想像力に起源をもつ情念」である次第を明らかにしている。しかし、想像力に起源をもつ情念でも、恋愛感情のように、「想像力の特定の傾向または慣習に起源をもつ情念」や、憎悪や憤慨のような「非社会的情念」は、容易に同感されないが、そのような非社会的情念でも、きびしく抑制され、同感される場合には、ライトの原理たりうるとしている。これは前述のようなハチスンの怒り論を発展させたものとも考えられるが、ハチスンは、人間にはスミスのいう「肉体の運動に伴う情念」（*confused Sensation* either of pleasure or pain, occasioned or attended by some violent bodily Motions[19]）や「利己的情念」と異なる、「非利己的情念」もあるとして、公共的情動による利己的情念の抑制を考える一方、人間が肉体的＝利己的＝非社会的情念に流されるのは、「片寄った意見《パーシャル》」や「誤まった意見」のためであるとして、理性の力による「真の意見」の実現と、人間の「性格《テンパー》改善」・「真の本性」の実現による情念抑制・パーシャリティの克服を考えていたのであった。[20] これに対し、スミスは、「怒り」のような「非社会的情念」だけでなく、ハチスンにおいては全面的に克服の対象とされていた「利己的情念」も、しかるべく抑制され同感されるとき、適宜性をもちうるとしていることが注目される。

そうしたスミス思想の特色をより明確に示しているのが、第三編の第五章である。彼はそこで「利己的情念」を全面的な否定の対象から救い出し、利己的情念のうち同感の対象になりやすい情念となりにくい情念の度合を明らかにすることを通して、人々の同感をえられる程度に情念を抑制することが社会生活には不可欠である次第を解き明かしている。たとえば、彼によれば、「われわれは一般に小さな歓喜と大きな悲哀に最も同感したい気持になる」（TMS, I. ii. 5. 1, M.57）ので、成り上りは旧友たちには最大限へり下り謙虚にしないと反撥されるし、小さな心痛を人前で騒ぎ立てると、何の同感もえられないのみか、気晴らしやひやかしの手段とされてしまうという。

このようなスミスの論理は、人――人関係のコンヴェンション的なモラルの基本を人間の自然の同感感情に基づく感情の心理分析の上に導いたものといえるであろう。『感情論』が刊行直後からいち早く絶賛を博した理由の一つがこうした心理分析の卓抜さにあったことはすでにみた通りである。スミスは、情念の制御をハチスンのようにより高級な情動の涵養による性格改善にではなく、人――人関係においては他人の同感をえられる程度にまで感情表現を引き下げざるをえない――そうしないと、笑い物にされたり、非難されてしまう――点にみていたのである。スミスの情念論は、ハチスンの情念論のように個人の性格改善のための実践倫理学の構築を主題としたものではなく、他人の前ではいかなる場合に、どの程度まで感情を抑制せざるをえないかを社会心理学的に解明することを通して、人――人関係の交通倫理を明らかにしようとしたものであったのである。『感情論』が「道徳心理学（moral psychology）」を根幹とするといわれる所以はそこにあるが、スミスの情念論においては、ハチスンとちがって個々人の利己心やパーシャリティがそのまま前提・承認されていることが注目される。スミスは、ハチスンの道徳感覚理論と情念論の批判から出発した第一部の徳の本性論で、ハチスンのような個人の性格改善、情念規制の実践倫理ではなく、人間のありのままの利己的なパーシャリティをそれとして前提した上で、そうした人間が、「相互同感」感情に支えられて構成する人―人関係のコンヴェンション的な社会倫理を考えていたのである。こうした『感情論』初版の特色は、他人の権利侵害から生まれる「憤慨」モデルよりも個人の「非運」モデルが多用されるようになった六版とちがって、初版では第一部からいち早く第二部の正義論の根幹をなす侵害⇩憤慨モデルが繰り返し登場している点にも示されているといえるであろう。

(4) 偶然の影響論

こうした『感情論』の社会倫理学的性格をより端的に示しているのが、第四編（六版第三編）の「行為の適宜性に関する人類の判断に与える繁栄と逆境の影響」論である。彼は、そこで「歓喜に同感するわれわれの性向が、悲哀に同感するわれわれの性向よりもはるかに強く」（TMS, I. iii. 1. 5, M.64）、「歓喜に同感するのは愉快である」（I. iii. 1. 9, M.66）のに対し、「悲哀に対するわれわれの同感は、歓喜に対するそれよりもある意味では普遍的である」（I. iii. 1. 2, M.63）にもかかわらず、「悲嘆についてゆくのは苦痛である」（I. iii. 1. 9, M.66）ため、悲運は同情されない次第を明らかにしている。たとえば、人がかりに「彼自身だけに作用する何かの悲運のために」乞食になるとか、公開処刑にされる場合でも、「処刑台に涙が一滴でも流れたら、彼は……彼自身を永遠に辱しめることになるであろう」（I. iii. 1. 15, M.71）。スミスは、こうした同感感情のメカニズム分析[21]に基づく道徳感情の実態をそれとして描き出しているが、ここでは当事者の感情に入りこもうとする努力の上に成立する「愛すべき徳性」は全く問われておらず、感情の「自然の構造」だけが問われていることが注目される。

スミスは、さまざまな偶然に左右されるわれわれの幸・不幸や人間の運命に対する第三者の感情の自然をそれとして冷徹に客観的に描き出しているのであるが、彼はさらに「人類が悲哀に対してよりも歓喜に対してより全面的に同感する傾向をもっている」ことから、「自分の富裕をみせびらかし、貧乏を隠す」（I. iii. 2. 1, M.72）われわれの性向と、そのための富追求が生まれ、それがさらに地位への願望となる次第を強調する一方、「こうした富裕な人々や有力者のあらゆる情念についてゆこうとする人類の性向の上に、身分の区別と社会の秩序が築かれる」（I. iii. 2. 3, M.76）次第を明らかにしている。彼が人間の富追求の根拠を「自然の必要をみたす」点にではなく、他人に注目され称賛されたいという虚栄心（vanity）に求めていたのも、同じ思想に基づくものに他ならない。スミスは、生存の必要は「最もつまらぬ労働者の賃金でさえそれをみたすことができる」（I. iii. 2. 1, M.72）ので、富追求の本当の動機は、他人に注目・称賛されたいという願望にあると考えていたのであるが、この富裕観も、必ずしもスミスの独創ではない。富追求の根拠を他人の是認・称賛願望に求める思想は、ロックやシャーフツベリその他にもみられるが[22]、スミスはロックやシャーフツベリ以上にハチスンの富裕観を念頭に置いていたのではないかと考えられる。ハチスンは、『美と徳の観念の起源の探求』や『情念論』の中で、「富や貧困、自由や隷従等の運命の変化」に関心をもつことは必要であるが、富は「小量でも平等に幸せになれ[23]」、「唯一の収入が肉体労働だけの低い身分の人間も、最高の地位の誰かと同じ快適さ、満足、健康、楽しさを自分なりに享受していることが容易に分かる[24]」のに、われわれが財産を追求するのは、「他の人々の称賛[25]」をえたいためにすぎず、「大財産の唯一の効用は……美と秩序と調和の快楽をわれわれに与える点にあるにちがいない[26]」という趣旨の思想を展開していたからである。しかし、スミスが上述のような思想を展開したのは、彼の庇護者であったケイムズの影響による面も大きかったのではないかと推測される。ケイムズは、『道徳と自然宗教の諸原理に関する試論集』の第一部の「自由と必然」論の中で、別著で詳説したように、人間には自然の必然法則がみえないため、人間には偶然・自由の余地があると思って行動することが必然（目的）実現につながるとの思想を展開している。[27] スミスは、こうしたケイムズ的な自然神学観に従って、偶然に左右される人間が「上流の人々の状態を想像力が描きがちな欺瞞的な姿において考察する」（I. iii. 2. 2, M.75）ことから、目的と手段を転倒して富や地位を願望することが、社会の秩序維持に役立つ次第を明らかにしたのである。

スミスが第一部の第一編で展開した同感原理に基づいて基礎付けた是認の原理としての適宜性＝徳性論を中心とする第二編の倫理学は、このように第三編で心理学化していただけでなく、第四編では人間の「自然の構造」分析に基づく感情の自然学に転化していたのである。第四編の論理が倫理学という言葉の固定観念にはなじまない社会科学的構造をもっている根拠はここにあるが、スミスが第一部ですでにこうした視角から問題をとらえていた次第は、彼がそこで展開していた上流―下流の徳性の相違論（I. iii. 2. 4-5, M.77-81）からも窺えよう。この上流―下流論では、六版六部の「徳性の性格」論のように徳性の涵養が主題とされていないだけでなく、第五部の慣行論につながる徳性の社会科学的分析の芽さえみられるからである。

第一部は、「徳性」が行為や感情の「適宜性」のうちに存する次第の論証を主題としたものであるが、それは上述のように美徳論の展開を意図したものではなく、作用因としての人間の利己心やパーシャリティをそのまま承認した上で、そうした人間の自然の感情の動きによって規定される人―人関係のコンヴェンション的なモレスの実態を解き明かそうとしたものであったのである。スミスは、その原理を人間の自然の「同感」感情に求めることによって、「相互同感」原理に規定される「道徳感情」の実態分析を人間の「情念」分析を通して行うとともに、人―人のモラルに及ぼす「偶然」の影響を明らかにしようとしたのである。こうした第一部の論理が、ハチスンが『情念論』で展開した実践倫理学と本質的に異なることは明らかである。スミスは、人間の道徳感情の実態をそれとして明確化することを通して、仁愛原理に立脚するハチスン的市民社会論に代る新しい人―人間の交通《コミュニケーション》原理の策定を意図していたのである。その主題をより具体的に展開したのが第二部の正義論であることはいうまでもない。

二　第二部　正義と慈恵論

(1)　メリット論の主題

第二部では「報償と処罰」の対象となる行為の「功績《メリット》と罪過《デメリット》」が主題とされている。このメリット論は、スミス自身がその第一編の「序論」で明らかにしているように、行為者（A）の行為や感情の適宜性を「それをひきおこす原因または対象との関係において」考察することを主題としていた第一部とちがって、Aの行為の適宜性を「それが目指す目的ないしそれが生み出すことになる結果との関係において」問うものに他ならない。スミスは、ある行為の値うち《メリット》、それが報償に値するか処罰に値するかは、「その情動が意図したり、生み出すことになったりする有益ないし有害な結果に依存する」（TMS, II. i. intro. 2, M.104）ことをみていたのであるが、彼がこの「値うちと欠陥（功績と罪過）」論の対象としている感情は、「感謝と憤慨」だけである。この事実も、それ自体『道徳感情論』がハチスンの『情念論』のように情念の制御のための実践道徳論の構築を意図したものではなく、人―人関係倫理の確立を主題としたものであった次第をより端的に示すものといえよう。

スミスは、人間の性格改善のための情念分析を意図していたハチスンとちがって、人―人関係の交通（コミュニケーション）倫理を主題としていたため、行為者（A）の行為の結果、「恩恵」を受ける人間（B）の「感謝」や、権利を「侵害」された人間（B）の「憤慨」に伴う、行為者（A）に対する報償や処罰の適宜性がいかに成立するかを第二部における考察の対象とすることになったのであるが、彼は、第二部の第一編第一章では、一般に考えられるように、「感謝の正当な対象であるようにみえるものは、すべて報償に値するようにみえ、同様に、憤慨の正当な対象であるようにみえるものは、すべて処罰に値するようにみえる」（II. i. 1, M.104）次第を確認することから問題を出発させている。その上で、彼は続く第二章で、恩恵や侵害を受けた人間（B）の感謝や憤慨の原因となった行為者（A）の行為に対する報償や処罰が是認されるためには、Bの感謝や憤慨に対する公平な観察者（S）の同感だけでなく、報償や処罰の対象となる行為者A自身に対する同感が前提になる次第を明らかにしている。彼が第三章で、Aの行動や動機に対する明確な是認（否認）がない場合には、Bの感謝や憤慨に対する観察者Sの同感が成立しない次第をいろいろな具体例をあげて説明しているのは、こうした考え方をより具体的に表現したものに他ならない。たとえば、恩恵が恩恵授与者（A）の気まぐれによる場合には、Bの感謝が小さい方が自然で、Bの感謝が過大であるときには、Aの愚かさに対するわれわれの軽蔑がBの感謝に完全には入りこむことを妨げるであろう。同様に、加害者（A）の行為がいかに有害であっても、Aの行動がわれわれが全面的に是認できる動機に導かれている場合には、われわれは受難者（B）の憤慨についてゆけないであろう。スミスが第一編の結びの第五章で、行為の値うち《メリット》（功績）についてのわれわれの感覚は、行為者（A）の行為や感情に対する「直接的同感」（direct

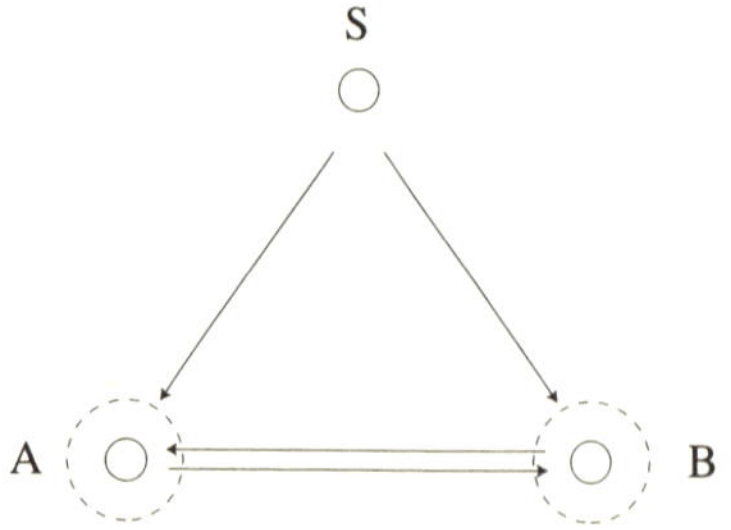

sympathy）と、彼の行為の影響を受けるBの感謝や憤慨に対する「間接的同感」（indirect sympathy）からなるとした根拠はそこにある。スミスは、われわれの行為のメリット性、Aに対するBの感謝や憤慨に伴う報償や処罰の適宜性が、Bの感謝や憤慨に対する同感だけでなく、Aの動機や行動の適宜性に対する同感を前提している次第をみていたのである。

この論理は、一見、徳性の原理を行為の結果よりも行為者の動機（の仁愛性）に求める伝統的徳性観に近いようにみえながら、それとは本質的に異なる次第が注目される。たとえば、彼の師ハチスンも、『情念論』では、実践道徳論の構築を主題としていたためメリット論を展開していないが、『情念論』の第二部をなす『道徳感覚例解』では、メリット論を展開している。[28] しかし、ハチスンは、Bの感謝や憤慨の対象となるAの行為に対する報償や処罰のメリット性（報償や処罰に値するかどうかの適宜性）は、Aの動機の仁愛性（kind affection）を前提しているとしている。これは、行為の道徳性を行為者（A）の動機の仁愛性に求める思想に他ならない。これに対し、スミスは、Aの動機に観察者（S）の同感の対象となるような状況に即した適宜性があれば、必ずしも動機の仁愛性は必要ないとしたのである。[29] スミスは、メリット感覚がA―B両当事者の行為や感情の適宜性に対するSの同感に基づく次第を明らかにすることによって、徳性の本質が動機の仁愛性にではなく、関係＝適宜性にある次第を論証したのであるが、このスミスの思想がハチスンの仁愛正義論批判を意図したものであることは前にみた通りである。スミスは、Bの感謝や憤慨に伴う報償や処罰の適宜性を決定する値うち《メリット》と欠陥《デメリット》の感覚が、Bの感情に対する同感だけでなく、A―B両当事者に対する「二重同感」を前提する次第を明確にすることを通して、Aの動機が彼の置かれた「状況に即した適宜性」（Situational Propriety）[30] をもてば、慎慮や正義の遵守のように、その行為が必ずしもBに対する「親切な情動」に基づくものでなくとも、功績に値する《メリタブル》として是認されうる次第を明らかにすることによって、正義の徳を含むすべての徳性に仁愛動機を要求していたハチスンの論理を否定したのである。

(2) 交換的正義の法の原理論の展開

第二部のメリット論は、ハチスンの『道徳感覚例解』のメリット論、その根幹をなす『情念論』の仁愛動機論を暗黙の批判対象にしていたのであるが、第二部の第二編では、こうした二重同感原理に基づく功績と罪過の典型としての「正義と慈恵について」論じられている。第二部が、第一部の適宜性原理に基づく徳性論の具体的展開であるかのごとく感じられる所以はそこにある。しかし、第二部の主題は、「正義と慈恵」の二つの徳性それ自体の美徳論としての展開にあったのではない。スミスは、第二編の「正義と慈恵」論の主題を第一章における「それら二つの徳性の比較」論から出発させ、「恩恵」に対する「感謝」は強制しえないのに対し、正義の徳は、強制しえ、その侵犯に対しては「一定の程度の処罰を要求」しうる反面、報償の対象となる慈恵とちがって、「隣人に害を与えるのを妨げるだけ」の「消極的徳性」(II. ii. 1. 9, M.128) にすぎない次第を明らかにしている。正義の徳の特性を他人の権利(「身体や財産や評判」)の「不侵害」に求めるこのような正義観が、いわゆる「交換的正義 (commutative justice)」論の系譜に属することは、スミス自身が第六部(六版第七部)の学説史 (VII. ii. 1. 10, M. 334) の中で明言している通りであるが、スミスは、こうした人―人間の交通・交換関係における正義の侵犯としての「侵害」に対する処罰の強制に対しては、観察者が容易に「入りこみ、ついてゆける (enter into, go along with)」ため、同感・是認しうるのに対し、「感謝」は力ずくで強制しても観察者の同感をえられない次第を強調している。

スミスは、こうした形で「正義と慈恵」の二つの徳性のちがい、その両者に代表される「法と倫理」の差異を明確化することによって、ハチスン的な倫理の強制(法律化)を批判したのであるが、次の第二章では、「各人が他の人々を犠牲にして、他の人々の幸福よりも自分のそれを優先させる自然的選好にふけることには、公平な観察者（impartial spectator）は誰もついてゆくことができない」（II. ii. 2. 1, M.129）ことから、フェア・プレー＝不侵害こそが正義の根幹をなす次第を改めて明確にする一方、そのような正義の侵犯には「悔恨（remorse）」が伴う次第を強調している。この悔恨論は、ケイムズが『道徳と自然宗教の原理試論集』の中で展開していた「悔恨」論、その根幹をなす「犯罪の当然の帰結としての処罰に値するとの ill desert ないし正当な刑罰の感覚や、立派な寛大な行為にふさわしい《メリテッド》報償(31)」観念を継承したものであるが、スミスも、侵害に対しては、被害者の憤慨とそれに対する観察者の同感だけでなく、侵害者自身も、「自分の過去の行動を冷静に熟考しはじめるとき、その行動に影響した動機に入りこむことができず」（II. ii. 2. 3, M.132）、逆に「処罰に値するとの ill desert の意識、merited punishment の恐怖」を感じて後悔するようになる次第を強調している(32)。

このようなスミスの考え方は、『感情論』の正義論がハチスンやケイムズと同じ「自然の構造」思想に立脚していた次第を窺わせるが、その点をより具体的に展開したのが第三章の「自然のこの構造の効用」論である。彼はそこで「自然は、人類に対して報償に値するという人を喜ばす意識によって慈恵の行為をすすめる」が、慈恵は「建物を美しくする装飾」にすぎないため、「押しつける必要はない」のに対し、「正義は建物全体を支える大黒柱で、それが除去されると、人間社会の偉大で巨大な組織は、……一瞬にして崩壊して諸原子になるにちがいない」ので、「自然は、正義の遵守を強制するため、人間の胸の中にその侵犯に伴う処罰に値するとの《イル・デザート》意識、相応的な処罰への恐怖を人類の結合の偉大な保証として植えつけておいたのであって、これが弱者を保護し、暴力をくじき、罪をこらしめることになる」（II. ii. 3. 4, M.135）とのべている。この周知の文章は、スミス正義論を象徴する思想としてしばしば引用されるが、問題は、この議論が「自然の構造」思想を中心とするハチスン―ケイムズ的な自然神学観に立脚している点にある。従来、私たちは、上の文章の中の大黒柱論《メイン・ピラー》にだけ関心を集中し、その神学的枠組に十分な考慮を払わなかったが、上の議論の中核をなす思想は、われわれが正義を侵犯すると、自然に、「処罰に値する」との ill desert, merited punishment の意識をもち、悔恨にかられるように人間は自然によって constituted されており、そうした人間の「自然の構造」が他人を侵害する誘惑を防ぐ役割を果たしているという点にある。彼がこの章の表題を「自然のこの構造の効用について」としていたこと自体が、その何よりの証左をなしているといえよう。『感情論』の正義論は、何よりもこうした自然神学的な自然の構造思想に立脚していた次第がはっきりと確認される要があるのである。

スミスは、上の大黒柱論に続く次の節で作用因の論理を展開し、それを効用正義論批判の序説としているが、この論理も上述のような自然の構造思想に立脚している次第が注意される要がある。スミスは、「宇宙のどの部分においてもわれわれは諸手段がそれによって生み出すことが意図されている目的に最も見事な技巧で適合するように作られているのをみる」（II. ii. 3. 5, M.136）ことができるという言葉に象徴されるような目的—手段の適合性のうちに神のデザインをみる自然神学観に従って、全体の必要ないし効用という目的を人間の理性の力で人為的に実現しようとする効用正義論を批判したのである。(33) 彼が、「社会は、正義の諸法がかなりよく守られなければ存立しえず、いかなる社会的交際も、相互に侵害することを一般的に放棄していない人々の間では起こりえないから、この必要についての考慮が正義の法を侵犯する人々を処罰することによって、それを強制することをわれわれが是認する根拠である」（II. ii. 3. 6, M.137）として、「正義の一般諸規則を守ることの適宜性」を社会維持の必要に求める見解の正当性をそれなりに認めながら、それに消極的な態度をとった根本の理由はそこにある。

スミスがわれわれの「正義感」は、「社会の一般的利害への関心よりも、侵害を受けたその個人そのものへの関心に基づく」（II. ii. 3. 10, M.140）というのも、同じような神学的前提に依拠するものに他ならない。彼は、作用因としての人間には神のデザインや「社会の一般的利害」などはみえないため、人間は目先の個別的な事柄にのみ関心をもつので、デザイン実現に必要な地上の正義も、「侵害を受けたその個人への関心」をベースにする要があると考えたのである。彼が、歩哨その他の例にみられるような「若干の場合には、われわれが社会の一般的利害への考慮だけから処罰し、処罰を是認する」(II. ii. 3. 11, M.141) ことを認めながら、それは、同感感情に立脚する人間の自然的正義感にはなじまないとしていたことの背景には、このような神学観念が前提されていたのである。

このスミスの正義観が神のデザインと「神の正義」の支配・貫徹を前提している次第は、こうした「侵害を受けたその個人への関心〔同感感情〕」に基づく人間の自然の正義感[34]に反し、不正義がまかり通り、「謀殺者が処罰を免れる場合には」、人間は「墓の向うまで」「神の正義」(II. ii. 3. 12, M.142) を期待するものであるとしていることからも明らかである。スミスがこれらの個所で使用している「神の正義」の観念は、たんなる言葉の綾〔神学的常套句〕ではなく、次の第三部の神法論により明瞭に示されているように、彼が当時の自然神学思想に従って、自然の「不可変の諸法則〔unalterable laws〕」と、その創造主としての神の英知と善性と神の正義の支配をはっきりと前提した上で[35]、自然の創造主が人間に植えつけた自然の同感感情に基づく個人的な正義感を「地上の正義」の支柱としていたことを示すものに他ならないといえるであろう。スミスは、この宇宙を支配する神の正義と必然法則の妥当を前提しながら、神の目的《デザイン》の有効化因としての人間に要請される人―人関係のコンヴェンション的な「地上の正義」が、権利を侵害された被害者の憤慨に対する観察者の同感や、当事者の悔恨に示される人間の「自然の構造」に基づく個人的正義感〔ill desert, merited punishmentの意識〕に支えられている次第を明らかにすることによって、正義の根拠を社会存立の必要に求める効用正義論を批判したのである。

このようなスミスの正義論が「神の正義」を前提した上での「地上の正義」論に他ならない次第は、この第三章の

「自然の構造」章の末尾の贖罪論からも明らかである。彼はそこで別著で詳説したように、自然の不可変の諸法則を逸脱して善悪無差別《インディファレンス》の自由に走り、さまざまな罪を犯す人間が、神の正義に値するようになるためには贖罪が必要であるとして、贖罪を地上の正義の前提条件としている。[36] スミスによれば、人間は自らの「徳性の弱さと不完全さ」のため、「無限の創造主の前」では自らの幸福を「神の正義に基づいて要求することはできない」ので、「神のものである正義の純粋性が彼のさまざまな犯罪と両立しうるようになるためには」、何らかの「贖罪が……人間のためになされねばならない」（1 ed. 158-160, II. ii. 3. 12 Note, M.143-4）とされたのである。彼が正義論の中で贖罪についてふれた直接の理由はそこにあるが、キリストの贖罪のお陰で人間の自由な活動が神の目的実現につながる作用因の自由として義認される場合にも、人間は動植物や物体とちがって手段⇩目的の自然法則を逸脱するため、作用因としての人間の自由な手段追求が「それによって生み出すことが意図されている目的」（II. ii. 3. 5, M.136）実現の妨げにならぬようにするためには、作用因主体相互間の交通倫理だけはお互いが自主的に守る必要がある。でなければ、デザインそのものが実現できなくなってしまうであろう。[37] スミスが、一方で、神の摂理と神の正義の支配・貫徹を強調しながら、他方で、「地上における神の代理人」としての人間に要請される唯一の倫理として、公平な観察者の同感だけを唯一の原理とする地上の正義の構築を主題とした根拠はそこにあったのである。

こうした第二部第二編の思想の論理構造は、『感情論』倫理学の主題が、作用（手段）⇩目的のデザインの貫徹する自然の構造の狡知性を前提した上で、その有効化因《エフィシエント・コーズ》としての人間に要請される唯一のモラルとしての地上の正義の確立にあった次第を示すものといえるであろう。彼は、ケイムズ的自然神学思想に立脚する作用因（手段）の論理の貫徹を確信していたため、ハチスンのように神の目的《デザイン》を実現するためには仁愛動機が必要であるとは考えず、人間の自然の同感（悔恨）感情に基づく作用因主体相互間の交通モラルの確立を倫理学の中心主題とすることとなったのである。

(3) 偶然の法理学

次の第二部第三編では、「感謝と憤慨」に対する「称賛・非難」が本来行為者の「意図」に対してなさるべきものであるのに、実際には「帰結」に影響されるとして、功績《メリット》と罪過《デメリット》の評価に及ぼす「偶然（fortune, contingency）」の影響が論じられている。スミスは、「この世を支配する偶然性」（II. iii. 3. 1, M.165）を認め、それに左右される「感情の不規則性」（II. iii. 2. 2, iii. 3 title, M.154, 165）の問題を第三編の主題としていたのであるが、この偶然の影響論も、人事の基本をcontingencyに求めたケイムズの思想と密接な関連をもっていることが注目される。スミスは、第一部第四編その他と同様、ここでもケイムズ神学をベースにした議論を展開していたのであるが、「意図」と「結果」がちがう場合、二重同感原理に立脚する「功績《メリット》は不完全であると思われる」（II. iii. 2. 2, M.153）ことから、「意図」よりも「結果」で判断する傾向が生まれるという。彼は、その例として、意図《デザイン》と実際の帰結がちがう場合や、既遂・未遂の場合における人々の受けとめ方の差異をさまざまな例をあげて説明する一方、意図（悪意）はなくとも、重大な結果（侵害）をもたらす怠慢（negligence）について論じている。

こうした第三編の議論が懈怠（delinquency）論を中心とする『法学講義』の法理論の基礎になっていることは別著でみた通りであるが[38]、スミスはこうした形で法が、倫理とちがって、意図よりも結果による次第を明らかにすることによって、倫理と異なる法の原理を明確にしようとしたのである。もとより、「世間が、意図によってではなく、〔偶然に左右される〕結果によって判断するということは、……徳性を大いにくじくものである」が、「自然は、人間の胸の中にこの不規則性の種子を植えつけたとき、……種の幸福と完全性を意図していた」のであり、意図が処罰の対象とされたら、「あらゆる司法上の法廷は」、「感情や思想や意図が処罰の対象となる」恐るべき「異端糾問」の場になってしまうので、「自然の創造者」は行為（結果）だけを「人間による処罰と憤慨の正当な是認される対象」にしたのである（II. iii. 3. 1-2, M.165-6）、とスミスは考えたのである。彼が、「人々はこの世では彼らの行為によってのみ処罰を受けるのであって、企図や意図によってではないという正義の必然的な規則は、一見しただけでは道理に合わず説明しがたくみえる功績や罪過についての人間感情のこの健全有用な不規則性に基づいているのである」（II. iii. 3. 2, M.166）という理由はそこにある。(39)

このスミスの論理は、倫理の内面性に対する法の外面性の根拠を感情論的に明確化したものであるが、彼はこうした功績と罪過（値うちと欠陥）に関する道徳感情の不規則性自体が自然の「創造者の神慮」（英知）に基づくものであるとして、「人々の弱さと愚かさ」自体を神慮（デザイン）実現の手段とする「神の知恵と善性を感嘆」（*Ibid.*）している。このようなスミスの考え方が、「世界は、すべてを支配する賢明・強力で善良な神の摂理によって統治されているのだから、どんな個々の出来事も、宇宙の計画の必然的な一部分をなし、全体の一般的な秩序と幸福を促進するものとみなさるべきであり、人類の悪徳と愚行も、それゆえ、彼らの知恵や徳と同様、この計画の必然的な一部をなすものとして、悪から善をひき出す永遠の業《アート》によって、自然の偉大な体系の繁栄と完成に等しく貢献しているのである」（TMS, I. ii. 3. 4, M.50）というストアの思想と多分に共通性をもつことは明らかである。しかし、上述のスミスの思想は、ストア思想のたんなる継承にとどまるものではない。スミスはこうしたストア的な自然観をカルヴァン神学化したケイムズの道徳的欺瞞理論を深化・発展させた欺瞞の道徳感情論を展開することによって、(40)ハチスンの目的因説と仁愛主義を批判する一方、悪行に対しては自然に ill desert, merited punishment の意識をもつように constituted された人間が、人—人関係における唯一のモラル、ないし、コンヴェンションとしての交換的正義さえ守れば、デザインはおのずから実現されると考えていたからである。

第二部の論理はこのような神学思想に立脚していたのであるが、彼はこうした自然神学思想に基づいて、自然の必然法則を逸脱して自由に走る人間界における作用（手段）⇩目的のデザイン実現に必要な「地上の正義」維持のための条件としての「交換的正義」の法の原理論の確立を『感情論』初版の究極主題としていたのである。彼が「正義と慈恵」の二つの徳について論じたこの第二部で、正義や慈恵の徳性の涵養について何ら語ることなく、正義の侵犯にはおのずから権利を侵害された被害者の憤慨に対する観察者の同感とならんで、加害者自身の側にも悪いことをしたという「悔恨」、ないし「処罰に値する」との ill desert or merited punishment の意識が伴い、それが侵害の抑止力としての機能を果たす「自然の構造の効用」を強調する一方、倫理と法の差異を明確にすることを通して、法の外面性を正当化した根拠はそこにある。このような第二部の構成・内容は、第二部の主題が「正義と慈恵」の二つの徳性の美徳論としての展開にではなく、法と倫理の差異の明確化に基づく「交換的正義」の法の原理論の確立にあった次第を示すものといえるであろう。[41] スミスは、既述の第六部第四編の決疑論批判の思想の示すように、法の世界に倫理を導入し、正義の徳に仁愛動機を要求していたプーフェンドルフやハチスンとちがって、人―人関係のモレスの原理を不侵害＝正義に求め、仁愛動機はとくに必要ないとする「交換的正義」の法理論の確立を思想主題としていたのである。

『感情論』第二部の正義論は、このように人―人間の社会的交通・交換関係における正義（エクイティ）の原理の確立を主題とし、そのための正義の内実を他人の権利（「身体《パースン》や財産《エステート》や評判」）の「不侵害」に求めるものであった。彼が、既述のように第六部の学説史の中で、正義の徳性を他人の権利の不侵害に求める自らの正義論が「交換的正義」論の系譜に属するとした理由はそこにあるが、この交換的正義論は、人―人間の社会的交通関係を媒介する手段としての市場における商品交換関係を規制する交換における正義の規則としての「商品交換法」の確立・維持を中核とするものであった。「交換的正義」論が交換的正義論と呼ばれるのは、そのためであるという方が一般には分かりやすいであろうが、スミスは『感情論』ではこうした商品交換関係の規制原理としての交換的正義の一般諸規則については直接言及していない。たとえば、彼は、第二編の第二章で、被害者の憤慨に対して、行為者の罪悪感とともに観察者の共感的義憤（sympathetic indignation）を呼びおこす最も大きな権利の侵害の例として、「謀殺（Murder）」と「所有権の蹂躪」をあげ、「最も神聖な正義の法」として「われわれの隣人の生命と身体《パーソン》を守る法」と「所有権と所有物を守る法」に言及し、「すべてのあとにくるものとして対人《パースナル・ライト》権と呼ばれる、他の人びととの約束によって彼に帰属するものを守る法」（TMS, II. ii. 2. 2, M.131-2）をあげているが、所有権については、それ以上突込んだ分析は行っていない。スミスが『感情論』ではこのように観察者の同感を呼ぶ権利の侵害の対象としての所有権についてはとくに立入った言及をしていないのは、㋑『感情論』の主題が、近代自然法学においては効用ないし便宜に求められていた正義の法の原理を、身体や財産を侵害された被害者の憤慨に対する観察者の同感原理によって感情論的にとらえ直す点にあり、㋺何が「侵害」であり、何が「正義」であるかは、個々の個別のケースに即して、観察者の同感原理に基づいて個別的に特定《スペシファイ》すればよいと考えていたためであったと推測される。しかし、商品関係の一般化した社会において、厳格な遵守が要求される正義の法を維持するためには、侵害の対象となる正義の一般諸規則の具体的内容が特定されていなければならない。その必要は、生命・身体をめぐる自然権の侵害の場合のように誰の眼にも明白であるとはいえない所有権の侵害や、契約をめぐるトラブルの場合にとくに大きいといえるであろう。スミスが、『感情論』の主題の直接的継承ないし展開としての『法学講義』において、別著で詳説したような形で所有権を所持物に対する人間の自然の愛着《アタッチメント》や、現に保有している物は将来も持ち続けたいと思う所持者《ポゼッサー》の「正当な期待」に対する観察者の同、原理によって正当化した上で、観察者の同感原理によって基礎付けられる所有権法（商品交換法）の具体的内実を歴史的に特定することを通して、それに反する慣行や実定法を批判した所以はそこにある。『感情論』公刊後にスミスがグラスゴウ大学で行った『法学講義』は、『感情論』の正義論の一般諸規則化による『感情論』の主題の現実化を意図したものであったのであるが、こうした『感情論』と『法学講義』との関係は、『感情論』の正義論が本来、所有の交換に媒介される人―人間の交通・交換における正義（エクイティ）の原理としての交換的正義の原理の確立を主題とするものであった次第を示すものといえるであろう。『感情論』の主題が、このように所有の交換に媒介される「善行（good offices）の金銭的な交換によって維持されうる」（TMS, II. ii. 3. 2, M.134）商業社会における人―人関係の正義（エクイティ）の原理としての「交換的正義」の確立にあった次第は、『感情論』の後半部（第四―六部）の主題が、後述のように、観察者の同感原理によって基礎付けられる交換的正義の原理に反する「慣行」・「実定法」批判―その批判原理としての「自然法学」の展開を究極目的とするものであった次第を知るとき、一段と明らかになることであろう。しかし、スミスは、上述のような第二部の「正義と慈恵」論に続く第三部では、こうした同感原理に裏付けられた交換的正義論の「内なる人」の論理に基づく一人称化を主題にしている。

三　第三部　良心論と義務論

(1)　初版の良心論の主題

第三部は、その表題の示すように、「われわれ自身の感情と行動に関するわれわれの判断の基礎と、義務の感覚について」論じたものであるが、初版の第三部第一編は、「称賛または非難される値うちがあるという意識について」という表題になっている。これは、「自己是認と自己否認の原理について」という六版第三部の第一章の題名よりも、「称賛愛と称賛に値することへの愛について」論じた次の第二章の表題に近いことが注意されるが、初版の第一編では次のような議論が展開されている。

共に暮している人々の是認・称賛願望の完全な充足は、実際にそれに値する存在になる他はない。実のない称賛は、虚栄にすぎない。「われわれは、称賛（praise）だけでなく、称賛に値する（praise-worthy）ことをしたことを喜ぶのである」（TMS, 1 ed. 248, M.175）[42]。反対に、非難されても仕方ないことをしたときには、「赤面し」、「良心の自然のうずき」（1 ed. 252, M.177）を感じるのも、そのためである。

スミスは、初版でも「称賛」と「称賛に値する」こととのちがいをすでにそれなりに認めていたのであるが、初版ではその根拠が人間が「自分の行為を公平な観察者（the impartial spectator）がみるような見方でみるとき」（1 ed. 249, 251, M.175, 176）、自分自身に喝采したり、良心の自然のうずきを感じたりするように自然に構成されている点に求められていることが注目される[43]。スミスは、称賛や虚栄と異なる称賛に値するか非難に値するかを自らに問う感情が人間の「自然の構造」に基づく次第を明らかにするとともに、それを「公平な観察者」の立場の論理によって対自化することによって、第二部で展開した感謝と憤慨に伴う称賛・非難⇓報償・処罰の原理を内面・主体化しようとしたのである。

このようなスミスの思想が、人間の自然の構造のうちにみられるMerit-worthyの感覚を自己意識化することによって、利己的情念の自主規制の可能性を論証しようとしたものであることは明らかであるが、この第三部第一編の論理は、『感情論』各部のうちでは最もハチスンの『情念論』の思想に近く、とりわけ、彼の名誉心（honour）論との親近性を感じさせる。

ハチスンは、『情念論』その他の著述の中で、別著で詳説したように名誉心について論じている。[44] ハチスンによれば、名誉心とは、「他の人々の良い評価を願望し、彼らの非難や断罪に嫌悪を感じる[45]」感覚であるが、彼は、こうした名誉感覚が「われわれの行った善行に対する他の人々の是認や感謝を快の必然的誘因たらしめ、われわれによってなされた侵害に対する彼らの嫌悪や非難・憤慨を恥と呼ばれるあの不安の感覚の原因たらしめる[46]」と考えることによって、名誉心という人間の自然の称賛願望が人間の自己偏愛性《パーシャリティ》や感覚的情念の激しさを抑制すると考えたのである。ハチスンが「名誉感覚」を「公共感覚」や「道徳感覚」とともに私的情念の抑制力とした所以はそこにあるが、この名誉心論は、「公共的情動」論や「道徳感覚」論のようにパーシャリティの抑制原理を主体の性格改善や道徳感覚洗練にではなく、観察者（第三者）の意見に対する顧慮に求めていることが注目される。ハチスンは、スミスと同様、人間の自己偏愛性をはっきり前提した上で、その帰結に対する被害者の不平や、「われわれの偏愛的な愛着とかかわりのない観察者」（公平な観察者）の「非難（dis-honour）」が、「恥ずかしさと悔恨の誘因となり[47]」、悪行の抑制になると考えていたのである。このようなハチスンの思想は、彼が名誉感覚のもつ関係性に着目し、それをA―B二人の当事者と観察者Sとの三者関係を基本とする人―人関係の規制原理とすることによって、主体の情念倫理を確立しようとしていたことを示すものといえよう[48]。ハチスンが情念の規制原理の一つとした『情念論』の名誉心論のうちには、スミスが人間のパーシャリティ克服原理とした観察者の同感理論に発展する契機が含まれていたのである。

ハチスンと異なるスミスの独自性は、ハチスンの『情念論』との格闘を通して、こうしたハチスンの名誉心論の中に含まれていた関係論的視点を深め、他人（観察者）の眼の自己意識化による情念の自主規制の論理を構築することによって、人間の自然《ヒューマン・ネイチュア》の構造そのもののうちにPraise-worthyの感覚の成立基盤をみていた第一編の思想を対自化した点にある。その次第を具体的に展開したのが、第三部第二編（六版では第一章）の美醜（自己意識）論である。彼は、そこで人間が自らの美醜（の自覚に象徴される他人と異なる自己）を意識するのは、社会の中で他人を鏡として自らを顧みることからはじまる次第を強調している。その上で、彼はわれわれが「われわれ自身の性格と行動」を「他人の眼」でみるとき、自己の内なる観察者がついてゆくように行為することが自らの「行為の適宜性を吟味することができる唯一の鏡である」（1 ed. 260, M.185）として、他人の眼（公平な観察者の立場）の一人称化による自己偏愛性《パーシャリティ》の抑制の論理を展開している。このスミスの論理の中には、人間の自己意識の形成が社会の中で他人を意識することを通して可能になる次第の認識だけでなく、そうした人―人関係の中で他人を鏡として自らを顧みることから、自分の行為を自ら批判する「内なる観察者」としての良心が形成される次第が明確に示されているといえよう。彼がこの美醜論（III. ii. 6-7）の中で、自分を鏡の前に置いて、他人の眼で自分を眺めて、自分の姿に「満足」できれば、「他人の最も不都合な意見にも一層容易に耐えうる」（1 ed. 259, M.184）という自己満足論を展開しているのも、その一つの証左をなすと考えられる。この自己満足論は、彼が初版でもそれなりに良心の世論（他人の意見）に対する優越性を認めていたことを示すものといえよう。スミスは、第二編の一―七節で、人間の自然の構造そのもののうちにPraise-worthyの感覚の根拠を求めていた第一編の論理を対自化し、内なる観察者視点が人―人関係そのものの中から自然に形成される次第を明らかにすることによって、良心の社会的形成可能性を論証しようとしたのである。

　しかし、自己の美醜や行為を判断するには、他人（観察者）の眼で自分をみることが必要であるとしても、その場合には、他人の眼がわれわれの行為の道徳性の判断基準となるため、内なる「他人の眼」としての良心は他人の眼の反映にすぎなくなってしまうのではないであろうか。そうした疑問を『感情論』刊行直後にいち早く提出したのが、ギルバート・エリオット（Gilbert Elliot）であった。彼は、「われわれ自身の行為に関する道徳判断が社会の是認・否認の反映にすぎないなら、世間一般の意見に反することが分っている道徳判断を形成することは不可能になるであろう[49]」という趣旨の批判をしたと推測されている。エリオットの批判は、「良心が社会的態度の反映であるなら、それは世論と一体どうちがい、世論にどう優越すると考えられうるか[50]」を問題にしたものであるが、初版の良心論が現実の社会的態度の反映にすぎぬと誤解された一つの原因は、彼が第二編の第三節で、「愛すべきものであることと功績あるものであること、すなわち、愛に値することと報償に値することは、徳性の際立った特質であり、悪徳の対極をなすものであるが、これらの特質はどちらも他の人々の感情に直接関連している[51]」（1 ed. 256, M.182-3）として、徳性の根拠を他人の感情に求めていた点にあった。徳性が他人の感情に関連（依拠）しているとしたら、他人の感情に対する良心の自立や独立性はありえないからであるが[52]、スミスは、こうしたエリオットの批判に対し、「われわれ自身の行為に関するわれわれの判断がつねに誰か他の人間の感情と関連しているという私の見解を確証しながら、にもかかわらず、真の雅量と自覚的な徳性は、全人類の否認の下でも自らを維持しうることを示す意図[53]」の下に、第二版で第三部の第二編三―八節の大幅な増補・改訂を行ったのであった。この二版改訂の内容と意義は第一部の補論で詳しく論究する通りであるが、死の直前の九〇年に刊行された第六版では、新たに書きおろした新六部の徳性論とならんで、この第三部についても大幅な増補・改訂が行われ、新たに独立の章がもうけられて、初版にはない「良心の影響と権威について[54]」論じられていることは周知の事実である。

グラスゴウ全集版『道徳感情論』の編者であるラファエルとマクフィーは、こうした形で二版と六版で大幅に増補された第三部における良心論の展開とその中核をなすスミスの観察者概念の深化に注目し、二版と六版における「公平な観察者概念の発展」を強調している[55]。スミスが六版で世論に対する良心の優位を論証するため、「想定された公平な観察者（the supposed impartial spectator）」なる概念を新たに導入することによって、想像上の公平な観察者が実在の観察者たちよりもより客観的な意見に到達しうる次第を示したことは[56]、たしかに、紛れもない事実である。しかし、こうした形の観察者概念と良心論の精密化を「発展」としてとらえることが、『感情論』の本来の主題を理解する上でどのような意味をもつかどうかは別問題である。同感と観察者概念を鍵概念とすることによって交換的正義の原理を基礎付けようとした『感情論』初版の本来の主題は、観察者概念の精密化とそれに伴う良心論の展開に象徴される六版の主題とは全く別の点にあったからである。

周知のように、スミスは、初版でも「公平な観察者（the impartial spectator）」概念を多用しているが、初版の観察者論の主題は、ありのままの普通のパーシャルな人間が互いに利害関係のない第三者としての公《インパーシャル》平な観察者の立場に立つことによって、自己利害関心を自制する点に求められていることは明らかである。スミスが『感情論』初版で展開した「公平な観察者」論の意義と特色は、すべての人間が第三者視点に立つことによって、自己のパーシャリティを抑制する点にあり、それ以外のことはよかれあしかれ主題とはされていなかったのである。グラスゴウ大学におけるスミスの倫理学講義の一部と考えられる正義論草稿には、いまだ「公平な観察者」概念がみられず、自然法的第三者論が使われていたことも[57]、観察者の同感を基軸とする『感情論』の本来の主題が、自然法的第三者視点の一人称化（人格主体化）にあったことを示しているといえるであろう[58]。『感情論』初版の第三部第二編の主題は、第二部の正義論の核心をなしていた自然法的「第三者」視点の人格的表現としての「公平な観察者」視点を一人称化する点にあったのである。

そのような第三者としての「他人の眼」を自己のうちに設定し、そうした「内なる人」の眼で自己の行為を吟味するのが[59]、初版で考えられていた人間の良心である。彼が、そうした形で初版でも自己の「内なる観察者」としての良心観念を確立していたことの帰結として、自己満足という形で個人の良心の世論に対する優越がそれなりに想定されていたことはすでにみた通りである。にもかかわらず、良心と世論の対立関係が問題にならなかったのは、初版では他人の眼で自己の行為を制御する点に課題が求められていたためであるといえよう(60)。

こうした『感情論』初版の本来の主題に即したスミスの観察者論の特色を的確にとらえているのが、キャンベルの観察者論である。

「スミスにとって、観察者は」、キャンベルによれば、「何よりもまず第一に、平均的・標準的な普通の人間を表わす」ものにすぎず、「公平な観察者を他の誰かから区別するのは、彼の特定の資質ではなく、特殊な観点（第三者視点）である。彼は、かかわりのない観察者の立場にいる場合の普通の人間の反応を代表する(61)」ものに他ならない。「公平な観察者は、普通の人間の判断より上位に立ち、それを査定することができる道徳的審判者としての特権的地位」に立つのではなく、「観察者の体現している規範は、普通の観察者と行為者の反作用の相互作用《インタープレイ》から生まれる平均的標準という意味での規範であるにすぎない」。「スミスの公平な観察者概念は、……社会の調和と、従ってまた安定に必要な社会的コンセンサスが達成される手段を表わす(62)」ものに他ならない。従って、そのような観察者の道徳判断の客観性は、相対的なものにすぎない、とキャンベルは考えたのである。

スミスが『感情論』初版で展開した公平な観察者論は、このキャンベルの解釈の示すように、普通の人間が第三者視点に立って互いに自制し合う「社会化（socialization）」の論理として展開されたものであり、そこに公平な観察者の意義を求めるものであったのである。それは、すべての人間が本質的にパーシャルな存在でしかありえないという、作用因としての人間の本質的な弱さと不完全性を前提した上で、そのような現実の人間相互間の社会的協和を可能ならしめるために、お互いが立場を変えて第三者視点に立つ点に公平な観察者論の意義を求めるものであったのであり、実在の観察者に対する想像上の理想の観察者の優越性を論証することとは、よかれあしかれ初版では主題とはされていなかったのである。[63] スミスの『道徳感情論』が市民社会倫理の確立を主題としたものであったといわれる根本論拠も、彼の観察者論が本来こうした形で第三者視点の一人称化による市民相互のインター・プレーの倫理を確立したために他ならないことは明らかである。

スミスは、自然法的第三者の立場の論理の人格的表現としての観察者視点を一人称化することによって、市民社会主体の倫理を確立しようとしたのであるが、この「われわれ自身の行動の〔内なる〕観察者」はあくまでも不完全な普通の人間にすぎないため、自己のうちに「他人の眼」を設定しても、完全にはインパーシャルな立場に立ちきれないのは、理の当然である。スミスが第二編第八節で、「不幸なことに、この道徳的鏡（moral looking glass）は、いつも非常に良いものである訳ではない。普通の鏡は、極めて欺瞞的（deceitful）であり、……他のすべての人間には明白な多くの欠陥を本人の偏愛的《パーシャル》な眼から隠すといわれる」（1 ed. 260-1, M.186）という所以はそこにある。[64] 彼は、こうした形で「内なる人」の弱さと欺瞞性を指摘した上で、「公平な観察者」視点の確立を妨げる条件の考察に入っている。人間が公平な観察者の立場に立ちえない根本原因は、彼によれば、情念の激しさから生まれる人間の度しがたいパーシャリティにあるが、「この自己欺瞞（self-deceit）、こうした人類の致命的な弱点が人間生活の過半の無秩序の根源である」（1 ed. 264, M.188）という。しかし、自然は、同時にこうした弱点を匡正するため、人々が「一般諸規則（general rules）」を形成して、それに従うように導いたのであるという。[65] スミスは、人間が「彼の情念の激烈さを阻止し、そうしなければ、自愛心が彼に示唆したかも知れないあまりに一方的《パーシャル》な見解を匡正する」（1 ed. 270, M.191）には、一般規則に従うことが必要であると考えたのである。

スミスは、人間の自然の構造に基づくPraise-worthyの感覚を対自化した内なる観察者視点（主体の倫理）の確立を第三部の基本主題としながらも、同時に、そうした道徳的鏡の無力さを強調することによって、[66] 人間の一面《パーシャリティ》性克服原理としての一般諸規則形成の必然性を論証することを第二編の主題としていたのである。『感情論』初版第三部の「義務」論の中心主題が正しくこの一般規則論にある次第は、上述のような論理展開に基づき、第二編第九節以降第四編までもっぱら一般諸規則をめぐる議論が展開されていることからも明らかであるといえよう。スミスは、一般規則論の構築を初版の第三部の義務論の中心主題としていたのであるが、スミスの一般規則論の特色は、道徳の一般規則の形成が個別の経験に基づく次第が強調され、既存の一般規則の解釈・適用論がきびしく批判されている点にある。スミスは、「われわれが特定の行為を是認したり非難したりするのは、本来的にはそれらが一定の一般規則に適合的であるとか両立しないようにみえるからではなく」、「われわれの道徳能力、メリットと適宜性に関するわれわれの自然の感覚が個別の場合に是認するか否認するものについての経験に、究極的には基づいている」（1 ed. 266, M.189）と考えていたのである。このようなスミスの一般諸規則論が、正義と他の諸徳を含めたすべての徳の一般諸規則をこまかく規定しようとしたハチスンの決疑論的な一般諸規則論の批判を契機とし主題とするものであったことは、別著で論証した通りである。[67]

⑵　神の正義と地上の正義

初版の第三部第三編（六版第三部第五章）では、こうした「行動の一般諸規則への顧慮が本来義務の感覚と呼ばれるものである」（1 ed. 273, M.208）次第の確認から説きはじめ、そのメリットが、「気分《テンパー》の不斉一性[68]」を防ぎ、正義の遵守を可能にする点にある次第が強調されている。その上で、「これらの重要な道徳諸規則が神の命令であり法である」（1 ed. 278, M.211）と考えられることによって、その遵守に対する尊敬の念が強化される次第が指摘されている。この神の名による一般諸規則のSanktifizierenは、人々の自然の宗教感情に基づくものとして描かれているが、こうした神聖化の根拠としては、一般規則の究極原理をなす観察者の道徳判断が、キャンベルの指摘するように、多分に相対性をもたざるをえない点が考えられる。(69) スミスはその前提をなす同感の主観性克服原理を別著で詳説したように「状況に即した適宜性」に求めていたが(70)、その客観性は所詮それぞれの状況に即した限りの相対的なものにすぎないため、観察者の同感原理に立脚する一般諸規則が人々を義務付けるものとなるためには、何らかの形でそれを正当化する権威が必要になる。スミスが、これらの「諸規則は、神がわれわれの内面に設定した代理人たちによって布告された神の命令ならびに法律とみなされるべきである」(1 ed. 283, M.214) とした一つの根拠はそこにある。(71) しかし、スミスが、道徳規則を神の名において神聖化し、「宗教の恐怖が義務の自然的感覚を強化した」(1 ed. 280, M. 212) としていたことは、必ずしも多くのスミス解釈が想定しているように、彼が経験倫理をそれとは全く別の原理によって正当化《オーソライズ》していたことを意味しない。

スミス理論の顕著な特色は、彼がこうした道徳の一般規則の神聖化自体を作用因の論理に基づいて行っている点にある。彼は、われわれが規則を侵犯するとき、自然に「内面の恥辱感や自己非難の責苦」を感じるのは、人間の「道徳能力 (moral faculties)」が、味覚や聴覚その他の感覚と同様、「自然の創造者によって意図された本来的な目的であったように思われる」「人類の幸福」(1 ed. 283-4, M. 214. 傍点引用者) 実現の手段として与えられているからであるとしている。スミスは、「われわれが自らの道徳能力の指図に応じて行動することが必然的に人類の幸福促進のための最も効果的な手段を追求する」(1 ed. 284, M.215) ことになると考えることによって、われわれが自然の道徳的感情に従って動くことが自然の創造者の意図を実現する結果になるとしていたのである。(72) この論理は、人間の「道徳感情」そのものを「感覚の欺瞞」の産物と考えたケイムズの神学思想を批判的に発展させたものに他ならないが(73)、スミスは、ケイムズ的な偶然・自由⇓必然論に基づいて、「この世界ではすべての物事が無秩序の中にあるようにみえるにもかかわらず、あらゆる徳性は、自然にそれに対する適切な報償に出会い、それを奨励し促進するのに最もふさわしい償いに出会う」（1 ed. 285, M.215）ことは確かであるとして、われわれが当面するさまざまな「偶然の悪」にもかかわらぬ徳性と富裕との両立の可能性を認めている。そればかりでなく、彼は、偶然の結果、自然法則と人間の道徳感情とが喰いちがうことはあっても―道徳感情は徳にすべての名誉と報償を与えたいと思うが、収穫を刈り取るのは勤勉な悪漢である―「両者は共に世界の秩序と人間本性の完成および幸福という同一の偉大な目的を促進するようにもくろまれているのである」（1 ed. 290, M.218）として、自然のコースとちがう道徳感情の追求が、逆に自然の創造者の意図の実現につながる次第を強調している。「自然がこの目的のために人間に従うように促す規則は、自然が自ら守る規則とはちがう。……人間は、自然の出来事が自然のままにしていたらやったであろうような物事の配分を変更するために雇用されるが、……事物の自然の行程は、人間の無力な努力によっては完全には制御できない。流れは彼がそれを止めるには早すぎるし強すぎる」が、「あらゆる目的は、自然がそれを獲得するために樹立しておいた手段によってのみ獲得さるべきであるということは、それ自体、必要かつ不可避的であるのみならず、人類の勤勉《インダストリ》と配慮を目覚めさせるために有用かつ適切でさえある規則〔自然の法則〕であるように思われる」（1 ed. 290-1, M.218-9）、とスミスは考えていたのである。

こうした論理はケイムズがすでにその自然神学の中心概念として展開していた思想であるが、スミスはそうしたケイムズ的な自然神学観に従った作用（手段）⇓目的の論理によって、道徳の一般諸規則を正当化していたのである。その上で、スミスはさらに「こうした規則〔作用⇓目的の自然法則〕の帰結として、暴力と策略が誠実と正義に打ち勝ち……不正が勝ち誇るのを阻止する力を地上に見出すことに絶望するとき、われわれは自然に天に訴える」（1 ed. 292, M.219）として、「われわれがつねに不正に対する偉大な復讐者である神の眼の下で行為しており、彼の刑罰にさらされているという観念」（1 ed. 295, M.221）に情念の抑制力を求めている。

『感情論』の論理は地上の正義を超える神の刑罰を前提していたのであるが、以上のような第三部第三編の思想内容は、第二部の交換的正義論が作用⇩目的の論理に立脚する「神の正義」を前提していた次第を示しているといえるであろう。しかし、スミスの正義論がこうした神学思想に立脚していたということは、スミスにとって神の正義の論証が中心主題であったことを意味するものではない。スミスは、「神の正義」に繰り返し言及しているだけでなく、[74]「神の意志に対するわれわれの顧慮がわれわれの行動の最高の規則であるべきだということは、彼の存在を信じるものなら誰も疑いえない」（1 ed. 294, M.220-1）として、「神の意志に服従することが義務の第一の規則であることは、万人の認めるところである」（1 ed. 312-3, M.232）とまで明言している。こうした思想が、〝神法は人間の行為の最高の規則であり、行為の道徳性は神意を前提する[75]〟としていたカーマイケル的な自然神学観をベースにしていたことは前にみた通りであるが、スミスの主題は、カーマイケルのように倫理や法の基礎を権利問題として問い直す点にあったのではない。スミスは、前述のような形で神の正義と摂理の妥当を前提しながらも、「自然がその獲得〔目的実現〕のために樹立しておいた手段」を追求することがデザイン実現になることを妨げぬための条件としての地上の正義（交換的正義）の確立を『感情論』の直接の主題としていたのである。彼が次の第四編で再び「交換的正義」論に戻った根本の理由がそこにあることは明らかである。

(3)　『感情論』倫理学の基本主題

第三部第四編（六版第三部第六章）は、上述のような「義務の感覚、あるいは一般諸規則への顧慮から」行為すべき場合の特定を主題としたものであるが、慈恵的な行為は、「冷たい義務の感覚」や一般諸規則になじまないのに対し、「私的利害関心の対象の追求は、……対象自体に対するいかなる情念からよりもむしろ、そのような行動を規定する一般諸規制への顧慮から生まれるものであるべきである」（1 ed. 302, M.226）とされている。スミス思想の近代性は、こうした規則への顧慮に基づくべき利己心追求活動も、慎慮と正義に基づけば称賛される可能性を認めている点にも示されているが、彼は、こうした形で利己心追求活動を認めた上で、慎慮や慈恵その他の一般規則と正義のそれとの差異についての議論に入り、前者の「規則が、最高度にゆるやかで不正確であり、一万もの例外を許容する」のに対して、「正義の諸規則は、〔文法のように〕最高度に正確で、何の例外も許さない」（1 ed. 306, 308, M.228-230）次第を強調している。このように正義の厳密性を強調する第四編の論理が、倫理と法のちがいを強調した第二部第三編の論理に照応していることは明らかである。

　初版の第三部は、上述のごとく、六版の第三部のように徳性論としての良心論の展開による道徳的自律論の確立を意図したものではなく、第二部で定式化した「不侵害」としての「交換的正義」の法の遵守の義務の一人称化による利己心の自己抑制論の構築を主題とする一方、そうした内面主体化に伴う倫理と法の差異の明確化を意図したものであった。初版の第六部第四編の冒頭で、そこでの決疑論批判が第三部の一般諸規則論（そこにおける正義の規則と他の諸徳のそれとの性格の差異の明確化）に基づく次第を明言しているのも、上の事実を傍証すると考えられるが、第三部では立論の中核が、㋑正義の一般諸規則の厳密性と絶対性（III. iv.）を説得するための㋺利己心の強烈性と、㋩その自己規制者としての内なる観察者自身のパーシャリティ（ないし、欺瞞性）（III. ii.）⇒㋥その抑制者としての「神の正義」（III. iii.）の強調に置かれていることが注目される。初版の第三部は、第二部と同様、正義論を中心主題とするものであったのである。しかし、スミス思想の本当の特色は、こうした神の正義と自然の必然法則の支配下で、人―人関係のモラルの唯一の原理としての内なる観察者視点に基づく交通における正義の法さえ厳格に遵守されれば、作用因としての各人の自由な利己心追求活動が、人間の天賦の「道徳能力」に支えられて自然に目的《デザイン》（必然）実現につながるとする点にある。彼が、前述のように、「地上における神の代理人」である人間には、自然の創造者の意図した目的実現のための「最も効果的な手段」としての「道徳能力」が与えられていると考えていたことも、この事実に照応するものに他ならない。

スミスは『道徳感情論』一―三部で一貫して「徳性」について語っているが、その実態は、その倫理学的外被とちがって、「徳性」（美徳）論そのものではなく、人―人関係の倫理の基本を他人に対する仁愛動機（相互仁愛）に求め、仁愛を正義の原理としたハチスンに対し、作用因としての人間の利己的感情をそのまま前提した上での人―人関係の倫理の中核原理としての交通・交換関係における正義（commutative justice）の諸規則の確立を主題とするものであったのである。そのため、彼は、共感原理に基づくライト（倫理と法）の特定化の論理を明らかにした上で、古代の道徳学者がしたようなゆるやかな形の「正義や節制、真実性の基礎となる感情は何か」（TMS, VII. iv. 34, M.433）の探究をベースにした法の原理論の構築（法学方法叙説の展開）を第二・三部の主題としたのである。このような第二・第三部の構成は、初版におけるスミスの基本的問題意識が、六版の中核をなしたような実践倫理学の展開にではなく、プーフェンドルフやハチスンの決疑論的な自然法学に代る新しい法の原理論の構築にあった次第を示しているといえるであろう。『感情論』一―三部は、同感原理に基づく（交換的）「正義」の一般諸規則としての法の形成可能性の論証を主題とするものであったのである。(76)

（1）『道徳感情論』からの引用ページ表示は、凡例に記したように、原則として本文中にグラスゴウ全集版（Adam Smith: *The Theory of Moral Sentiments*, ed. by D. D. Raphael & A. L. Macfie, Oxford 1976）の部編章節符号で行うが、初版の第三部は、構成・内容とも第六版に依拠する全集版とは大幅に異なるので、第三部については、全集版の章節符号ではなく、初版のページ数を表記する。なお、本文中の部編章表記は、初版（*The Theory of Moral Sentiments*, London 1759）のそれを原則とするため、本文中の部編章表示と引用個所の部編章表示とが異なる場合が多いので注意されたい。初版から直接引用する場合は、その旨表示する。

（2）Cf. Haakonssen, K.: *The Science of a Legislator*, Cambridge 1981, Ch. 3. esp., pp.45-47. 新村聡「同感概念の発展」東京大学経済学研究、二三号、四―一〇ページ、同『経済学の成立』（御茶の水書房）第四章参照。

（3）Cf. Raphael, D. D.: The Impartial Spectator, in *Essays on Adam Smith*, Oxford 1975, p.92. Werhane., P. H.: *Adam Smith and his Legacy for Modern Capitalism*, Oxford 1991, p.34.

（4）ハチスンは、クラークを引用する形で「自然の情動や共感によって、他の人々の幸福をみることが観察者《オブザーバー》にとって……快の必然的誘因となる」とした上で、「この他者への同感がわれわれの自然の構造の結果である」次第を明らかにしている。Cf. Hutcheson, F.: *An Essay on the Nature & Conduct of the Passions & Affections with Illustrations on the Moral Sense*, London 1728, p.14.

（5）*Ibid.*, p.124.

（6）Cf. Raphael, D. D.: Adam Smith 1790: the man recalled; the philosopher revived, in *Adam Smith Reviewed*, ed. by P. Jones & A. S. Skinner, Edinburgh 1992, p.111.

（7）水田洋「アダム・スミスにおける同感概念の成立」一橋論叢、一九六八・一二参照。

（8）Cf. Waszek, N.: Two Concepts of Morality: A Distinction of Adam Smith's Ethicks and its Stoic Origin, *Journal of the History of Ideas*, 45-4, 1984, p.595.

（9）スミスは、上の引用の直前で、「人間愛という愛すべき徳性は、たしかに、人類の中の粗野な大衆によって所有されるところをはるかに超える感受性を必要とする」（TMS, I. i. 5. 6, M.32）とものべている。

（10）Waszek, *op. cit.*, p.594.

（11）*Ibid.*, pp.594-5.

（12）拙著『アダム・スミスの自然神学』（御茶の水書房、一九九三年）後編第二章参照。

（13）この点、初版の主題と六版の徳性論とは全くちがうだけでなく、スミスは六版ではストア回帰的傾向を強め、少数のエリートにのみ可能な完全徳性論を展開しているが、これらの論点については、本書の第三部第四章を参照されたい。

（14）拙著、前掲書、前編第三章二・三節、とくに九七ページ以下参照。

（15）Cf. Hutcheson, *op.cit.*, Sect. 1, esp., pp.4-6.

（16）ハチスンは、「蜂の寓話の著者に反対して、故シャフツベリ卿の諸原理が説明され弁護される」（Hutcheson, F.: *An Inquiry into the Original of our Ideas of Beauty and Virtue, in Two Treatises*, London 1725.）という『探求』初版の副題（ただし、この副題は、二版以降では削除されている）の示すように、「シャフツベリが人間本性に着せた見せかけの美しいコートの仮面をはぎ」、人間は虚栄心に従って動くのであるから、「公共の利益は私的な悪に根ざす」他なく、「徳を人間の私的な情念に求めるのは危険な戯言である」（Teichgraeber III, R. F.: *'Free Trade' and Moral Philosophy*, Durham 1986, pp.37-38.）としたマンデヴィルに対して、シャフツベリを擁護することを『探求』初版の主題としていたことを想起されたい。

（17）Hutcheson: *An Essay on the Nature & Conduct of the Passions & Affections*, pp.69-84.

（18）*Ibid.*, p.53. Cf. *Ibid.*, pp.63, 74.

（19）*Ibid.*, pp.28-29.

（20）拙著、前掲書、一〇三ページ参照。

（21）Cf. Campbell, T. D.: *Adam Smith's Science of Morals*, London 1971, pp.98-103.

（22）Cf. Locke, J.: *Some Considerations of the consequences of the lowering of Interest and raising the Value of Money*, London, 2nd ed. 1696, Kelley Rep. pp.94-95. Shaftesbury, Anthony: *Characterisitcks of Men, Manners, Opinions. Times, etc.* ed. by J. M. Robertson, Gloucester 1963.

(23) Hutcheson, *op.cit.*, pp.117, 193.
(24) *Ibid.*, pp.182-183.
(25) *Ibid.*, p.172.
(26) Hutcheson, F.: *An Inquiry into the Original of our Ideas of Beauty & Virtue, in Two Treatises*, London 1725, p.89.
(27) Cf. Henry Home, Lord Kames: *Essays on the Principles of Morality and Natural Religion*, Edinburgh 1751, pp.151-218. 拙著、前掲書、前編第四章参照。
(28) ハチスンも、『道徳感覚例解』の第五編でメリット論を展開し、観察者が是認する功績《メリット》ないし罪過《デメリット》の条件として、①「自由選択」②「公共的有用性」の他に、③「親切な情動」(kind Affection, or Desire & Intention of the public Good) をあげている (Hutcheson: *Essay*, pp.285-293. esp., pp.288-9)。『感情論』の一つの主題がこうしたメリット論におけるハチスンのkind affection 論批判にあった次第は別著でふれた通りであるが (拙著、前掲書、一〇一―二ページ参照)、ハチスンのメリット論は、もともと「値うち(功績)は、理性だけによってかき立てられ、われわれが自分自身で自由に決定する行為に伴うものである」(Hutcheson, *op. cit.*, p.285) とするウォラストン的な見解の批判のために展開されたもので、実践道徳論の構築を主題としていた『情念論』にはメリット論はなかったことに注意されたい。この事実も、『感情論』と『情念論』の主題のちがいを示すものといえよう。
(29) 拙著『アダム・スミスの自然法学』(御茶の水書房) 一七一―二、一九〇―六ページ参照。
(30) この「状況に即した適宜性」概念については、拙著、前掲書、二〇八、二九一ページ以下参照。
(31) Kames, *op. cit.*, p.206. なお、スミスは、ケイムズの「犯罪に当然の帰結として伴うill desert, or just punishment の感覚、ないし、価値のある気前のよい行為に値する何らかの報酬 (any reward merited)」(*Ibid.*, p.206) 用語に対し、ケイムズと同じ「ill desert の意識」(TMS, II. ii. 3. 4)、「ill desert の感覚」(II. ii. 3. 12) 用語の他に、inhospitable desert (II. ii. 2. 3)、terrors of merited punishment (II. ii. 3. 4)、the consciousness of merit, or of deserved reward (II. ii. 2. 4) 等の用語を使っている。TMS, II. ii. 2. 3. の inhospitable desert (荒涼たる砂漠) における孤独の恐怖 (the horror of solitude) 論も、ケイムズの ill

desert論そのものであり、II. ii. 2. 3. の議論は、ケイムズの merited reward 論の具体的展開であるといえよう。

（32） ケイムズも、悔恨＝ill desert の感覚を人間の「自然の構造」との関連において論じている（Cf. Kames, *op. cit.*, pp.202-6)。この事実も、スミスの悔恨＝自然の構造の効用論のルーツがケイムズにあったことを示す一つの証左をなすといえよう。

（33） この効用理論批判の根底にみられる〝自然〟と〝人為〟の対立把握に注目されたい。スミスは、自然界における作用（手段）⇒目的のデザインの貫徹を承認していたため、「神の知恵」（自然の摂理）を否定した「人間の知恵」で目的が実現できると考える効用主義を否定することができたのである。

（34） スミスのこうした「自然」観の根底には、人間を神の目的期成因としての作用因とみる視点が貫徹していることに注意されたい。

（35） Cf. TMS, VI. ii. 3. 2-3, M.470-471, VII. ii. 1. 39, M.360, VII. ii. 1. 45, M.363 etc.

（36） 拙著『アダム・スミスの自然神学』後編第二章参照。

（37） イヴンスキーなども、こうした認識から出発し、スミス倫理学の主題を個人の手が見えない手の働きを不可能にし歪めないようにするための倫理の確立に求めている。Cf. Evensky, J.: Ethics and the Classical Liberal Tradition in Economics, *History of Political Economy*, 24-1, 1992, pp.61 ff.

（38） 拙著『アダム・スミスの自然法学』二三三―二三七ページ参照。

（39） この思想も、目的因や神の設計《デザイン》した自然の必然法則がみえないため、自然法則を逸脱して自由に走ることから生まれる道徳感情の不規則性ないし道徳感情と自然法則との乖離の可能性を前提しながら、それが必然の実現につながるとする神学観に立脚した議論であることは明らかである。スキナーは、上の引用について、「この〝不規則性〟は、ある意味では有用であるかも知れないが、他の意味では徳性を大きく挫くという逆の傾向をもつかも知れないことも明らかである。われわれ自身の行為の〝想像上の〟〝理想の〟観察者がスミスの理論で際立った重要性をもつ理由はそこにある」（Skinner, A. S.: Adam Smith: ethics and self-love, in *Adam Smith Reviewed*, ed. by P. Jones & A. S. Skinner, Edinburgh 1992, p.149)

とのべているが、こうした解釈は、上の論理の神学的前提を知らぬままに、初版と六版の主題のちがいを無視した議論にすぎず、初版の論理においては、こうした不規則性のゆえに逆にデザインが実現されるとされていることに注意されたい。

（40）拙著『アダム・スミスの自然神学』後編、とくに第一章参照。

（41）ということは、スミスの正義論が、たんなる所有権法の理論であったことを意味するものではない。『感情論』の正義論は、すぐれて人―人関係倫理として展開されたもので、その保障を交換的正義の原理としての不侵害に求めたものに他ならない。スミスは、ハチスンの道徳哲学体系の批判を中心基本主題としていたため、ハチスン的な主体の実践倫理に代る人―人関係の社会倫理としての交換における正義の原理の確立を『感情論』の主題とし、それに基づく交換的正義の法の具体的特定化を『法学講義』の主題としたのである。

（42）拙著『アダム・スミスの自然法学』二二二―二二六ページ参照。

（43）ハチスンは、こうした称賛（ないし、名誉）に値することの感覚を、称賛ないし名誉の感覚とは異なる「道徳感覚」としてとらえている。

（44）拙著『アダム・スミスの自然神学』一〇〇―一〇一ページ参照。

（45）Hutcheson, F.: *An Essay on the Nature & Conduct of the Passions & Affections*, London 1728, p.109.

（46）*Ibid.*, p.6.

（47）*Ibid.*, p.106.

（48）ハチスンの思想主題がこのような情念倫理の確立にあった次第については、拙著、前掲書、とくに六四ページ以下参照。

（49）Mossner, E. C. & Ross, I. S. (eds.): *The Correspondence of Adam Smith*, Oxford 1977, p.48 Note.

（50）TMS, Introduction, p.16. Cf. Raphael, D. D.: The Impartial Spectator, in *Essays on Adam Smith*, ed. by A. S. Skinner & T. Wilson, Oxford 1975, pp.90-91.

（51）第二版では、「すべてのこれらの特質は、……」という、初版よりも強い表現になっている。これは、エリオットの批判に対して、自説の正しさへの確信を示す意図から出たものといえよう。

（52） Cf. Raphael, *op. cit.*, pp.90-91.

（53） Smith's Letter 40. To Gilbert Elliot, 10 Oct. 1759, in *The Correspondence of Adam Smith*, p.49.

（54） 六版第三部第三章のこの表題は、初版の第三部第三編（六版では第三部第五章）の「道徳の一般諸規則の影響と権威について」という表題に対応している。これは、スミスが一般規則の影響と権威について論じる前に、良心のそれについて考察する要を認めるに至った経緯を象徴するものといえよう。

（55） Cf. TMS, Introduction, pp.15-16. Raphael, *op. cit.*, esp., pp.87-94.

（56） グラスゴウ版の編者は、「スミスが二版の改訂で、想像上の公平な観察者（the imagined impartial spectator）が、どのようにして実際の観察者たちよりもより客観的な意見に到達しうるかを示した」（TMS, Introduction, p.16. 傍点引用者）とのべているが、これは六版の supposed impartial spectator 用語の誤読か、二版を六版的に解釈するための六版的表現の意図的使用に基づくもので、二版ではいまだ imagined spectator 用語に相当する the supposed impartial spectator 概念は使われていないことを念のため指摘しておきたい。

（57） Cf. TMS, Appendix II, p.389 f. Raphael, *op. cit.*, pp.88-89.

（58） ラファエルは、この点、著者とは正反対の解釈をしている。Cf. Raphael, *op. cit.*, esp., pp.87-89.

（59） スミスは、初版では「内なる人」や「内なる観察者」用語は使っていないが、初版にも内なる人の視点が明確に存在していた次第は、初版の第三部第二編第四節（1 ed. 257, M.183）の「われわれは、われわれ自身を行為者としてではなく、われわれ自身の性格と行動の観察者であると想像しなければならない」とか、第七節の「われわれ自身をわれわれ自身の行動の観察者と考えて、……他人の眼で、われわれ自身の行為の適宜性を吟味する」（1 ed. 260, M.185）という表現などにも明確に示されているといえよう。

（60） ドワイヤー的にいえば、スミスは初版では「世論の道徳的機能に全面的な信頼を置いていた」ため、世論に対する良心の独立・優越性をそれなりに承認しながらも、「世論が、〝品位の良さ悪さ〟、〝功績と罪過〟、特定の行為に付随する徳性の度合を測定する唯一の基準である」（Dwyer, J.: *Virtuous Discourse, Sensibility and Community in late eighteenth-century Scotland*, Edinburgh 1987, p.170）と考えていたのである。

（61） Campbell, T. D.: *Adam Smith's Science of Morals*, London 1971, pp.134-135. なお、「『道徳感情論』におけるアダム・スミスの公平な観察者論の特色は、道徳と正義の相互主観性を明確に示した点にある」（Mackinnon, Kenneth A B; The 'Reasonable Man' as an Impartial Spectator, in *Law & Enlightenment in Britain*, ed. by T. D. Campbell, Aberdeen 1990, pp.87-88）というマッキノンなどの見解も、基本的に同じような観点に立脚するものといえよう。

（62） Campbell, *op. cit.*, pp.137, 138-9.

（63） ラファエル的「発展」論では、世論に対する良心の独立性を保障するための良心の絶対性が価値基準になっているのに、キャンベル的「第三者」論では、「観察者の道徳判断に付随する客観性」が相対的なものにすぎない次第が強調（Campbell, *op. cit.*, p.139）されているが、これはどちらが正しいというより、六版と初版の主題の差異を反映したものというべきであろう。

（64） こうした「道徳的鏡」の欺瞞性認識も、ケイムズの影響を強く感じさせる。ケイムズ的な匂いの強いこの節自体は、二版以降では削除され、「堕落」論に変っているが、論理自体は、「自己欺瞞（Self-deceit）」用語（1 ed., III. ii. 13, 2 ed., III. 2. 28, 6 ed., III. 4. 6）ともども、一―六版で一貫している。

（65） スミスが、情念の激しさから生まれる人間の度しがたい自己偏愛性《パーシャリティ》⇒自己欺瞞を無秩序の源泉としながら、自然がその救済手段を与えたとしていることも、予定・原罪・贖罪論を根幹とする長老派カルヴァン主義の教理と適合的な論理展開といえよう。

（66） 初版と六版の決定的相違点の一つがこの点にあることに注目されたい。ラファエルやヴェアヘーンは、スミスが二版以後、「道徳的鏡」に対する信頼を強めるようになった原因を「想像力」の働きに対する信頼を強めた点に求めているが（Cf. Raphael, *op. cit.*, p.92, Werhane, P. H.: *Adam Smith and his Legacy for Modern Capitalism*, Oxford 1991, p.34）、道徳的鏡に対する評価の変化は、想像力の働きに対する評価の変化に基づくというより、経験倫理学の妥当性（作用因の道徳性）に対する信頼の喪失に基づくものである。その理由は、本書の第三部を参照すれば、おのずから納得されることであろう。

（67） 拙著『アダム・スミスの自然法学』一九三、三〇一―二ページ参照。

（68） こうした「気分《テンパー》の不斉一性」論とハチスンの性格《テンパー》改善論との対極性に注意されたい。「気分《テンパー》の不斉一性」を規則形成の根拠とすることは、ハチスン的「性格《テンパー》改善」論を暗黙の批判の対象とし、それとはちがった原理の上に問題を考えようとしていたことを示すものといえよう。

（69） Cf. Campbell, *op. cit.*, pp.139-145.

（70） 拙著、前掲書、一九〇、一九五―六、二九一―五、三〇九―三一八ページ参照。

（71） スミスの倫理的相対主義は、「神の正義」を前提していた次第を想起されたい。スミスとヒュームの相違点の一つは、同感⇩適宜性⇩モレス＝コンヴェンション論の本質的相対性を超える原理を効用にではなく、神に求めた点にあるといえよう。

（72） オズワルドも、この点を指摘しているが、彼はそれを「戦略的コメント」と解するだけで、この思想が作用⇩目的論に立脚している次第をみていない。Cf. Oswald, Donald J.: Metaphysical Beliefs and the Foundations of Smithian Political Economy, *History of Political Economy*, 27-3, 1995, p.461.

（73） 拙著『アダム・スミスの自然神学』一二〇―一二一、一六八―一七〇ページ参照。

（74） スミスは、『感情論』の二・三部その他で「神の正義」に言及し、神の法の支配を認める思想を展開しているが、「不正の勝利を阻止しうるいかなる力も地上に見出す望みが絶えるとき、われわれは自然に天に訴える」（TMS, 1 ed. 292, M.219）という思想も、神の正義を前提するものといえよう。

（75） Pufendorf, S.: *De Officio Hominis et Civis juxta Legem Naturalem*, Libri Duo. Supplementis et Observationibus in Academicae Juventutis usum auxit et illustravit Gerschomus Carmichael, Edinburgh 1724, Supplement I, x, xiii. Gershom Carmichael's supplements & appendix to Samuel Pufendorf's *De Officio Hominis et Civis*, compiled by John N. Lenhart, tr. by Charles H. Reeves, 1985, pp.4, 5.

（76）　スミスが『感情論』の第二―三部で正義の法の一般諸規則の確立を中心主題とした理由としては、上記の他にそのより内面的な理由として、「倫理」は、第六部第四編の末尾の思想の示すように、根本原理（胸中の人の倫理）さえ確立されれば、それ以上の規則化はとくに必要でなく、逆に決疑論になる点が考えられる。しかし、初版の第一―三部の論理展開が、いずれも倫理と法の区別に基づく法の原理論の構築を意図する傍ら、その根拠付けを社会科学的な作用因の論理で行っていた理由は、こうした形式的な論理だけでは説明できないことに注意されたい。

（初出　神奈川大学『商経論叢』二九―三号　一九九四年）

第四章　自然の原理の衡平性論証

一　第四部　効用批判と欺瞞理論

(1) 手段の論理の衡平性

『感情論』初版の第三部は、このように第二部で基礎付けた「交換的正義」の諸規則（商品交換法）の遵守の義務を内面主体化する一方、それに伴う倫理と法の差異の明確化を主題とするものであった。彼は、初版の第六部で自ら提示した道徳哲学説史の主題を第一―第三部で展開したのであるが、「是認の感情に対する効用の効果について」と題する第四部の第一編では、上述のような地上のモレス論とは一見無縁にみえる美の源泉論から議論が説きはじめられている。

彼はそこで、「効用が美の主要な源泉の一つである」（TMS, IV. 1. 1, M.273）ことを認めた上で、人々を喜ばせるのは、事物の「効用であるよりも、それを促進するのに適した機械〔手段〕の適合性である」（IV. 1. 6, M.275）次第を明らかにし、目的に対する手段の適合性が「それが意図された当の目的そのものよりも高く評価される」（IV. 1. 3,

M.274）事実を強調している。美や快の根拠を事物の効用よりも、それに対する手段の適宜性のうちに見出すこの議論が、「なぜ効用が喜びを与えるか」を論じたヒュームの理論を直接の批判の対象にしていたことは周知の事実であるが、このスミスの思想も、第二―三部の交換的正義論の根幹をなしていた作用因の論理に立脚している次第が注目される。スミスは、『法学講義』の治政論《ポリース》のはじめの方で、「美の趣味《テイスト》」が、それが生み出すさまざまな欲望を満足させるための勤労《インダストリ》とその成果の交換・分業の根源をなしている次第を明らかにしているが[1]、彼は美しいものに喜びを見出す人間の美的味覚《テイスト》（手段の美に対する憧れ）が、目的の有効化因《エフィシィエント・コーズ》となって、生活の便宜品《コンヴィニエンシイーズ》の増大による万人の「相当な生活《ディーセント・ライフ》」の実現という行為者自身の意図しない目的の達成を可能にすると考えたのである。このようなスミスの思想が、シャーフツベリ―ハチスン以来の道徳感覚学派の思想伝統に立脚していることは明らかである。ハチスンの弟子であったスミスは、人間が他の動物と異なる「より高級な感覚（higher sense）」をもつことが、そうしたより高級な感覚から生まれるさまざまな欲望を充足させるための交換・分業関係の発展による社会の文明化を可能にする次第をみていたのである。

　問題は、このように目的（効用）それ自体よりも、その実現のための手段の適合性の方が喜びを与えることから、目的と手段の転倒が生まれ、その結果、多くの人が「幸福」達成の手段にすぎない「富と上流の地位」を自己目的に追求するようになる点にある。しかし、スミスによれば、人々が自然にだまされて、「富と地位の快楽」を「何か偉大で美しく高貴なもの」（TMS, IV. 1. 9, M.280）と想像して、そのために働くことが、土地の耕作や社会の文明化を可能にする道であるといわれる。それだけでなく、高慢で冷酷な地主や金持たちが手段の美にひかれて、全収穫を自分たちだけの快楽に費やし、奢侈にふけっても、生活必需品は、大地が平等に分割されていた場合と同じようにすべての住民の間に分配されるから、別に問題はないという。スミスは、人々が「自分たちだけの便宜を考え」、「彼ら自身の空虚で飽くなき欲望の満足」を目指しても、「彼らは、見えない手に導かれて……そのことを意図することなく、知ることなしに、社会の利益をおし進め、種の増殖に対する手段を提供する」（VI. 1. 10, M.281）ので、公共の効用という目的を意図的に追求する必要はないと考えたのである。この論理が第一部で展開された「歓喜への同感」原理に立脚していることは明白である。彼は、人間が歓喜への同感感情にかられて、歓喜の対象となる富や権力をそれ自体として追求することから、逆に社会の文明化が可能になるとしていたのである。一般に「見えない手」の理論として知られているこの論理が、研究者の間で「欺瞞理論」と呼ばれる所以はそこにあるが、こうした欺瞞理論の経済学的意義は、分業関係の進んだ市場社会では、個々の経済主体には全体がみえないため、「短期の主観的効用を極大化しようとすること」が、「知らぬ間に社会の長期的発展を促進する」(2)結果になる点に最も端的に示されているといえよう。スミスはこのように自然の欲望や美の味覚《テイスト》にかられて、手段の美を追求する作用因としての人間の自然の活動のうちに、勤労《インダストリ》の動因とその成果の交換・分業による「全般的富裕」の実現をみていたのであるが、このようなスミスの理論がケイムズの欺瞞理論の社会科学的精密化であることは明らかである。ケイムズは、別著で論証したように、神の設計した自然の必然法則がみえないため、人間には偶然・自由の余地があると考えることから、「勤労《インダストリ》」と「道徳感情」が生まれるとしていたが(3)、スミスも、ケイムズ同様、目的（幸福・効用）がみえないままに手段の美を追求することから、逆に、その意図しない帰結として目的《デザイン》が実現される次第を地主や金持の利己的活動の例に即して説明しているからである。彼が、前章で論証したような形で人間の自然の感情から道徳感情が生まれる次第を明らかにしていることも、こうしたケイムズ―スミス間の継承関係を確証するといえるであろう。

　このようなスミスの思想が、作用⇨目的の論理を否定し(4)、目的＝効用の理性的実現を意図していたヒュームを暗黙の批判の対象にしていることは明白であるが、上述のスミスの思想は、目的の人為的実現を意図したヒューム批判であると同時に、正義の実現に仁愛動機を要求していたハチスン批判でもあった次第が注意される要がある。(5) ハチスンは、スミスと同様、目的因（神のデザイン）の支配・貫徹を確信しながらも、ケイムズやスミスのように感覚の欺瞞に基づく自由（作用）⇩必然（目的）の論理の法則性を確信しえなかったために、神の目的実現のための市民相互間の相互仁愛を要求していたが、スミスは、作用（手段）⇩目的の自然法則が偶然・自由に媒介されて自動的に貫徹する次第を論証することによって、全体の効用・目的を理性的に実現しようとするヒューム的効用主義だけでなく、神のデザイン実現のための正義の維持には他人に対する仁愛動機が必要であるとしていたハチスンの仁愛論的効用主義の非近代性をも批判の対象にしていたからである。

　こうした第四部第一編の論理が経済学の生誕につながる契機をはらんでいたことは、内田義彦がいち早く指摘した通りであるが、(6) 上述の第四部第一編の論理は、第三部までの交換的正義論の正当性論証という性格をもっている次第が大きく注目される。スミスは、この第四部第一編で市民社会の構成員が互いに交換的正義さえ遵守すれば、あとはおのずから作用（手段）⇩目的の自然《デザイン》法則が貫徹し、それなりのエクイティ（配分的正義）が実現されるから、政府が直接、配分的正義の実現を主題とする必要はない次第を明らかにすることによって、第二―三部で展開した「交換的正義」論を正当化することを『感情論』の隠された主題の一つとしていたのである。(7) 一見無縁にみえる第一―三部の主題と第四部の主題とが密接不可分につながっている次第を理解する鍵はここにあるといえよう。

(2) 慎慮論と公共精神論

　次の第四部第二編では、道徳的是認の根拠を効用に伴う美の知覚に解消し、「精神のいかなる資質も、本人か他人のいずれかに、有用あるいは快適なものでない限り、有徳なものとして是認されない」（TMS, IV. 2. 3, M.286）としたヒュームの効用＝徳性論に対し、是認の原理が、効用の知覚にではなく、適宜性のうちにある次第を解き明かした上で、そうした適宜性に基づく徳性の例証として、第二部で主題とされた「正義と慈恵」以外の「慎慮」と「寛大・公共精神」の適宜性について論じている。この第四部第二編の論理が、第六部（VII. ii. 3. 21, iii. 3. 17）のヒューム批判に対応することは明白であるが、この第二編の論理のうちでは、彼が六版六部で「正義と慈恵」とならぶ「三つの徳」の第一にあげていた「慎慮」の徳を徳性＝適宜性の例証としてあげていることが、とりわけ注目される。彼はそこで「慎慮」の特性を「理性と理解力」と「自己規制」に求めた上で、この両者が効用よりも適宜性を原理とする次第を明らかにすることを通して、これらの特性の発揮に基づく「財産の獲得」活動自体も、観察者の感情と一致する場合には「明確な是認と尊敬」（IV. 2. 8, M.289）の対象となり、徳性化されうる次第を強調している。説明の便宜上六版の言葉を借用すれば、「慎慮の人は、彼の勤勉と節約の堅固さにおいて、現在の瞬間の安楽と享受をより遠いがより永続的な期間の一層大きな安楽と享受の確かな期待のために決然と犠牲にする点において、常に公平な観察者と、公平な観察者の代理人である胸中の人の完全な是認によって支持され、報償される」（VI. i. 11, M.447）、とスミスは考えていたのである。

こうした論理展開は、第四部の主題が、作用因＝手段の論理の展開によって第二部の交換的正義論の正当性（配分的正義性）を論証した上で、交換的正義の担い手としての一般市民の自己利害関心を正義と慈恵にならぶ「第三の徳」として正当化する点にあった次第を示すものということができるであろう。スミスは、第四部で、第二―三部の交換的正義論の根幹をなしていた作用因＝手段の論理を全面展開し、「あらゆる目的は、自然がそれを獲得するために樹立しておいた手段によってのみ獲得さるべきであり」、「物事の自然の行路は、人間の無力な努力によっては完全には制御しえない。流れは、彼がそれを止めるには早すぎるし強すぎる」（III. 5. 10, M.218-9）次第を明らかにすることによって、ハチスン的な目的因説とヒュームの効用理論を批判する一方、第二部の「交換的正義」論の前提をなす個人の利己心そのものも「徳性」たりうる次第を論証することを隠された主題としていたのである。[8] スミスが初版で六版のいわゆる「慎慮の人（Prudent Man）」に対して温かい称賛を送り、それを七六年の『国富論』（WN, II. iii.）の「節約家（Frugal Man）」のモデルにしていたことも、[9] この事実に照応するものといえよう。

スミスがこの第二編で例示した徳性は、既述のように慎慮だけでなく、「寛大・公共精神」の適宜性についても論じられているので、ヒュームの徳性＝効用論の批判という形で展開された第二編の中心主題が自愛心の徳性化にあったと断定するのは、一面的すぎることはいうまでもない。しかし、彼がこの編で「慎慮」とともに「寛大と公共精神」を取り上げたのは、「是認の感情がつねにその中に効用の知覚と全く異なる適宜性の感覚を含む」ことが「有徳なものとして是認されるすべての資質について観察しうる」（TMS, IV. 2. 5, M.287）事実の一つの例証にすぎない次第が注意される要がある。その点は形式的には「慎慮」の場合も同じであるが、「徳性」たりうることが原理的に否定されていた自愛心の場合には、上述のような形の例証化自体が積極的意味をもつのに対し、「寛大」や「公共精神」のような徳性の場合には、その涵養を積極的主題としない限り、たんなる例示として以上の格別の意味をもたないことは明らかである。現に、彼は第四部の第一編でも一種の「公共精神」論を展開しているが、そこでの主題は、「公共精神のある人」や「立法者」が手段の論理に走り、体系の美を追求することが目的実現につながるという、前述の欺瞞論と同じ手段の論理の例証にすぎず、六版で展開されたような徳性としての公共精神の涵養論ではない。[10] 第四部は、あくまでもこのような手段の論理の衡平性論証に基づく、全体の効用＝目的＝配分的正義論批判を基本主題としたものに他ならない。[11] そうした視点からの適宜性原理に基づく徳性の基礎付け論としては、作用因としての人間の自愛心それ自体を徳性化する「慎慮」論が、欺瞞の道徳感情論の論理的帰結として第四部の主題に照応しているのに対し、

「寛大と公共精神」論は、徳性＝適宜性論の例証として以上の積極的意味をもつものではないといえるであろう。「公共精神」や、「立法者」用語の用例が、初版では六版のように肯定的・積極的でなく、消極的・否定的な用法でしかないことも、以上の事実を傍証するものに他ならない。

二　第五部　慣行批判原理論の展開

スミスは、このように第四部で、第二部の交換的正義論に照応する手段（作用因）の論理の衡平性を論証する傍ら、手段の論理の担い手としての個々人の自己利害関心も、立場を変えてみればお互い様ということで観察者の同感がえられる場合には徳性化されうる次第を論証することを通して、「交換的正義」の社会科学への道を準備していたのである。スミスにおける経済学の生誕のルーツが第四部第一編の論理に求められてきたことの背景には、こうした裏付けがあったのであるが、続く第五部の「道徳的是認・否認の感情に対する慣習と流行の影響」論では、是認や称賛に関する見解の不一致の原因をなす「慣習と流行」（Custom and Fashion）の問題が主題とされている。

この〝慣習〟の問題は、ハチスンでも『美と徳の観念の起源の探求』でいち早く〝自然〟の実現を妨げる要因として問題にされていたが[12]、第五部の第一編では、慣習化がそれに伴う慣行的な適宜性の感覚を生み出す次第が指摘され、それが国や時代による慣行の差異の原因となる経緯が明らかにされる一方、全くの流行のうちにもたんなる慣習を超える「何らかの形態の効用、それが意図された有用な目的に対する適合性」（TMS, V. 1. 9, M.305）が存在する次第が指摘されている。

第二編では、「道徳的是認・否認の感情は」、こうした「慣行と教育によって容易に変化させられうる」「美の感覚」

の場合とちがって、「人間本性の最も強く最も活発な諸情念」（V. 2. 1, M.307）に基づくものであるにもかかわらず、そうした道徳感情の場合にも慣習と流行の影響がみられる次第が論じられている。彼は、その例として第一部（I. iii. 2. 5, M.79-80）でも言及されていた「上流の人々」と「下層身分の人々」との徳性のちがいを指摘するとともに、そうしたそれぞれにちがった階層の人々の慣習の中にみられるそれぞれの状況（身分）に即した「状況的適宜性（Situational Propriety）」[13]を明らかにすることを通して、「それぞれの身分や職業において」「彼らの個別的な条件と状況に付随する」「特定の点に」（V. 2. 4-5, M.309-310）従って行動する必要性を指摘している。その上でさらに「さまざまな時代や国のそれぞれちがった状況」に基づく差異の例として、ロシアとフランスの宮廷における洗練《ポライトネス》の感覚のちがいや、未開人と文明人との慣行の相違が紹介され、それぞれの差異の底にみられる状況的適宜性を明らかにすることを通して、それぞれの環境の自然（本性）に即した「慣習から独立した適宜性が存在する」（V. 2. 13, M.320）次第が強調されている。ここには別著で力説した『法学講義』における「特定自然法」論の展開[14]＝自然法の「特定の内容」の歴史的探究に基づく（それに反する）慣行批判の根拠となる論理が明確に展開されているが、彼はさらにこうした環境に即した「自然的適宜性」をもたない「特定の慣行」の例として、ギリシャ時代における「捨て子、すなわち、新生児殺害」（V. 2. 14-15, M.320-1）の慣行をあげている。彼はそこでこうした慣行が未開社会では「未開人の極度の窮乏」（*ibid.*）から生まれた止むをえぬ行為としてそれなりに自然性をもっていたことを認めた上で、「ギリシャの後期の時代には、同じことが、決してその言訳となりえない疎遠な利害関係や便宜の観点から許容された」（V. 2. 15, M.322）次第をきびしく糾弾している。彼によれば、「中断されることのない慣習が、この時代までにその慣行を完全に正当化してしまったため、世間のふしだらな処世訓がこの野蛮な特権を許しただけでなく、最も正しく精確であった筈の哲学者たちの学説さえもが、既成の慣習にひきずられて、この場合にも他の多くの場合と同様に、この恐るべき悪習を、糾弾する代りに、公共的効用についての大変こじつけた考察によって支持したのである」（*ibid.*）といわれる。この文章は、スミスが捨て子の慣行化の反自然性を批判していただけでなく、こうした反自然的慣行が便宜・効用の名において正当化される事実に注目し、そうした反自然的慣行の効用・便宜の名による正当化をきびしく批判していた次第を示すものとして注目される。

スミスは、第四部で自然の原理に立脚する「自然の体系《システム》」としての作用因の論理の貫徹（偶然・自由＝作用⇩目的＝必然＝自然法則実現）論証をすることを通して、人為による目的実現を意図する効用批判をした上で、第五部で作用因の論理の貫徹・実現を妨げる慣行批判を行っていたのであるが、上述のような四―五部の論理は、『感情論』の主題が、一―三部で展開した人間の自然の共感感情に基づく「自然的正義」の原理に立脚する「交換的正義」の原理の確立と、その正当性《エクイティ》論証のための自由＝作用（手段）⇩目的の自然法則（エクイティ）論証による、その実現を妨げる効用・慣行批判にあった次第を示すものといえるであろう。彼が『感情論』の巻末（初版六部）で、「政府の利害関心、ときには政府を暴君的に支配している特定階層の人々の利害関心が、その国の実定法を自然的正義が規定するであろうものから逸脱させる」（VII. iv. 36, M.434）次第を強調していたことも、この事実に照応するものに他ならない。彼はそこで〝ある国々では人民の粗野・野蛮のため、他の国では司法の不備のために自然的正義の実現が妨げられている。自然法学の研究が必要な所以はそこにある〟（VII. iv. 36-37, M.434）として、特定利害や慣行と癒着した実定法を批判している。その上でそれを矯正するための「すべての実定的な制度から独立した正義の自然的規則とは何であるかの研究」（VII. iv. 37, M.434）としての自然法学の展開の要を説いているが、それはこうした考え方に基づくものであったのである。こうしたスミスの思想、その基礎をなす『感情論』の論理構成は、彼が初版ですでにのちの『国富論』の重商主義批判につながる法慣行（特権）や特定階級の利害と癒着した実定法（独占・規制）批判の問題意識をもっていたことを示すものに他ならないといえるであろう。スミスの『道徳感情論』は、たんなる「徳性」論ではなく、ハチスンの道徳哲学体系、とりわけ、『情念論』の実践道徳論批判から出発したスミスは、プーフェンドルフやハチスン的な相互仁愛論的自然法学に代る新しい「自然法学」の展開を意図し、その方法叙説を『感情論』（初版）の主題としていたのである。

こうした理解が強弁でなく、第五・六部のみのことでもない次第は、共感理論の構造そのものからも知られる。『感情論』の共感論は、もともと個別のエクイティ論として、「特定の侵害」に対する被害者の憤慨⇩それに対する観察者の共感のうちに正義の原理を求めるものであった[15]。彼がハチスンやヒュームの効用＝正義論に反対した最大の根拠もそこにあったが、こうした個別＝特定のエクイティ原理としての共感論は、何がそれぞれの個別の特定の環境に即した適宜性をもつものとして正義（エクイティ）に合致するかしないかを問うものとして、「あらゆる国の実定法によって実施さるべき自然的衡平《ナチュラル・エクイティ》の諸規則」（TMS, VII. iv. 37, M.435）の理論的・歴史的探求に向わざるをえない論理を内臓するものであったのである。彼が第五部で、身分や時代による適宜性のちがいを論証することを通して、慣行批判を中心とする法学批判の方法叙説を展開した上で、『感情論』のむすびで、実定法批判に基づく自然法学の構築を〝宣言〟した根本の理由は、そこにあったといえるであろう。

（1）　Cf. Smith, A.: *Lectures on Jurisprudence*, ed. by R. L. Meek, D. D. Raphael, P. G. Stein, Oxford 1978, LJ (A), vi. 9-17, LJ (B), 208-209.

（2）　Brown, M.: *Adam Smith's Economics*, London 1988, p.155.

（3）　拙著『アダム・スミスの自然神学』前編第四章、とくに一一〇―一一一ページ参照。

（4）ヒュームは、目的因（final causes）説だけでなく、目的の有効化因としての作用因（efficient causes）の論理そのものを否定していたことに注意されたい。前掲拙著、二五三ページ参照。

（5）拙著『アダム・スミスの自然法学』第二部一・二章、とくに一八九—一九六ページ参照。

（6）内田義彦『経済学の生誕』（未来社）一二〇—一二四ページ参照。

（7）「交換的正義」論の正当性は、その遵守がおのずから「配分的正義」（エクイティ）の実現につながる点にある。その視点を欠いた交換的正義論は、正義論の本来の課題に応えるものではありえないが、スミスの交換的正義論が配分的正義の問題を念頭に置いていた次第は、『感情論』と『法学講義』における正義論の構成からも、『国富論』の主題が『富と徳』におけるホントとイグナティエフの論証の示すように、配分的正義論証にあったことからも明らかであるといえよう。Cf. Hont, I. & Ignatieff, M.: Needs & Justice in the *Wealth of Nations*, in *Wealth & Virtue*, ed. by Hont & Ignatieff, Cambridge 1983, pp.1-44.

（8）自愛心の「慎慮」の徳性化（徳性としての承認・正当化）と、徳性論としての慎慮論の展開とは異なること、後者は六版の主題で、初版では徳性論としての慎慮論は展開されていないことに注意されたい。スミスは、初版で自愛心も観察者の同感・是認がえられれば慎慮の徳として承認されうる次第を論証したが、慎慮の徳性論は積極的に展開しておらず、彼が「経済人の倫理」としての慎慮の徳のあるべき姿を積極的に問題にしたのは、本書の第三部第三章で論及するように六版においてである。私がかつて『道徳感情論』初版の主題は、正義論で、慎慮論は初版の主題ではなかったとした所以はそこにある。拙著『市民社会理論と現代』後編第四章参照。

（9）Cf. TMS, Introduction, pp.8-9, 18. Dickey, L.: Historicizing the “Adam Smith Problem”: Conceptual, Historiographical, and Textual Issues, *Journal of Modern History*, 58-3, 1986, pp.589-591, 598.

（10）ミュラーは、このような手段の美論の例証としての初版の「公共的治政《パブリック・ポリース》」論（TMS, IV. 1. 11）のうちに立法者を公共の利益追求に誘導しようとするスミスの意図をみている（Cf. Muller, J. Z.: *Adam Smith in his time and ours*, N. Y. 1993, pp.54-56）が、かりにこの例示の意図がそこにあったとしても、初版の「公共精神」論は六版のそれとは明白にトーンを異にしている点に注意されたい。

（11）　ハチスンの効用正義論は目的因説に立脚しているのに対し、ヒュームの効用理論はハチスン的目的因説批判を基軸にしている。ヒュームの効用理論は作用⇩目的の必然性を否定したことの帰結であるが、スミスはこの両者の両面批判を意図していたのである。

（12）　ハチスンが『美と徳の観念の起源の探求』の第二論文第四節で展開した慣習論（Cf. Hutcheson, F.: *An Inquiry into the Original of our Ideas of Beauty & Virtue*, London 1725, p.191 f.）は、『感情論』第五部に対応すること、そこでも捨子、姥捨、難破船の例があげられていることに注意されたい。拙著『アダム・スミスの自然神学』一〇八―一〇九ページ参照。

（13）　この「状況的適宜性」概念は、ホーコンセンから借用したものであるが（Cf. Haakonssen, K.: *The Science of a Legislator, The Natural Jurisprudence of David Hume & Adam Smith*, Cambridge 1981, esp., p.62）、この論理が『感情論』―『法学講義』の中核概念をなしている次第については、拙著『アダム・スミスの自然法学』一九〇、一九五―六、二〇八、二九一―五、三〇九、三二六―七ページ参照。

（14）　拙著、前掲書　三〇八―三一八ページ参照。

（15）　Cf. TMS, II. i. 1. 6, M.106-7, IV. 2. 2, M.286 etc.

（初出　神奈川大学『商経論叢』二九―三号　一九九四年）

第五章　デザイン論と制度論

一　初版の論理の神学性

(1)　デザイン論証としての主題の一貫性

『感情論』第一―三部は、既述のように、神の設定した作用（手段）⇩目的の自然法則の人間界における貫徹を保障するための地上の倫理の確立を主題としたものであった[1]。これに対し、第四―五部は、そうした地上の正義の下での自由＝作用⇩目的＝必然のデザイン（自然の摂理）の貫徹を認めずに、人為による目的実現を意図する効用理論と、自然の体系《システム》の実現を妨げる慣行の批判を意図したものであった。一―三部の論理が多分に社会科学的側面をもちながらも、経験倫理学的性格を基調としていたのに対し、四―五部では社会科学的色彩がより強く感じられる根拠はそこにある。しかし、スミスが第四部以降で、一―三部の地上の倫理学そのものとは基本的に性格を異にする効用・慣行批判論を展開したことは、必ずしも両者が別個の主題であったことを意味するものではない。『感情論』は、全編、神の設定した作用（手段）⇩目的の自然必然法則の支配・貫徹を前提した上で、それがみえないために、自然法則を逸脱して、善悪無差別《インディファレンス》の自由に走る人間界における作用⇩目的のデザインの実現を保障するための地上の倫理を確立する一方、そのような自由＝作用⇩目的の自然の体系《システム》を認めず、その実現を妨げる効用（人為的政策）主義と慣行を批判することによって、作用⇩目的のデザイン（自然の摂理）の人間界における実現の条件を明らかにしようとしたものであるからである。[2]『感情論』の前半部と後半部の主題は、すぐれて一体的な関係にあったのであるが、こうした『感情論』の主題と構造は、『感情論』が神のデザイン論証を主題としていた彼自身のグラスゴウ大学における「自然神学」講義の主題の継承・展開に他ならない次第を示しているといえるであろう。『感情論』が、別著で詳論したように、長老派カルヴァン主義的な予定説と神の設計した自然の必然法則の支配を前提した上で、それがみえないままに手段の美を追求する作用因としての人間の自由な行動が必然的に目的《デザイン》を実現するに至ることを認める作用⇩目的の論理を根幹にしていたのも、この事実に照応するものに他ならない。[3]『感情論』は、作用⇩目的のデザイン論証を主題としていた自然神学講義の主題の具体的論証・展開のための論理として、動植物や物体とちがって、自然法則を逸脱して自由に走る人間界における作用⇩目的のデザイン実現に必要な唯一の論理としての地上の正義の確立と、デザインの実現を妨げる条件の排除を意図したものであったのである。

道徳判断原理論として展開された『感情論』初版が第三部で終らずに、四―五部をも本来的構成部分として展開されている最大の理由も、そこにあるといえるであろう。四―五部は、表題自体が示すように、効用や慣習が是認感情にどのような影響を与えるかを論じたもので、スミスがそこで展開した効用（人為的政策）・慣行批判論が、道徳的是認の原理論としての一―三部の共感原理に基づく自然理論と論理的に照応していることはいうまでもない。しかし、それらは、道徳原理論としては、一―三部の道徳判断原理論の補完・補充・補足論的関係にとどまるものにすぎず、『感情論』が、一般に解されているように、本質的には何らの神学的・形而上学的要素を前提しない純粋科学的な経験倫理学、ないし、「個人の社会化の社会心理過程[4]」の記述を主題とするものであったら、『感情論』は同感=適宜性原理に基づく徳性の原理について論じた一―三部で終っても良かった筈である。スミスがそうしないで、四―五部をも『感情論』の不可欠の構成要素として、一―三部と一体的に展開したのは、一―三部の共感倫理学の補完・補強・傍証のためという二次的・消極的な理由に基づくのではなく、自然神学講義の主題の展開としての『感情論』の本来の主題が、人間界における作用⇩目的のデザイン実現条件の探究にあったためであったのである。スミスが、一―三部で、人間界におけるデザイン実現のために必要な唯一の倫理として、「自然の原理」に立脚する地上の正義の原理の確立を主題とする一方、四―五部で自然の体系《システム》に反する効用（人為）・慣行批判に力をそそいだ最大の理由はそこにあったといえるであろう。これまでの『感情論』解釈が一般に『感情論』の基本論理は第三部で完結したものとみなし、四―五部は一―三部の「補論」的に解してきたのは、こうした『感情論』の本来の主題が正しく認識されていなかったためであると考えられるが、四―五部は、一―三部の補論ではなく、一―三部とならんで『感情論』の本来的構成要素である次第と、そのことのもつ意味がそれとして顧みられる要がある。『感情論』がスミスにおける経済学の生誕の母体たりえたのも、『感情論』全編がデザイン論証を主題とするものとして、デザイン実現のために必要な唯一の倫理の確立とならんで、本書の第二部第一章で論証する『国富論』の「自然的自由の体系」の根幹をなす自然の体系《システム》の実現を妨げる条件の排除=そのための自由=作用⇩目的の自然法則の解明によるそれに反する人為的政策と慣行の批判を主題にしていたために他ならない次第がしっかりと確認される要がある。一―三部ではなく、四―五部のうちに経済学の生誕の直接の母体となる論理が萌芽的にではあれ原理的に含まれていたのは、たんなる偶然ではないのである。

(2)『道徳感情論』の自然概念

『道徳感情論』は、このような神学的枠組の下で、自由＝作用⇩目的＝必然のデザイン論証を意図していた自然神学講義の主題を展開したものであったのであるが、こうした『感情論』の神学性は、『感情論』の〝自然〟概念そのものの中により具体的に表現されているといえるであろう。

スミスは、既述のように、他人の是認・称賛をえたいという人間の是認・称賛願望を人間の生まれながらの自然の性向（inborn propensity）としてとらえている。彼が六版でのべた言葉を借用すれば、「自然は、人間を社会的に作ったとき、彼に対して彼の兄弟たちを喜ばせたいという本源的願望と、怒らすことへの本源的な嫌悪とを授けた。彼女は、彼に彼らの愛顧に喜びを感じ、彼らの反感に苦痛を感じるように教えたのである」（TMS, III. 2. 6, M.237）とスミスは考えていたのである。スミスは、シャーフツベリやハチスンと同様、こうした人間の自然の感情原理の上に徳性の原理を導いていたのであるが、こうした是認・称賛願望自体は、げんみつにはもとより徳性ではない。むしろ自惚《プライド》れ、ないし虚栄《ヴァニティ》に近いものにすぎない。一七世紀のモラリストは、こうした他人の是認・称賛願望を〝自惚《プライド》れ〟と呼んでいたとのことであるが[5]、スミスが『感情論』の六版で称賛と称賛に値することとのちがいを強調し、前者は「徳性の見せかけと悪徳の隠蔽を促すものにすぎない」（III. 2. 7, M.237）としていたのも、同じような考え方に基づくものに他ならないといえよう。しかし、こうした称賛願望も、他人の判断や感情に配慮せずにはみたされないため、それなりに利己心を抑制するのに役立つことから、スミスは、「われわれにわれわれの回りの人々の判断を考慮するようにさせ、われわれの自然の利己主義を抑制するのに役立つ判断をさせるのは、われわれの自然の神与の称賛愛である」[6]と考えたのである。こうした称賛愛の生み出す自然の道徳性は、彼が六版増補分でのべているように、「最も真剣な称賛でさえも、それが称賛に値することのある種の証拠とみなされない場合には、ほとんど喜びを与えない」（III. 2. 4, M.237）ため、称賛を求める人間も、自然に称賛に値するかどうかを自らに問うようになることにも示されているといえるであろう。人間の生得性向としての他人の是認・称賛願望が、行為の適宜性につながり、徳性の原理たりうる契機はそこにある。スミスは、神の作品としての人間の「自然の構造」のうちにそのような契機をみることによって、人間の自然の感情としての称賛願望や名誉感覚のうちに、内なる観察者視点と、それに基づく徳性の成立の契機をみていたのである。

　このようなスミスの思想がハチスン情念論の批判的継承であった次第は別著で詳説した通りであるが[7]、初版ではこうした「社会化」原理としての世間の是認・称賛願望の否定的側面が問われることなく、逆に、その道徳化機能が高く評価されていることが注目される。スミスは、他人の共感獲得願望の最も素朴な形態に他ならない「称賛愛」のうちに、共感感情に基づく利己心の抑制原理を見出すことによって、それを徳性化しようとしていたのである。彼が六版で展開したPraise-worthy論は、のちに本書の第三部第二章で詳説するように、こうした人間の自然《ヒューマン・ネイチュア》の構造に基づく経験倫理学の不十分性の自覚から、「称賛」と「称賛に値すること」との差異を明確化することによって、「有徳な性格」を培養しようとしたものに他ならないが、六版の論理も、前述の引用の示すように、人間の「自然の構造」に基づく「感情の摂理」性自体を否定するものではないことは明らかである。彼が同じ六版増補分で、こうした是認・称賛願望だけでは人間を社会に適合させるのに十分でないことから、「自然は、従って、彼に、是認されることの願望だけでなく、是認されるべきものであることへの願望をも付与した」（III. 2. 7, M.237）としていることも、右の事実を確証するといえよう。

　こうした「称賛」論に対応するのが、他人の「非難」に値することの自覚から生まれる「悔恨（Remorse）」論である。われわれが他人の権利を侵害するとき自然に感じる「処罰に値する」との ill desert の意識に伴う悔恨論が第二部の正義論の中核をなしていることは第三章でみた通りであるが、そこで詳説したように、スミスは、権利の侵犯に対する世間の非難に伴う ill desert の感覚から、非難に値するとの Blame-worthy の意識や悔恨の情が生まれると考えていたのである。人間は、そのように道徳的に行為したときには喜びを感じるのに対し、道徳法を侵犯したときには内心の恥辱感と自己断罪の苦痛を感じるように、自然に作られているというのがスミスの基本的な思想であったことは、『感情論』の第二部第二編第三章の論理の示す通りである。スミス倫理学の内実をなす彼の「道徳心理学」は、こうした「自然の構造」概念に立脚していたのである。彼が、本書の第二部第一章で論証するように、富追求の動機を虚栄に基づく他人の称賛願望に求め、そこから生まれる「自らの状態を良くしたい」という「自己改善の衝動」が作用因を動かすことが国富の増大につながるとしていたのも、同じ自然概念に基づくものであったのである。スミスが「感情の不規則性の究極原因（目的因）について」論じた第二部第三編第三章で、「自然のあらゆる部分は、注意深く観察すれば、等しくその創り主の摂理的配慮を示しているので、われわれは人間の弱さや愚行の中にさえ神の英知と善性を感嘆することができる」（II. iii. 3. 2, M.166）としているのは、こうした自然概念を集約的に表現したものに他ならないといえよう。後世の批評家たちは、こうした「スミスの道徳心理学の背後にある宗教的前提を信頼することに困難を感じて、こうした創造における人間の地位に関する理神論的概念を〝心半ばの不信心〟（half-hearted unbelief）として片付ける傾向がある。しかし、スミスと一八世紀の多くの他の人々にとっては、こうした創造概念は、キリスト教的な人間の神の恩寵への依存概念や、自己是認の経験やその摂理の計画との結びつきの無神論的否定よりも首肯しうるものであった」[11]次第が注意される要がある。

スミスの主題は、こうした人間の〝感情の摂理性〟を道徳心理学的に解き明かすことによって、自然的手段による非社会的情念の自己規制の論理を構築する点にあったのであるが、こうした発想自体は別にスミスの独創ではない。ミュラーは、情念の自然の運動のうちに「自然の創造者の摂理的配慮」をみ、「人間の弱さと愚行の中にさえ神の英知と善性を称賛する」こうしたスミス思想のルーツを「人間の情念に摂理の役割を帰属させたジャック・アバディ（Jacques Abbadie）と、のちのプロテスタント・モラリストの見解[12]」に求めているが、上述のようなスミスの感情論は、直接的には別著でみたように、ハチスン『情念論』との格闘の中から生まれたものであった[13]。「スミスが〔ミュラーのいうように〕アバディたちの見解を採用した」のであるとすれば、それはアルミニアンに親近性をもっていたハチスン経由であったとみる方が正しいであろうが、スミスの主題は、上述のような形で道徳的情念の生得性を指摘する点それ自体にではなく、それを社会心理学的に分解した上で自己意識化する点にあったことはいうまでもない。スミスが、既述のような形で他人の称賛・非難への関心のうちにみられる観察者視点を明確化した上で、それを内面化することによって、問題を一人称化していたのも、そのためであった。しかし、ハチスンと異なるスミスの真の独自性は、こうした「情念の摂理」が神の目的期成因としての作用因の運動を通して実現される次第を明確にした点にある。スミスは、神の設定した作用⇩目的の自然の必然法則がみえないことから、偶然・自由の感覚に従って、手段の美を追求し、他人の是認・称賛を求めて行動する人間の活動が、「他人の眼」を意識せざるをえないことから、自然に他人の是認・称賛をえられる（それに値する）ように自己統制されるようになる次第を経験科学的に解き明かそうとしたのである。そうした彼の思想の特色は、第二部で論証するように『国富論』では、『感情論』初版の〝世間〟の立場に相当する〝市場〟そのものが、こうした「情念の摂理」の実現媒体としての道徳的機能を果たすものとしてとらえられている点にも示されているといえよう。人間の心理の経験観察に基づくスミスの道徳心理学、それに立脚する彼のコンヴェンション倫理学は、こうした自由＝作用⇩目的の論理を根幹とする神学的自然概念に立脚したものであったのであり、必ずしも一般に解されているような純粋経験的な自然概念に基づくものではないのである。

スミスがコンヴェンション的な行為の適宜性のみを問題にするたんなる倫理的相対主義者ではなく、彼の自然概念の中には目的が組み込まれているといわれる所以はここにあるが[14]、こうしたスミスの自然概念の特色を最も典型的に示しているのが自然的秩序（natural order of things, natural course of things）観である。スミスがその著作の中でさまざまな形の〝自然〟用語を多用していることは周知の通りであるが、その基底をなすスミスの自然的秩序観は、ホーコンセンの言葉を借りていえば、「人間が宇宙一般、特定的には物理的世界の目的指向秩序を実際に知覚するという仮定から出発する」[15]ものであった。多くの経済学者は、こうしたメタ科学的概念を否定し、スミスの理論をモデル化する試みをさまざまな形で展開している。たとえば、モリス・ブラウンは、「スミスの命題を確証すべく努力する過程で、われわれは〝究極価値〟と目的論の議論に導かれ、メタ科学が形而上学に合体するかの曖昧に定義された境界に導かれる」が、私は形而上学は否定するので、「彼の科学的モデルの文脈の中に表現が見出されるようにみえる限りで彼の見解に関心をもつにすぎない」[16]として、そうした視点からスミスを考察している。彼がスミスのいう「事物の自然的行程（Natural Course of Things）」を「社会経済的進化の最適の道を描写する」「モデル」として描いているのも[17]、こうした考え方に基づくものに他ならない。しかし、「自然価格」、「自然的自由」、「事物の自然的過程」や「自然的秩序」等々のスミスの自然概念の中には、のちに第二部第一章でより具体的に論証するように、いずれも科学的モデルに還元しえない要素が含まれており、モデル論では、『国富論』の〝自然価格〟概念に典型的に示されているような多分に規範性をもつ彼の自然概念の多義性を理解しえないことは明らかである。そうした神学的・形而上学的自然概念に立脚するスミス思想の特色をより典型的に象徴しているのが、〝見えない手〟である。

スミスは見えない手を『感情論』と『国富論』の双方で使っているが、経済学者の一般的理解では、『国富論』の〝見えない手〟は、「経済的交換が意図することなしに経済成長と、交換に直接参加していない人々さえもの福祉を生み出す理由を説明するための説明用語」[18]に他ならず、「科学的分析を支えるために導入された形而上学的メカニズム」[19]にすぎないというのが、大方の最大公約数的な見方であるといえよう。ブローグその他の経済学者が、見えない手は「市場の諸法則の最適化機能」であり、「競争市場における自動均衡メカニズムである」[20]としているのは、こうした見えない手の内実をより具体的に表現したものに他ならない。彼らは、スミスのいう見えない手は、経済における神の手（目的因の支配）、ないし、マクフィーのいうような「諸個人の自愛心を制御し、……彼らのすべての情念を人類一般の究極的利益に向ける究極の支配者」[21]を意味するものではなく、「市場活動の結果」をあらわす比喩的表現にすぎないと考えているのである。[22]しかし、スミスの見えない手は、たんなる「説明用語」ないし「科学的分析を支えるための形而上学的メカニズム」にすぎないものではない。見えない手の概念には、キットシュタイナーやオズワルドなどのいうように、「市場の最適化機能を含めたたんなる市場メカニズムの叙述よりも多くの、それ以外のものを包含する」「道徳哲学的・目的論的剰余が含まれており」[23]、自由＝作用⇩目的の論理が前提されている次第が注意される要がある。スミスの見えない手に関する大方の解釈は、序章でみたように、見えない手が作用因と目的因の論理に立脚している事実を承認しながら、そのことのもつ意味を必ずしも概念的に把握しないままに、作用因にのみ注目しているが、スミスの見えない手がケイムズの「自由と必然」論の根幹をなしていたような神の予定に基づく目的因と必然法則の支配を前提せずには理論的に成り立ちえない次第は別著で論証した通りである。[24]スミスの見えない手の理論は、そのような目的因と自然の必然法則の支配を形而上学的に前提した上で、それがみえないことから、自由に手段の美を追求することがおのずから目的《デザイン》（自然の必然法則）の実現につながる次第を象徴する論理として展開されたものであり、この論理が目的因説を前提していることは明白である。スミスの意図は、もとより、こうした目的因の支配を強調する点にではなく、逆に、そうした神の目的《デザイン》の具体的内実をその期成・有効化因としての作用因の活動の経験観察を通して明らかにすることによって、目的因説を作用因の論理化する点にあった次第は前にも指摘した通りである。その点は通説とことに異なるものではないが、こうした作用⇩目的の論理に立脚する見えない手の理論は、科学的分析を支えるためのたんなる形而上学的メカニズムにすぎないものではなく、目的因の支配・貫徹を実体的に想定せずには説明しえない論理である次第が確認される要がある。たとえば、短期の設定で諸個人が彼ら自身の私益を追求することが長期の社会的進化を必然的に実現する結果になる理由は、市場メカニズム論に基づく自由競争の最適化機能論で一応はそのプロセスや仕組みを含めて説明できるとしても、その必然性は自由⇩必然の神学ぬきには十分には説明できないことは否定しがたい事実である。[25]『国富論』の「自然的自由の体系」が「完全な自由」を必要としない理由もそこにある。彼が「理想的な制度」を創造する試みや、「完全な自由と完全な正義の厳格な見本」(WN, IV. ix. 28, O. ii. 491) に疑いを抱き、そうした「完全な政体や法体系を創造しようとする抽象理論家たちは、人間の性格と反撥力を考えていない[26]」としていたのも、人間の心理の経験観察だけに基づくものではなく、自然神学的な偶然・自由⇩必然論が前提されていたために他ならないといえよう。[27]

そうした神学理論を明白に前提していた『感情論』の見えない手と『国富論』のそれとは、もとより必ずしも同一ではなく、両者の間には歴然たる切れ目がみられる。両者を対比する場合、『国富論』では見えない手が多分に「説明用語」化していることはヴェアヘーンなどの指摘する通りである。その原因は、第二部でみるように、『国富論』段階では、科学的認識の進展に伴い、神学的前提が不用化したためであると考えられる。しかし、こうした事実は、必ずしも『国富論』には『感情論』の根幹をなしていた神学が前提されていないことを意味するものではない。第二の見えない手も、完全には市場の法則に還元しえないものを含んでいることは否定しがたい事実である。ヴァイナーも、

『社会秩序における摂理の役割』の中では、『国富論』にも目的論的要素があり、スミスの「心理学的概念装置が、すべて摂理的なものとして、人類の利益のために神によって設計されたものである」次第を認めている。『国富論』の見えない手が経済理論的には意味がないのに注目されるのも、『国富論』の「自然的自由の体系」が上述のような作用⇩目的の論理を中核とする神学的自然概念に立脚している次第を象徴しているために他ならない。

『感情論』の倫理学は、このような見えない手に導かれる神の摂理の実現にさいして人間に要求される唯一の倫理としての地上の正義の確立を主題としたものであった。『感情論』初版の倫理学の内実が、人―人間の交通・交換関係を規制するコンヴェンションに他ならず、ミニマリスト・モラルといわれる所以はそこにある。スミスは、神の設計した作用⇩目的の自然法則の支配・貫徹を確信していたため、作用因としての人間の自由な活動がデザイン実現につながるのを妨げないようにするための作用因相互間の交通ルールの確立を倫理学の唯一の主題とすることとなったのである。

『感情論』の倫理学が観察者の同感を唯一の原理とする人―人間係倫理として展開された理由もそこにある。スミスは、既述のように第二版に挿入された第三部第二章第八節の原文の示すように、「この世界の偉大な裁判官」が制定した「永遠の正義」の法の支配・貫徹をはっきりと前提した上で、それがみえないままに「この世の些細な事柄に精を出す」兄弟たちの間の争いを作用因自身に解決させるため、「自然の創造者が人間を人類の直接の裁判官とし、…… 彼を地上における自分の代官に任命して、その兄弟たちの行動を監督させようとしたのである」(TMS, 2 ed.204, M.195-6) と考えたために、「公平な観察者」の同感を人―人関係の唯一の規制原理としたのである。『感情論』の倫理学において、観察者の同感が人―人関係の唯一の原理であるということは、人間がそうした相対的な関係原理を超える超越的・絶対的権威の支配下にあることを何ら排除するものではないのである。逆に、上述のような相対主義倫理は、絶対的な神の法の支配・貫徹を前提していたがゆえに可能になった次第が注意される要がある。スミスの倫理学が、観察者の同感原理に基づく「人間の経済行動の社会化」[30]理論として、すぐれて経験的な倫理学を展開した点に最大の意義と特色をもつものでありながら、人間行動の社会心理学的分析からなる道徳心理学の必然的帰結をなす相対主義を超える内実をはらんでいる理由はそこにある。『感情論』初版の倫理的相対主義（経験倫理学、社会化理論）は、こうした神学的前提に立脚していたのであり、[31]スミスが『感情論』の二版と六版で神を正面に持ち出したのも、初版の経験倫理学や倫理的相対主義と何ら矛盾するものではなく、ましてや、それからの逃避ないし転向を意味するものではなかったのである。[32]

ビッターマンからマクフィーやキャンベルをへてホーコンセンやラファエルに至るごく最近までの主要なスミス研究者たちは、こうした見解とは逆に、序章でもふれたように、科学的説明とは異なる神学的・形而上学的自然観（目的論的要素）がスミスの中にみられることを認めながら、それと地上の倫理学、ないしそれを基盤とする経験科学との結合の論理を見出しえないままに、スミスの社会理論が作用因の論理に立脚している点に関心を集中することによって、スミス体系における「目的論的剰余」に否定的な解釈をしている。彼らがほぼ一様にこうした解釈をしてきた一つの根拠は、『感情論』の「厳密な意味での道徳理論《モラルセオリープロパー》」が観察者の同感を中核とする諸個人の社会経験だけから構成されており、そこでは「目的論は何も実質的な役割を演じていない[33]」かにみえる点にある。しかし、ビッターマンやキャンベルなどのいうように、『感情論』から「神学用語や仁愛的な神に関するスミスの省察を取り去っても、彼の作品の経験的内容に影響を与えることがない[34]」のは、観察者の同感原理に立脚する『感情論』の道徳理論が上述のように「神の代理人」としての人間の自由な判断に任された地上の交通倫理だからで、「行為の作用因を確定するのに、神の意思のタームによる説明が〔直接的には〕何らの場を占めていない[35]」のは、むしろその当然の帰結であり、別段『感情論』の倫理学が神学的自然観を前提していないことを意味しない。観察者の同感を唯一の原理とする固有な意味での道徳理論自体が、既述のように、自然の構造論に立脚している事実がその何よりの証左をなすといえよう。スミスの道徳理論は、ill desert の感覚などに象徴される人間の「自然の構造」に基づく「感情の摂理」を既述のように観察者の同感原理によって対自化した、自然の構造の対自化論に他ならないことのもつ意義が改めて確認される要がある。『感情論』の倫理学が、第三章でみたように、偶然や不規則性に左右される「自然の狡知」を前提した論理展開になっている事実も、こうしたスミス道徳理論の構造を確証するといえるであろう。[36]『感情論』の神学は地上の倫理とは関係ないとするこれまでの通説的見解が問い直されるべき一つの根拠はここにある。

多くの研究者が、こうした事実を認めずに逆に、スミスをヒューム化して、スミスにおける目的因説のもつ意義を否定するもう一つの根拠は、「天文学史」の科学論で『感情論』を切っている点にあると考えられる。科学（哲学）の主題を人間の想像力の働きによる自然の「見えない結合連鎖」（invisible connecting chains）の発見に求め、自然の究極原理を「何らかの見えない設計力能の指示」（EPS, 49, M. 30）に求めることを拒否して、神学を自然科学に解消するのが[37]、「天文学史」や「哲学的探究指導原理」などから導出されるスミスの知識論一般の根本原理であるとしたら、見えない目的因の支配を想定することは、スミスの思想とは基本的に相容れないことになるからである。ビッターマンあたりからはじまり、トムソンやスキナー、ラファエル等に至る多数派が、スミスはこうした「天文学史」的な科学認識論の原理を『感情論』や『国富論』にも適用し、ニュートン的方法で対象界を作用因の活動の考察を通して解明したので[38]、神学用語は取り去っても、スミスの著作の経験的内容には関係ないと考えたのも、その限り当然であるかにみえる。しかし、スミスが「天文学史」や哲学論文で自然の不規則性を「ジュピターの見えない手」（EPS, 49, M. 31）に帰することを排し、自然をそれとして冷徹な科学者の目で純粋経験的に観察することを通して、自然の「隠された連鎖」を明らかにする点に「科学」の課題を求めていたことから、スミスがヒュームと同じように目的因説を否定して、神学を自然科学に還元し、「天文学史」的な自然科学の方法を人間界にもそのまま適用していたとみることには問題がある。そうしたスミスのヒューム的解釈は、カント的な認識主観の論理でスミスを裁断するものに他ならず、スミス自身は、一八世紀までの多くの自然法思想家やニュートン自身と同様、目的因（Final causes）の支配を形而上学的に仮定した上で、それを機械論的に説明しようとしていたと考えることもできるからである。[39] スミスが、自然の統一的説明原理を哲学に求めながらも、そこに形成される「科学的自然体系」は、あくまでも「自然のそうしない限り結びつかない不整合な諸現象を結びつけるための想像力のたんなる創案」にすぎず、「自然がそのさまざまな働きを束ねるさいに使用する本当の連鎖（real chains）」（EPS, 105, M.103）ではないとして、自然の真実の連鎖と想像力の産物とを明確に区別していたことも、こうした解釈を許すといえよう。スミスは、「天文学史」や「古代物理学史」などでは、自然の「見えない結合連鎖」の解明を主題にしていたため、「予期せぬ出来事はほとんどすべて見えない設計存在の恣意のせいにする」（EPS, 112, M.121）原始人の習性を批判していたが、そのことは必ずしも見えない設計原因の存在自体の否定を意味するものではなかったのである。

スミスの知識論は必ずしも目的因説を排するものではないのであるが、スミスの科学論をそのまま『感情論』に適用する見解が批判されねばならぬより本質的な理由は、『感情論』や『国富論』では「天文学史」とは逆に、目的因（神の設計した自然の必然法則）の存在が形而上学的に仮定された上で、それがみえないことから自然法則を逸脱して自由に走り、さまざまな罪を犯す人間の行動が認識の対象にされ、そうした人間の行動が「見えない手に導かれて」デザインを実現するとされている点にある。スミスが、『感情論』（TMS, II. ii. 3. 5）の原文の示すように、自然界における手段⇒目的の自然の必然法則の支配・貫徹を認める一方で、人間にはそれがみえないことから、必然法則を逸脱して自由に走る諸個人の自然の欲求追求活動が、神の意図した目的実現につながる必然性を形而上学的に想定した論理を展開していることが、その何よりの証左をなしているといえるであろう。スミスの社会観が、オズワルドの分析の示すように、人間と社会を含むすべての現実の説明にニュートン的機械論を援用していたヒュームとちがって、ニュートン主義の形而上学に深く影響されながらも、機械論の哲学では正当化しえない規範性を機械論的自然法則に付与していたのも[40]、作用因の分析の底にそれを超える目的因の妥当を前提していたために他ならない。スミスが、自らの経験的・科学的認識の成果として描き出した「自然の行程」の必然性や倫理性を当然視していた根拠もそこにある。スミスは、目的因の支配を前提していたため、作用因の活動の観察を通して知られる対象の運動が必然性をもつと考えたのであるが、こうした論理は作用⇒目的の形而上学を前提せずには成立しえないであろう。存在と当為、is=ought の同一視や、市場社会の道徳性に対するスミスの確信が、こうした前提に立脚していることは明白である。スミスの意義は、もとよりこうした形而上学を前提していた点にではなく、逆に、目的因説を作用因の論理化した点にあることはいうまでもないが、問題は、こうした前提ぬきにはスミスの社会理論の意義と特色を理解しえないだけでなく、後述の第二部第一章で具体的に論証するように、それがプラス・マイナス両面にわたってスミスの社会分析そのものを本質的に規定している点にある。スミス体系における神学的・形而上学的目的因説のもつ意義が、作用因論との関連においてそれとして受けとめられねばならない最大の根拠はそこにある[41]。

スミスに対するヒュームの影響を強調する研究者たちが、『感情論』の神学は、自らの思想の革新性を隠すための修辞ないし偽装、でなければ、「イギリスの一八世紀の著述には稀らしくない仕来たりである神学的常套句への依拠」にすぎず、「それらが彼の科学的分析に介入しているという見解を確証する根拠はほとんどない[42]」としていたのは、こうした形而上学的自然観とスミスの経験主義との結合の論理を見出しえないことから生まれる矛盾を回避するための逃げ口上にすぎないといえるであろう。しかし、そのように断定することは、逆に、スミス思想の神学的前提を重視する研究者たちがしているように、スミスの形而上学や、「仁愛的な神によって支配される自然の体系に対するスミスの信仰(43)」をそれとして強調すれば、それでよいことを意味しない次第が注意される要がある。それだけでは、神学否定論と同様、スミスの形而上学と経験主義との関連が十分整合的にとらえきれないからである。スミスのうちに「経験的出発」と「規範的要素」との分裂・対立をみ、そのいずれかを「選択」する要があるとしたウィンチの整理は(44)、こうしたスミス解釈の分裂状況を正直に表現したものといえるであろうが、スミスにおける科学と神学は、必ずしも二元的・分裂的・対立的にしか解しえないものではない。彼が神の摂理と神の設計した自然の必然法則（目的因《ファイナル・コーズ》）の支配を一貫して前提しながら、それがみえないことから生まれる作用因《エフィシエント・コーズ》としての人間の自由な活動を自己統制するための地上の正義論の確立と、そのエクイティ論証をその著作の中心主題としていたと考えれば、すっきり統一的に解しうるからである(45)。目的因説と地上の経験倫理学とは、必ずしも矛盾・対立するものではなく、「自然の原理」に従う作用因相互間の人―人関係のみを考察の対象とする地上の倫理学は、それを超える目的原因の支配と自由＝作用⇒目的の自然の体系《システム》に対する信仰を前提していたがゆえに、逆に徹底して人間中心でありえた次第がしっかりと確認される要がある。従来の通説は、こうした作用因と目的因の相互依存関係を概念的に把握《ベグライフェン》していなかったため、両者の関係を対立的にとらえざるをえなかったのであるが、スミスの「道徳哲学」体系全体が神のデザインの作用因論化の理論であると考えれば、すべては整合的にとらえうるであろう。スミスが、自然法学者や功利主義者のように、地上の倫理（モレス）の原理を社会的効用に求めず、人―人関係の適宜性にのみ求める視点にとどまりえたのも、こうした神学思想が前提されていたためであった次第が想起される要がある。プーフェンドルフやヒュームのように、地上の倫理の原理（自然法学）を神学と分離して、それ自体として追求する場合には、社会的効用に価値基準を求めない限り、相対性を克服しえないからである。スミスの思想は、彼の道徳哲学講義の第一部門の主題であった自然神学を根幹にしていたのであり、その第二部門をなす『感情論』の倫理学が、ありのままの人間の自然の欲求（自然の原理）をそのまま承認した地上の経験倫理学でありながら、すぐれて神学的な前提に立脚していた根本理由を理解する鍵はそこにあるといえよう。

二　手段の論理と国家論

(1)　関係倫理と制度化論

『道徳感情論』は、上述のような神学思想に立脚する自由＝作用⇩目的（必然）の自然の体系実現に必要な唯一の倫理としての人―人関係道徳の確立を主題とするものであった。『感情論』初版の倫理学が、道徳理論というより、人間相互の共同生活のためのコンヴェンション論的性格を色濃くもっていたのも、そのためであった。スミスの同感は、相対的なものでしかなく、「必要とされているのは、行為者の情動と観察者の同感が調和しているか一致している（be in Harmony or Concord）ことだけで、この同感の体系によれば、人間の行為の善悪の究極の尺度と標準は、真理や事情に精通した良心の教えに基礎をもつ不動の判断ではなく、人々の変わりやすい意見や情念であることは明白である」[46]というリードの批判は、こうした初版の主題と性格をそれなりに的確に見抜いたものに他ならないということもできるであろう。しかし、『感情論』は、たんなるコンヴェンション論ないし社会的協和（Concord）論ではなく、多くの研究者がほぼ一様に指摘しているように、「相互同感」原理（「共感的相互作用 sympathetic interaction」）に基づくった。『感情論』の最大の基本的特色が、こうした相互同感作用に基づく「個人の社会化の社会心理過程[48]」の分析と叙述の見事さにあったことはすでにみた通りである。スミスは、「われわれがいくらかでも道徳的になれるのは」、「われわれの行為に対する他人の反応から、彼らがわれわれをみるように自分自身をみることを学ぶ」「社会的相互作用を通してである[49]」次第を誰よりもはっきり認識し、明確にシェーマ化していたのである。しかし、このスミスの道徳論は、「有徳な社会（Virtuous society）」の構築を主題としたものではない。スミスは、プーフェンドルフ的な自然法学の伝統に従って、自然法学（正義論）と道徳神学（美徳論）とを区別し、正義＝法＝コンヴェンションの世界には言葉の本来の意味での徳性（仁愛）は必要ないとしていたからである。スミスが、「信条を異にする人々が相互的な平和のうちに共存することを許容する普遍的ないし準普遍的な規則の核心の発見」を主題とし、共同生活のための「諸規則のミニマム」としての「正義と、徳性とを区別し」、「有徳な社会を創設することはできないし、なすべきでない[50]」と考えていた自然法学の思想伝統に属していたといわれる所以はそこにある。しかし、スミスがこうした自然法学の思想伝統を継承していたということは、彼がプーフェンドルフのように法学と神学とを分離する分界論をそのまま肯定していたことを意味するものではない。スミスは、正義論から良心論を除外し、義務は外部から賦課されるものとしていたプーフェンドルフとちがって、共同生活のためのコンヴェンションとしての正義の遵守を良心の義務化する主体の倫理の確立を『感情論』の初発の主題としていたからである[51]。『感情論』初版は、その原理を諸個人間の「共感的相互作用」の反復に基づく「公平な観察者」視点の確立に求め、その一般諸規則化による情念の制御のためのサンクション・メカニズムの形成を意図したものであったのである。

スミスの理論が、マンデヴィルやヒューム的な制度化による情念誘導論の系譜に属するといわれる所以はそこにある。たとえば、J・Z・ミュラーは、「『道徳感情論』は、社会的制度が情念を誘導《チャンネル》し、他人に関心をもつことができ、彼らの権利を尊敬することのできる人間を形成する方法の説明である」[52]として、スミスの思想主題をヒュームやケイムズ的な制度主義の伝統に従ってとらえている。[53]エルスナーも、『感情論』の主題を観察者の同感⇩適宜性論に基づくサンクション機構の形成⇩その反復・ルール化による「制度の自発的出現」論としての制度倫理の確立に求め、「スミスのモデルは、諸個人間の社会的相互交換過程の自然発生的結果としての基礎的社会制度の出現の可能性、高い蓋然性とその過程の論理を論証している」[54]としている。『国富論』は、一見こうした倫理の制度化論とは無関係であるかにみえるが、スミスが『国富論』で市場に利己心の誘導《チャンネル》機能をみていたことは、本書の第二部で詳説する通りである。ミュラーは、その点に注目して、「スミスにとっては、市場は人間の情念を公益に誘導する社会制度の最も顕著な例証であった」[55]とすることによって、利己的情念の制度的誘導論としての『感情論』と『国富論』の特色を強調しているが、『国富論』が利己心を誘導する制度としての「市場」の確立を妨げる制度批判を主題としていたことは、改めて説明するまでもない事実である。

『道徳感情論』から『法学講義』をへて『国富論』に至るスミスの思想主題を情念誘導制度の創造に求めるこれらの論者の見解には、その限り傾聴すべき真理が含まれているといえるであろう。しかし、スミスの思想を制度主義の伝統に解消することには問題がある。『感情論』の固有の主題は、むしろこうした制度化誘導論を観察者の同感に集約される人―人関係倫理によって内面主体化した点にあり、マンデヴィルのように、人間の利己的衝動が公益につながるようにする制度的誘導装置の提供を立法者の課題とするものではないからである。[56]スミスの制度主義的解釈は、人間関係の不確実性や、スミスが大衆の不完全性を一般諸規則の必要根拠にしている点（TMS, III. 5. 1-2）を論拠にしているが、[57]大衆には「完全な徳性」は望むべくもないから、制度化することによって問題の解明を図ることが『感情論』

の主題であったとして、スミスを制度主義の伝統に還元してしまうのは、必ずしも『感情論』の主題を正しく解する途ではない次第が注意される要がある。『感情論』初版の基本旋律は、偶然・自由の感覚に媒介される感情の摂理性を論証する一方で、そうした感情の摂理の観察者の同感原理に基づく対自化による自制の倫理を確立する点にあったからである。『国富論』の主題も、利己心誘導のための制度の創出というより、本書の第二部で論証するように、「自然的自由の体系」の妥当性を前提した上で、その貫徹を妨げる制度批判にあった次第が想起される要がある。[58] そうしたスミス思想の根本原理がしっかり踏まえられないままに、『感情論』の「一般諸規則」(general rules) 論や『国富論』の市場論の制度化論的側面だけが一面的に強調されると、スミスと先行思想との差異だけではなく、『感情論』と『法学講義』や『国富論』との主題のちがいも、みえなくなってしまうことであろう。『感情論』の基本主題は、人間界における作用⇩目的の自然法則の貫徹（自由⇩必然の自然の体系実現）に唯一必要な地上の正義の遵守のための最小《ミニマリス》道徳《トモラル》の確立にあったが、その根幹をなす作用因の論理に立脚する情念の自己規制論は、制度化チャンネル論とは本質的に異なる次第が注意される要がある。彼が情念の誘導《チャンネル》のための制度の確立ではなく、情念が自然に自らを制御する「自然の構造」の分析による情念倫理の確立を主題とした根本理由はそこにあったといえるであろう。[59]

(2) 『道徳感情論』初版の国家論

『道徳感情論』は、共感と観察者原理に基づく情念倫理の確立を基本主題とするものであったのであるが、『感情論』は、そこで確立された地上の正義の下での自然の必然法則（デザイン）の貫徹を否定したり妨害したりする効用（人為的政策）主義と慣行の批判をもう一つの主題とするものであった。『感情論』は、市場において実現される自由＝作用⇩目的＝必然のデザイン（自然的自由の体系）の自動貫徹保障（市場の機能維持）のための正義の法の原理の確立による神の摂理とエクイティの実現保障を主題とするものであったのであるが、こうした『感情論』のデザイン論的構造は、政府の問題を何ら排除するものではない。逆に、自由＝作用⇩目的の自然の体系《システム》実現保障のための交換的正義の法の維持と、それによるエクイティ（配分的正義）実現のためには、政府もそれなりの機能と役割を果す要がある。スミスが『感情論』初版でも法と政府の問題に積極的に論及していたのもそのためであったが、こうした『感情論』初版における国家の問題への関心は、次の諸点に明確に示されているといえよう。

第一に、『感情論』初版は、筆者の数十年来の持論であるように、正義＝法の原理論を中核主題とするものとして、法学方法叙説的構造をもつものであった。この事実は、それ自体『感情論』が「法と統治」の理論の一部であることを示しているが、スミスは『感情論』の第二部や第四部で後述のように立法者の権限や政治の重要性を指摘しているだけでなく、四―五部では既述のように政府の現状批判を主題とし、第六部（六版七部）の末尾でも正義の執行（司法）とそのための規則作りが為政者の義務である次第を強調している。『感情論』の巻末における有名な「法と統治の一般諸原理」論の展開予告も、法と統治の問題が『感情論』の本来の主題と別の問題ではなく、『感情論』の本来の固有の主題の一部、ないし、その必然的帰結に他ならない次第を示すものといえるであろう。

問題は、こうしたスミスの「法と統治」への関心の内実がいかなるものであったかにある。彼は、『感情論』の第四部第一編の最終節で政治機構についてかなり立入った議論を展開した上で、政治の研究の重要性を強調している。原文はかなり長文なので、その要点を整理すれば、次のように要約できるであろう。

（一般人が目的―手段を転倒して、「手段の体系」を追求するのと）同じ原理、同じ体系愛が、公共の福祉を増進する制度を好きにさせるのに役立つ。公共的治政《パブリック・ポリース》の改善は、被治者への同感によるのではない。治政の完成は高貴で壮大な目的であるが、われわれはそうした美しい立派な体系の完成をみることに快を感じる。政治の目的は人民の幸福にあるが、われわれは目的よりも手段を評価し、体系愛からそれを行う。公共精神はあるが、人間愛の感情に欠ける人もいれば、その逆の人もいるが、国の利害に留意しない人間に公共精神を植えつけるには、公共的治政の偉大な体系を描くのがよい。この種の論説を聴いて、何ら公共精神をかきたてられない人はほとんどいない。政治学の研究ほど公共精神を増進するものはない。それゆえ、政治学の論考は、どんなものでも大なり小なり有用で、人々の公共的情念を活気づけ、社会の幸福を増進するのに役立つ（TMS, IV. 1. 11, M.281-4）。

スミスは、このようにのべることによって、政治の研究の重要性を指摘しているが、上の思想は、彼が第四部第一編で強調した目的—手段の転倒に基づく体系愛の一つの例証として展開されたものにすぎず、政治の問題をそれ自体として論じたものではない。より以上に、治政《ポリツァイ》の必要性を説いたものではないことは明らかである。この節が、第四部第一編第一〇節（IV. 1. 10, M.280-1）の有名な見えない手の節に直接続く節で、前者と同じ原理に立脚する目的—手段の転倒に基づく体系愛の例証として展開されていることも、彼がこの節で強調した政治の問題が、作用因の論理に立脚する手段の体系の欠陥を是正するポリツァイを主題としたものではない次第を確証するものに他ならない。スミスがここで言及した〝政治〟の研究とは、必ずしも治政を意味するものではなく、第四部の主題とした「自然の原理」に反する効用（人為的政策）主義批判の一齣として、政治理論ないし政治体系のそれ自体としての展開・完成が、人為的政策や慣行批判にも役立つことをのべたものにすぎないとみる方が妥当であろう。

『感情論』初版におけるスミスの政治学への関心の内実がこのようなものであった次第は、彼が初版の第六部第四編の末尾部分（VII.iv.36-37）で政府の現状批判に基づく自然法学研究の要を強調していることからも証明される。多くの研究者は、上の第四部第一編最終節の原文を根拠に、スミスの著作の意図は、「一般原理を発表することによって立法者たちに教えるだけでなく、公共の利益を追求するように彼らを動機づける」[60]点にあったとして、スミスの政治学の主題を「立法者の科学」の確立、ないし市場の機能維持のための立法者の手による政治制度の構想・改良に求めている。[61] スミスが自由＝作用⇩目的＝必然の自然の摂理の自動貫徹＝市場の機能維持のための制度的枠組の確立・改良を『法学講義』＝『国富論』における国家論の主題としていたことは、これらの論者の指摘する通りである。しかし、その事実を承認することは、必ずしもそうした制度的枠組維持のための治政《ポリツァイ》がスミスの政治学の主題であったことを意味するものではない。『感情論』からはじまるスミスの「法と統治」の理論は、自由＝作用⇩目的の自然法則に立脚する法の原理の確立（自然法学の研究）によるそれに反する人為的政策や慣行批判を基本主題とするもので、この基本は、封建的慣行・特権や、それと癒着した重商主義的独占と、それらを容認する統治の歴史的現状批判を中心主題とするに至った『国富論』においても少しも変っていない。スミスはもとより、『法学講義』から『国富論』に進む過程で、利己心と共感を原理する人間社会の現状認識の進展とともに、「法と統治の一般諸原理」の確立（自然法学の展開）による政府の現状（実定法）批判だけにとどまることなく、人間界における作用⇩目的のデザインの貫徹保障のための制度論に進み、さらには、そのための治政《ポリツァイ》の必要をも認めるようになったが、それらが本格的に主題とされたのは第二部で詳説するように『国富論』以降のことで、「摂理的楽観主義」を基調にしていた『感情論』＝『法学講義』段階にはいまだこうした視点は存在しなかった次第が注意される要がある。

スミスは、『感情論』の第二部第二編第一章で一見こうした見解と対立するかにみえる立法者の権限論を展開している。

「世俗的為政者は、不正義の抑制によって公共的平和を維持するだけでなく、善良な紀律を確立し、あらゆる種類の悪徳と不適宜性を思いとどまらせることによって、国家の繁栄を促進する権力をも付託されている。それゆえ彼は、同胞市民間の相互侵害を禁止するだけでなく、ある程度まで相互善行を命令する諸規則を規定してもよい。主権者が〔信仰の〕本質にかかわらない事柄……を命令するとき、彼に服従しないのは、非難されるべきであるだけでなく、処罰されるべきことになるのである。……しかしながら、立法者のあらゆる義務のうち、これはおそらく適正に思慮分別をもって執行するのに最大の慎重さと自制を必要とするもので、それを全面的に無視することは、国家を多くの大きな無秩序と不都合な犯罪行為にさらすことであり、それを押し進めすぎることは、あらゆる自由と安全と正義を破壊することである」（II. ii. 1. 8, M.127-8. 傍点引用者）。

ウィンチをはじめとする多くの論者は、ミュラーのように、この文章を根拠にして、スミスは政府の機能を『国富論』第五編で列挙した国防、正義（司法）、下部構造だけに限定していたのではなく、国家の繁栄増進のための道徳的規制をも認めていたとしているが[62]、上の原文は、傍点の示すように、世界の多くの国々の為政者が現実に上記のような権力を信託されており、道徳的規則をも制定しうる（is-may）ことを事実として指摘したものにすぎず、立法者がそうすることをスミスが期待し要請していることを示すものではない。反対に、上の原文の後段は、立法者たちが実際にそうした力能をもち、それを行使していることに対するスミスの批判的・否定的態度を明示したもので、上の原文をスミスの治政《ポリツァイ》主義の論拠とするのは、その前後の正義論の論理展開を無視した議論にすぎないといわねばならない。スミスが『感情論』初版で言及した政治学の主題は、自由＝作用⇩目的＝必然の自然法則に立脚する法の根本原理の確立による統治の現状批判を中心とするものにすぎず、スミスは、作用因の論理の欠陥是正を主題とする治政《ポリツァイ》ではなく、人間界における作用⇩目的の自然法則の貫徹を妨げる行政《ポリース》批判を政治学の主題にしていたのである。彼が『感情論』の巻末（VII. iv. 37, M.435）で「行政《ポリース》の法」と「正義の法」のちがいに言及し、「実定法」（行政の法）の原理たるべき「自然法学」（正義の法）の研究を次著の主題として宣言していたことも、彼の政治学の主題がまさしくこの点にあった次第を示すものに他ならないといえるであろう。『感情論』の論理の根幹をなす自由＝作用⇩目的のデザイン論は、法と政府の固有の役割を何ら排除するものではなく、デザインの貫徹保障のための制度的役割の発揮だけでなく、ときには、そのためのポリツァイをも否定するものではないが、自由＝作用⇩目的のデザイン（自然の体《シス》系《テム》）は、その貫徹を妨げるものさえ排除されれば自動的に実現されるので、それ以上のことは必要ないというのが、『感情論』初版の作用⇩目的の論理とそれに立脚する『国富論』の意図しない帰結の理論の根本原理をなすものであったことは明らかである。

『感情論』の交換的正義論がホッブズのそれと似て非なる性格をもっている事実も、こうしたスミス国家論の特色を確証する一つの手掛りとなるであろう。

『リヴァイアサン』その他の著作の中で展開されたホッブズの「交換的正義（Commutative Justice）」論は、周知のように、売買・賃貸借・貸借・交換・取引などの契約上の諸行為における「信約の履行」（契約遵守）を意味するものであった[63]。これに対し、スミスのそれは、既述のように、交換における正義の内実を他人の権利の「不侵害」に求めるものであった。このようなホッブズとスミスの交換的正義論は、いずれもアリストテレスの交換的正義論のように、交換される事物の実質価値の均等を要求し、その実現のための匡正的正義を意味するものではなく、「契約遵守」ないし「不侵害」のみを交換における正義の条件とするものであった。交換される事物の価値が均等かどうかは、交換当事者の自主的判断に任せればよいことで、交換された事物の実質的価値の均等をいちいち問題にしていたら、交換関係は却って混乱してしまうからである。そうした交易上の便宜の視点から構想された交換的正義論が、「商品交換法」としての近代市民法の根本原理をなしていることは、改めて指摘するまでもない周知の事実であるが、こうした近代的正義概念の最初の提唱者としてのホッブズのそれとスミスのそれとの間にはその前提に重大な差異がある次第が注意される要がある。

ホッブズの交換的正義論は、交換主体相互間の契約に伴う正義の一般諸規則の遵守―ホッブズのいう「契約者の正義（the Justice of a Contractor）」の確立を主題とするものであったが、彼は、商品交換主体が契約を遵守するだけではエクイティは保障されないと考えたため、社会全体の「配分的正義（Distributive Justice）」の実現を主題とする「調停者の正義（the Justice of an Arbitrator）」を正義論のもう一つの主題としていたのであった[64]。ホッブズが契約者（商品交換主体）は、信約さえ履行すれば、あとは利己心を自由に追求してよいとしていたのは、政治家や立法者が個々の市民に代って配分的正義実現のために積極的な役割を果たすことを明白に前提した論理であったのである。これに対し、スミスは、他人の権利侵害さえなければ、全体としてのエクイティはおのずからそれなりに実現されるから、調停者としての政府は、「契約者の正義」の具体的内実をなす交換における正義の「特定の内容」を「一般諸規則」として特定することによって、その実現を妨げる実定法や慣行を批判・除去しさえすればよく[65]、それ以上の積極的役割を果たす必要はないと考えたのである。スミスが『法学講義』の第一部の「正義」論に続く第二部の「行政」論で経済論を展開したのも、社会の全成員が交換的正義を遵守すれば、所有の重大な不平等にもかかわらず、全体としてのエクイティがおのずからそれなりに実現されるから、政府は、そうした経済世界の自然法則の実現を妨げる封建慣行や重商規制を除去しさえすればよく、それ以上の特別の行政を行う必要はない次第を論証するためであった[66]。『国富論』がこうした交換的正義論の配分的正義性論証を主題としたものであった次第は、ホントとイグナティエフが『富と徳』の巻頭論文で論証した通りである[67]。

このような正義論に立脚するスミスの国家論が、ホッブズやジェームズ・ステュアートのそれと本質的に性格を異にするのは当然である。スミスは、ホッブズやステュアートとちがって、すべての法学（正義論）の究極主題である配分的正義は、自然の原理に立脚する「自然的自由の体系」に従いさえすれば、為政者の手を煩わせずともおのずからそれなりに実現されると考えたため、国家論の主題を作用⇩目的のデザインの実現阻害条件の排除―そのための現状（人為的政策と慣行）批判と制度的枠組の維持のみに限定したのである。彼が『感情論』の第二部の正義論の中で、前にも引用したように、人間の理性の力で意図した目的を実現できると考えるのは、「本当は神の知恵であるものを人間の知恵であると想像する」（II. ii. 3. 5, M.136）ことに他ならないとしていたのは、こうしたスミスの正義論とそれに立脚する彼の国家論の根本思想を端的に表現したものに他ならないといえよう。

スミスの思想がシヴィック思想と決定的に異なる根拠もそこにある。最近のスミス研究ではスミスのシヴィック性を強調する論者が多いが[68]、スミスは、商業に懐疑的であったシヴィックとは逆に、商業の道徳性を認めているだけでなく、共同生活への参加に基づく徳性の実現を要請していたシヴィックとちがって、正義と便宜を強調し、個人の日常生活の改善による幸福実現を主題にしていることは周知の事実である。「意図と結果の乖離の強調」もシヴィックとちがうことは明らかである[69]。スミスが当時のスコットランド社会の当面していた「富と徳性」問題に対し、徳の論理で問題を解決しようとしていたシヴィックとは逆に、「市場社会の道徳性」を明らかにすることによって、ヒュームとともに経済の論理で問題を社会科学的に解決しようとしていたことは本書の第二部で詳説する通りである。自由＝作用⇩目的の自然法則の論証による「自然的自由の体系」の確立を主題としていたスミスは、シヴィック思想家とは基本的に異なる考え方をしていたのである。彼がホッブズ、ステュアート、ヒューム的な理性・計画・功利主義を否定していたのもそのためであったが、彼は同じ視点からシヴィック的倫理主義をも否定していたのである。スミスが『感情論』初版でも国家の機能・役割をそれとして承認しながら、ポリツァイに否定的・消極的な態度をとっていた所以はそこにあるといえよう。

スミスの経済学上の主著『国富論』は、以上のような『感情論』の倫理学の上に、その主題の継承ないし論理的帰結として展開されたものであるが、両者の間には当然のことながら著者自身の思想の微妙な深化・発展・変質がみられる。そうした『道徳感情論』（初版）と『国富論』との継承関係の微妙な動態を認識するために、次に、『感情論』第二版改訂のもつ意義を明らかにした上で、第二部で改めて、『国富論』の「自然的自由」の概念と、それに対応する『国富論』の倫理観と国家論を少しく具体的に検討してみることにしよう。

（1）『感情論』第一—三部が、神の設定した作用（手段）⇩目的の自然法則の貫徹を前提した上で、その人間界における妥当を保障するためのコンヴェンション論である次第は、第三—四章でみたように、偶然論や作用⇩目的論が第一部から繰り返しみられることからも傍証されるといえよう。

（2）効用理論は、自由＝作用⇩目的の論理の妥当性を認めずに、人為による目的実現を意図する理論であること、スミスが第四部で美の手段性を強調する形で効用理論を批判した上で、人間界における作用⇩目的の論理の欺瞞論的実現論を説いた所以もそこにある次第を重ねて指摘しておきたい。

（3）拙著『アダム・スミスの自然神学』後編、とくに第三章四参照。ロスも、スミスがヒュームの『自然宗教に関する対話』の出版を拒否した理由の一つをスミスが作用⇩目的のデザインを確信していた点に求めている（Cf. Ross, I. S.: *The Life of Adam Smith*, Oxford 1995, p.340）。「『国富論』においては、スミスは経験的に観察しうる作用因にのみ関心していた」として、スミスを実証主義的に解釈するビッターマンも、「倫理的著作においては、目的因への言及はほとんど不可避であった」（Bittermann, H.J.; Adam Smith's Empiricism and the Law of Nature, II, *Journal of Political Economy*, Vol. 48, 1940, p.720）次第を認めている。

（4）Heilbroner, R.L.: The socialization of the individual in Adam Smith, *History of Political Economy*, 14-3, 1982, p.434.（傍点引用者）、

（5）Cf. Muller, J.Z.: *Adam Smith in his Time & ours*, N.Y.1993, p.104.

（6）*Ibid.*, p.104.

（7）拙著、前掲書、九八―一〇二ページ参照。

（8）この ill-desert の感覚は、一〇〇％〝世間〟前提論で、世間の是認・称賛愛⇩徳性論とならんで、初版の論理が世間を基準に展開されていた次第を示すものといえよう。スミスは、初版では世間で認められないことから生まれる ill desert や blame-worthy の感覚が良心の起源をなすとしていたのであるが、ケイムズの ill desert 論も、たんなる世論＝称賛愛論ではなく、世論⇩ ill desert⇩良心（praise-worthy）論を含んでいることに注意されたい。拙著、前掲書、一一一―一三ページ参照。

（9）Heilbroner, *op.cit.*, p.431. Cf. Skinner, A.S.: Adam Smith: ethics and self-love, in *Adam Smith Reviewed*, ed. by P. Jones & A. S. Skinner, Edinburgh 1992, pp.153-4.

（10）この final causes を「究極原因」と訳すと、感情の摂理性の問題がみえなくなってしまうことに注意されたい。

（11）Muller, *op.cit.*, p.107.

（12）*Ibid.*, p.104.

（13）拙著、前掲書、一〇二ページ参照。

（14）Cf. Werhane, P.H.: *Adam Smith and his Legacy for Modern Capitalism*, p.51. ビッターマンも、「『道徳感情論』では、自然は、人間の情念の最初の原因として現われるが、二番目には、これらの情念が神の究極目的である社会の福祉に向かって働くと仮定されている意味において目的因として現われる」（Bittermann, *op.cit.*, p.720）次第を認めている。なお、キャンベルも、スミスの社会科学の背後には、メタ原理として功利主義的目的論（神学的功利主義）が存在することを認めている（Cf. Campbell, T.D.: *Adam Smith's Science of Morals*, Ch.10, esp., p.219.）が、スミスにおける功利の原理は、共感原理に基づく作用因の活動を通しておのずから実現される究極目的として想定されたものに他ならない。スミスがそうした形で功利を人間界の究極目的として設定していることから、一部の研究者のように、スミスが功利（効用判断）を同感とならぶ個々人の行為や道徳判断原理の一つとしていたと考えるのは、スミス思想の根幹をなす作用因の論理と目的因との関係を混同した解釈で、功利の原理を自らの体系の支柱とすることには、スミスは一貫して消極的であったことに注意されたい。

（15） Haakonssen,K.: *The Science of a Legislator*, p.77.（傍点引用者）。なお、スミスは、「天文学史」でも、「科学」を想像力を満足させるためのフィクション的「仮説」としてとらえながらも、終りの方では世界の「実際の結合原理」（real connecting chains）の発見可能性を認めていたことに注意されたい。Cf. Hetherington, N.S.: Issac Newton's Influence on Adam Smith's Natural Laws in Economics, *Journal of the History of Ideas*, 44-4, 1983, pp.502, 504.

（16） Brown, M.: *Adam Smith's Economics*, p.127.

（17） *Ibid*., p.120.

（18） Werhane, *op.cit*., p.102.

（19） Brown, *op.cit*., p.135.

（20） Blaug, M.: *Economic Theory in Retrospect*, London 1962, pp.55, 58. 久保芳和・真実一男訳『経済理論の歴史』上（東洋経済）七六、七九ページ。

（21） Macfie, A.L.: *The Individual in Society*, London 1967, p.101.

（22） Cf. Werhane, *op.cit*., pp.21, 103-105.

（23） Kittsteiner, H-D.: Ethik und Teleologie: Das Problem der "unsichtbaren Hand" bei Adam Smith, *Markt, Staat und Solidarität bei Adam Smith*, Hg. F-X.Kaufmann u. H-G.Krüsselberg, Frankfurt/New York 1984, SS.42-43.

（24） 拙著、前掲書、とくに四一—二、二二五、二三〇、二六三ページ参照。

（25） スミスが自由競争の最適化機能を十分に説明しているときに、必然性もないのに見えない手を使ったことも、彼の「見えない手」の構想が、キットシュタイナーのいうように、市場の最適化機能や市場メカニズム以上のものを含意していたためであるといえよう。Cf. Kittsteiner, *a.a.O*. SS.42-43.

(26) Dwyer, J.: Virtue and improvement : the civic world of Adam Smith, in *Adam Smith Reviewed*, p.201.

(27) 『感情論』における感情の摂理論、それに対応する『国富論』の経済分析は、ケイムズ的な偶然・自由⇃⇂必然論に立脚しており、その基軸をなす偶然論が『感情論』の一つの基調をなしている次第を想起されたい。スミスは、偶然・自由＝作用⇃⇂目的＝必然論をベースにしていたため、第二部第一章でふれるように、ケネー的な「完全自由」論を否定しただけでなく、それは必要ないということができたのではないであろうか。

(28) Viner, J.: *The Role of Providence in the Social Order*, Princeton 1972, p.81.

(29) こうした見方は、私見ほど論理的にではないが、序章でもふれたように、イヴンスキーその他、何人かの研究者によって基本的に承認されている点であるといってよいであろう。

(30) Heilbroner, *op.cit.*, p.429.（傍点引用者）

(31) 「人間本性の普遍性と自然的秩序に関する彼の見解が、しばしば彼の道徳心理学のせいにされる遡及的相対主義の邪魔をしている」（Werhane, *op.cit.*, p.52）といわれるのは、そのためであるといえよう。

(32) ディッキーは、スミスが初版では神への責任の前に仲間に対する責任を強調する「社会化原理」論としての是認論を展開していたのに、六版でそれと異なる Praise-worthy 論を展開したのは、プロテスタント的神学思想が六版に導入されたためであるとしているが（Cf. Dickey, L.: Historicizing the "Adam Smith Problem": Conceptual.Historiographical and Texual Issues, *Journal of Modern History*, 58-3, 1986, pp.601-606）、スミスは六版になってはじめて社会化原理と異なる神学的原理を導入したのではない。ディッキーの議論は、自然神学講義以来のスミス思想の自然神学的枠組に関する無知に基づくものといえよう。

(33) Kleer, R.A.: Final Causes in Adam Smith's Theory of Moral Sentiments, *Journal of the History of Philosophy*, 33-2, 1995, p.281.

(34) Campbell, T.D.: *Adam Smith's Science of Morals*, London 1971, p.61.

(35) *Ibid.*, p.61. Cf. Bittermann, *op.cit.*, II, p.722.

(36) クレアは、「スミスの道徳理論プロパーでは目的論が何ら実質的役割を果していない」次第を承認しながら、「スミスの道徳理論プロパーは、『道徳感情論』の唯一のでも、主要な焦点でさえもなく、第一部から第三部にかけての後続の編や章の各所では、書物の残余の部全体の他の場所におけると同様に、全く別の主題が支配している」（Kleer, *op.cit.*, p.281）とすることによって、目的因を否定する通説を批判している。彼は、その具体例として、「諸個人を無意識的に仁愛的な帰結を伴う行為を追求するようにさせる」（*Ibid.*, p.281）「自然の構造」の仁愛性や、偶然や不規則性に媒介される「自然の狡知」（*Ibid.*, p.288）などをあげているが、こうした自然観の展開は、『感情論』の「厳密な意味での道徳理論」とは別の主題というより、第三章で論証したように、『感情論』の道徳理論そのものの基本的構成要素をなしているといえよう。

（37）　こうした見解の簡明な紹介としては、Cf. Raphael,D.D.: Adam Smith: Philosophy, Science and Social Science, in *Philosophers of the Enlightenment*, ed. S. C. Brown, pp.77-93, esp., p.93. なお「天文学史」科学論に関する著者の見解については、拙著、前掲書二〇二―六ページを参照いただければ幸いである。

（38）　Cf. Bittermann : Adam Smith's Empiricism and the Law of Nature, I, pp.494-507. Thomson,H.F.: Adam Smith's Philosophy of Science, *Quarterly Journal of Economics*, 79, 1965, pp.213-233. Skinner,A.S.: Adam Smith : Philosophy and Science, *Scottish Journal of Political Economy*, 29-3, pp.307-319. Raphael, *op.cit.*, pp.77-93.etc.

（39）　スミスが「天文学史」の中で、「体系は、すでに現実に遂行されている種々の運動や効果を空想の中で結合するために創案された想像上の機械である」（EPS, 66, M.51. 傍点引用者）としていることも、この事実を確証するものといえよう。こうした「天文学史」の科学認識論と『感情論』の方法との異同についての本格的な考察は、もとより本書の対象外であるが、ニュートンも、只腰親和のいうように、「神の摂理、目的因の存在を明示的に前提」した上で、「重力による天体現象の数学的、因果的な説明」（只腰親和『「天文学史」とアダム・スミスの道徳哲学』一七〇ページ）を主題にしていたとすれば、両者の間に本質的な差異はないといえるであろう。

（40）　Cf. Oswald, D.J.: Metaphysical Beliefs and the Foundations of Smithian Political Economy, *History of Political Economy*, 27-3, 1995, pp.453-462, 468.

（41）　ビッターマンは、(イ)「スミスは、いろいろな場所で目的因と作用因の区別の重要性を強調しているが、しかし彼はどこでも両者の関係に関して自分の考えをのべていない。彼は多分自分自身でもあまりはっきりしていなかったのであり、この問題に関する彼の叙述が混乱していることは確かである」（Bittermann: Adam Smith's Empiricism and the Law of Nature, II, pp.722-723）とし、さらに上の第一センテンスに対する注記では、(ロ)「古代論理学と古代形而上学に関する論考、ならびに物理学史と天文学史は、この問題には何の光も与えない」（*Ibid.*, p.723 Note）とのべている。彼はまた次の節では、(ハ)「目的因と作用因の区別が、自然神学では彼自身のそれとほとんどちがわないストアに対する彼の不同意の根底にあるように思われる」（*Ibid.*, p.723）とものべている。これらの言葉は、いずれも極めて的確で重要な指摘で、(ロ)は、上述の本文で批判した「天文学史」を中心とするスミスの科学論と『感情論』の論理を同一視する支配的な見解の批判に通じ（ビッターマン自身は、その点全く意識していないが）、(ハ)は、本書の第二・第三部で批判の対象にするスミス＝ストア説批判の根本原理をなす点であるといえよう。こうしたスミスにおける目的因と作用因の問題のもつ意味が正しく評価されてこなかったのは、(イ)の文章の示すように、スミス自身が曖昧であったためであるといえるであろうが、既述のように、スミスがケイムズ神学の論理に従って、目的因（神の設定した必然法則）の支配を形而上学的に前提した上で、それがみえないことから、自由に主体的に判断する道徳感情に基づく作用因の活動が、手段⇄目的の自然法則に媒介されて目的因《デザイン》の実現につながると考えれば、両者の関係を統一的に解しうるであろう。

(42) Brown, M., *op.cit.*, p.136. ホーコンセンやブラウンらは、神学＝目的論と社会理論＝作用因論とを対立的にとらえるため、目的論＝神学を否定する論理を展開せざるをえなかったのであるが、目的因論＝神学と地上の論理⇄経験科学との結合の論理としての見えない必然法則の支配の論理＝それに対応する作用⇄目的の動態を否定したら、作用因の論理自体が成り立たないことに注意されたい。

(43) Macfie, *op.cit.*, p.109.（傍点引用者）。Cf. Kleer, *op.cit.*, pp.282, 300. Oswald, *op.cit.*, pp.461, 468.

(44) Cf. Winch, D.: Adam Smith als politischer Theoretiker, in *Markt, Staat und Solidarität bei Adam Smith*, Hg.von F-X.Kaufmann u. H-G.Krüsselberg, Frankfurt 1984, S.102. 六版の論理の神学性を強調するディッキーも、スミスの中に、「社会化原理」としての是認概念と、「倫理・神学的原理」に立脚する是認概念があるとする二元論をとっているといえよう。Cf. Dickey,

op.cit., p.603.

（45） モリス・ブラウンも、「人間中心的な作用因に立脚する人間制度の詳細な説明を提供しながら、同時に、超越的な自然的正義の体系を容認することは、可能であるけれども、それはとどのつまり不安定な並置にすぎない」（Brown, M., *op.cit.*, p.138）としているが、これはスミスにおける科学と神学の結合原理を知らぬための解釈といえよう。

（46） Stewart-Robertson, J.C. & Norton, D.F.: Thomas Reid on Adam Smith's Theory of Morals, *Journal of History of Ideas*, 41-3, 1980, p.318.

（47） Heilbroner, R.L.: The socialization of the individual in Adam Smith, p.429. Cf. Brown, M., *op.cit.*, p.128. Dickey, L.: Historicizing the "Adam Smith Problem", p.603.

（48） Heilbroner, *op.cit.*, p.434.

（49） Muller, *op.cit.*, p.104.

（50） *Ibid.*, p.59.

（51） 拙著『アダム・スミスの自然神学』総論、三、七節参照。プーフェンドルフとの関係でいえば、スミスの主題は、法は外面にのみかかわるとして、正義論から良心論を除外することによって、信仰個条の如何にかかわらぬ普遍的な交通倫理の確立を意図していたプーフェンドルフの主題を継承しながら、その限界を超えて、共同生活のためのコンヴェンションを自主的に遵守する主体の内面倫理を信仰とは別の次元で確立する点にあったといえよう。

（52） Muller, *op.cit.*, p.114.

（53） Cf. Elsner, W.: Adam Smith's Model of the Origins and Emergence of Institutions:The modern findings of the Classical approach, ASCA, VI. p.337.　Muller, *op.cit.*, pp.113-116.

（54） Elsner, *op.cit.*, p.351.

（55） Muller, *op.cit.*, p.153.

（56） マンデヴィルの制度化論については、Cf. Rosenberg, N.: Mandeville and Laissez-faire, *Journal of the History of Ideas*, 24-2.

1963. pp.183-196.

（57）Cf. Elsner, *op.cit.*, p.337, Muller, *op.cit.*, p.105.

（58）観察者の同感視点や、のちに第二部第一章で論及する交換性向化による説得・支配性向の誘導論と、制度化誘導論との微妙な差異に注意されたい。後者は、制度の創出を有徳化の条件にしているのに対し、前者は、制度化をとくに前提せずに、自然の原理そのもののうちに自然の揚棄の論理を求めている点で、後者とはレヴェルを異にしているといえよう。

（59）制度化誘導論は、スミスが『感情論』で論証しようとした作用因の論理に基づく情念の自己規制論と通じる発想ではあるが、スミスをその系譜に含めると、スミスとマンデヴィルやヒュームとの差異がみえなくなってしまうのではないであろうか。

（60）Muller, *op.cit.*, p.54.

（61）Cf. Winch.D.: *Adam Smith's Politics*, Cambridge 1978.（永井義雄・近藤加代子訳『アダム・スミスの政治学』）、Haakonssen, K.: *The Science of a Legislator* etc.

（62）Cf. Muller, *op.cit.*, p.148.

（63）Cf. Hobbes, T.: *Leviathan*, Rep. ed. from the edition of 1651, Oxford 1909, pp.110-115.

（64）*Ibid.*, pp.115-116.

（65）『法学講義』「正義」論の主題がこの点にあった次第については、拙著『アダム・スミスの自然法学』三〇〇―一、三〇八―三一一ページ参照。

（66）拙稿「治政論の出自と分業論の成立」一橋大学『社会学研究』23号、一九八五年参照。

（67）Cf. Hont, I. & Ignatieff, M.: Needs and Justice in the *Wealth of Nations*: an introductory essay, in *Wealth & Virtue*, ed. by I. Hont & M. Ignatieff, Cambridge 1983, pp.1-44.

（68）最も代表的な文献としては、Winch, D., *op.cit.* Phillipson, N.: Adam Smith as civic moralist, in *Wealth and Virtue*. Dwyer, J.:Virtue and Improvemeht : the civic world of Adam Smith, in *Adam Smith Reviewed*. Evensky, J.: Ethics and the Classical Liberal

Tradition in Economics, *History of Political Economy*, 24-1, 1992などがあげられる。イヴンスキーは、デザイン論からシヴィクへの転向論である点、他の論者のシヴィク説と異なる特色をもつので挙げたものである。

（69） Cf. Muller, *op.cit.*, pp. 63-64, 70-73. ミュラーは、こうしたスミス思想の本質的な反シヴィク性をはっきりと承認しながらも、有徳者が公共善に関心をもつべきだということだけはシヴィク伝統から学んだとしている。彼がスミスにおける「社会科学の目的は、立法者が人々の動機を社会的に慈恵的な目的に誘導する諸制度を維持・改良・設計するのを助ける点にある」（*Ibid.*, p.85）というのも、こうした考え方に基づくものに他ならないが、こうした人間の理性の力による理想制度の設計思想は、ヒュームのそれであったとしても、スミスの主題ではないことは明らかである。スミスが『感情論』の論理の根幹に置いた自由＝作用⇩目的のデザイン論は、理性・計画・効用主義とは根本的に異なるからである。

（初出　神奈川大学『商経論叢』二九―三号　一九九四年）

補論　『道徳感情論』第二版改訂の主題

一　従来の通説

スミスの『道徳感情論』第二版改訂に関する従来の通説では、スミスが二版の第三部第二章で行った大幅な増補・改訂は、第六版第三部の良心論につながる良心論を展開した点に最大の特色をもつものとされている(1)。たとえば、その代表的な見解として、グラスゴウ全集版『感情論』の編者たち（マクフィーとラファエル）は、その「序説」、ならびにそれに先立つ著作で、次のような解釈を展開している。

「スミスは、二版と六版で『道徳感情論』に実質的な諸変更を行った。これらの変更の最も重要な特徴は、公平な観察者概念の発展である」。「アダム・スミスの公平な観察者の独創性は、良心の源泉と本性を説明するようにその観念を発展させた点にある」。「二版は一六の新節を加えているが、これらは、良心の発生的説明を提供するための公平な観察者理論の重大な発展を含んでいる」。「スミスは、二版の改訂で想像上の公平な観察者（the imagined impartial spectator）が、どのようにして無知や見通しのゆがみのために誤導されがちな実際の観察者たちよりも、より客観的な意見に到達しうるかを示した(2)」。「彼は、二版では、想像力をより多く信頼する一方、社会への信頼を弱め(3)」、「想像力がこれらの〔上述のような〕制限から観察者を自由にする」[4]と考えることによって、観察者概念を発展させたのである。そうした視点がより明確に展開されているのが六版である。六版では良心の法廷の世論のそれからの完全な独立性が承認されるに至っていることは明白である。

以上のような編者たちの見解は、今日ではほぼ定説化しているが、ドワイヤーも、編者の一人であるラファエルの見解に依拠する形で、「スミスが一七六一年の二版までにすでに姿勢を変えはじめ、穏健な事情に通じた世論に全面的に立脚する倫理から、個人の内面良心の卓越を強調する道徳律へ漸次移動しはじめた」[5]次第を強調している。

こうした見解が、いずれも二版に、六版で本格的に展開された良心論の原型ないし出発点を求める解釈に基づいていることは明らかである。これまでのスミス研究において、初版の論理と二―六版の良心論とを対比的にとらえる、初版対二＝六版（連続）説がほぼ支配的な潮流になっていた根拠はここにあるといえよう。しかし、スミスは、果たしてグラスゴウ全集版の編者たちのいうように、二版で「『感情論』に実質的な変更」を行い、「公平な観察者概念を発展させた」のであろうか。編者たちによれば、スミスは、上述のような形で二版で観察者概念を発展させることによって良心論を展開したとされているが、①スミスが二版で良心の絶対性を基礎付けたのは、観察者概念（の精密化）によるものかどうか。②スミスはそもそも、二版で編者たちのいうような観察者概念の精密化を行っていたのかどうか。③観察者概念それ自体は、良心の絶対性を基礎付けうるものかどうか。④二版の良心論と六版のそれとは、性格を同じくするものかどうか[6]。これらの論点は、これまで必ずしも明らかにされないままに止まっているが、『感情論』二版改訂の主題を明確にするためにはかなり本質的な問題点といわねばならない。

こうした疑問に関連して注目される一つの潮流の変化は、上述のような二＝六版実質変更説を主張していたラファエル自身が、近著で、二版の「改訂は、スミスが初版で陳述していた見解を修正するというより明確化する」[7]ものであるとしている点である。このラファエルの新見解は、二版改訂が初版の「実質的変更」ではなく、「明確化」にすぎない次第を承認したものと考えられるが、ラファエル自身は、「明確化」の意味・内容について一切言及していないので、彼の新見解がこれまでの見解の放棄を意味するのか否か、でないとすれば、これまでの「実質的変更」・「発展」説とどうつながるのか、読者には不明であるといわざるをえない。ラファエルは、ディッキーの批判に直面して[8]、おそらくこうした曖昧な形で自説の軌道修正を図ろうとしたのではないかと推測されるが、二版の意義は、私見によれば、初版では必ずしも明確にされていなかった『感情論』の神学的前提を明文化することによって、初版の論理を補強した点にあると考えられるので、初版の論理の前提・本質と、一―二―六版の良心論の差異を明らかにする狙いを込めて、第三部の義務論分析の一環として、『感情論』二版改訂の意義を初版との対比において解明することにしたい。

二　改訂の経緯と初版の基本構成

第三部第二章の改訂・増補は、一七五九年一〇月一〇日付のスミスのエリオット宛手紙（Correspondence, 40）[9]の示すように、エリオットの批判に対する解答として書かれたものであった。スミスは、その手紙の中でエリオットに対し、エリオットの批判の対象となった初版の第三部第二編について、「第三部第二編の最初の複数節〔一―二節〕を読んでから次の三つの節〔三―五節〕を飛ばして、六―七節を不幸にしてという単語ではじまる二六〇ページの末尾の節まで読み、その節〔第八節〕の代わりに、別の包の郵便で受け取る第二の追加分を挿入してほしい[10]」とのべている。この第二の追加・改訂原稿は、二版の第三部第二章五―一七節（2 ed. 202-211）と、ストア批判にからむ第二章二二―二三節（2ed. 217-219）の中核部分からなるものであったと推測されている。[11] 二版の増補・改訂の主要部分は、五九年一〇月一〇日までの時点で、エリオットの批判に対する解答として書かれたものであったのであるが、六一年に刊行された二版では、上の諸節の他にさらに有名な支那地震論が展開されている第三部第二章一八節（2ed. 211）以下、二三節（2ed. 219）までが追加・挿入されている。[12] その他、五九年訂正原稿をそのまま収録した五―一七節についても、細部の手直しがなされている個所があることはいうまでもない。しかし、一八節以下の追加は、内容的には五―一七節の基本思想を敷衍・補足したものにすぎないので、二版改稿の基本思想は、五九年一〇月段階にはすでに確立されていたといってよいであろう。

こうした改訂の経緯、とりわけ、その主要部分の執筆時期は、二版の基本性格を理解する上で大きなポイントになるが、以上の事実を踏まえた上で、次に、一―二版の論理を対比的に分析してみることにしよう。

第三部第二章の「われわれ自身の判断がどうして本来他の人々の判断であるべきものに依拠するのか、ならびに、一般諸規則の起源について」という表題は、「編」が「章」に変っている点を除けば、一―二版とも全く同じである。[13] 観察者の同感論をベースに、社会が個人の顔や心の美醜の鏡であるとする本文の第一―二節（1ed. 253-6）も、そのまま二版に収録されている。しかし、初版では、次の第三節（1ed. 256）で有徳な性格の根拠（徳性の本質）を他人の感情に求める議論が展開されたのち、そのあとの第四節（1ed. 257）で二版とは逆に、「われわれ自身を、行為者としてではなく、われわれ自身の性格や行為の観察者と想像し」（1ed. 257, M.183）、他人をみる目で自己をみよという、二版の第五節の自己の二分割論と同じ思想が展開されている。その上で、次の第五節（1ed. 257-8）では道徳的存在としての人間の神と仲間に対する責任が語られている。

以上のような第五節までの論理のうち、第三節がスミスのいう「良心」は「社会的態度の反映」にすぎぬのではないかという誤解の源になったことは、ラファエルの指摘の通りであるが[14]、スミスは初版でも決して良心と世論を同一視していた訳ではない。上の第四節の論理は、二版第五節の有名な自己の二分割論と実質的には全く同じであるだけ[15]でなく、後述の六—七節（1ed. 258-260）では、他人の目で自分をみて、自分の姿に満足できれば、他人の悪口雑言にも平気で耐えられるという、他人の称賛・非難や世間の評判と異なる「自己満足」論が展開されているからである[16]。この第六節では、「鏡の前に自分を置いて」、「他人の目で自分をみる」（1ed. 258, M.184）とき、どう感じるかという、顔や心の美醜論が改めて展開され、他人を意識することから逆に「他人の目でわれわれ自身の行為の適宜性を吟味する」（1ed. 260, M.185）公平な観察者視点が自己の内部に確立される次第が強調されている。第七節は、その点を道徳判断の場合について明らかにしたものに他ならないが、二版では、第二節の社会=鏡論から直接この六—七節の美醜論に移り、前述の初版の三—五節は二版ではその後の五—七節に廻されるという構成になっている。この配列の方が、論理的にすっきりしているといえよう。

初版では、以上の六—七節に続く第八節（1ed. 260-1）で、この「道徳的鏡（moral looking glass）」の欺瞞性が指摘され、第九節（1ed. 261）以下の「公平な観察者」の確立を妨げる条件の考察に入っている。一〇—一二節（1ed. 261-5）では、公平な観察者の確立を妨げる道徳的鏡の欺瞞性を生む原因として、情念の激しさから生まれる人間の度しがたい自己偏愛性《パーシャリティ》が強調され、「この自己欺瞞（self-deceit）、この人類の根本的弱さが[17]、人間生活の無秩序の過半の源泉である」（1ed. 264, M.188）とされることによって、一四節（1ed. 265）以下のパーシャリティの克服原理論としての一般規則論に入っている。

一四—一九節（1ed. 265-272）の「一般諸規則」論では、一般規則の根拠が、人間の「弱さ」と「自己愛の欺瞞性」に求められている。その上で、その克服原理として、一般規則が「個別の場合における私たちの道徳能力、メリットと適宜性に関する私たちの自然的感覚が是認したり否認したりするものについての経験に究極的に基づく」（1ed. 266, M.189）ものとして、自然的に形成される次第が力説されている。スミスの一般規則論の特色は、こうした一般規則の経験的形成の視点から、既成の一般規則の超越的適用・解釈論が批判されている点にあるが、以上のような初版の第三部第二編の構成は、第三部の三―四編が一般規則論の展開である事実と合わせて、初版の第三部が良心論というより、「一般規則」論の構築を主題としたものであった次第を示しているといえるであろう。

三　第二版の構成

こうした初版の第三部第二編の構成に対して、二版では、上述のような道徳的鏡の欺瞞論から、[18]その抑制原理としての一般規則論に移る前に、上の美醜論（初版、六―七節。二版、三―四節）に続く第五節（2ed. 202）で初版第四節の思想を明確化した自己の二分割論が展開され、その後の第六節（2ed. 202-3）に、初版の第三節の有徳な性格の根拠を他人の感情に求める議論が収録されている。この事実は、スミスがエリオットの批判にもかかわらず、徳性の本質（本性）を関係＝適宜性に求める自らの思想の正しさを確信していたことを示すが、[19]次の第七節（2ed. 203）では、初版の第五節の道徳的存在としての人間の神と仲間とに対する責任論がそのまま展開されている。

この神と仲間に対する責任論では、「人間が主として神に対して責任をもつことは疑いないけれども、時間的な順序では、彼が神について、あるいは、神聖な存在が彼の行為について審判する規則について何らかの観念を形成しうるようになる前に、彼は必然的に彼自身を自分の仲間に対して責任があるものと考えるにちがいない」（1ed. 257-8, 2ed. 203, M.183-4）という議論が展開されている。スミスは、その根拠に子供の例をあげているが、彼はこうした形で人間の同胞に対する責任が神に対する責任に先行する次第を強調することによって、人間の神に対する責任（神の審判）をはっきり前提しながらも、初版ではそれについては論ずることなしに、六―七節の美醜⇒道徳判断論からはじまる仲間への責任論に直行している。[20]

こうした初版の論理展開の順序には、神法の支配を前提しながらも、もっぱら「地上の正義」の原理をそれとして解き明かそうとする『感情論』の本来の問題意識がはっきり示されているが、二版ではこの道徳的存在の責任論に続く第八節（2ed. 203-4）で、初版では展開されていなかった仲間に対する責任の神学的根拠が問題にされている。彼はそこで次のような論理を展開している。

「この世界の偉大な裁判官は、最も賢明な理由から、人間理性の弱い目と神の永遠の正義の王座との間に、かの偉大な裁判官の法廷を人類の目から完全に覆い隠しはしないものの、その印象を……ぼんやりした弱いものにするある程度の曖昧さと暗さを介在させておくのが適当だと考えたのである。全能者が彼の意志に従ったり背いたりする人々のために用意した無限の報償と刑罰が、私たちがお互いに期待できるつまらぬ一時的な関係を予見するのと同じようにはっきり認知されるとしたら、人間はその本性の弱さのため、その理解力にあまりにもわずかしか適合しない対象の巨大さに驚愕して、この世の小さな出来事に精を出すことができなくなるであろうし、また、かりにこの点について、摂理の意図がこれまでにすでになされているよりも詳しく啓示されていたとしたら、社会の業務が営み続けられることは絶対にありえなかったであろうからである。しかし、人間は、彼らの行為を規制する規則なしでいたり、その遵守を権威をもって強制する裁判官なしでいられることは決してないので、自然の創り主は、人間を人類の直接の裁判官とし、他の多くの点におけると同様この点においても、彼を彼自身の姿に似せて作り、彼〔人間〕を彼の兄弟の行動を監督する地上における彼〔神〕の代理人に任命したのである」

（2ed. 203-4, M.195-6）。

スミスは、このように①人間が神の永遠の正義と神の無限の賞罰の下にある次第をはっきりと前提した上で、②この「偉大な法廷」が人間にはみえず、③みえると、仕事をしなくなってしまうため、④神の法がみえないままに自由に活動する人間の行動を自ら規律させるために、⑤神は人間を神に代って仲間の行動を監督する地上の裁判官にしたのであると考えたのである。このスミスの論理は、神の永遠の正義を前提しながら、それがみえない―みえると、人間は何もしなくなってしまうことから、神が人間自身に神の法がみえないままに自分は自由だと信じて行動する仲間の行動を神に代って監督するように命じた点に、地上の正義の根拠を求めるものに他ならないといえるであろう。彼がこのように地上の正義の神学的根拠を神の永遠の正義が人間にはみえない点に求めていたことは、『感情論』の正義論がケイムズ同様、当時のスコットランドの長老派カルヴァン主義神学を前提していたことを窺わせるが、[21]こうした神学観は、一般にいわれるように、エリオットの批判に直面したために二版ではじめて導入されたものではない。スミスは、初版でもはっきりと「神の正義」の支配と自然法則の貫徹を前提しながら、それがみえないため、作用⇓目的の自然法則を逸脱してさまざまな罪を犯す人間が正義を要求しうるのは、人格神の贖罪のお陰である次第を明らかにした上で、神に赦された人間が神と仲間に対する責任を果たすための地上の正義論の構築を主題にしていたからである。スミスが『感情論』第二部第二編第三章の末尾の贖罪節で、「神の正義」（神の審判）に値しない人間を正義の担い手たらしめるための贖罪をはっきりと承認した上で、それに続く第三部で、道徳的存在としての人間の神と仲間に対する責任を果たすための地上の道徳論を展開した所以はそこにある。[22]

スミスは、エリオットの批判を契機に、図らずも初版では暗黙に前提していた『感情論』の論理の神学的仮定を明確化することとなったのである。しかし、スミスが二版の第三部第二章第八節で自らの理論の神学的前提を明らかにした意図は、この点にあったのではない。二版の主題は、いうまでもなく、こうした形で地上の正義の神学的基礎を明確にすることを通して、逆に、地上の正義が神の審判に反する場合には神の正義に控訴しうる次第を明らかにした点にある。彼が次の第九節（2ed. 205）で、「下級の法廷」に対する「上級の法廷」論を展開し、地上の正義（下級の法廷の判決）が自然の原理に反するときには、人間は「この弱く片寄った判断の不正義を矯正するため、彼ら自身の胸中に確立された法廷である上級の法廷に頼りうる」（2ed. 205, M.196）としているのが、その何よりの証左である。彼は、地上の正義が仲間の行動を監督するため神によって委託されたものにすぎない次第を明らかにした上で、「私たち自身の胸中の内なる法廷」としての「良心」の声が天なる「神の声」の反映であることを根拠に(23)、世論に対する良心の優位を基礎付けることを二版の主題としていたのである。スミスは、地上の正義がもともと作用因（神の目的期成因）としての人間相互間の問題を処理するために「神の代理人」としての人間に委任されたものにすぎないため、その決定が「神の声」の反映である「良心の声」に反するときには、胸中の上級の法廷にアピールしうるとしたのである。彼が第一一節（2ed. 206）で、「私たち自身の良心が私たちを非難するとき、全世界の称賛もほとんど役に立たず、逆に、私たちが私たち自身の胸中の内なる法廷によって無罪をいい渡され、人類が間違っていると私たち自身の心が告げるとき、全人類の否認も、私たちを抑圧することができない」（2ed. 206, M.197）とした根拠はそこにある。彼が一三節（2ed. 207-8）で、そのような「胸中の法廷」の主体である「公平な観察者」の立場に立てば、「世間の判断がどうであろうと、私たちは私たち自身の行動に依然として満足し、仲間の非難にもかかわらず、私たち自身を是認の正しい妥当な対象とみなすにちがいない」（2ed. 208, M.198）としていたのも、同じ原理に基づくものに他ならない。スミスは、「胸中の住人」と「公平な観察者」を同一視することによって、「私たちの行為を私たちが他の人々のそれをみる場合と同じ無関心さをもってみる公平な観察者」（2ed. 208, M.198）のうちに良心の対自的表現を見出す一方、「胸中の法廷」＝良心が「神の声」の反映であることを根拠に世論に対する良心の優位を論証したのである。スミスは、地上の倫理の神学的根拠を明確化することによって、エリオットの批判に返答したのであるが、二版ではこうした形で良心が世論に優越する次第が神学的に基礎付けられているだけで、初版と原理的に異なる良心論が展開されている訳ではなく、世論と良心との対立・矛盾に悩むカラスの苦悩もみられない。逆に、上述の引用文の示すように、公平な観察者の立場に立てば、世間の非難にも平気で耐えられるとされている。このような二版の良心論が、六版のそれと多分に性格を異にすることは明らかであるといえよう。[24]

第一二節（2ed. 206）以下では、「この胸中の法廷」の起源は、あくまで世間であるとして、世論を超える「内なる人」が人―人関係の中から形成される次第が力説されている。[25] スミスは、その証明としての一二―一四節（2ed. 207-9）で、私たちが「われわれ自身と、われわれと一緒に生きる人々との間の裁判官をわれわれ自身の心の中に設定し」（2ed. 207, M.198）、公平な観察者の目で自分自身をみることを学ぶことから、世間の判断がどうあろうと、自らの行動に満足し、仲間の非難にもかかわらず、自らを是認の対象とする「内なる人、内なる裁判官」が形成されるとともに、この内なる人の判断が仲間の是認や声高の称賛を超える次第を強調している。スミスがこうした「内なる人」の原理とした「観察者」概念それ自体は、人―人関係における「第三者」の立場の論理の表現にすぎず、従って、その判断も相対性を免れぬが、こうした人―人関係を通して形成される対自的自己認識の帰結としての内なる人、内なる観察者の判断は、外なる観察者とちがって、「第三者」の立場の社会的表現としての世論や下級の法廷の決定を超える契機をもちうると考えられたのである。スミスはその理由を、内なる観察者が現実の観察者よりも公平（非党派的）な立場に立ちうる点に求めているが、「内なる人」がインパーシャリティの客観的表現である外なる「第三者」よりもより非党派的な立場に立ちうる根拠は、二版ではこの「内なる人」、「胸中の同居者」が普通の人間と異なる「抽象的人間、人類の代表、自然が彼らのすべての行為の至上の裁判官として作った神の代理人」（2ed. 208, M.198）である点に求められている。彼が「内なる人」、「内なる裁判官」を「胸中の同居者、抽象的人間、人類の代表、神の代理人」と並列しているのがその何よりの証左であるが、この並置は六版とはかなり異なることが注目される。

スミスは六版では、第三部第二章第三二節の叙述の示すように、良心と想像上の観察者と胸中の人の三者（だけ）を同列にならべた上で、「内なる人の司法権」が「外なる人」のそれに優越する根拠を、前者が「称賛」ではなく、「称賛に値すること（praise-worthiness）」を求めて行動する点に見出している。この六版の思想は、スミスが六版になって柘植尚則の指摘するように[26]、一―二版では必ずしも明白に概念化されていなかった「内なる観察者」と「称賛に値すること」との関連を明確化した良心論を新たに展開することによって、世論に対する内なる人の優越性を論証しようとしたことを示しているといえるであろう。スミスは、六版で内なる人が外なる世論に優越する根拠を praise-worthiness に求めることによって、後者に対する前者の優越を論証したのであるが、この事実は逆に、二版ではいまだ良心論を観察者概念に即して展開しえなかったため、普通の人間と異なる「抽象的人間、人類の代表者」のうちに「内なる人」の化身、ないし理念的表現をみることによって、「現実の観察者たち」に対する個々人の良心の優越性を正当化せざるをえなかった次第を示すものといえよう。二版にはいまだ「想定された公平な観察者」概念がみられず、「内なる人」が「抽象的人間」や「人類の代表」と同一視され、並置されていた根拠はそこにある。スミスは、後述のように、二版ではいまだ内なる観察者が外なる観察者たちよりもより客観的な判断をなしうる根拠を良心の対自的表現としての観察者概念自体に即して論証しえなかったために、世論に対する良心の優越性の根拠を人間の「抽象的人間」性、ないし「神の代理人」性に求めざるをえなかったのである。スミスが、「抽象的人間、人類の代表」を「胸中の住人」と同一視する一方、「神の代理人」である人間の良心が「神の声」の反映であることを根拠に内なる観察者の外なる現実の観察者（世論）に対する優越性を論証したのも、そのためであったのであるが、このような二版の思想が、内なる人の絶対性の根拠論と、内なる観察者の公平性の根拠論とを混同し[27]、前者に後者の根拠を求める論理でしかないことは明らかである。

第一五節（2ed. 209）以下では、こうした形で形成される「内なる人」こそ対立利害の比較原理であるとして、内なる人の視点に立った「仲間の感情に対する配慮」のみが利己心を抑制しうることが強調されている。彼は、その例証として、遠近法の譬えや支那地震の例をあげて、「利己心の強烈な衝動を抑えうるのは、人間愛のやわらかな力や、自然が人間の心に灯した仁愛の弱い火花ではなく」、「われわれが大衆の一人にすぎない」（2ed. 213, M.201）ことを教える内なる公平な観察者としての「内なる人」でしかない次第を説いている。スミスは、こうした主体性をもった自己抑制者としての「内なる人」の自覚のみが人間の真の社会性の確立を可能ならしめると考えたため、内なる人の確立を二版改訂の主題としたのである[28]。彼が一四節で「内なる裁判官」の「最終決定に較べたら、全人類の感情も、全くどうでもよいものではないとしても、わずかな重要性しかもたないようにみえる」（2ed. 209, M.199）次第を力説した直後の一五節以下で、一転して、「立場を交換して」、「いずれとも特定の関係をもたない第三者の目でみる」（2ed. 211, M.200）ことが、対立利害を比較するためには不可欠である次第を強調した所以もそこにある。こうした一五節以下の論理展開も、二版が観察者概念の精密化による良心論の展開を主題としたものではなく、内なる第三者としての「内なる人」の確立による社会哲学の構築を意図したものであったことを示しているといえるであろう。彼が一八節で「自愛心の最も強烈な衝動さえ中和しうる」のは、「理性、原理、良心、胸中の住人、内なる人、われわれの行為の偉大な裁判官・調停者である」（2ed. 213, M.201）として、理性や道義と内なる人を同列に並べているのも、こうした二版の「内なる人」の第三者性を象徴するものに他ならない[29]。スミスは、上の引用に続く同じ節の論理が示しているように、「私たちがいかなる点でも他の誰よりもすぐれていない大衆の一人にすぎない」（*ibid.*）事実を自覚して、公平な観察者（第三者）の立場に立つことだけが利己心を矯正しうる唯一の道である次第を説得することを二版改稿（いわゆる良心論）の主題としていたのである。彼が第二〇節（2ed. 215）以下の既存の哲学批判の中で、「完全な適宜性」、「完全な自己抑制」を要求するストア的完全主義を否定し、他人のことに関心をもたなくとも、インパーシャルであればよいとしていたのも、こうした考え方に対応するものに他ならないといえよう。

二版で改訂・増補された第三部第二章三—二三節（2ed. 200-219）の以上のような思想内容は、二版改訂の主題が「公平な観察者」概念の精密化による良心論の展開を意図したものではなく、初版の経験倫理学（地上の正義論）の神学的前提の「明確化」による初版の論理（良心の社会的形成論）の補強・精密化にあった次第を示しているが、スミスはこの二三節で、「内なる裁判官は、善人である場合でさえ、利己的情念の激しさと不正義のためしばしば腐敗（corrupted）する危険がある」（2ed. 219, M.207）としている。この内なる裁判者の「腐敗」論は、初版の第八節の「道徳的鏡」の（自己）「欺瞞」論に相当するが、両者の間には微妙な差異が感じられる。欺瞞論は、道徳的鏡の完全性に対する原理的懐疑を含意しているのに対し、腐敗論は完全性を前提している点、スミスの見解の微妙な変化を窺わせるからである。ラファエルやヴェアヘーンは、こうした変化の原因をスミスが二版では社会よりも個人の想像力の力をより重視することによって、道徳的鏡への信頼を高めた点に求めているが、[30]「内なる人」も、所詮はパーシャリティを脱しえない生身の人間にすぎず、改稿の主題も、もともと初版の社会哲学の補強にあったので、彼は二版では上述のように「内なる人」も「腐敗」・堕落するとして、[31]初版の第八節と実質的に同じ結論に戻って、二四節（2ed. 220）以下では初版の第九節以下と全く同じ論理を展開することとなったのである。

四　第二版改訂の意義

スミスは、上述のような形で仲間に対する責任の神学的根拠を明らかにし、地上の正義とより上級の法廷の共通の権原としての神にアピールすることによって、良心が世論を超えうる次第を立証したのであった。このようなスミスの思想は、「良心の声は神の声を象徴しているという伝統的見解[32]」に立脚しているということもできるであろうが、そのことは、必ずしもラファエルのいうようにスミスが二版になって世論に対して良心を擁護するため、初版の「経験主義を放棄して、不統一に気付かずに、神学者や合理主義者の伝統的見解に忍びこんだ[33]」ことを意味するものではない。自然神学を道徳哲学の基礎にしていたスミスは、この世界の万物を支配する神の摂理（神の設計した作用⇩目的の自然法則）の妥当を確信しながらも、人間にはそれがみえず、みえると何もしなくなってしまうことから、法則がみえないままに、自然にだまされて、自由に手段の論理を追求することが自然に神の目的《デザイン》を実現する結果になるという、ハチスン―ケイムズ的な自然神学思想を前提した論理を展開していたからである。スミスは、その上で、人間が度しがたい自己偏愛性《パーシャリティ》をもっていることから、その抑制を神の目的期成因《デザイン》（作用因）としての人間に課せられた地上の倫理（下級の法廷）の主題としたのである[34]。彼が「自然の創り主は、人間を人類の直接の裁判官とし、……彼を彼の同胞の行動を監督する地上における彼の代理人に任命した」（2ed. 204, M.195-6）とし、「内なる裁判官」を「自然が彼らのすべての行為の至上の裁判官として任命した神の代理人である」（2ed. 208, M.198）としていた所以はそこにある。『道徳感情論』は、こうした神の代理人としての人間に任された「下級の法廷」に属する地上の倫理の構築を主題とするものであったのである。スミスは、作用因としての人間の自由な手段追求が、作用（手段）⇩目的の客観法則に媒介されて、必然（目的）実現につながる次第を確信しながらも、その実現が人間の度しがたいパーシャリティのために撹乱されないようにするための地上の倫理の鍵を、作用因としての人間が観察者（第三者）の立場に立った場合に go along with しうる範囲に自己の行為や感情を抑制する点に求めたのである(35)。しかし、それだけでは、エリオットの批判するように、当事者と利害関係のない中立的な観察者としての第三者の意見、その現実的表現としての世論が個人の良心に優位することになりかねないので、スミスは、二版で、こうした地上の倫理（下級の法廷）の神学的根拠を顕在化することによって、地上の交通《コミュニケーション》倫理の原理としての「公平な観察者」視点を体現した内なる第三者としての「内なる人」（良心）が、人―人関係のモラルの原理として、人―人関係の中で形成されるものでありながら、同時に、世論を超える絶対性をもつ次第を明らかにしたのである。スミスが、良心を人―人関係のモラルの原理としながら、「下級の法廷の決定」と良心が対立するとき、より「上級の法廷」に控訴しうるとした所以はそこにある。

　こうした二版の構成に対し、初版は、神の正義の支配と自然法則の貫徹を黙示録的に前提した上で、物体や動植物とちがって自然法則を逸脱して自由に走る人間界における作用（手段）⇒目的の自然法則（自然の体系《システム》）の貫徹を保障するため、人間が守るべき唯一の倫理としての人―人間の地上のモレスの確立を主題としたものであった。初版では地上のモレスの表現としての世論と良心との差異がとくに問われなかったのは、そのためであった(36)。しかし、この事実は、必ずしも初版には良心論がなかったことを意味するものではない(37)。スミスは、既述のように、初版の第三部第二編一―七節で人―人関係を通して「もう一人の自分」（another self）としての良心が社会的に形成される次第を明らかにした上で、その欺瞞性を問題にしていたからである。スミスが初版の第三部第一編で「称賛（praise）と「称賛に値する（praise-worthy）」こととをはっきり区別（1ed. 248）していただけでなく、第二編で世論や称賛と異なる

「自己満足」を問題にしていたことも、この事実を確証するものに他ならない。初版の第三部は、そうした内なる良心の自覚に基づく外なる第三者の立場の一人称（内面主体）化を意図したものであったが、それは人―人間の交通モラルの内面主体化を主題としたものであったため、初版では世論と良心との本質的な対立・矛盾はよかれあしかれ問題にされなかったのである。

二版の意義は、こうした初版の論理の限界ないし弱点を克服するため、作用因としての人間に要求される人―人関係のモラルの担い手としての人間の良心が、人―人関係のコンヴェンション的な原理としての世論やたんなる第三者視点を超える絶対性をもつ根拠を神学的に明確化した点にあるが(38)、それは六版の良心論とは多分に性格を異にする次第が注意される要がある。六版には、㋑地上の法廷より「ずっと高い法廷である彼ら自身の良心の法廷」（TMS, III. 2. 32, M. 248）よりも、「さらに一層高い法廷であるすべてを見給う世界の審判者の法廷への控訴」（III. 2. 33, M.249）がみられる一方、㋺「すべての実在の観察者たち」と異なる「想定された公平な観察者」概念の精密化による世論に対する良心の優越性の理論的論証がみられる。㋑は、二版で明確化された『感情論』の神学的根拠をなしていた神の法廷に直接アピールしたものに他ならないが、スミスが六版でこうした神の法廷を正面に持ち出したのは、社会的に形成される良心の法廷、胸中の法廷の信頼性に対する疑問が増大したためであったといえるであろう。既述のように、スミスは、二版では「内なる裁判官」が普通の人間と異なる「抽象的人間、人類の代表者、神の代理人」であることを強調することによって、世論に対する良心の優位を説きながらも、彼も腐敗する場合があるとしていたが、それでは世論に対する良心の絶対性を擁護しえないので、六版では「こうした胸中の半神」（III. 2. 32, M.249）の可謬性を認めた上で、下級の法廷よりは「ずっと高い法廷」である「自らの良心の法廷、想定された公平で事情に通じた観察者のそれ、胸中の人のそれ」（III. 2. 32, M.248）よりも、「さらに一層高い法廷である、すべてを見給う世界の審判者のそれに控訴」（III. 2. 33, M.249）することになったのである。この「さらに高い法廷」は、ヨコの人―人関係原理としての公平な観察者視点とは根本的に原理を異にする神と人間とのタテの関係を想定するものであるが、スミスはこのような良心の、さらには義務の究極的根拠としての神の法廷に直接訴えることによって、世論に対する良心の絶対的優越性を確証しようとしたのである。しかし、これは良心の絶対性の超越的根拠論にすぎず、それだけではあまりに抽象的なので、彼は六版で前述のような形で良心論の新たな展開を図ることによって、内なる人の判断が世論を超える根拠を具体的に明らかにしようとしたのであるが、彼がその論理としたのがPraise-worthyの意識の担い手としての「想定された公平な観察者」概念である。

スミスは、既述のように一―二版でも、自然法的「第三者」の立場の論理を内面主体化した「内なる第三者」としての「公平な観察者」のうちに、自分の行為が称賛に値するかどうかを問う良心の対自的表現をみていたが、二版の良心論も、基本的には初版と同様、あくまでも外なる「第三者」（他人の是認・称賛）視点を一人称化したものにすぎず、他人の称賛（praise）と異なるpraise-worthy論の展開を主題としたものではなかったのであった。彼が、二版でも内なる人の声（良心）が全人類の称賛や非難にさえ優越する次第を力説（Cf. 2ed. 207-9）しながら、二版では前述の六版の第三部第二章三二節の原文の示すような形で「内なる人」とPraise-worthy論との関連を明確にすることなく、観察者概念そのものをとくに手直しせずに、「内なる裁判官」と「抽象的人間、人類の代表者」とを同一視していたのも、そのためであった。しかし、それでは世論に対する良心の優位を具体的に立証しえないので、彼は六版でPraise-worthy論を改めて本格的に展開し、「内なる人の司法権が全面的に称賛に値することへの願望に基づいている」（III. 2. 32, M.248）次第を強調するとともに、その担い手を「想定された公平な観察者」に求めたのである。この想像上の公平な観察者は、実在の「公平な（利害関係のない）観察者」としての世間の是認・称賛・非難の如何にかかわらず、称賛・非難に値するかどうかを唯一の判断基準とする観察者であるが、スミスはこのような観察者を概念的に想定し、彼を「胸中の人」のモデルとすることによって、良心論を徳性論化するとともに、そのような想像上の公平な観察者に対自化された良心の判断が世論を超えうる次第を論証しようとしたのである。(39)スミスが六版で二版にはない「想定された公平な観察者」概念を導入し、それに積極的な意味をもたせようとしたのは、そのためであったといえるであろう。

スミスの良心論と観察者概念は、二版ではなく六版で大きく変わったのであるが、(40)スミスがこうした形で神の法廷に直接アピールする一方、観察者概念の精密化による良心論の新たな展開を意図した背景としては、カラス事件に象徴される世論と良心の対立・分裂の現実と、第三部で詳説するような中産モラルの腐敗認識があったと考えられる。スミスは、カラスの苦悩、中産モラルの腐敗の現実に直面して、一—二版の良心の社会的形成論の現実的有効性・適用可能性に疑問を感じ、良心論の梃入れ・補強の必要を痛感するようになったのである。彼が六版で Praise-worthiness の意識的追求者としての「想定された公平な観察者」概念を導入する一方、そうした想像上の公平な観察者視点の徳性化・慣行化による良心論の徳性論としての展開を意図した所以はそこにある。六版固有の主題は、彼がこうした形で観察者概念を発展させることによって良心論を徳性論化した点にあるが、こうした六版固有の主題が一—二版の良心の社会的形成論と性格を異にすることは明らかである。

スミスが六版第三部で良心論を大幅に増補・改稿する一方、新六部で道徳判断論としての初版の主題にはなかった徳性論を展開したのも、上の事実に照応するものに他ならない。スミスは、『国富論』刊行後、『感情論』一—二版の良心論の基底をなしていた経験倫理学（作用因の論理）では済まない問題に直面して、良心論そのものを徳性論化しただけでなく、それでもなお不十分であることを感じて、八九年段階になって徳性論そのものを新たに展開することになったのである。このような新たな問題意識に立脚した六版の主題がどのようなものであったかは、本書の第三部の中心主題をなす点であるが、二版の改訂・増補が初版の主題の「明確化」にすぎず、六版のそれとは本質的に主題を異にするものである次第は、以上の論証でとりあえず確認できるであろう。

（1）　最近発表された柘植論文は、「称賛に値することへの愛による良心の基礎づけが確立されたのは、第二版ではなく第六版である」（柘植尚則「スミス倫理学の展開に関する一考察」『イギリス哲学研究』一六号、一九九三、一〇ページ）として、従来の通説と異なる見解を展開している。なお、スミスは、ヒュームの批判に対するリプライを二版改訂のもう一つの主題としていることは周知の通りである。

（2）　TMS, editor's Introduction, pp.15, 16, 37.

（3）　Raphael,D.D.: The Impartial Spectator, in *Essays on Adam Smith*, ed. A.S.Skinner & T.Wilson, Oxford 1975, p.92.

（4）　TMS, Introduction. p.16.

（5）　Dwyer, J.: Virtuous Discourse, Edinburgh 1987, p.170.

（6）　従来の通説は、初版と二―六版とを対比的にとらえているが、初版と同じ五九年の一〇月までに主要部分が執筆されていた二版は、初版の「明確化」にすぎず、九〇年の六版とは異った問題意識に立脚するものとして、初版の文脈でとらえられるべきではないであろうか。一―二版の主題は、地上の倫理（プーフェンドルフ的にいえば、道徳神学＝内面倫理と区別・分界された自然法学）の確立にあり、スミスは六〇年代以降、その主題をより具体的に展開すべく『法学講義』をへて『国富論』へと進んだが、その帰結に対する懐疑から九〇年の問題が展開されることになった次第は第三部で詳説する通りである。

（7）　Raphael : Adam Smith 1790 : the man recalled : the philosopher revived, in *Adam Smith Reviewed*, ed. P.Jones & A.S. Skinner, Edinburgh 1992, p.103.（傍点引用者）

（8） Cf. Dickey,L.: Historicizing the "Adam Smith Problem": Conceptual, historiographical & textual issues, *Journal of Modern History*, 58-3, 1986, pp.588 ff. 本書、第一部第一章(3)参照

（9） Cf. *The Correspondence of Adam Smith*, ed. E. C. Mossner & I. S. Ross, Oxford 1977, pp.48-50.

（10） *Ibid*., p.49. なお、上の文中の「第二の追加分」に先立つ第一の改訂草稿は、ヒュームの批判に答えたもので、初版の第一部第四編第一章第九節（1ed. 99）を収録した二版の第一部第三編第一章の第九節（2ed. 75-76）に脚注として追加されたものである。

（11） 上の訂正草稿は、*Correspondence*, pp.51-57に印刷されている。

（12） 『道徳感情論』初版、二版からの引用ページは、本文中に原書のそれぞれの版のページを表示する。六版からの引用は、グラスゴウ全集版の部・編・章・節記号で表示する。一―二版からの引用文の六版該当個所の表示は、却って紛わしくなるので原則として行わないが、引用ページの末尾に水田洋訳『道徳感情論』（筑摩書房）のページ数をM符号をつけて付記するので、適宜検索いただければ幸いである。

（13） この表題は、初版の第三部第二編第九節以下を収録した六版の第三部第四章の表題とはちがう。初版の第三部第二編一―八節とそれに対する二版の改稿・増補分の内容は、六版では第三部一―三章に分散されて収録されているが、題名も内容も一―二版とは全く異なる。この点も、二版改訂が、六版とちがって、初版の手直しでしかなく、六版とは基本的に異なる問題意識に立脚していたことを示すものといえよう。

（14） Cf. Raphael: The Impartial Spectator, pp.90-91.

（15） ラファエルも、初版の第四節の「修正」が二版の第五節の自己の二分割論である次第を認めている。Cf. Raphael, *op.cit*., p.90.

（16） エリオットの批判の対象となった第三節でも、他人の称賛と異なる「自己満足」用語が使われているが、他人の称賛や世間の評判と異なるこの自己満足論は、Praise-worthy感覚に通じるものといえよう。

（17） こうした人間認識と用語法も、初版の論理がすぐれてケイムズ的な自然神学思想に立脚していた次第を窺わせるもの

といえよう。

(18)　スミスは、五九年一〇月のエリオット宛の手紙では、二版の改訂点を初版のこの第三部第二編第八節の欺瞞節の改稿という形で説明しているが、正確には初版の第二編三—八節の論理の精密化を二版の第二編五—一三節で行ったものといえよう。

(19)　エリオットの批判は、徳性の本質論にかかわる問題でもあったことに注意されたい。なお、初版では「これらの性格は両方とも他の人々の感情に直接依拠している」(1ed. 256) とされていたのが、二版では「これらの性格はすべて……(2ed. 202. 傍点引用者) という形でより断定的になっているのも、エリオットの批判に対し、「私たち自身の行為に関する判断が、つねに他の人間の感情と関連をもつという〔徳性の本質を関係＝適宜性に求める〕自分の学説を確証しながら、それにもかかわらず、真に寛大な行為と自覚的な徳性が、全人類の否認の下でも成立しうることを示そうとする」(Smith, *Correspondence*, p.49) スミスの自信のほどを示すものといえよう。

(20)　この事実は、上の論理自体が示しているように、初版には神への責任論がないことを意味するものではない。スミスは初版でも「神の正義」・神の審判・神の賞罰をはっきり前提している。彼が一—五版で「贖罪 (atonement)」について論じていたのもそのためで、スミスは第二部第二編第三章で、神の正義に値しない人間を地上の正義の主体たらしめるための、地上の正義の前提条件としての贖罪を認めた上で、第三部第二編で、その前提に基づく地上の倫理の根本原理として、仲間への責任に基づく道徳論を展開したのである。彼が、第五節の仲間に対する責任論から、六—七節の美醜論⇩内なる観察者論へ直行したのはそのためであったのである。

(21)　拙著『アダム・スミスの自然神学』前編、とくに第四章、後編、とくに第二章参照

(22)　「この世界の偉大な審判者」の「永遠の正義」、「全能者が彼の意志に従ったり背いたりする人々に対して用意した無限の賞罰」(2ed. 203-4, M.195) を前提する二版のこの節の論理は、それと地上の正義との関係をケイムズ的論理で展開する手法と合わせて、初版の贖罪節が教会関係者に対するたんなるリップ・サービスではなく、『感情論』の本質的前提をなすものであった次第を示しているといえるであろう。スミスは、初版では贖罪論で一括的に済ませていた地上の正義の

神学的根拠論を二版の第三部二章八節で展開することによって、地上の倫理が神の正義（審判）と贖罪を前提している次第を明確化したのである。

（23）キリスト教の伝統では、「良心の声は神の声を意味する」（Raphael, *op.cit.*, p.91）とされていることに注意されたい。

（24）ラファエルは、既述のようにスミスが二版で公平な観察者理論を発展させることによって、良心の発生的説明を提供したとしているが、スミスは、上述のように二版では「公平な観察者」と「胸中の住人」とを同一視した上で、「良心の声」が「神の声」の反映であることを根拠に、世論に対する良心の優位を主張しているだけで、世間の是認・称賛願望と異なる **praise-worthy** 論の精密化による良心論の新展開は、二版にはいまだみられないことに注意されたい。本書の第三部で詳説するように、二版ではいまだ「想定された公平な観察者（the supposed impartial spectator）」用語が使われていないことも、この事実に照応するものに他ならないといえよう。

（25）この論理は一見矛盾的にみえるが、こうした両極性の根拠は、「内なる人」の「神の代理人」性ないし「半神（demi-God）」性に求められよう。良心は、神の声の表現なので、地上の法廷を超えるが、良心の主体である人間は、「地上における神の代理人」にすぎないだけでなく、彼が代理人に任命されたのも、人—人関係の中で「仲間の行動を監督する」ためであるからである。

（26）柘植尚則、前掲論文参照。

（27）良心が神の声の表現である点に良心の絶対性の根拠を求める議論と、内なる観察者の判断が世論に優越する根拠を内なる人の「抽象的人間」性に求める内なる観察者の impartiality の根拠論とは異なることに注意されたい。

（28）社会哲学は、こうした主体性をもった自己抑制者としての「内なる人」を前提してはじめて可能となる。その意味では、社会哲学としての本質は、初版より二版の方により明確に示されているということもできるであろう。

（29）上の原文で「理性・原理」が、「良心・胸中の住人・内なる人」の前に置かれていることも、二版の良心・内なる人が第三者性の主体的表現に他ならない次第を象徴しているといえよう。

（30）Cf. Raphael, *op.cit.*, p.92, Werhane, P.H.: *Adam Smith and his Legacy for Modern Capitalism*, N.Y.1991, p.34.

(31) しかし、内なる人も腐敗することを認めたら、世論に対する良心の優越性を擁護しえなくなってしまうので、スミスは、六版の第三部ではこの部分も全面的に組み替え、第二章で、観察者概念の精密化による良心論の新展開を図る一方、良心の法廷よりもさらに一層高い神の法廷に控訴しうることを説いた上で、第四章以下で、改めて一―二版（1ed. 264, 2ed. 222）と同様、「利害関係のない観察者（indifferent spectator）」の眼でみることができない人間の見解の自己偏愛性から生まれる「自己欺瞞」（III. 4. 6）を克服するための一般規則の導出論を展開している。この六版の論理は、一般規則の必要根拠を「道徳的鏡」の欺瞞性ないし腐敗に求めていた一―二版の論理から観察者概念を救い出し、「良心の権威」を確立した上で、改めて一般規則論を展開したものとして、初版はもとより、二版とも性格を異にするものといえよう。

(32) Raphael, *op.cit.*, p.91.

(33) *Ibid.*, p.98.「われわれが人間の目を逃れ、人間の刑罰の届かないところに置かれうるとしても、私たちはつねに神の目の下で行為し、不正義の偉大な復讐者である神の刑罰に晒されている」（TMS, III.5.12, M.221）というような思想が、伝統的見解に他ならないことはいうまでもないが、この見解は初版（1ed. 295）からあり、スミスはこうした伝統的見解に回帰することで初版の経験倫理学（社会化理論）の弱点を補修しようとしたのではない。初版の社会化理論自体が、神の法の支配を前提した上でのその経験化論であり、二版は、その前提を明確化することによって、社会化論の弱点を補強したものに他ならない。

(34) スミスは、神の正義・審判を前提しながら、それがみえないことから自由に手段の論理を追求する人間が守るべき地上の正義の原理を「公平な観察者」の同感に求めたのである。

(35)『道徳感情論』の観察者概念が、本来的にはキャンベルの強調するように、第三者性を基本とする所以はここにあるといえよう。Cf. Campbell, T.D.: *Adam Smith's Science of Morals*, London 1971, pp.134-139.

(36) 初版の論理も、もともと神の正義・神の審判を前提した上での地上の倫理の確立を主題としていたので、論理的には神の声としての良心と地上のモレスとしての世論との差異は自覚されていたといえよう。にもかかわらず世論中心なのは、主題が作用因主体相互間の交通道徳の確立にあったためである。一七世紀の自然法思想家たちと異なるスミス固有の問題は、そうした交通道徳の内面主体（良心）化にあったが、交通規則や交通道徳自体は内面良心にかかわらぬため、世論と良心との矛盾・対立の問題をあえて問う必要はなかったのである。スミスが初版では世論と良心との関係を主題にしなかった理由はそこにある。こうした初版の思想内容は、スミスも初版ではプーフェンドルフ的な道徳神学と自然法学との分界論（拙著『アダム・スミスの自然神学』総論参照）を前提した議論を展開していたことを示しているといえるであろう。神のデザイン実現のための地上の正義の確立を主題としていたスミスにとっては、神の声の表現としての良心が世論に優越するのは当然の前提で、彼はその前提の下で個々人の信仰個条の相違にかかわらぬ地上の交通道徳の内面主体化を主題としていたため、交通倫理の判定主体としての世論と良心との関係はよかれあしかれ問題にならなかったのである。しかし、こうした交通倫理の一人称化としての良心は、エリオットがいち早く指摘したように、現実の「社会的態度の反映」でもあるため、それだけでは世論を超える絶対性をもちえないことも否定しがたい事実である。他方、地上の正義（交通倫理）の社会的表現としての世論も、謬つことがあるのは当然である。とすれば、交通道徳とその主体的遵守の原理としての良心との関係は、それ自体としてもっと原理的に問い直される要があることになる。スミスが『感情論』の第二版で、仲間に対する義務の神学的根拠の解明を通して、良心が世論に優越する次第を明確にしようとした根拠はそこにあったといえるであろう。

(37)　初版の良心論の構造と特色は、初版の第三部第二編二—四節の社会＝鏡⇩徳性の本質＝他人の感情⇩他人の目で自分をみよという論理と、五—七節の仲間に対する責任⇩美醜判断⇩道徳判断論の中に、良心の社会的形成⇩外なる観察者の立場の内面主体化論として、はっきり示されているといえよう。

(38)　初版と二版の決定的相違点は、二版の第二章第八節で「仲間に対する責任」（地上の正義）の神学的根拠を明らかにすることを通して、逆に地上の正義を超える「上級の法廷」の存在を論証した点にあり、二版の第二章一二節（2ed. 206）以下の論理は、初版と本質的に異なるものではない。この事実は、一—二版の差異が地上の倫理の神学的前提を明確化した点にあった次第を示しているといえよう。二版の特色は、「胸中の住人」論を支柱とする「良心の社会的形成」論の展開により力がそそがれている点にあるのである。

(39)　この「想定された公平な事情に精通した観察者」(TMS,III. 2. 32, M.248)も、想像上の「抽象的で理想的な観察者」(III. 3. 38)にすぎない点では「人類の代表」としての「抽象的人間」と大差ないが、スミスは、六版ではラファエルその他のいうように、想像力の果たす機能により大きな期待を寄せ(Cf. Raphael, *op.cit.*, p.92, Werhane, *op.cit.*, p.34)、他人の称賛ではなく、称賛に値することを行動原理とする「想定上の観察者」のうちに人類の代表・抽象的人間の具象化をみることによって、二版の論理の抽象性を揚棄しようとしたのである。しかし、この「想定された公平な観察者」論が世論に対する良心の相対的優越性論証にすぎないことは、それよりも「さらに一層高い法廷」があるとされていることからも明らかであるといえよう。

(40)　グラスゴウ全集版の編者は、上述の私見とちがって、二―六版の良心論を同根的にとらえているが、観察者概念の発展による良心の基礎付け、ないし、世論に対する良心の優越性論証が行われたのは六版で、二版では良心論の新展開につながるような観察者概念の改善はなされていない。二版の良心論の特色は、既述のように、仲間に対する責任の神学的根拠を明確化した点にあるが、これは観察者概念の発展とは本質的に異なる。良心の絶対性は、神と人間とのタテの関係において成立するのに対し、公平な観察者概念は、本来人―人のヨコの関係における相対概念でしかない。二版の第三部の主題は、こうした地上の倫理の原理としての公平な観察者概念(第三者視点)を一人称化(内面主体化)するとともに、その神学的根拠を明らかにすることによって、内なる観察者が地上の倫理の原理でありながら、同時に外なる公平な観察者の表現としての世論を超える絶対性をもつ次第を明確化した点にあるが、その絶対性の根拠を神に求めるだけでは抽象性・超越性を免れず、世論よりも個人の良心の方が正しい次第を具体的に確証しえない。スミスが六版で神の法廷に直接アピールする一方で、観察者概念の精密化によって、良心の対自的表現である「想定された公平な観察者」が「すべての現実の観察者たち」よりもより客観的な視点に到達しうることを示した所以はそこにあるが、こうした六版の思想が二版の地上の倫理の神学的根拠の明確化論と本質的に異なることは明らかであるといえよう。

(初出『経済学論纂』(中央大学)三四―五・六合併号、一九九四年)

間奏章　『哲学論文集』と『道徳感情論』

一　「天文学史」の認識論

スミスは死の床で『道徳感情論』と『国富論』以外のすべての草稿類の焼却を命じたが、唯一の例外として保存しておき遺言執行人の判断で処理するように遺言した文書があった。それが一七九五年に公刊された『哲学論文集』である。この論文集の意義（存在理由）を理解する一つの鍵は、エディンバラ講義にあるように思われる。スミスは一七四八年から三回にわたってエディンバラで公開講義を行った。講義の主題は、修辞学（Rhetoric）と哲学と法学であったといわれている。第一のレトリック講義については六二―六三年の講義ノートが発見されたので知ることができる。第三の法学についても、五一年に就任したグラスゴウ大学の講義でフランシス・ハチスンの『自然法学序説』をサブテキストにし、ハチスンの自然法学体系の批判的組み替えによる行政論が展開されていたので、ハチスンとみてほぼ間違いないであろう。第一と第三の中間の「哲学」の素材となったのが、『哲学論文集』であったのではないかと想定することは、それほど見当違いの推測ではないであろう。

『哲学論文集』の哲学論文の持つ意義は、マルクスの『経済学・哲学草稿』と同じように、著者の探求主題やそのルーツや方法を理解する手掛かりを得られる点にある。

『哲学論文集』は、「哲学的探求指導原理」論という共通主題から成る「天文学史」と「古代物理学史」ならびに「古代論理学・形而上学史」の三論文と、(三論文とは)別の時期に執筆されたと想定される「外部感覚論」の他に、「模倣芸術論」などの芸術関係の小論から成っている。スミスは、第二論文の「古代物理学史」で古代の物理学が種の保存を究極の原理とする物理の原理論であった次第を明らかにした上で、第三論文では、個体に内在する普遍(「全体的なもの」)の論証が古代の論理学・形而上学の究極主題であった次第の論証を意図したもののように思われる。そうした全体論証の一つの手段として取り上げられたものが、(1)第一論文の「天文学史」であったのではないかと考えられる。天文学は、天体観測に基づいて天空の動態を探り、天空についての全体像を構成しようとするものであるからである。

天文学は、知的関心を誘い、想像力を刺戟する主題として古来、哲学者たちの愛好の学問であったが、スミスがなぜこのような諸論稿を「哲学」の主題にしたのかを知るには、一七四〇年代におけるスミスの思想主題を知る要がある。スミスは四六年にオックスフォード大学を退学してから故郷のカーコーディに帰り研究に専念したが、四〇年代におけるスミスの最大の思想主題は、オックスフォード時代に耽読したギリシャ・ラテンの古典の思想と一七三九年に公刊されたヒュームの『人間本性論』の序文における反普遍宣言との対極性・原理的相反性の問題をどう考えたらよいのかという古典 vs ヒューム問題にあったのではないかと考えられる。

スミスは、そこでヒュームの観念連合論に依拠しながら、いかにして全体論証が可能になるかを天文学史の歴史的考察を通して確かめようとしたのではないかと考えられる。天文学は、天空の諸現象の観測経験を通して、天空とはどういうものか、天球の運動法則を知ろうとする学問であるといえるであろうが、スミスは、ヒュームが拒否した全体認識の一つのモデルとしての天文学の歴史的考察を通して、プトレマイオスが多数の原理を想定して全体的論証に失敗して以来、多くの天文学者たちが自分の見た天空現象に共通するものを原理として全体像を描いてきたが、いずれも失敗に終わった次第を見てきたのであった。スミスは、その過程で、地動説を唱導して宇宙観を逆転させたコペルニクスも、地動説だけでは済まない、説明できない現象をどう解したらよいか悩んでいるうちに、中間存在が存在することに気づいていた次第に触れている。その上で、デカルトがはじめて微粒子を中間存在とする議論を展開したが、なお結合できない現象が残り、ニュートンに至って引力が宇宙の諸現象を結びつける（共通項である）ことに気付き、それを原理として宇宙の諸現象の統一的説明に成功した次第を明らかにしたのであった。

スミスは、天文学史の考察を通して、諸現象に共通する中間項を挿入することが全体認識の鍵をなすことに気付き、それを原理として全体像を描くという、いわゆるニュートン的方法が全体論証の論理である次第を確信するようになったのである。彼が「天文学史」の中で、「中間的諸事象」用語を九回も使い、中項論の不可欠性を強調していることもその証左といえよう。(2) しかし、こうした論証自体は、必ずしもスミスの独創ではない。ヒュームも『人間本性論』の中で観念連合の手段として第三物体（third thing）の挿入論を展開していたし、中項論自体はスミスよりはるか以前に、アリストテレスがより認識論的に展開していたのであった。

アリストテレスは、カテゴリー論—命題論—分析論の三部からなる論理学体系の「分析論」の「後書」で帰納の帰結に共通するものを中項とし、それを原理として帰納したものを体系化していけば、「全体的なもの」（普遍）が分かるとしている。この論理は、スミスの中項論の論理をより認識論的に論証したものといえるであろうが、スミスは、すべての人間には他者と感情を共にすることに喜びを感じる感情があり、それが人—人を結びつける感情であることに気付き、それを中項とし、それを原理として道徳感情を説明したのである。『道徳感情論』が、一般の道徳論のテキストのように、〝道徳とは何か〟、〝人間とは何か〟を問う主語分析から出発せず、共感（sympathy）とは何かの解明からはじめた上で、共感感情をベースにした人間の情念の動態のうちに、道徳感情の成立をみていたのは、「天文学史」のニュートン的方法によっていたのであるが、認識論的にはアリストテレスの「分析論後書」の論理に通じるものでもあったのである。

スミスがアリストテレスから大きな影響を受けていることは周知の事実であるが、「天文学史」でも、プラトン的な主語論ではなく、アリストテレス的な述語⇓主語論証的な論理展開になっている事実も、アリストテレスの認識論に照応していることは明らかであるといえるであろう。スミスは、「天文学史」のニュートン的方法、その認識論的祖型としてのアリストテレスの「分析論後書」の全体認識の方法に従って共感を中項原理とする『道徳感情論』の論理を展開していたのである。

古典と近代思想とは、我々の想像以上につながっていたのであるが、当然のことながら大きなギャップがあることにも注意する必要がある。アリストテレスは、前述の「分析論」の「前書」で推論の方法として、観察経験の蓄積に基づく帰納と、中項の挿入による推論という二つの方法があるとして、中項の発見法について大変詳しく論述している。しかし、中項の挿入による推論法も経験をベースにしていることから、経験⇓帰納の重要性を「前書」の結びの部分（分析論前書23章）で強調・力説している。アリストテレスが経験論者、帰納法の創始者といわれる所以はここにある。しかし、アリストテレスの経験⇓帰納法は、実際には経験論ではない。経験論は認識主体の認識活動の継続による認識の進展・深化を図るものであるが、アリストテレスの経験論は、いろいろな人の経験観察結果をカテゴリーに分類・整理して命題化し、分析するものでしかないので、経験論ではない(3)。アリストテレスの認識論には認識主体（概念）が欠けているため(4)、経験主義を貫徹できず、認識論を論理学とする他なかったのである(5)。その点を鋭く衝いたのがトマス・ホッブズである。

二　概念論の展開と知覚認識論の成立

ホッブズは一六四〇年に発表した『法の原理』（Elements of Law）の第一部の人間本性論の冒頭で conceiving という言葉を使い、本文で concept（概念）論をキーワードとする論理を展開している。conceiving とは、私たちが見知らぬものに出会ったとき、「これは一体何物ならん」と大まかなイメージ（概念）を構成（して対応）することである。ホッブズは、そうした形で（経験した事物についての）概念形成活動を続けていけば、推論が可能になる（から、中項はいらない）としていたのである。しかし、外物に出会ったとき、概念を形成するのは人間だけではない。多くの動物にみられる動物的感覚に基づくものである。ホッブズが人は人に対して狼であるとし、人間も他者に対する生殺与奪の自然権をもつとしていたのも、そのためである。ホッブズも、もとより、宗教改革の洗礼を受けた人間として、人間は個の自覚をもち、良心の法廷に従うと考えていたが、ホッブズが人間関係の根本原理とした概念（conception）感覚は生得原理で、私たちが知覚（perceive）した（事物いついての）idea（観念）のように私の認識活動の産物ではないことは明らかである。ホッブズは、個人を根幹とする論理を展開したが、その個人は私ではなかったのである。ホッブズには認識論がなかった(6)のもそのためである。ホッブズには「私」がなかったため、知覚に基づく認識論を展開できなかっただけでなく、私と他者とのコミュニケーションの論理も形成しえず、道徳は法への服従であるとするほかなかったのである。

一七世紀の七〇年代の代表的哲学者として知られるプーフェンドルフとカンバーランドは、反ホッブズの相互仁愛論を展開したが、ホッブズ同様「人ならびに市民の義務」を法への服従に求め、道徳の原理としての相互仁愛も、私と他者との緊張関係をベースとするものではなかったのであった。

ホッブズの概念論的人間把握の限界を完全に乗り越えて、「私」の観念を明確に打ち出したのはジョン・ロックであった。ロックは、青年時代に医学研究をしていたが、医者は患者と一対一の関係にあるだけでなく、患部を知るためには大まかな概念を形成（conceive）するだけでなく、詳しく知覚（perceive）する必要があるため、perceive 感覚が生まれることになったといえよう。ロックが Everyman has a proper-ty in his person を政治論の根幹に据えていたのも、人間を抽象的個人としてより、私として見ていたことを示すものといえるであろう。ロックは、そうした「私」観念の生誕に伴って、私たちを取り囲んでいる自然の法とはいかなるものであるか、それを観念化できるかどうかを一六六四年の『自然法論』から九〇年の『人間知性論』に至る認識論の主題として展開することになったのであった。ロックには私があったため、観念連合論の創始者になったのであるが、ロックの「私」は、あくまでも認識論と社会理論の基体としての私であって、私と他者とのコミュニケーション主体としての私ではなかったのである。

三　視覚理論と他者対象化論

ロックの観念連合論を継承したバークリは、一七〇九年に刊行した『視覚新論』で、触ったものを繰り返し見ていれば、見るだけで触らなくても分かるようになるとして、五感の根幹をなす触覚の機能を視覚に吸収することによって、視覚の万能的機能を高らかに礼賛したのであった。(7) 視覚の世紀といわれる近代の歴史はそこから始まったが、見れば分かるのは、見た人が見た限りのものでしかなく、（見られた）映像は事物そのもの（の表現）ではなく、視覚の対象化されたものでしかないことは明らかである。私の見た貴方は私の認識の対象化された貴方にすぎず、貴方自身とはちがう。ホッブズ的な概念像の方がまだ出会ったものとの交通原理たりうるが、視覚は「私」の観点に基づくものだけに他の感覚とちがって、すぐれて「私」的であるため、他者は私の対象化されたものにならざるをえないのである。視覚（万能）論は、私と他者との同格の交通関係の原理とはなりえないのである。問題は、そうした視覚万能論、他者対象化論が近代思想の主流になっている点にある。

一八世紀のイギリスの道徳感覚学派の代表であるシャフツベリとハチスンは、人間には道徳感覚があると想定し、私を中心とした「個人と社会」の問題を主題とし、情念の動態のうちに徳性の原理を見出そうとした点で、ヒューム―スミスへの道を拓くものであった。しかし、まだ実体論的で私と他者との関係論としては未成熟なものでしかなかったのであった。

一八世紀のイギリス最高の哲学者として知られるデイヴィッド・ヒュームは、ロック―バークリの観念連合論の想像力的機能を強化するとともに、第三項（third thing）を挿入することによって結合の輪を拡げることで観念連合論を拡充・精密化したのであった。スミスの「天文学史」は、この論理を天界現象に適用したものであったのである。道徳論でも、ヒュームは、ハチスンの『情念論』の論理をさらに推し進める形で、情念分析を通して道徳の原理を解明したのであった。利己心や利他心を原理としていたそれまでの社会理論とちがって、人間には他者と感情を共にすることに喜びを見出す共感（sympathy）感情がある次第を明らかにするとともに、他者認識のためには立場を交換してみる必要があるとの立場の交換の論理を展開したのであった。スミスの『道徳感情論』はヒュームの思想を前提し、依拠（援用）したものであったのである。しかし、ヒュームも、バークリに従って触覚の機能を視覚に吸収する視覚の論理に立脚していたため、立場を交換して相手の立場に立っても、フレーザーの籐椅子人類学のように、現地に行っても籐椅子に坐って見ているだけでは、現地人の生活の本当のことは分からないという難点を孕むものであったといえるであろう。

四　「外部感覚論」と『道徳感情論』

「天文学史」からはじまるスミスの哲学三論文は、全体認識の方法の確立と認識対象、認識主題の明確化を意図したものであった。天体現象の観測結果に中項論を導入することによって、結合の輪を拡げて全体認識に至る方法を構築し、それで地上の物理の原理を明らかにした上で、個別に内在する普遍の表現としての「全体的なもの」を解明することを主題としたものであったのである。スミスが三論文を「哲学的探求指導原理」論と名付けた所以はそこにある。共感論からはじまる『道徳感情論』や労働価値論を根幹とする『国富論』は、その具体的適用例であったのである。しかし、哲学三論文は、そうした形で『道徳感情論』への道を認識方法論的に示しただけで、『道徳感情論』が人―人間の社会的交通原理論として成立した所以の論拠にはならない。その謎を解く鍵をなすのが「外部感覚論」であったのである。

スミスの「外部感覚論」は、触覚を視覚に吸収し、五感をすべて内部感覚化した視覚万能論、その帰結としての他者対象化論に対し、人間の感覚（五感）はすべて外なる対象（他者・物体）を見るための「外部感覚」で触覚を根幹とし、視・聴・嗅の感覚はすべてその補助手段にすぎないとするものであった。一八世紀のフランス思想には触覚論復興の動きがあったので、スミスがどういう意図で「外部感覚論」を書いたか分からないが、スミスが『道徳感情論』で、他者とパースン（身体）を交換し、他者の body に enter into する要があるとしていたことは、スミスがバークリーヒューム以来の視覚の論理、その帰結としての他者対象化論に対し、他者を私とは全く別の独自の存在として捉えた上で、私とは全く別物の、私の一方的理解、概念把握を超える他者と私との立場の交換の原理（想像力に基づく立場の交換による同感論[8]）の確立を『道徳感情論』の道徳感情の理論の根本原理としていた次第を示すものといえよう。フレーザーの籐椅子人類学のように現地に行って籐椅子に坐って見ているだけではなく、現地人と生活を共にしたとき共感できる点に「適宜性」道徳の鍵があるとする論理であったのである。もとより、それだけでは相手の信条は分かっても、私の立場はドロップしかねないので、「公平な観察者」が同感するかどうか、観察者の同感の「状況的適宜性」に適宜性道徳の成立をみたのであるが、こうした倫理学の根幹をなす公平な観察者論も状況的適宜性論も、「天文学史」からはじまる哲学三論文にはない。上の論理の媒体をなす立場の交換の論理もない。こうした『道徳感情論』の根本概念は、すべて「外部感覚論」の生物学的人間認識に基づく他者認識の産物であったのであるが、「外部感覚論」は『道徳感情論』の論理に認識論的にも影響を与えていた次第にも注目する要がある[9]。

『道徳感情論』は、「天文学史」の（天体）認識方法論と「外部感覚論」的人間把握を原理として成立したのであるが、適宜性が徳の原理であるとすることに、疑問を感じる人もいることだろう。スミスとほぼ同時代のトマス・リードが、スミスの理論は不安定なものでしかないと批判したのも当然であるが、そうした疑問への解答は、スミスの自然法則観にある。

スミスは、彼の庇護者であったケイムズの『道徳・自然宗教原理論』に従って、人間には自然の必然法則が見えないため、人間には偶然・自由の余地があると思うのは欺瞞にすぎず、人間は自然法則の作用因（有効化原因）に他ならないとしていたのであった。こうした自然観は現代の私たちには到底理解しがたいであろうが、自然法則からの自由の帰結としての人為・人工・効用⇓技術万能化が地球環境破壊をもたらしていることは周知の通りである。こうした現代の現実とは対照的に、スミスの理論は、自然界には経済世界を含めて自然法則が存在し、その法則が人間の活動を規定している事実を前提するものであった。だから、自然の歩み（自然法則の貫徹）を妨げる慣行や自然の歩みに従わずに自己の利益を優先する効用主義はきびしく批判されねばならないが、自然の法則は貫徹しているのだから、普通の人間は状況に適した適宜性（situational propriety）を守りさえすればそれで十分であると考えていたのではないか。スミスの適宜性道徳論は、自然法則の貫徹を前提する論理であった次第が注目される要があるのである。

スミスの『道徳感情論』は、古代ギリシャ以降の思想伝統と近代の一七～一八世紀思想にも根強く残存していた自然法則観に従って、一般市民の守るべき倫理の在り方を論じた書物であったのであるが、スミスがエディンバラ講義で評判になったレトリック論を出版しないで、『道徳感情論』の論理形成に専念していたことには、もう一つの大きな事情があった次第が指摘されねばならない。

五　法学の主体化と近代化の問題

ヨーロッパの学問は、極度に単純化すれば、教会が一手に引き受けていた医療や（相続）相談などの中から、その高度・複雑化に伴って、医学部が誕生し、次いで法学部が独立することになったといえるであろう。スミスが法学博士であったのもそのためであるが、当時の法学はローマ法の伝統に根ざした大陸自然法学にスコットランド法を加味したものであった。その実態は、法の根幹原理である人間主体の問題を欠落した法への服従を道徳とし、「人間ならびに市民の義務」を主題とする、契約関係の規制論でしかなかっただけでなく、倫理と法律を混同し、すべてを細かく規定する決疑論的性格の強いものであった。

ホッブズやロックは、自然権原理による法の原理論を展開したが、スミスの課題は、こうした法学そのものの主体化と近代化にあったのである。それがグラスゴウ大学就任以降のスミスの道徳哲学講義の最大の思想主題であったというのは過言であろうか。一七五九年の『道徳感情論』初版の主題は、あえていえば共感原理に基づく倫理と正義（法）の原理の構築による法への服従の義務の主体化にあったということもできるであろう。パースンを交換して、他者のbody に enter into して他者と感情を共にできるように自らの行為や感情を抑制する要があるとしていることなども、そのために他ならない。「公平な観察者」（impartial spectator）論や状況的適宜性（situational propriety）論が、こうした倫理観や法学の核心をなすことは言うまでもないが、倫理学では公平な観察者論が根幹をなしているのに対し、法学では状況的適宜性論が中心になっていることは明らかである。長子相続は戦争の時代には自然法であるが、平和の確立した商業の時代には平等相続が自然法であるとする『法学講義』で中心主題になる論理が『道徳感情論』初版にもはっきり展開されていることも、『道徳感情論』がもともと法の原理としての倫理の確立による法学の主体化論であった次第を示しているといえるであろう。

スミスが『道徳感情論』公刊後直ちに法学の近代化の課題にとりかかり、大陸自然法学の影響下にあったフランシス・ハチスンの『自然法学体系』の「自然法論」の中から契約関係の章句を抜き出して police（行政経済）論に移し、契約関係の根幹をなす商品交換関係の自律性を論証することによって経済学の生誕への道を拓くとともに、交易（trade）の自由を妨げる法的規制（慣行と重商主義）をきびしく批判したのもそのためであった。その基本的表現が一七六二～六三年の『法学講義』Aノートであり、そうした形で純化され近代化された法の理論の構想を表示しようとしたのが『法学講義』Bノートであることは改めて指摘するまでもないことである。

スミスが『道徳感情論』初版の巻末で、法の理論の展開を予告していたことも、上述のような背景を考えれば、至極当然であったのである。しかし、そのことは、スミスが倫理学から法学へ移ったことを意味しない。スミスは法学の主体化のために共感原理に基づく倫理と法の原理論を展開していたからである。[10] スミスが倫理学そのものを本格的に展開したのは、本書の第三部にみられるように、一七九〇年の『道徳感情論』第六版で、『道徳感情論』初版の意義は、私と他者、I and You の立場の交換に基づく共感関係のうちに一般市民が守るべき倫理と法（正義）の原理を解き明かした点にあったのである。[11]

エディンバラ講義の主題であったとされる修辞学―哲学―法学の三つの主題のうち最も注目されたのはレトリック論で、法学について論究されることはほとんどなかったため、法学がスミスの哲学の中心主題であった次第は内田義彦の先駆的発言にもかかわらず、十分注目されることはなかったのであった。しかし、スミスは大陸自然法学の流れを汲んだハチスンの自然法学体系をグラスゴウ大学で批判的に検討しているうちに哲学三論文の認識論と「外部感覚論」の生物学的原理に立脚する社会理論の展開構想を深めていくことになったのでないか。その成果が『道徳感情論』と『国富論』であったことはすでに改めて指摘するまでもないであろう。

（1）　拙著『アダム・スミスの認識論管見』第一部一～二章参照

（2）　拙著『アダム・スミスの経験論』二一～二四ページ参照

（3）　ベーコン、ロックあたりから始まるイギリス経験論にはカテゴリー論はないのもそのためである。認識結果をカテゴリーに分類・整理するのも、一つの有力な認識方法であるが、それは経験論ではない。カントは観念連合論の主観性認識からカテゴリー論を復活させたが、悟性論で主体化（的に捉え直）しているので、アリストテレスのカテゴリー論とは違うことは明らかである。

（4）　古典にも人間論や道徳論は無数にあったが、いずれも他者認識主体としての「私」をベースにしたものではないといえよう。

（5）　アリストテレスが中項原理に基づく全体論証論を展開しながら、倫理学や経済論で、スミスが『修辞学・文学講義』で批判しているように、多数の原理を使用していたのは、それぞれの分野の諸事象に共通する中項を発見できなかったためであるといえよう。

（6）　分解総合法や幾何学的方法も、事物認識（というより解明）のそれなりに有効な手段であるが、認識論ではないといわざるをえないのでないか。

（7）　拙著『アダム・スミスの認識論管見』一部三章参照。

（8）　スミスの立場の交換論は、ホッブズのような社会的交通原理論ではなく、私とは全く別物としての他者との感情的交流の原理として「外部感覚論」を前提する論理である次第に注意されたい。共感と同感は、ともに sympathy の訳であるが、同感は共感の対自化用語で、立場を交換した場合の共感を意味するものである。

（9）　遠いものでも自然が付与した遠近法のおかげで大体のことは分るが、立場を換えてみないと本当のところはわからないということなども（TMS, III. 3. 2.）『アダム・スミスの認識論管見』139-140）、『道徳感情論』が認識論的にも「外部感覚論」を前提するものとして、「天文学史」にはない立場の交換論を認識の手段としていたことを示すものといえよう。

（10）　しかし同感原理は法の原理たりえない。刑事事件には適用可能でも民事事件、とくに財産法関係では適用できない場合があるからである。

（11）　天文学の歴史的考察を通して「全体的なもの」論証における中項論の不可欠性を認識したスミスは、共感感情が人間の普遍的感情である事実に気付き、それを原理とする人間の道徳感情分析を行うことになったのである。しかし「外部感覚論」で生物学的人間観の進展に伴って、視覚の論理では他者との交流の論理は形成しえず、事象の真実に接近することができないことを自覚したスミスは、他者と立場を交換して他者と感情を共にする点に、人―人間の交流の原理を見出すとともに、そこに事物認識の原理を求めることになったのである。こうした論理の推進者が sympathy であることは言うまでもないが、それは普遍的自然概念としての共感ではなく、立場の交換に基づく、共感の対自化表現である sympathy の能動的活動に基づくことは明らかである。『道徳感情論』の倫理学は、立場の交換に基づく sympathy の能動的活動としての同感に基づくもので、人間の普遍的感情としての共感原理だけで説明できるものではないのである。私が本章では共感用語を使いながら、本書の第二―三部では、共感の対自化概念である同感用語を使用している理由もそこにある。

ヒュームの共感論がスミスの sympathy 論のベースをなしていることが明白な事実である。しかし、「共感」は万人に共通する即自的（an sich）な自然感情であるため、それだけでは道徳感情分析ができないであろう。スミスが sympathy 感情を対自化（für sich）して、相手と感情を同じくする（同感する）点に行為や感情の適宜性徳性論を展開した一つの要因はそこにあったのでないか。ヒュームも、もとより立場の交換論を展開していたが、視覚ベースの共感論の枠を出なかったため、sympathy 論ベースの道徳感情分析を展開できなかったのでないか。ヒュームの共感論とスミスの同感論の微妙な相違点にもっと注意する要があるのでないだろうか。

第二部　市場社会の道徳性論証

――『国富論』の倫理観――

第一章　自然的自由の体系の根本原理

一　『国富論』の倫理的解釈の問題点

一七五九年に公刊されたアダム・スミスの処女作『道徳感情論』初版は、第一部でみたように共感原理に基づく倫理と法の原理の構築を主題としたものであったが、その基本的特色は、情念の自制の原理を人間の自然の感情原理だけから展開した点にあった。こうした形で「人間の情動や衝動に対する支配力を体系的に培養することによって、社会を文明化しようとする」思想は、西欧の思想伝統では「エラスムスその他の一六世紀の人文主義者たち」[1]にもみられるが、スミスは、ハチスンの情念倫理学を別著で論証したような形で批判的に発展させることによって[2]、人間の情念の徹底した心理分析（moral psychology）に基づく経験倫理学を完成に導いたのであった。スミスの経済学上の主著『国富論』（一七七六年）は、こうした自然の感情原理に立脚する経験倫理学の論理的帰結としての交換的正義の法の支配下における「自然的自由の体系」のエクイティ論証とともに、その実現を妨げる治政《ポリース》批判を基本主題とするものであった。『国富論』は、ホントとイグナティエフも論証しているように、『道徳感情論』の中心主題をなしていた所有権法としての交換的正義論の正当性を証明するために、所有権の絶対性の承認が生存権を傷つけることなしに行われうる次第を経済理論的に論証したものであったのであるが、[3]『国富論』の特色は、『道徳感情論』以上に、『道徳感情論』で確立された人間の自然の感情原理に基づく自然の原理が全体系の基礎をなしている点にある。

『国富論』がeasy system of Nature（自然のままでよい体系）といわれるのは、こうした『国富論』の根本本質を的確に表現したものに他ならないが、一九七〇年代以降のアダム・スミス復興に伴う最近の欧米の研究動向は、本書の序章でみたように、こうした『国富論』の本来の自然主義的性格とは多分にトーンを異にする『国富論』の倫理的解釈をその一つの顕著な特色としている。こうした最近の研究動向は、経済活動の倫理性が問われるようになった現代社会の課題の反映であるとともに、『感情論』と『国富論』の一体的解釈の動向の中から生まれてきたものであったが、こうした視点は、『国富論』がたんなる経済成長論ではなく、文字通りの『富国有徳論』として、『富と徳』の実現を主題にしていた次第を明確化した点で大きな意味をもつといってもよいであろう。しかし、その反面、これまでの『国富論』の倫理的解釈は、一七九〇年に公刊された『感情論』六版の倫理学、その中核をなす六版の「公平な観察者」概念に基づいて『国富論』の配分的正義性を直接的に強調している点で原理的な難点をはらんでいる次第が注意される要がある。こうした接近は、『国富論』解釈としては根本的に逆立ちしているからである。ということは、必ずしも『感情論』六版が『国富論』解釈とは関係ないという意味ではない。『感情論』六版は、のちに第三部で詳説するように、スミスが『国富論』公刊前後から自覚しはじめ、『国富論』三版で具体的に展開した問題に対する解答として執筆されたものであったからである。『感情論』六版の光に照らして『国富論』（とりわけ、三版以降）を読むと、『国富論』がよく見えるという見解がそれなりに真理性をもっていると考えられる根拠はここにある。しかし、それは、あくまでも『国富論』の主題の一面、というより、『国富論』の公刊前後からスミスが感じ出した問題についての彼の苦悩とその解決の意図がよく見えるということで、『感情論』六版で『国富論』を解釈すると、七六年に公刊された『国富論』の本来の主題がよく分かるという意味では全くない。逆に、『国富論』の主題を『感情論』六版ベースに解釈することは、『国富論』（初版）の本来の主題を決定的に誤り解することにもなりかねないであろう。こうした『感情論』六版ベースの『国富論』解釈の基本的難点は、最近の文献に色濃くみられるような倫理的『国富論』解釈では、『感情論』初版以来の自然の原理に立脚する『国富論』の本来の主題（その意義と特色）も、また、それだけでは済まない現実に当面したスミスの苦悩も、みえない点に最も端的に示されているといえよう。『感情論』初版の主題と論理をしっかり踏まえた上で、それをベースに展開された『国富論』の本来の主題を『感情論』初版⇩『法学講義』⇩『国富論』初版の論理に即してそれとして考察することが必要な理由はそこにある。

二　自然的自由の体系の推進原理

(1)　生活改善願望論

『国富論』は、『感情論』の自然の感情原理（道徳心理学）に基づく経済世界の自然法則論証を主題とするものであったが、これまでの通説、というより通俗的スミス解釈では、正義の原理に立脚する法の世界は同感を原理としているのに対し、『国富論』の対象とする経済世界は便宜ないし効用原理に立脚しているので、スミスも、二つの世界を別の原理に立脚するものとして扱っていたとされている。こうした解釈は、『国富論』の経済人が利己心原理に基づいて自己にとっての効用の極大化を図る存在であるとの仮定の上に、経済学の主題を国富の増大に求める見解とも照応しているといえるであろう。しかし、スミスは、経済世界における人間の行動原理をこうした利己心に基づく効用＝

理性計算にではなく、「自分たちの暮しを一層良くしようとする願望」（WN, II. iii. 28, O. i. 534）に求めている。この自己の生活改善願望は、動物より高級な美的感覚と他人に対する虚栄心をもつ人間の自然の感情原理に基づくものであるが、この自己改善願望については『国富論』と『感情論』との間に微妙な差異がみられる。『国富論』では、この願望は、ミノヴィツの指摘するように、多くの場合「名誉や優越……よりも、〝安楽〟・〝安全〟・肉体的満足を目的とする」(4)ものとされている。『国富論』にも『感情論』と同様、この願望の動因を虚栄心と称賛欲に求める議論もみられるが(5)、必ずしもそれほど明確にではないのに対し、『感情論』（TMS, I. iii. 2. 1, M.73）では他人の同感・是認をえたいという感情から生まれるものとされ、虚栄心と結びつけて説明されている。しかし、この差異は、必ずしもスミスの見解の本質的変化を意味するものではない。スミスは、『感情論』の感情原理に従って、『国富論』でも、人間は自己利害関心だけを唯一の行動原理とする動物ではなく、他の動物よりも高級な美的感覚をもつことから生まれるさまざまな欲望を充足させたいという願望と、他人に是認・称賛されたい、そのようにみられたいという虚栄心から、生活改善願望が生まれ、それが勤労《インダストリ》や資本蓄積のための節約本能の原理をなす（WN, II. iii. 28, O. i. 534）と考えていたからである(6)。「スミスが、〝自分たちの暮しを一層良くする〟試みの底に、〝観察されたい、留意されたい、同感……と是認をもって注目されたい〟という願望をみていた(7)」といわれる所以はそこにある。スミスは、改善願望の底に是認願望をみていたのであるが、彼が「富の主要な楽しみは富裕を誇示する点に存する」（WN, I. xi. c. 31, O. i. 287）として、富追求の根拠を自己保存の欲求充足にではなく、他人の是認・称賛願望につながる虚栄心に求めていたことも、この事実を傍証するといえよう(8)。スミスは、経済人の行動原理を効用や理性計算よりも、『感情論』の自然の感情原理によって基礎付けていたのであるが、彼はこうした感情原理に立脚する「自分の暮しを改善しようとする各人の一様で恒常不断の努力こそが」、私人の富裕と国の富裕の原理をなし、「政府の濫費と行政の最大の過誤にもかかわらず、改良を目指す事物自然の進歩を維持するほど十分強力な場合が多い」（WN, II. iii. 31, O. i. 536）と考えたのである。しかし、こうした「自分の生活状態を改善しようとする各個人の自然的努力が、……それだけで、何の助力もなしに、その社会を富裕と繁栄に向わせることができる」ほど「極めて強力な原理である」（IV. v. b. 43, O. ii. 260）としても、それだけでは社会は進歩しない。

(2) 交換性向論

人類が経済的に進歩し、より豊かな生活をするためには、勤労《インダストリ》の成果の交換が必要である。スミスが、生活改善願望と交換性向を人間本性の二つの原理とし[9]、その上に「自然的進歩」の可能性を説いた理由はそこにある。スミスは、人間の美的感覚と虚栄心を動因とする生活改善願望と、その実現の手段としての勤労の成果の交換を通して他人の労働の成果を支配しようとする人間の自然の性向（交換性向）の上に、『国富論』の経済世界を構想していたのであるが、その手段としての交換行為そのものは、必ずしも人間の自然の性向（propensity, disposition or inclination）ではない。スミスは、この性向は「他のいかなる動物にも見出されない」人間だけに特有なものであるとして、「国富論の初期草稿」でも、「誰も今まで犬が他の犬と一つの骨を他の骨と公平によく考えた上で交換をするのをみた者はいない」（ED, 2. 21, WN, I. ii. 2, O. i. 24）とのべているが、この例示は、キャナンも疑問を呈しているように[10]、説得性がない。犬が交換をしないのは、犬には「交易し交換しようとする力や性向が欠けているため」（WN, I. ii. 5, O. i. 30）ではなく、骨と骨との交換は無意味で、その必要がないからである。反対に、人間が他の動物とちがって、文明人だけでなく、未開人もそれなりに交換をするのは、人間が他の動物よりも高級な美的感覚をもっていることから生まれる多様な欲望を満足させるためには分業・交換に媒介される必要があり、その方がお互いに有利であることを悟るからである。スミス自身も、弓矢作りの上手い人間は、自分で獲物を捕えるよりも、作った弓矢を仲間の肉と交換する方が有利なことを悟り、「自分自身の利益に対する関心から、弓矢作りが彼の主な生業となる」（I. ii. 3, O. i. 28）ことを認めている。それなのに、スミスはなぜ人間は交換性向をもつとしたのか。スミスの説明は必ずしも明確ではない。

周知のように、スミスは、『国富論』では交換性向が「それ以上説明できない人間本性の本源的原理の一つなのか、それとも、より確からしく思われるような理性と言語能力の必然的帰結なのかは、現在の探求主題に属さない」（WN, I. ii. 2, O. i. 24）としているが、『法学講義』では、交換性向を人間の理性と言語能力に基づく説得性向によって説明している。たとえば、「Aノート」では、「こうした交換性向の基礎をなしている人間精神の原理を探求するとすれば、それは明らかに説得しようとする各人のもつ自然的性向である。一シリングを提供することは、……実際には、そうすることが彼の利益にもなるので、そうするように人を説得する議論を提供することである」（LJA, vi. 56）とされている。「Bノート」では、もっと明快に「交換性向の真の基礎は、人間本性の中に広く行きわたっているかの説得原理である」（LJB, 221）と断定されている。こうしたA―B両ノートの原文は、スミスが交換性向の基礎を説得性向に求めていたことを示しているが、「われわれが自分たちの食事を期待するのは、肉屋や酒屋やパン屋の仁愛からではなく、彼ら自身の利害への顧慮からである。われわれは、彼らの人間愛にではなく、彼らの自愛心に呼びかけるので、われわれ自身の必要については彼らに決して語らず、彼らの利益について語るのである」（WN, I. ii. 2, O. i. 26. 傍点引用者）という『国富論』の有名な一節にも、交換を説得の手段と考える彼の気持が滲み出ているといえるであろう。スミスは交換性向が人間にだけ特有な性向である根拠を「人間本性の特徴的な能力である言語能力の基礎をなしている本能である」説得性向（TMS, VII. iv. 25, M.437）のうちに見出していたのであるが、このようなスミスの考え方も、交換が言語による契約を伴うものである限り、それなりに納得しうる。交換が契約を伴い、契約には説得が伴うとすれば、交換と説得とがつながるからである[11]。しかし、人間が説得性向をもつということは、必ずしも交換性向をもつということにはならない。取引には説得が伴うとしても、交換と説得とは別個の事柄であり、交換が説得性向に基づくことを意味しないからである。スミス自身の説明も、上述のように取引が理性と言語能力を媒介にしているという点よりも、むしろ交換行為自体が説得の手段である次第を強調する点にあったが、人間が交換を説得のための一つの手段として使うということも、人間が交換性向をもつことの証左にはならない[12]。それなのに、スミスは、なぜ交換と説得を同一視し、人間には交換性向があるとしたのであろうか。

その理由は、交換行為が人間の自然の性向である説得性向に基づくとすることによって、交換を人間の自然の性向化することを可能にするとともに、そうすることによって、逆に人間の自然の性向である説得・支配欲を文明化する点にあったのではないかと推測される[13]。スミスは、交換が人間の説得性向に基づく次第を強調することによって、交換行為の自然的性向性を正当化したのであるが、彼がこうした形で交換を自然の性向化した本当の狙いは、交換を説得の手段化することによって、むき出しの説得性向を抑制しようとした点にあったのではないかと考えられる。その次第を理解するためには、スミスの説得性向観そのものをもう少し掘り下げて知る要がある。

スミスは、上のAノートの原文に続く個所で、説得性向について次のようにのべている。「人間は、つねに彼らと意見を同じくするように、つまらぬ問題の場合でさえ、他人を説得しようとする。もし、人が支那やより遠い月について諸君が真実であると考えていることと矛盾することを唱導したら、諸君は即座に意見を変えるように彼を説得しようとする。万人は、このようにして生涯にわたって他人に演説をしているのである。意見がちがうと不安になるので、意見を同じくするように説得するのである」(LJA, vi. 56)。こうした人間の性向が他人に対する支配欲とつながる契機をはらんでいることは明らかであるが、スミスは同じAノートの別の個所ではもっと端的に、他人に対する支配力と権威を愛するのは、自然なことなので、自分と契約するように説得するよりも、支配しようとする（LJA, iii. 130）という趣旨のことを語っている。彼が『国富論』の中で、「人間が一般に自由人を雇用するよりも奴隷の雇用を選好する」のは、下位の人間を説得するのを嫌う高慢のためである（WN, III. ii. 10, O. ii. 20）とし、人間は、生来傲慢なため「操縦と説得」よりも「強制と暴力支配」を好む（WN, V. i. g. 19, O. iii. 176）としているのも、同じ思想の表現に他ならない。スミスは、こうした「人間の自然の傲慢性（the natural insolence of man）」や支配欲を人間の原罪視していたのであるが、ということは、彼がクロプシーの唯物論的解釈が主張するように、「貪欲その他の動物的衝動に自由承諾を与える[14]」ことを意図していたことを意味しない。逆に、スミスの道徳哲学はその揚棄を主題とするものであった。スミスは、その課題を『感情論』では、称賛愛や虚栄心を名誉心《オナー》・尊敬《エスティーム》愛化することによって達成しようとしたが、『国富論』では、交換を説得の手段化することによって、一方的な説得・支配性向を揚棄しようとしたのである。交換が説得や支配の手段として有効に機能するとすれば、むきだしの説得や暴力支配に頼る必要はなくなるからであるが、その次第は交換の本質を顧みるとき、より明らかになることであろう。周知のように、交換は、他人の労働の生産物を手に入れるために、それ相応の代価を相手に提供することであるが、その目的が他人の労働の支配にあることには変りはない。「所有が……もたらす力は、購買力、すなわち、市場に存在するすべての労働、ないし、労働のすべての生産物に対する支配力である」（WN, I. v. 3, O. i. 54）という言葉は、こうした交換の本質を端的に表現したものといえよう。人間が交換価値を追求するのもそのために他ならないとした場合、われわれは、交換価値を追求することで、説得や暴力支配に頼らずとも、それと同じ目的を達成することが可能になるであろう。スミスは、こうした交換の本質に着目し、説得や暴力支配に頼らずとも同じ目的が達成されうる次第を経済学的に論証することによって、人間のむき出しの説得本能や支配欲を文明化（交換性向化）しようとしたのである。彼の交換性向論がこうした性格をもっていることは、「それゆえ、われわれは主として説得力を文明化《カルティヴェート》（洗練）すべきで、実際にも意図することなしに、そうしている。生活全体がその行使に費やされているので、お互いに契約《バーゲイン》をするという便利な方法に疑いもなく到達するにちがいない」（LJB, 222）という、前述のAノートの文章に続くBノートの原文からも推測される。スミスの交換性向論のこうした側面に注目し、「スミスは、説得衝動を交換性向を中心にする経済活動にそらそうと試みる」ことによって、ホッブズ的な力の支配を交換価値による支配に変えたのであるというミノヴィッツの解釈は[15]、こうしたスミスの交換性向論の本質をついた卓見といえよう。

スミスは、交換・契約行為の説得性を強調することによって、逆に、人間のむき出しの説得・支配欲を交換価値による間接支配に誘導するとともに、そうした人間の自然の性向に基づく交換価値追求活動を既述の生活改善願望とともに人間の"modus operandi"（作用様式）とすることによって、人間の自然の感情に基づく生活改善願望と交換価値追求活動が、その意図しない帰結として、自然的進歩を可能にし、社会を文明化する次第を明らかにしようとしたのである[16]。

こうした『国富論』の論理構造は、『国富論』が『感情論』以上に人間の自然の感情を唯一の原理とする理論として、人間の美的感覚と虚栄心から生まれる自己改善願望と説得・支配欲に基づく交換価値追求性向を人間の行為の作用因化し、その意図しない帰結としておのずから富裕と徳性が実現されるとする思想であることを示しているといえるであろう。彼が、分業は、社会全体の富裕を予見し意図した人知の所産ではなく、有用性には無頓着な人間本性の一つとしての交換性向の必然的帰結であるとして、富裕の源泉としての分業の自然成長性を強調しているのも、こうしたスミス理論の自然主義的性格を象徴するものに他ならない。

『国富論』は、こうした分業・交換性向に支えられた自己改善の衝動《ドライブ》が、人定法の障害を破って、大衆の幸福と福祉に満ちた商業社会の実現を可能ならしめる成長モデルの構築を試みたものであった。彼は、そのプロセスを分業の進展に伴う利潤の増大がひきおこす賃金の上昇の帰結と、それに対する揺り戻し機構《フィードバックシステム》の解明を通して明らかにすることによって、自然的自由の体系が長期にわたる実質賃金の上昇を結果する次第を理論的に論証したのである(17)。『国富論』の自然的自由の体系とは、こうした経済成長が、独占と特権や規制さえなければ、個々人が自然の感情原理に従って自由に行動するだけで容易に実現されるシステムを指す言葉に他ならない(18)。『国富論』体系が「自然の平易な体系《イージー・システム》」、「明白・単純な自然的自由の体系」(自然の体系、ないし、自由の体系)といわれる所以はそこにある。こうした自然的自由の体系の核心をなす自然の体系観念が『感情論』の論理の根幹をなしている次第は上巻でみた通りであるが(19)、スミスの画期性は、こうした自然の体系思想に立脚する「単純な制度」としての「自由市場モデル」ないし「市場の自動調節理論を実際に、一般化した(20)」点にある。その点が自然の原理の貫徹のためには国家の巧妙な手が不可欠であるとしていたステュアートやケネー、さらには、ヒューム、ノース、マンデヴィル、タッカーなどの先行経済学者との根本的相違点をなすことは明らかであるが、彼らと異なる『国富論』のもう一つの特色は、こうした自然の体系の根幹をなす「自然」概念自体が道徳感情によって基礎付けられている点にある。

三　『国富論』の自然概念とスミス理論の両極性

(1)　自然概念の経験性と必然性

『国富論』の経済人の経済行動の動因をなす自己改善願望論や交換性向論が『感情論』の道徳心理学のより経済学的

展開であった次第はすでにみた通りであるが、スミスはこうした共感感情に根ざす人間感情の心理分析の上に人間の経済行動の経験分析を展開していたのであった。『国富論』の経験的人間分析とそれに立脚する経済理論は、『感情論』の道徳感情分析に立脚したものであったのであるが、そのことは、必ずしも『国富論』が一〇〇%経験的に解されうることを意味しない。スミスが『国富論』で多用しているnatural, naturally用語に代表される『国富論』の「自然」概念の特色は、『感情論』の道徳感情原理に基づくすぐれて経験的・心理的な概念である反面、多分に必然論的・目的論的性格をもっている点にある。[21]「人間本性と自然的秩序の普遍性に関する彼の見解が、彼の道徳心理学にしばしば帰せられる遡及的相対主義の邪魔をしている[22]」といわれる理由や、スミスの自然観の物活《アニミスティック》説的先入見と目的論的性格が強調される[23]所以を理解する鍵はそこにある。スミスのヒューム的、新古典派的、近代科学的解釈は、第一部でみたようにこうしたスミスの形而上学的側面を「神学的常套句」（theistic platitudes）[24]として切り捨てることによって、スミスを経験科学的に純粋化しようとしてきたが、こうした純粋科学的解釈では必ずしもスミスの提出した問題は理解しえない次第が注意される要がある。

周知のように、スミスは『国富論』の中でさまざまな形の「自然」関連用語を多用しているが、より以上に注目すべきは自然関連用語（Nature, natural, naturally）以上に、「必然」関連用語（Necessity, necessary, necessarily）が頻用されている事実である。コンピューター検索をすれば、これらの用語が一ページに平均一回以上、しばしば五―六回、ときには七―八回も登場しているだけでなく、必然関連用語の方が自然関連用語よりも数割方多く使われている次第が証明されることであろう。しかし、もっと注目すべき事実は、この両用語が多くの場合セット的に使用されている点である。

そうした自然＝必然用語のセット的使用の用例を紹介するため、原文を要約的に引用すれば、次のような用法が至るところにみられるといえよう。

独立の職人《ワークマン》は、資本《ストック》が増えると自然に職人《ジャーニーマン》を雇用する。従って、労働需要は、資本の増加とともに必然的に増加し、富の増加につれて自然に増加する（WN, I. viii. 20-21, O. i. 118）。

各個人は、自分の自由にできる資本を最も有利に使おうとする。彼の眼中にあるのは、自分の利益であって社会の利益ではないが、自分の利益を研究すると、自然に、というよりもむしろ必然的に社会にとって最も有利な資本の使い方を選ぶ結果になる（IV. ii. 4, O. ii. 116-117）。

利潤が同等な場合、卸売商は、（身近かなものに親近感をもつ道徳的感情の常として）自然に外国貿易よりも国内商業を選ぶが、国内商業に用いられる資本は、外国貿易に用いられる場合よりも必然的に一層多くの自国内の勤労を活動させるので、利潤が等しい場合には誰もが自然に自国民の最大多数に所得と仕事を与えるような方法で自分の資本を用いようとする（IV. ii. 6, O. ii. 117-119）。

諸個人は、私的な利害と情念に導かれて、自然に公益に合致するように資本を配分する。そうした自然の選好に従って資本を投下しすぎると、自分の利潤が低下するので、法律による干渉がなくとも、誰もが自然に公益に適合するように資本を配分するのに、重商主義は、こうした資本の最も自然で有利な配分を必然的に撹乱する（IV. vii. c. 88-89, O. ii. 409-410）。

独占は、必然的に利潤率を自由な場合に自然になるよりも高くする。独占は、自然の場合よりも必然的に大きな資本を引き寄せるため、必然的に自由＝自然の場合より資本の総量を減少させ、必然的に利潤率を引き上げることになる（IV. vii. c. 24-25, O. ii. 358）。

都市の商工業が農村の改良と耕作の結果ではなく、その原因であり誘因であるのは、事物の自然の成り行きに反するので、その歩みは必然的におそく不確実である（III. iv. 18-19, O. ii. 65）。

『国富論』にはこうした用法とならんで、右の二番目の用例にみられるように、naturally rather necessarily, or, naturally perhaps necessarily という用語法もみられるが、上記の諸用例は、スミスが自然の（感情）原理に従う人間の自由な活動が必然的に一定の帰結をもたらすという自然＝必然論をとっていた次第を示しているといえるであろう。「完全な自由が必然的に確立する自然の健全で適正な均衡」（IV. vii. c. 44, O. ii. 370）という用例も、こうした思想をより端的に表現したものに他ならない。スミスは、完全な自由があるとき、各人の自然な行動が必然的に「自然の均衡」を確立すると考えていたのである。しかし、経験科学的にはこうした論理の必然性はどこにも存在しない。たとえば、都市の産業を奨励しすぎた必然的帰結として、利潤が必然的に減少し、農村の労働の賃金が必然的に高まる（I. x. c. 26, O. i. 213-4）必然性はない。それらはせいぜい蓋然的な傾向にすぎない。これまでのスミス研究が、スミスの「自然」概念の経験性とその反面の形而上学性に着目しながら、「必然」用語を無視してきた一つの背景はここにあるが、こうしたスミスの論理の非経験性を批判する前に、スミスがこれらの用語に固執し、セット的に多用してきたのはなぜかを問う要がある。

　その理由を理解する鍵をなすのが、スミスが自然の必然法則の支配を前提した上で、それを『感情論』の共感原理でとらえ直そうとしていた点である。その証左をなすのが、道徳感情と自然の必然法則との乖離と合致の論理が『感情論』と『国富論』の論理の共通前提をなしている事実である。スミスは、別著で論究したように、「人類の自然の感情」と「自然が……人間に従うように促す規則が、自然が自ら守る規則（自然法則、「自然の不可変の法則」）とはちがう」（TMS, III. 5. 9, M. 217-8）次第を明確に承認した上で、『感情論』ではこうした自然の必然法則からの「自由に伴う道徳的責任」を問題にしていたのが[25]、『国富論』では道徳感情と自然の行程との合致が強調され、その順序を逆転させる重商主義が批判されていることは周知の通りである。人間の自然の道徳感情に従う自然の原理が問われる場合に、自然＝必然用語がセット的に使用される事例が多いことも、こうした道徳感情と自然の必然法則との相互的関連を示すものに他ならない。こうした論理は、彼がキリスト教の思想伝統に従って、神が物質世界を制御する手段として創造した自然の必然法則の支配・貫徹を形而上学的に仮定した上で[26]、それがみえないことから自然法則を逸脱して自由に走る人間の自然の感情に基づく自由な行動が、作用⇓目的の自然法則に媒介されて、神のデザインした必然法則の実現につながるという論理を想定していたことを示しているといえよう。スミスは、人間が自然の感情の動き（自然の原理）に従うとき、価格が自然に上昇する生産物は何かを問う形で、自然の原理（道徳感情）に従って動く人間の自由な行動が事物の法則と乖離しながらも、究極的には合致（自然価格を実現）する次第の論証（道徳感情に媒介される自然の必然法則の解明）を経済学の主題にしていたのである。スミスの思想が、作用⇓目的の自然法則の機械的妥当を想定していたケネーの客観的自然法観とちがって、客体的自然法と主体的自然法とを統合した主・客合一論であるといわれる所以はそこにあるが[27]、主体の論理（道徳感情に基づく人間の行動）が客体の論理（事物の客観法則）と乖離しながら合致する必然性は、経験科学的には論証しえない。

一九世紀以降の実証主義的スミス研究がこうした側面を非科学的形而上学として意識的・無意識的に無視してきた所以はそこにある。しかし、「〝科学的〟知識と〝宗教的〟知識とは、二つの基本的に別のちがったタイプの知識であると主張する認識論的二元論や、科学的知識は基本的に他のいかなる知識とも異なり、それらに優越するという実証主義的命題に反し、社会的現実に対するスミスの経験的探求が、究極的・基本的に非経験的・形而上学的信念に依存している」[28]ことは確かである。そうした経験科学的には論証しえない自然＝必然論に立脚するスミスの思想を理解するためには、何らかの神学観を想定せざるをえないが、そうしたことが問題にならざるをえない理由は、（人間の道徳感情に媒介される）自由（自然）⇩必然論ぬきにはスミスの経済理論自体が理解しえない点にある。その次第を明らかにするため、次に、スミスの経済理論そのものに少しく立入ってみることにしよう。

(2)　**自然価格論**

周知のように、スミス経済理論の中核をなす自然価格は、事物が自然の成り行きにまかされるとき、おのずから実現される価格であり、「すべての商品の価格がたえずひきつけられる中心価格である」（WN, I. vii. 15, O. i. 99）。自然価格が、競争が行きつくしたところに成立する「均衡価格」であるといわれる理由もそこにある。しかし、その反面、スミスの自然価格概念が、たんなる「中心価格」概念や「均衡価格」論とは異なる実体性・規範性をもっていることも、よく知られた事実である。自然価格は、経験的には観察不能なので、市場価格の観察を通して推論される他ないにもかかわらず、実際には市場価格の変動が自然価格からの乖離の帰結として説明されている。C・M・A・クラークの言葉を借りていえば、スミスの自然価格論は、作用因の論理に基づく目的因の説明であるにもかかわらず、目的が予定（予め決定）されているため、市場価格は自然価格との関係においてしか判断されない構造になっているのである[29]。スミスの自然価格論の静態性が批判される根拠はそこにある。「スミスの価値論の非一貫性は、社会体制や社会現象の歴史と社会的背景（作用因）の考察を通して、それらの不変の自然法則（目的因）を発見しようとする試みの必然的帰結である」[30]のである。「スミスの価値論は経験を無視した『形而上学的な理論』である」として、『国富論』の非経験性や実体論的性格が、刊行直後からパウネルやアンダスンらによって一様にきびしく批判されたのは[31]、むしろ当然であったのである。

こうしたスミスの自然価格論の静態性（非経験性・超越性）の根本原因は、目的因（final causes）に対する信頼が作用因（道徳感情）の論理の完全な展開を妨げた点にあったのであるが、スミス理論の意義と特色は、こうした目的因前提論から生まれる限界にもかかわらず、作用因の論理（道徳感情分析）を通して目的因（自然の必然法則）を発見しようとした点にある。換言すれば、目的因の支配と、それに基づく作用⇒目的の合致を予め形而上学的に前提した上で、人間を作用因とする自然の必然法則を道徳感情論によって解明しようとした点にあったのである。

(3) 自然的進歩論

こうした自然の感情原理に基づく「人間の自然の性向」(the natural inclination of man) と「必然が課する事物の秩序」(WN, III. i. 3, O. ii. 6) との合致の論理をより明瞭に想定しているのが、自然的進歩論である。スミスは、「生活資料を提供する農村の耕作と改良は、必然的に便益と奢侈の手段を提供するだけの都市の発達に先行しなければならない」(III. i. 2, O. ii. 5) から、この順序は「必然が課する事物の順序《オーダー》」であるが、人間が自然の感情原理に従うとき、人間は自然に最も身近かなものに愛着をもつので、上の順序は道徳感情に基づく人間の自然の性向とも合致すると考えたのである。スミスのいう「進歩の自然的行程《ナチュラルコース》」とは、こうした形で自然の必然法則がそれから逸脱して自由に走る人間の感情に媒介されることによって実現される過程《プロセス》のことであったのであるが[32]、農業の発達が商業に先行しなければならない必然性は存在しない。スミスの自然的進歩論の非歴史性が指摘され[33]、スミス理論の非歴史的静態性の謎を解く鍵は彼の自然法的先入観にあるといわれる[34]理由はここにある。しかし、「富裕の自然的進歩は、歴史的典拠を参照することなしに形成された先天的概念である」[35]と批判するだけでは、人間の自然の感情原理に基づく自然法を明らかにすることを通して、資本投下の「自然的順序を『逆転』させてきたものが、『ヨーロッパ諸国の最初の統治の性質によって導入され、その統治が著しく変更された後まで残存した生活様式《マナーズ》や慣習』(WN, III. i. 9) にほかならなかったということを明らかにしようとした」[36]スミスの意図も、そのことのもつ意義もみえない次第が注意される要がある。スミスの自然的進歩論の意義は、むしろ上述のような形で道徳感情に媒介される自然の行程（自然的自由の体系）の衡平性を前提していたがゆえに、その貫徹を妨げる現実の歴史の動態を批判的に把握する論理を展開しえた点にあるからである。スミスが歴史的経験を無視してまで「自然的行程」に固執した理由はそこにあるが[37]、その次第をより典型的に示しているのが、彼の重商主義観である。

⑷　重商主義観の二面性

周知のように、スミスは、重商主義を「富裕の自然的進歩」の順序を逆転させるため、富裕の進歩を遅らせるものとしてきびしく批判しているが、他方では、商業の発達のお陰で農村の自由・解放が実現されたとして、順序を逆転させた重商主義の果した歴史的役割を事実上承認している。こうしたスミスの重商主義観は、論理的には必ずしも矛盾するものではなく、スミスは逆転のため進歩がおくれることを批判しただけだといえないこともないが、一方では逆転を徹底的に批判・断罪しながら、他方ではそのお陰で自由と進歩が実現されたというのは、やはりすぐれて矛盾的・逆説的論理展開であるといわざるをえない。ヒュームが『イングランド史』ですでにはっきりと展開していたように、「都市の商工業が、農村の改良と耕作の結果ではなく、その原因と誘因であり」（WN, III. iv. 18, O. ii. 65）、「封建的諸制度の暴力をもってしても達成できなかったことを外国貿易と製造業……がなしとげた」（III. iv. 10, O. ii. 59）のであるとすれば、重商主義を富裕の進歩を遅らせる原因としてきびしく断罪する客観的根拠は存在しないことになるからである。小林昇が批判するように、スミスの重商主義批判が多分にイデオロギー性をもつものと考えられざるをえない根拠はここにあるが、スミスがこうした事物自然の順序における奢侈と外国貿易の先行性を主張したヒュームの見解を百も承知しながら、なおかつあえて上述のようなイデオロギー的重商主義批判をしたのは、重商主義が、彼が確立しようとした人間の自然の感情原理に基づく「自然的自由の体系」に原理的に反する体系であったために他ならない。スミスは、重商主義が見えない手、意図しない帰結の論理を中核とする自然的自由の体系と原理的に対立する Political Economy（経済＝便宜・効用の名による Police 規制）の体系であったがゆえに、そのマイナス面を富裕の自然的進歩を大きく遅らせるものとしてきびしく批判したのである。「特恵ないし制限を行う一切の制度が完全に撤廃されれば、明白で単純な自然的自由の体系がおのずから確立される。万人は、正義の法を侵犯しない限り、完全に自由にやりたいように自分の利益を追求してよい」（IV. ix. 51, O. ii. 511）というスミスの言葉は、このような彼の信念を端的に表現したものに他ならないが、商業先行を批判しながら商業先導の歴史的意義を認めるスミスの論理自体は、形式論理的にはあくまでも矛盾しているといわざるをえない。しかし、この矛盾も、スミスが、自然の必然法則がみえないことから生まれる偶然・自由＝作用⇒目的の論理とその根拠をなす神学的必然論を前提した上で、道徳感情原理に基づくその経験的論証を主題にしていたと考えれば、それほど不可解ではなくなるであろう。重商主義は、自然の体系《システム》に反するから、自然の体系《システム》の貫徹（富裕の自然的進歩）を妨げ遅らせるものとしてきびしく批判されねばならないが、自然の必然法則は偶然・自由に媒介されて実現するものなので、逆転があっても貫徹するだけでなく、逆転のお陰で農村の自由が実現されるのも人事の当然のコースであると考えることができるからである[38]。スミスが重商主義をきびしく批判しながら、農業の改良に先行した商業の果した歴史的意義を積極的に評価していたのは、こうした論理を前提していたためであり、上巻の第一部でみたような『感情論』（TMS, II. iii. 3）の不規則性にもかかわらぬ種の幸福と完全性信仰や、そのルーツをなすハチスン的偶然・悪の効用論とも照応するが[39]、こうしたスミス思想の特色をより典型的に示しているのが有名な見えない手の理論である。

(5) 見えない手と意図しない帰結の理論

『国富論』の見えない手の神学性をめぐっては、最近でもさまざまな議論がなされていることは序章でみた通りであるが、スミスの見えない手の理論も、自然の必然法則の支配を前提した上で、それがみえないことから人間には偶然・自由の余地があると考えて自然の感情原理に従う人間の自由な行動の経験的観察を通して、そうした人間の自由な行動が作用⇩目的の自然法則に媒介されて神のデザイン実現につながってゆく次第の論証に基づく効用・理性説批判であると考えれば、その経験性とそれとは正反対の必然論的・形而上学的性格との二面性も整合的に理解されることであろう。スミスが『国富論』で見えない手に関説したのは国内商の場合についてであるが、「彼は、この場合でもその他の多くの場合と同じように、見えない手に導かれて……」(IV. ii. 9, O. ii. 120) という原文の示すように、見えない手に導かれる意図しない帰結の理論は、『国富論』全編で繰り返し展開されているといってよいであろう。『国富論』の最大の特色の一つは、こうした見えない手の別表現としての意図しない帰結の理論に基づいて、全体の福祉を計画的・理性的に実現しようとしたポリティカル・エコノミーを批判した点にある。スミスが、こうした意図しない帰結の例として、「エア銀行の操作の結果は」計画者たちの「意図とは全く正反対のものであった」(II. ii. 74, O. i. 486) とか、規制の好結果は立法者の意図によるものではなく偶然によるものにすぎない (IV. vii. b. 38, O. ii. 328) というような具体的事例から、西インドの発見や封建勢力の没落の原因論や、アメリカ植民地の成功の原因論にまで及ぶ種々の事例をあげていることは周知の通りである。[40] こうした意図しない帰結の理論は、必ずしもスミス独自のものではなく、その提唱者としては、マンデヴィル、ヴィーコ、ヒューム、ファーガスン、ミラーなどが知られている。スミスの偉大さは、その論理と場を発見した点にあるにすぎないが、この理論も見えない手と同じ自由=作用⇩目的・

必然の論理を前提していることは明らかである。

新古典派的な経済学者たちは、こうした意図しない帰結のシンボルとしての『国富論』の見えない手の理論を完全競争モデルに変形し、自動均衡メカニズムに解消することによって、見えない手を世俗化・比喩化している。見えない手は競争の手に他ならず、市場が摂理の代りをするので、神は隠喩《メタファー》にすぎないとされたのである。多くの論者が、完全競争を仮定すれば、スミスの見えない手の「議論の核心は、敬神を道具立てにしなくとも言い換えることができる」(41)としてきた根拠はそこにある。しかし、スミスの理論は、完全競争モデルを前提するものではなく、「完全な自由」の存在しない現実の中でも、偶然・自由＝作用⇩目的の論理が貫徹し、デザインはおのずから実現されるとするものであった。スミスは、正義さえ守られれば、市場における各人の私益追求が自由な競争関係の下ではおのずから必然的に公益につながるとしていたのであるが、こうしたスミスの楽観主義の根拠をなす見えない手、意図しない帰結の必然性は科学的には説明しえない。競争市場が私益を公益に合致させる必然性はどこにも存在しない。科学に還元しえないスミス体系の必然論的仮定が問題にならざるをえない所以はここにある。新古典派的経済学者やスミスをヒューム的に解する哲学者は、序章でみたように、こうした科学的に説明できない問題についてのスミスの神学的記述を「神学的常套句」として片付け、見えない手を自動均衡メカニズム化することによって、市場における各人の私益の追求がどのようにして秩序を可能にするかを論証する「実証科学」に還元した結果、スミスのテーゼにあった「必然論的性格」を見失うことになったが(42)、スミスの問題はこうした前提の上に議論を展開していた点にある。「神学に関するスミスの消失した意見……が、見えない手の本性と目的の合理的・明示的叙述を提供するであろう(43)」といわれる根拠はそこにある。

(6) 完全自由論

スミスが『国富論』の中で完全自由論を否定していたことも、こうした解釈の妥当性を示すといえるであろう。彼が同業組合の排他的特権や徒弟条令は、自然的自由の明白な侵害であるから廃止すべきであるが、完全な自由を期待するのはユートピアにすぎないとする一方(44)、重農主義の「完全自由」論を否定し、法が労働の成果を保障しさえすれば、どんなに不条理な規制があっても、すべての国は繁栄するとしていることは、よく知られている事実である(45)。彼は、その理由を「人体には人知の究めえないある種の健康保持原理が働いているため」、「医者の処方が間違っていても」、「動物の生命における未知の原理」のお陰で「健康と活力を回復する」ように、「政治体においても、経済政策《ポリティカル・エコノミー》が多少不公平で抑圧的であっても、各人の自分の暮しを良くしようとする自然の努力が、経済政策の悪い結果を多くの点で予防し是正しうる健康保持の原理である」(WN, II. iii. 31, IV. ix. 28, O. i. 536, ii. 491) 点に求めている。彼が、イングランドにも、さまざまな公私の濫費や無用な戦争だけでなく、「国の貧困化どころか全面的破滅をも予期せざるをえなかったような無秩序と不幸が数多く起った」にもかかわらず、それらのことも「富裕と改善に向うイングランドの自然的進歩を遅らせはしても、進歩を停止させることはできなかった」(II. iii. 35-36, O. i. 539, 541) としているのも、同じ考え方に基づくものに他ならない。スミスは、完全な自由がなく、政策が間違っても、各人の自己改善努力が悪い結果を是正するので、進歩は遅れても、停止はしないと考えたのである。こうした思想は、見方によっては独占や慣行・特権の現状肯定にもつながりかねないが、彼は生活改善願望と交換性向に基づく単純な体系の有効性を全面的に信じていたので、作用⇒目的の論理に立脚する自然の摂理を信じない政策介入《ポリティカル・エコノミー》をきびしく批判しながらも、介入はあっても、正義さえ守られれば作用因の論理が貫徹するから、とくに問題はないと考えたのである。

『国富論』の楽観主義、その根幹をなす自然的自由の体系は、こうした論理に立脚していたのであるが、このような見えない手の形而上学、その核心をなすスミスの神学思想を正当に理解せずには、ケネーやステュアートと異なる彼の経済学の独自性は認識しえないといえるであろう。一八世紀における三人の経済学の創設者のうち、スミスだけが経済の自立性を完全な形で主張したことは周知の通りであるが、それを可能にした論理が見えない手の形而上学であったことは明白である。[46] そうしたスミス経済学の核心をなす見えない手の形而上学を理解する鍵が彼の自然神学講義にあることは前にも指摘した通りであるが、スミスがフィジオクラートの完全自由論とちがった論理を展開しえた最大の根拠も、彼がカルヴァン主義の神学観を前提していた点にあったのではないかと考えられる。フィジオクラートが完全自由が必要であるとしていたのは、スミスのように自然の必然法則がみえないことから生まれる偶然・自由の感覚に基づく各人の自由な活動が、作用⇒目的の論理に媒介されることによって必然実現につながるという、カルヴァン主義的逆説に立脚する論理を欠いていた点にあったと考えられるからである。彼らが、自然を left alone, laissez faire la nature しておけば、おのずから均衡が実現されるといいながら、そのためには完全自由が必要であるという矛盾した論理を展開していたのは、そのためであったといえるであろう。新古典派の経済学者たちも、こうしたフィジオクラート的な完全自由論を前提した議論を展開しているが、彼らの場合には神学そのものを原理的に否定していたため、自然の客観法則の実現・貫徹を妨げぬための障害の排除（laissez passer la nature）ではなく、現実にはありえない文字通りの完全競争モデルを想定した議論を展開せざるをえないことになったのである。[47] こうした新古典派の完全自由論に対し、その反対者たちが、実際には完全競争がありえない以上、不完全な現実が生み出す問題を解決するためには政府の介入が不可欠であるとしているのも、神の介入を認めぬ近代科学の論理のいわば必然的帰結であったといえるであろう。

スミス理論の基本的特色は、こうした新古典派以降の経済学と異なり、自然の摂理（国家の英知や人間の理性を超える神のデザインにかかる自然の必然法則の支配・貫徹＝その中核をなす自由・作用⇩目的・必然の論理）に対する信頼を前提していた点にあったのであるが、この事実は必ずしもスミス理論の非経験性・前近代性を意味するものではない。スミスの理論は、神学を前提していたがゆえに、逆に現実にはありえない完全競争モデルを想定したり、それと対をなす立法者主義に走ることなしに、現実をそれとして見据えたままの個別・経験主義にとどまりえたからである。「神は人間に直ちに全体を示し給わず、人間は全体を求めて少しずつ時間をかけて進む他ない」[48]という経験主義は、神の摂理の妥当・貫徹を前提していたがゆえに可能になったのであり、そうした支柱がない場合には、逆にその後人類の歴史が示しているように、新古典派的な完全競争モデル主義か、ヒューム的な功利主義か、ステュアート的な立法者主義のいずれかに傾かざるをえないであろう。スミスの限界は、こうした神学的前提に立脚する道徳感情⇩経験主義の帰結の必然性を形而上学的に想定していた点にあるが、それを形而上学として排除するだけではスミスの問題はみえない次第が注意される要がある。スミスが、たんなる経験主義や現状肯定主義に埋没することなく、徹底した歴史的現状批判をなしえたのは、まさしくこの論理を前提していたためであったからである。

四　『国富論』の神学的前提

『国富論』は、神学的な必然論を前提するものであったのであるが、『国富論』の自然的自由の体系の根底に神学的前提を検出するこのような試みに対しては、当然のことながら大きな異論が提出されることであろう。現にここ数十年来の主要なスミス研究者や経済学者がほぼ一様に見えない手の神学性を否定し、スミスの思想体系には目的因を枢軸とするものは何もないとしていたことは、序章でみた通りである。事実、『感情論』には神が遍在するので、その神学性は否定しうべくもないとしても、『国富論』では神学的議論はほとんど展開されていない。展開されているのは宗教論だけで、そこで使われている各種の神観念は、自らの理論の世俗性を隠すための比喩にすぎないかにみえる。『国富論』は、むしろ神学からの解放を主題としたもので、あえていえば「無神論」であるというのが、多くの経済学者の一般的見解であるといってもよいであろう。

　そうした視点をスミスの宗教・神学思想の徹底した内在分析を通して改めて強調したのがミノヴィッツである。

　彼は、序章でも論及したように、スミスの著作にみられる神学用語の解析を根拠に、『国富論』を神学からの解放を主題とした無神論の著作とし、『感情論』の神も、ストア的理神論の神で、堕落―原罪―贖罪のドラマからなる聖書宗教の神ではないとしている[49]。「スミスの著作には〔たしかに〕どこにも〔書簡を含めて〕、〝イエス〟も〝キリスト〟も〝子〟もみられない」。スミスがしばしば使用している“the gods”や“the Deity”は、キリスト教の神ではない。『感情論』では、スミスは」、しばしば引用されるように、「自然の創始者《オーサー》、指揮者、監督者、建築家という真の神を指示する一群の名称を用意しているが、創造者《クリエイター》としての神にはわずかにしか言及しておらず」、「復活については沈黙している」ことも確かである[50]。しかし、このように『国富論』には啓示神学用語がみられず、『感情論』でも非キリスト教的な抽象的神用語が多用されているのは、ホッブズ、プーフェンドルフ以来の道徳神学と自然法学との分界論の思想伝統に基づくもので、神とイエスへの非言及は、必ずしもミノヴィッツの主張するように、「彼があらゆる形態のキリスト教を拒否したことを示唆する」[51]ものではない。宗教改革以後顕在化した信仰個条の差異に伴うセクト対立から自由に「信条を異にする人々が平和的に共生するのを許容する普遍的……規則の発見」を意図した一七―一八世紀の近代思想が、地上の正義の原理を信仰個条から切り離して考える分界論を展開したことは別著で論及した通りであるが[52]、スミスも、分界論に基づく地上の交通倫理の確立を道徳哲学の基本主題としていたため、『感情論』でも正統キリスト教的神学観は（贖罪節などを除き）表面に出さず、汎宗教的・ストア的な抽象的神観念を多用する形で議論を展開していたのである[53]。そうした形で形成された地上の倫理学に基づく自然的自由の世界の自律性の論証を主題とした『国富論』の世界に啓示神学用語やキリスト教的神学理論がみられないのは、むしろ当然であるといえるであろう。

しかし、『国富論』に神学理論や神学用語がみられないことは、必ずしも『国富論』における神学的前提の不在を意味するものではない。『感情論』の自然理論、それに立脚する『国富論』の自然的自由の体系＝見えない手の理論は、既述のように神学を想定せずには理解しえない形而上学的必然論を前提しているからである。『国富論』は、『感情論』の核心をなしていた神学的必然論を前提し、それを足場にして、その上に構築された理論であったのであるが、『国富論』自体にはそうした神学的前提ないし枠組を直接窺わせるような神学思想が展開されていないのは、足場や枠組は建物が出来上がれば不用になり、撤去されるからである。スミスは、『感情論』の神学観からある程度予想されるような神学思想の上に、見えない手に象徴される自然的自由の体系を構築したのであるが[54]、『国富論』の主題はこうした神学観に立脚する自然的自由の体系の経済学的論証にあったため、前提そのものには直接的には論及しなかったのである。しかし、足場や枠組は取り払われても、土台は変らぬ以上、『国富論』でも『感情論』の神学を土台にした議論が展開されているとみる方がむしろ自然であろう。その具体的表現が、前述のような『国富論』の自然概念の根底にみられる形而上学的必然概念であったのである[55]。

これまでの内外の多くの研究者は、こうした『国富論』の神学的前提を認めず、スミスは科学的に説明できなくなると、神学を持ち出すという神学的常套句説や、スミスの神観念は修辞ないし偽装にすぎないという修辞・偽装説をとってきたのであった。こうした最近までの趨勢に対し、ごく最近の研究が、スミスの道徳哲学体系の自然神学的前提を明確に承認する傾向を強めていることは序章でみた通りであるが、スミス理論の神学的前提を承認する議論も、多くの場合、スミスの神学をストア的理神論と同一視している。しかし、スミスの神は、ストアの神と同じではない。スミスの宗教・神学思想は必ずしもストア的理神論と同じではなく、ストア的理神論ではスミス思想の二面性・両極性はとらえきれない次第が大きく注意される要がある。[56]

五　ストア古典的自然法観との異質性

ストアの神観念は、スミスが「天文学史」などで析出した科学の神に近いといえるであろう。原因—結果の考察を通して導かれる万物の第一原因としての神である。世界は、こうした万物の第一原因としての神の創造した「偉大な機械」として、作用（手段）⇒目的の法則に従って運行しており、人間もこの神的秩序の一部をなすものに他ならないとされていたのである。ストアが、人間のなすべきことは、こうした自然のロゴスを認識して、それに服従する点にあるとして、自らを神的秩序の一部と化することのうちに徳性の実現をみた所以はそこにあるが、スミスも、ストアと同じように世界を「偉大な機械」としてとらえている。[57] スミスがストアと同一視される一つの背景はそこにあるが、スミスは、ストアのように人間も万物を支配する作用⇒目的の自然の必然法則に機械的に従うべきものとは考えず、必然法則がみえないままに必然法則から乖離・逸脱する作用因の自由を認めている。[58] 自然の必然法則に服従し、自らを神的秩序の一部と化することのうちに徳性の完成をみるストアには、こうした必然法則から逸脱する作用因の自由＝それに伴う罪の意識や、偉大な機械としての宇宙と人間の現実とのギャップを正当化する論理はないが、人間の道徳感情と自然の必然法則との乖離を認めるスミスの道徳哲学では、自然の必然法則を逸脱して自由に走ることから生まれる人間の「罪」・「弱さと不完全性」の認識が道徳哲学の基底をなしている。動物のように自然の必然法則に従わずに自由に走ることから生まれるこうした人間の罪・堕落・弱さ・不完全性（一言でいえば、fallen Nature＝原罪）の自覚が、それ自体すぐれてキリスト教的であることは明らかであるが、『感情論』の特色は、こうした堕落した人間のありのままの本性《ネイチュア》（原罪）が（贖罪論を媒介に）それとして承認され、作用因の自由が論理展開の根幹をなしている点にある。

　こうした作用因論に立脚するスミスの神学観がストアの科学的一神論と異なることは明白であるが、スミスの自然概念も、その当然の帰結として、ストアのそれと決定的に異なっている。ストアの根本原理は、自然のロゴスの存在を想定し、それが万物を支配しているとする点にある。ストアが、自然のロゴスを認識し、それに服従することが、それから逸脱する気ままな情念を克服する唯一の道であると考えたのは、そのためであった。このようなストアの自然観は、自然の中に事物の理性《フシオ》を見出し、それを自然の原理とする点で、自然と理性を事実上同一視し、それを善《ボヌーム》の原理とする論理であるといえよう。ストアが、一切の世俗的欲求の断念（アパシー）による自然の体系への一体化を説いた所以はそこにあったのであるが、スミスの自然観の基本的特色は、こうしたストアの理性的自然概念とは逆に、自然と理性を切断し、自然概念から理性的要素を取り去ることによって、ストア的理性（自然のロゴス）から解放されたありのままの人間の自然（情念＝堕落した自然《フォールン・ネイチュア》）をそれとして認めた点にある。スミスが、こうした形で、理性と自然を分離し、ストア的な「理性と哲学」に対する「自然」の優位を自説のストアとの相違点としてあげていたことは周知の事実であるが、彼が道徳判断原理を、自然の理性にではなく、「公平な観察者」の同感に求めていたことも、彼がストア的な理性的自然観と異なる自然観をもっていたことを示すものに他ならない。理性ではなく想像力を道徳の主要な動因とする『感情論』の論理は、自然のロゴスの理性的認識＝服従による情念の抑制（自然の昇華＝アパシー＝自己規制）論とは反対に、ありのままの人間的自然（自然的欲求や自己偏愛性）をそれとして承認・前提した上で、想像力（想像上の立場の交換）によるその抑制を主題としている点で、ストアと根本的に異なる原理に立脚しているからである。[59]『感情論』は、自然のロゴス（必然法則）がみえないために自由に行動する人間のありのままの自然の情念（fallen Nature）をそれとして認めた上で、想像力＝第三者視点によるその抑制を意図したものであったのであるが、『国富論』では、既述のようにもっと端的に虚栄心《ヴァニティ》その他の人間の堕落した自然そのものの昇華の論理が、自己改善願望論や交換性向論の形で展開されていたのであった。このようなスミスの思想がストアのそれと決定的に性格を異にすることは明白である。

　スミスの思想は、ストア的自然概念の否定からはじまっていたのであるが、こうしたストアとスミスの思想主題の決定的ちがいは、スミスの思想形成過程そのものからも証明される。周知のように、スミスはグラスゴウ大学の学生時代に師事したハチスンの思想的影響下に自らの思想形成をはじめたが、『感情論』の思想展開に最も大きな影響を与えた出来事は、別著で論証したように、彼が生涯にわたって最も尊敬していたハチスンのデザイン論に対するヒュームの認識批判と、ヒュームの批判に対処するため、デザイン論証を主題にしていたハチスンとは逆に、デザインの存在を予め仮定した議論を展開したケイムズの欺瞞の道徳感情論がひきおこした正統派の反撥のはげしさにあった。[60]『感情論』の素材になったのは、他の何よりも、スミスと同様にハチスンの思想的影響下に自らの思想を形成したこの二人の提起した問題にあったのであるが、彼らの共通主題は、当時のスコットランド人の精神的支柱をなしていた長老派カルヴァン主義の信仰に伴う宗教的迷蒙を克服するため、啓示神学をストア的自然神学化しようとしたハチスンのキリスト教的ストア主義の認識論的難点を克服する点にあったのである。スミスが、ストアとの格闘を主題とし、ストア古典的自然法観と異なる自然法観を展開するに至った一つの背景はここにあるといえるであろう。

ハチスンが依拠したストアの古典自然法は、自然の必然法則を認識し、自然の中に植え付けられた理性への服従のうちに法と倫理の原理をみる伝統的な ens=verum=bonum の原理に立脚するものであった。古典自然法が、自然そのものの中に当為《ゾルレン》の原理を求める「自然的道徳律」として、法と道徳とを同一視してきた根拠はそこにある。ストアが自然と理性を等置していたのも、こうした自然法観に照応するが、スミスの自然法は、自然そのものの中に刻みこまれた理性の法への服従のうちに倫理の原理をみるこうした古典的自然法観とちがって、ありのままの自然を前提した上で、観察者視点によるその自己規制を説くものであった。スミスが『感情論』でストア的な「人間生活の真実の幸福」（TMS, IV. 1. 10）観を前提しながら、それに従わずに富と快に欺瞞されて、それを追求する人間行動そのもののうちに新しいモレスの原理を求めていたのも、『感情論』の基本主題がストアからの脱出にあった次第を示すものといえよう。

こうしたストア古典的自然法観とスミスの論理との本質的異質性をより明白に示しているのが、『法学講義』の自然法観である。『法学講義』の自然法は、多くの研究者が一様に指摘しているように、道徳法ではなく、自然の原理に立脚する自然的自由の体系の貫徹保障のための交通規則論（交換的正義論）にすぎないことは明白である。スミスの法学は、ストア＝グロティウス的な自然法の倫理的基礎付け論からの法学の離脱を示しており、「自然法の伝統的な道徳的基礎の腐蝕を明示している」[61]といわれる所以はそこにある。スミスの法学は、ストア古典的自然法観のように jus と virtus とが結びついたものではなく、ありのままの人間の堕落した本性《フォールンネイチュア》前提の交通規則論としての「交換的正義」の法の理論の構築を意図したものに他ならないが、スミスの法学がこのように自然法の伝統とは異なり個人の道徳的完成論ではないことは、彼の道徳哲学の基本主題がストア的な理性的自然法観から解放されたありのままの人間の自然の欲求に基づく自由な行動が、おのずから彼ら自身の意図しない目的実現につながってゆくことを可能にするための地上の交通倫理（Officia）論にあった次第を示すものといえるであろう。『国富論』は、こうした交通規則としての交換的正義の法の下での各人の自由な自然の欲求の追求が、その意図しない帰結として神のプランの実現につながってゆく次第の論証を主題にしたものに他ならない。(62) このようなスミスの思想がいかにストアのそれと異質であるかは、『感情論』（初版）⇩『国富論』初版においては、ストア的な自然のロゴスの認識・服従ではなく、自然の必然法則がみえないことから自由に走りさまざまな罪を犯す堕落した人間が虚栄心に駆られるままに行動することが、生活改善願望や交換性向に媒介されることによって、国富の実現につながるとされている点にも端的に示されているといえるであろう。

六　自然的自由の体系とカルヴァン神学

こうした古典的自然法観と本質的に異なる自然法観に立脚する自然的自由の体系の根幹をなすスミスの神学観が、ストアや理神論のそれではなく、多分にカルヴァン主義的なキリスト教のそれであることは今や明白である。『感情論』の神概念が、一面、ストア的な理神論や「天文学史」的な科学の神、第一原因としての神観念に立脚したものでありながら、他面、それとは本質的に異なる長老派カルヴァン主義的キリスト教の神学観を前提したものである次第は、彼が「神の復讐（天罰）と怒り」（TMS, II. i. 5. 9, M.120）や、この世の万物を支配する偶然性を強調していることなどからも窺われる。こうしたストア的神観念とカルヴァン主義的神学観との並存を認めることは、論理的には矛盾と考えられるかも知れないが、カルヴァン神学のストア化を主題としていたスコットランド啓蒙の思想風土の下では必ずしも不可解なことではない。スミスは、そうした土壌の中で明示的にではないが、カルヴァン主義の隠れた神の観念に従って、神と人間との関係を断絶的にとらえることによって、神の予定した自然の必然法則がみえないことから、善悪無差別《インディファレンス》の自由に走りさまざまな罪を犯す人間の「弱さと不完全性」をはっきりと承認した上で、そのような人間の自然の行動が神のデザイン実現につながってゆく次第の論証を『感情論』と『国富論』の主題にしていたのである。ダイツが別の文脈で強調しているように、スミスの思想が多分にカルヴァン主義的香気をもっているのも[63]、この事実を傍証するが、カルヴァン神学の特色は、作用⇩目的の論理の機械的実現を説くストアとちがって、神の設計した必然法則がみえずに隠されていることから、自然の必然法則を逸脱する作用因の自由を前提している点にある。スミス理論の最大の特色の一つは、こうしたカルヴァン主義的な神の予定した必然法則がみえないことから生まれる作用因の自由（自然の必然法則と道徳感情との乖離の可能性）を承認した上で、そうした人間の自由な行動が作用（手段）⇩目的の自然法則に媒介されて必然（デザイン）実現につながるという、自由⇩必然論に立脚している点にある[64]。自己改善願望と交換性向に基づく交換価値追求が自然的進歩を導くという既述のスミスの経済理論も、こうした自由⇩必然の形而上学を前提するとき、それなりに理解できるであろう。自然的進歩や意図しない帰結の必然性は経験的には論証しえないのに、スミスがそう断定しているのは、彼がこうした神学的な自由⇩必然論を前提していたためであると考えられるからである。スミスの形而上学楽観主義の究極の根拠もそこにある。彼が、ステュアートやケネーとちがって、自然的自由を一般化し、経済世界の自立性を確信しえたのも、そのために他ならない[65]。「スミス経済学の普通とはちがう独自な側面がいまだに完全には明確になっていない」のは、「スミスの見えない手の形而上学的性格の承認の失敗」のためであるという見解も[66]、その意味では必ずしも誇張ではないといえよう。

　こうした自由⇩必然論の思想系譜としては、別著で論及したように、ホッブズ的必然論とアルミニアン的自由意志論に代表される一七―一八世紀の神学・哲学思想史が顧みられねばならぬが[67]、両者の分裂揚棄を意図したスミス理論の意義と特色は、神の予定した必然法則の支配・貫徹を仮定した上で、それがみえないことから生まれる自由な道徳感情と自然の必然法則との分離と統合の論理を構築した点にあるといえよう。スミスの自然的進歩論や重商主義論が、こうした自由（道徳感情）⇩必然の論理を前提していたことはすでにみた通りであるが、スミスは、自然の必然法則がみえないことから自由に走る堕落した人間のありのままの自然をそれとして承認しながら、そうした自然の原理に従う人間の自由な行動が富と徳の実現につながる次第の論証を『国富論』の主題にしていたのである。

既述のようなスミス理論の主・客合一性や、『国富論』の機械類比にもかかわらぬ有機性や生物学的性格を理解する鍵もここにある。『国富論』の基本的特色は、自然の道徳感情に従う人間の自由な主体的活動が、市場の競争関係の中で作用（手段）⇩目的の自然法則（市場の論理）に合致するように純化されてゆく結果、意図せずして全体の調和を計画した神のデザインの実現につながるプロセスを理論化した点にあるが、こうした主体の論理と客体の論理との一体性は、前述のようなカルヴァン主義的な逆説に立脚する論理を想定するときにのみ可能となるといえよう。「市場価格が決定的瞬間に自然価格に引き寄せられてゆく仕方に関する評注や良く知られた言及では、機械類比が支配的であるにもかかわらず、『国富論』それ自体は、有機的・生物学的比喩を使用している[68]」といわれる根拠もここにある。『国富論』の自然的自由の体系は、新古典派的「均衡市場メカニズム」モデルを超える形而上学的有機性を含有するものであったのであるが、こうしたスミス思想のもつ意義と独自性は、ストアやホッブズのように、自然の必然法則の認識＝服従のうちに自由をみるだけでは自然科学と変らず、社会科学はもとより道徳哲学も成立しえない次第を知るとき、より明らかになることであろう。道徳哲学や社会科学の問題は、自然の必然法則がみえないままに法則を逸脱して自由に走る人間の罪・弱さ・不完全性を前提しながら、そうした人間の自然の原理に従った自由な行動の法則的必然性の解明にあるが、そのことのもつ意義は、ホッブズ的必然論では道徳哲学はもとより社会科学も成立せず、さりとてケンブリッジ・プラトン主義的自由意志論では社会科学にならないことからも確証されうることであろう。(69)

スミスの道徳哲学の核心、その革新性が、カルヴァン主義的逆説に依拠する自由＝作用⇩目的の論理を中核とする自由⇩必然論に立脚する自然の体系《システム》の妥当・貫徹に対する信頼にあったことは、以上の論理からも明白である。『国富論』の自然的自由の体系は、その経済学的論証・具体化に他ならない。「アダム・スミスは、神の計画《プラン》の説明に（とりわけ『道徳感情論』において）着手し、それが社会的世界でどう達成されるかの説明に（とりわけ『国富論』において）着手したのである(70)」というマーティンの言葉も、その限り必ずしも誇張ではないといえよう。スミスの思想主題は、ヒュームと同様、ストア的古典政治哲学から解放された「人間の科学」の確立にあったが、スミスは、神学を否定したヒュームとちがって、神学的必然論を前提しながら、カルヴァン主義の予定説を逆用することによって、上述のような主・客合一の論理の展開を可能にしたのである。彼が『国富論』で重商主義をイデオロギー的にきびしく批判し、その非経験性を指摘されながら、最後まで自説を曲げなかった最大の理由の一つもここにある。重商主義は、自然的自由の体系の根幹をなす自由⇩必然の論理を認めず、逆に、次章で説くように、自由⇩必然の主体たる人間の解放・独立・主体性の確立を阻害するものであったがゆえに、スミスはそれを自然の原理に立脚する「自然的自由の体系」に反する「ポリティカル・エコノミーの体系」としてきびしく批判したのである。

スミスの思想体系における立法者視点を強調する「立法者の科学」としての『国富論』のシヴィク的・政治学的解釈が、こうした『感情論』（初版）⇩『国富論』初版の論理とは必ずしも適合しないことは明らかである。同様に、『感情論』六版の観察者概念で『国富論』を解釈する『国富論』の倫理学的解釈も、こうした『感情論』⇩『国富論』

初版の実像とは大きく異なる次第が注意される要がある。『国富論』は『感情論』初版で倫理学的に基礎付けられた交換的正義の法の下における自然的自由の体系のエクイティ性論証を基本にしたもので、そこでスミスが人民の福祉・効用の実現を意図していたから、『国富論』が配分的正義論であるというのは、目的と主題を取りちがえた解釈にすぎないからである。こうしたこれまでの解釈の問題性は、『国富論』の倫理観を知るとき、より明確になることであろう。

(1) Muller, J.Z.: *Adam Smith in his time and ours, Designing the decent society*, New York 1993, p.49.

(2) 拙著『アダム・スミスの自然神学』(御茶の水書房) 前編第二章参照。

(3) Cf. Hont, I. & Ignatieff, M.: Needs and justice in *The Wealth of Nations*, in *Wealth & Virtue, The Shaping of Political Economy in the Scottish Enlightenment*, Cambridge 1983, pp.1-44.

(4) Minowitz, P.: *Profits, Priests, & Princes, Adam Smith's Emancipations of Economics from Politics & Religion*, Stanford 1993, p.65.

(5) Cf. WN, I. x. b. 2, 24, 30, I. xi. c. 7, III. iv. 10, V. i. g. 25, V. ii. k. 3, 29.

(6) スミスは、人間の行動原理を効用や所得の極大化にではなく、観察者の同感・是認に求めている。ラファエリは、拙論と基本的に同様な視点から、スミスの経済学では同感感情と是認要求から生まれる地位《ランキング》と尊敬《エスティーム》願望が指導的推進力をなしているとし、虚栄心に基づく生活改善願望が市場における個人の行動の原理をなしている事実を指摘している(Cf. Raffaelli, T.: Human Psychology and the Social Order, *History of Economic Ideas*, IV, 1-2, 1996, pp.11, 23)。効用を唯一の判断原理とする純粋の経済人は、スミスのそれではなく、スミスは同感を人間の作用様式(modus operandi)と考えていたのである(Cf. Choi, Y.B.: Smith's View on Human Nature: A Problem in the interpretation of *The Wealth of Nations* and *The Theory of Moral Sentiments*, ASCA, VII. pp.141-145.)とか、スミスの利己心は金銭的動機だけでなく、名誉、虚栄心、社会的評価や支配欲を含む（Cf. Winch, D.: *Adam Smith's Politics*, Cambridge 1978, pp.167-8. 永井義雄・近藤加代子訳二〇二ページ）というような解釈も、こうした見解に対応するといえよう。

（7）Muller, *op.cit.*, p.133.

（8）Cf. Skinner, A.S.: Adam Smith: ethics and self-love. in *Adam Smith Reviewed*, ed. by P.Jones & A.S.Skinner, Edinburgh 1992, pp.153-154.

（9）Cf. Spiegel, H.W.: Adam Smith's heavenly city, *History of Political Economy*, 8-4, 1976, pp.479-482.

（10）「骨と骨との交換にどんな目的がありうるのか、必ずしも明らかでない」（*The Wealth of Nations*, ed. by Edwin Cannan, London, 3rd. ed. Vol. I. p.15 Note.）。

（11）ヤングは、スミスが『法学講義』で交換を「お互いの差し向かい《フェイストゥフェイス》の契約行為《バーゲインニング》」＝説得として語っていた次第を強調している。Cf. Young. J.T.: Natural Price and the Impartial Spectator: A new perspective on Adam Smith as a social economist, ASCA, V. p. 339.

（12）スピーゲルは、スミスの交換性向論が、当時の人間機械論や、人間と動物との間の厳密な区別の存在を否定したモンボドの言語起源論に対し、動物と異なる人間の独自性を主張するために展開されたとの説をなしているが（Cf. Spiegel, *op.cit.*, pp.479-481.）、人間がなぜ交換性向をもつのか、スミスがなぜ交換性向を説得性向と同一視したのか何ら明らかにしていない。

（13）この視角は、ミノヴィッツの示唆に基づく面が大きい。

（14）Fitzgibbons, A.: *Adam Smith's System of Liberty, Wealth and Virtue, The moral & political foundations of The Wealth of Nations*, Oxford 1955, p.34.

（15）Cf. Minowitz, *op.cit.*, pp.71-77, 213.

（16）別言すれば、スミスは、見えない手の摂理実現の作用因を同感感情に基づく自己改善願望と交換性向とに求め、交換価値関係が見えない手の実現を可能にすると考えていたといってもよいであろう。このように生活改善願望の動因をなす

「同感と交換価値」がスミス体系の核心をなしている次第を強調した論稿としては、Cf. Danner, P. L. : Sympathy and Exchangeable Value, Keys to Adam Smith's social philosophy, ASCA, I. pp.628-639, esp., pp.637-638, Choi, *op.cit.*, pp.144-148.

(17) Cf. Heilbroner, R.L.: The Paradox of Progress: Decline and decay in The Wealth of Nations, in *Essays on Adam Smith*, ed. by A.S. Skinner & T.Wilson, Oxford 1975, pp.526-8.

(18) 「自然的自由の体系」とは、「万人が、正義の法を侵犯しない限り、完全に自由に自分のやり方で自分の利益を追求してよい」(WN, IV. ix. 51, O. ii. 511) 体系《システム》のことである。スミスの主要関心は、個人の創意にはじまるこうした「単純《シンプル》な体系《システム》」が、市場に媒介されることによって、どのようにして進歩を最もよく実現する資源の蓄積と再配分を可能にするかを自由競争原理に基づく自動調節市場モデルに即して統一的に説明する点にあったのである。Cf. Hutchison, T.: Adam Smith and The Wealth of Nations, *Journal of Law & Politics*, 19-3, 1976, p.517. ditto, *Before Adam Smith, The emergence of political economy 1662-1776*, Oxford 1988, p.359.

(19) 「『国富論』の完全で自然的な自由の観念は、その構造的重要性にもかかわらず、『国富論』では議論されず仮定されている」だけで、「『国富論』はこの完全な自由の観念を確証する議論を実際には提出していない」(Brown, V.: *Adam Smith's Discourse, Canonicity, commerce and conscience*, London 1994, p.217.) といわれるが、スミスは『感情論』でその神学的基礎付けをやっていたので、『国富論』ではそれを前提した議論を展開したのである。

(20) Hutchison: Adam Smith and the Wealth of Nations, p.517. (傍点引用者)

(21) ビッターマンやオズワルドも、スミスの自然概念が経験的宇宙を超える意味をもち、「スミスが自然の形而上学を主張し、デザイン論を受容していたようにみえる」ことを認めている (Cf. Bittermann, H.J.: Adam Smith's Empiricism and the Law of Nature, II, *Journal of Political Economy*, Vol. 48, 1940, pp.714-723. Oswald, D.J.: Metaphysical Beliefs and the Foundations of Smithian Political Economy, *History of Political Economy*, 27-3, 1995, esp., pp.459-461, 468, 471-3.)。スミスの自然概念、その典型としての自然的秩序や「人間本性の中には目的論が組み入れられている」(Werhane, P.H.: *Adam Smith and his Legacy for Modern Capitalism*, Oxford 1991, p.51.) のである。

（22）Werhane, *op.cit.*, p.52.
（23）Cf. Clark, C.M.A.: Adam Smith and Society as an Evolutionary Process, ASCA, VII. p.155.
（24）Brown, M.: *Adam Smith's Economics*, London 1988, pp.105, 136.
（25）拙著『アダム・スミスの自然神学』一六三、二一一ページ参照。
（26）キリスト教的社会観は、「神が物質世界を制御する手段として自ら創造した」自然法則によって、自然界が秩序的に支配されているという前提に立脚している次第を想起されたい。桜井徹　ボイル・レクチャーズと市場社会論　一橋論叢一一五巻一号、一五五―一六二ページ参照。
（27）内田義彦『経済学史講義』（未来社）一〇四―九ページ参照。なお、ヒュームも、スミスと同様、自然の必然法則の支配を前提した上で、人間の道徳感情分析をベースにした議論を展開している。しかし、ヒュームの場合には、内面にかかわる道徳学と人間行動の因果関係分析を主題にする政治学とが方法的に分離・切断されているため、政治現象や経済現象の因果法則の解明が政治学の主題とされるだけで、人間行動の自然法則とそれから乖離する人間の道徳感情との乖離と合致に伴う問題は問われていない。ヒュームの理論にスミス的な主・客合一性が感じられない所以はここにあるといえよう。この問題は、ヒュームとスミスの道徳哲学の最大の相違点の一つをなす点であり、スミスは、上述のような自然科学的方法に立脚するヒューム政治学の人間学的とらえ直しによる道徳学と政治学との分裂揚棄を自らの主題の一つにしていたということもできるのではないであろうか。
（28）Oswald, *op.cit.*, p.472.
（29）Cf. Clark, C. M. A., *op.cit.*, p.163.
（30）*Ibid.*, p.163.
（31）野沢敏治『国富論』の改訂をめぐる問題圏―第二版研究―千葉大学法経研究一四号参照。引用は八ページ。
（32）ヒュームも、スミスと同様、natural course of things 用語を頻用しているが、タッカーやスミスのように自然の摂理を認め、自然に倫理性や規範性を付与することを拒否するヒュームの場合には経験的に観察される自然の common course の固有の因果法則を意味しているのに対し、スミスの場合には自然の行程自体が自然法則と道徳感情との乖離と合致を中心により動態的にとらえられているといえよう。ヒュームが、農工分業に先立つ事物自然の秩序における奢侈＝外国貿易の先行性を主張しているのに、スミスがその事実を承認しながら、重商主義を批判しているのも、右の点と関係があるといえよう。

（33） Cf. Bowles, P.: Adam Smith and the 'Natural Progress of Opulence', ASCA, VI. pp.13-24.

（34） Cf. Clark, C.M.A., *op.cit.*, esp., p.163.

（35） Bowles, *op.cit.*, p.14.

（36） 羽鳥卓也『『国富論』研究』（未来社）二一四ページ。

（37） 野沢敏治も、スミスの資本投下順序論がパウネルその他多くの人から批判されながら、スミスが自説を撤回しなかった理由を彼の理論が重商主義的規制から解放された自由な経済社会体の再建構想を母体にしていた点に求めている。野沢前掲論文　五〇ページ参照。

（38） 小林昇は、こうした関係を「歴史の進行のなかには、『事物の自然的運行』が直接に実現しないときにも、いわば理性の奸計（List der Vernunft）ともいうべき深処の理法が別に働いているということになる。つまり、外国貿易→工業→農業という逆行的な資本投下の順序自体のなかに、自然的自由の制度を実現させるような機能が隠されていることを、スミスは指摘しているのである」（小林昇経済学史著作集Ⅱ『国富論研究（2）』一九七ページ）という言葉で表現している。

（39） 拙著　前掲書　八九―九〇ページ参照。

（40）『国富論』における意図しない帰結の例証としては、以上の他に、分業論や、地主の虚栄心⇩公益論、熱狂の合理的帰結論などの例があげられよう。Cf. Schneider, L.: Adam Smith on Human Nature and Social Circumstance, in *Adam Smith and Modern Political Economy*, ed. by G.P.O'Driscoll, JR., Ames 1979, pp.48-51.

（41） *Ibid.*, p.65. ミュラーも、『国富論』の見えない手は、「利潤動機と価格機構を通して利己心を全体の利益に誘導する市場の社会的に肯定される意図しない帰結に対する比喩であり、〝見えない手〟には神秘的なものは何もない」（Muller, J.Z., *op.cit.*, p.86）とのべている。

（42） Cf. Martin, D.A.: Economics as Ideology: On making "the invisible hand" invisible, ASCA, VII. p.132. ラファエルも、「神学は、スミスにとっては厳密には本物ではない、仮説的な、想像力の構成物にすぎず」、彼は「神学に自然科学と同じ地位を与えている」（Raphael, D.D.: Adam Smith: Philosophy, Science, and Social Science, *Philosophers of the Enlightenment*, ed. by S.C. Brown, Sussex 1979, p.93.）としているが、スミスの主題は神学の自然化にあり、マクフィーやラファエルのように「天文学史」の科学論でスミスの神学を切ると、スミスの問題はみえないことを指摘しておきたい。

（43） Heilbroner, R.L.: The Socialization of the Individual in Adam Smith, ASCA, V. p.129.

（44） 完全自由はユートピアにすぎないというのは、イヴンスキーなどの指摘するような現実認識の帰結である（Cf. Evensky, J.M.: The Evolution of Adam Smith's Views on Political Economy, ASCA, VI. p. 382）以上に、偶然や悪の効用を認める神学思想に基づくものである次第に注意されたい。現実認識だけだったら、逆にケネーのように現状批判原理として完全自由を要求することもありうるからである。

（45） スミスは、エコノミストも企画家《プロジェクター》であると考え、「ケネーの〝完全な自由と完全な正義という厳格な養生法〟（WN, IV. ix. 28, O. ii. 491）の提唱をユートピア的で抑圧的・反自然的なものと見做し」、完全な自由を project することは、自然に反すると考えたのである（Cf. Hont, I.: The Political Economy of the "Unnatural & Retrograde" Order: Adam Smith and Natural Liberty, Schriften aus dem Karl-Marx-Haus, *Französische Revolution und politischen Ökonomie*, Nr. 47, 1989, p.128）。スミスは、自由（自然）＝作用⇩目的（必然）の摂理を信奉していたので、作用因の活動を計画的に決定しようとする一切の設計主義を反自然として批判したのである。

（46） Cf. Martin, D.A., *op.cit.*, pp.124-5.

（47） ピグーやロールズも、新古典派と同様、完全競争パラダイムに基づいて、それを価値基準として現実を批判しているが、スミスは彼らのように市場の理想モデルを作って、それを効率基準で評価するようなことはしていない（Cf. Buchanan, J.M.: The Justice of Natural Liberty, *Adam Smith and Modern Political Economy*, ed. by G.P.O'Driscoll, Ames 1979, p.120.)。スミスは、自然＝自由の原理に基づいて、自然的自由の体系の実現を妨げる制度や学説を批判しているだけで、作用因の論理に立脚する自然の体系と理想モデルとは無縁なことに注意されたい。

（48）山田雄三『価値多元時代と経済学』岩波書店、一九七ページ。

（49）Cf. Minowitz, *op.cit.*, Ch. 9, esp., p.196.

（50）*Ibid.*, pp.141-143.

（51）*Ibid.*, p.143.

（52）拙著　前掲書　総論、とくに第三節参照。引用は、Muller, *op.cit.*, p.59.

（53）スミスが教会と国家の関係をめぐり、国家の僧侶統制の手段として説得と力をあげていることは、『国富論』第五編の示す通りであるが、彼は、マキァヴェルリやホッブズのように神の恐怖に直接君主の恐怖を代替させようとはせず、神学原理を直接論難していない。この沈黙も、スミスの主題が、ミノヴィッツの主張するような宗教批判を中心にしたものではなく、分界論に基づく地上の秩序の構築にあった次第を示す一つの証左とみることができよう。

（54）スミスの見えない手、自己規制市場、意図しない帰結の理論は、個人的行為の意図しない帰結を神の摂理に帰した神学思想の世俗版であるというコモンズ的解釈の正当性が改めて想起さるべきであろう。Cf. Commons, J.R.: *Legal Foundations of Capitalism*, New York 1924, esp., pp.137, 204. Spiegel, *op.cit.*, p.488.

（55）『国富論』では、自然的自由の理想がその現実主義と相反する形で理念的に謳い上げられていたのもそのためで、『国富論』の現実認識と自然的自由の楽観主義とのギャップの根源は、こうした神学的前提にあるのではないであろうか。

（56）フィツギボンズは、スミス＝ストア説をとることによって、スミスのうちにヒュームと異なる科学的合理性と道徳性との並存をみようとしているが、彼の分析もマクフィーやラファエルと同様『哲学論文集』の神学観でスミスの神学思想を抑えたものにすぎず、こうしたストア同一視的解釈ではスミスの問題はとらえきれないことは後述の通りである。

（57）Cf. TMS, VI. ii. 3. 5, VII. iii. 1. 2, M. 399, 472.

（58）啓蒙の人間機械論も神学（Deus ex Machina）を前提している。スミスの神＝設計師《デザイナー》観が、しばしば啓蒙の時計師《ウオッチ・メーカー》の類比と同一視される所以はそこにあるが（Cf. ASCA, VI. 183, VII. 133）、スミスの特色は、時計師のように作用因の活動を機械論的にとらえず、作用因の自由を認めた上で、それをライトモティーフとして全体系を展開している点にあり、そこにストアとの決定的相違点があることに注意されたい。スミスの見えない手の比喩の、時計師モデルや機械論との本質的差異については、Cf. Fiori, S.: Order, Metaphors and Equilibrium in Adam Smith's Thought, *History of Economic Ideas*, IV, 1-2, 1996, pp.175-199.

(59) Cf. Brown, V., *op.cit.*, p.62.

(60) 拙著　前掲書　前編とくに第四章参照。こうしたスミスの思想形成におけるハチスン—ヒューム—ケイムズの決定的重要性は、ごく断片的ながら欧米の研究でも最近ようやく認められはじめた点であるといえよう。Cf. Ross, I. S. : Adam Smith's 'Happiest' Years as a Glasgow Professor, in *The Glasgow Enlightenment*, ed. by A. Hook & R. B. Sher, East Linton 1995, pp.83, 84.

(61) Brown, V., *op.cit.*, p.100.

(62) イヴンスキーも、『法学講義』が『感情論』とともにデザイン論であり、『法学講義』からスミスの失われたデザイン論の概要を知ることができるとしている。彼も私見と同様、スミスの法学は、『感情論』の観察者論や自己規制論と同様、デザイン実現の必要条件論であり、『国富論』は、その下での資源の最適配分論である次第を認めている。Cf. Evensky, J.M.: The Two Voices of Adam Smith: Moral philosopher and social critic, ASCA, VI. pp.177-182.

(63) Cf. Ditz, G.W.: The Calvinism in Adam Smith, ASCA, V. pp.245-263.

(64) クラークも、「スミスは、作用因と目的因を連接《リンク》させており、社会化の過程は、自然の創り主の創作品であり道具であり」、人間は「予定された目的に向って」「予定された過程」（predetermined end, predetermined process）を歩むものにすぎないとしている（Cf. Clark, C.M.A., *op.cit.*, p.163）。なお、クロプシーは、スミスもカントと同様に、必然法則の認識のうちに自由をみたとしているが（Cf. Cropsey, J.: The Invisible Hand: Moral & Political considerations, *Adam Smith and Modern Political Economy*, pp.168-9）、スミスの自然的自由論は、カント—ヘーゲル的な必然法則＝因果の連鎖の認識＝自由論ではなく、神の設計した必然法則がみえないことから、自由に走る人間の行動が作用⇩目的の論理に媒介されて必然に至るとする神学的必然論に立脚するものである。

（65）『国富論』は、一般に資源の有効配分競争市場体系とされ、競争価格と競争市場の分析が自由放任論の理論的楔とされてきたが、競争市場の価格分析は自然的自由の体系の主要な分析的特徴をなしていない（Cf. Brown, V., *op.cit.*, pp.166-7）。この事実も、スミスの自然的自由論が市場分析の帰結ではなく、他の前提に立脚している次第を示す一例といえよう。

（66）Martin, D.A., *op.cit.*, p.124.

（67）拙著　前掲書　総論、とくに三三、三九ページ参照。

（68）Brown, V., *op.cit.*, pp.186-7.

（69）拙著　前掲書　総論、とくに第二、五節参照。

（70）Martin, D.A., *op.cit.*, p.133.

第二章　『国富論』の倫理学

一　商業自由論と市場社会の道徳性

(1)　慎慮の徳の自然性

『国富論』の自然的自由の体系、その根幹をなす自然の原理は、カルヴァン主義的神学観を前提していたのであるが、こうした神学観に立脚する自然主義は、道徳問題についても一貫している。『感情論』の倫理学が自然の感情原理に基づく情念の抑制論である次第は第一部で詳しく論証した通りであるが、この本質は『国富論』においても全く変っていない。スミスは、経済世界で市民に要請される徳性として、交換における正義と、自らの利益実現のための慎重な行動としての慎慮をあげている。この二つの徳性はいずれも『感情論』の観察者の同感原理に基づいているが、正義の徳は他人の権利の不侵害という消極的な徳性にすぎぬし、慎慮は個人の幸福追求を目的とするすぐれて利己的な徳性にすぎない。そうした利己的活動が徳性として是認されるのは、他人も同じ立場に立てば是認・同感する行動であるからであるが、慎慮自体は世間知的な思慮分別（ジョンソン辞典の定義に従えば、「実践知」（wisdom applied to practice）

にすぎない。『国富論』では慎慮が、「無分別」の対極をなす世間的な慎重さの意に使われている場合が多いことも、この事実を示しているが、商人の信用が、「彼の財産、誠実さ」とともに、こうした「慎慮についての他人の評価にかかっている」(WN, I. x. b. 20, O. i. 175) ことは明らかである。慎慮が経済人の行動原理とされる所以はそこにあるが、この徳性は、他の諸徳以上に商業社会では意図せずして自然に養成されることが注目される。商業関係では無分別な行動や不注意は、他人の信用を失うだけでなく、自らの破滅を招くので、自力で生活しようとすれば、誰しも慎慮的にならざるをえないからである。商業社会は、寄食・徒食を構造的本質とする封建社会とちがって、そこで生活する市民が自らの利害に敏感になればなるほどおのずから「勤勉で節約的で注意深い」生活をするようになる仕組みになっているのであるが、スミスがこうした商業社会のもつ自然の道徳性を封建社会との対比において強調していたことは周知の通りである。スミスは、「商業がどんな国にでも導入される時には常に誠実さと几帳面さがそれに伴い」(LJB, 326)、「整頓、節約、注意の習慣」(WN, III. iv. 3, O. ii. 52) とともに、「規律正しさ、責任感、正確性、細部にわたる骨身を惜まぬ注意[1]」等の徳性が涵養される次第をみていたのである。

(2) 市場の論理の道徳性

商業がこうした性格をもつ次第はモンテスキューやヒュームその他がすでに指摘していた事柄であるが、こうした商業的徳性としての慎慮の徳に象徴される『国富論』の道徳論の特性は、『感情論』の徳性論のように行為者が立場を交換して観察者視点に立つことをとくに必要とせず、個々人の自由な私益追求活動の意図しない帰結としておのずから徳性が実現されるとする点にある。その第一の理由は、商業関係の根幹をなす交換関係の対称(symmetry)性にある。交換においては「他人も彼ら自身と同一の立場にあることを誰もが知っているので、想像上の場所の交換や同感の必要がなく、対称的関係であるので、交換関係がそれ自体の鏡を提供し、他人とよく似た行動をするための観察者機構を必要としない」(2)からである。それと同様な関係の別表現になるが、より以上に注目すべき第二の理由は、交換関係そのものがその基準となるべき観察者視点を自動的に実現する点にある。それを可能にするのが市場における競争の論理である。市場の意義と機能は、世間という偉大な学校がそうであるように、各人の利己的・主観的な要求が自動的に緩和・抑制されて、誰もが認めざるをえない観察者視点を自然に実現する点にある。市場では、われわれが自分の利益だけを考えて独占根性を発揮しても、自由な競争が行われる限り、価格は必然的に公平な観察者の是認する自然価格を中心に上下するからである。商取引のさいには、交換当事者がいちいち観察者視点に立って自らの行動を決定する必要がない根拠はそこにある(3)。市場の駆け引き（higgling）は公平な観察者とは関係がなく、個々の交換当事者が自分に最も有利な行動をすることが競争の見えない手に導かれて、その意図しない帰結として、公平な観察者の是認する自然価格の実現につながってゆくのである。ヴィヴィエンヌ・ブラウンも指摘しているように、「『国富論』の経済的議論のこの側面〔公平な観察者の支配〕を強調するのは、自然的自由の体系の分析的枠組の解釈を誤るものである(4)」ことは明らかである。市場では、観察者視点を持ち出さなくても、個々の交換当事者の自由な利己的行動が自然に公益につながるだけでなく、観察者が是認・同感する行為習性を当事者自身が自然に身に着けるようになるからである。「スミスにとって市場は、人間の諸情念を公共の利益に誘導する社会制度の最も顕著な例であった(5)」といわれる所以はそこにある。スミスは、『感情論』では自愛心の制御のための心理的なメカニズムを自然の感情原理に基づいて構築することによって、自己利害関心を徳性化しようとしていたが、『国富論』では、「競合的な利己的諸動機を相殺して」徳性化する制度を市場における競争関係そのもののうちに見出したのである(6)。

こうした『国富論』の商業道徳論（市場⇩徳性論）は、『感情論』の他人の前での自制論（世間⇩徳性論）と世間＝

市場を徳性涵養の場としている点で原理的に共通するが、市場では競争が観察者代替機能を果たし、おのずから第三者視点を実現するため、個々の当事者がいちいち立場を交換して観察者視点に立つ必要がない点が『感情論』の倫理学よりもさらに自然主義的になっているといえるであろう。『国富論』は、『感情論』と同様、自然理論をベースにしながらも、『感情論』よりさらに一歩進んで、商業関係そのものが私益を公益に合致させ、個々人を労せずして有徳化する機能を果たす次第を明らかにしていたのであるが、『国富論』がこのように徳性の自動実現論的性格をもっていた次第は、『国富論』の人間観からも証明される。

(3)　『国富論』の人間観

『国富論』は、前章でみたように、虚栄心に起因する生活改善願望と交換性向を人間の経済活動の動因とした上で、そうした性向に基づく交換価値追求活動の帰結としての自然的進歩の可能性の論証を主題としたものであった。こうした『国富論』の経済理論が、虚栄心その他のありのままの人間の自然の感情を前提していたことは明白であるが、スミスはこうした人間の経済行動の動因をなす利己心や虚栄心、独占根性や自然の傲慢性について、『国富論』でもさまざまな形で言及している。その次第は『国富論』の読者には周知の事実であるが、念のためその一部を要約的に紹介すれば、次のような思想が『国富論』では強調的に展開されているといえよう。

あらゆる人間は、自分自身の才能や運について、「多少とも生まれながらの自信」や「傲慢な自惚れをもっている」。割に合わない名誉職や危険な職業に殺到したり、「富くじがどこでも成功する」のは、人類に「普遍的な「思い上り」ともいうべき「自分自身の幸運についていだく途方もない推測」のためである（WN, I. x. b. 22-30, O. i. 176-181）。

植民地の独立提案が、国民の利益に合致する場合でも容易に承認されないのも、「支配者側の私的利害に反する」だけでなく、「国民の誇り《プライド》を傷つける」からである（WN, IV. vii. c. 66, O. ii. 387-8）。「強制と暴力」よりも「操縦と説得」の方が「つねにはるかに容易で安全な統治手段であるにもかかわらず」、そうしないのは、「人間のもって生まれた傲慢さ（natural insolence）のためである」（V. i. g. 19, O. iii. 176）。「人が一般に自由人よりも奴隷を使う方を好む」（III. ii. 10, O. ii. 20）のも、そのためである。

このようなスミスの陰気《グルーミイ》な人間観は、一見、人間性の現実を非難・告発しているかにみえるが、「『国富論』には、ブラウンもいうように、「『感情論』にはみられたような虚栄心や自分の暮しを良くしたいという願望に対する道徳的批判は存在しない」[7]。反対に、自尊心《プライド》や虚栄心《ヴァニティ》の果たす役割が積極的に肯定され、その徳性化の可能性すら語られている。スミスは、高慢心《プライド》や虚栄心の普遍性を認めながら、それを肯定的にみていたのであるが、高慢心や虚栄心が「しばしば多くの尊敬すべき徳性、誠実さや高潔、高度の名誉感覚……を伴う」（TMS, VI. iii. 42, M.495）次第は、『感情論』でもすでにはっきりと指摘されていた点であり[8]、『国富論』になってはじめて登場した論理ではない。星野彰男は、ヒュームの『人間本性論』がプライド論を中核にしている次第を強調しているが[9]、スミスはヒュームの高慢《プライド》論の主題を受け継ぎながらも、高慢の克服を直接の主題とすることなく、問題を人間の偏愛性《パーシャリティ》一般論に解消し、人間に普遍的な偏愛性克服原理を想像上の立場の交換に基づく同感に求めることによって、パーシャルな人間相互間の交通に不可欠な正義の原理を導くとともに、正義の法さえ遵守されれば、人間のありのままの自然の性向に従う地主の虚栄心や高慢心がその意図しない帰結として富の平等分配を可能にする次第の論証を『感情論』の主題にしていたのである。『感情論』は、第一部で論証したように、高慢心や虚栄心等の人間の堕落した本性《フォールン・ネイチュア》の抑圧を意図したものではなく、逆に、虚栄心その他の非社会的情念の「社会化」を主題にしたものであったのであるが、『国富論』は、前章でみたように、こうした『感情論』の論理をさらに一歩進める形で非社会的情念を生活改善願望と交換性向に誘導することによって、人間の fallen Nature そのものがデザイン実現の作用因として機能する次第を社会科学的に論証したものであった。『国富論』が、交換における正義の法さえ遵守すれば、あとはすべて自然のままでよい「イージー・システム」といわれる理由はここにあるが、こうした『国富論』と『感情論』との微妙な差異は、「『感情論』では尊敬《エスティーム》〔名誉感覚〕が野心の対立物として使われている……のに対し、『国富論』では尊敬の位置が極小化され(10)」、それに代って交換性向や競争の果たす役割が強調されている点にも示されているといえるであろう。スミスは、『感情論』(初版)では高慢心や虚栄心が人間の行為の動因をなす次第を認めながら、ハチスンに倣ってそうした非社会的情念の名誉感覚による抑制を主題にしていたのに対し、『国富論』ではアウグスティヌス主義者のいう人間の「堕落した本性」を改善願望と交換性向に誘導することによって、fallen Nature 自体を文明化し、デザイン実現のための作用因化する論理を構築しようとしたのである。(11) こうした発想の逆転を可能にした根拠が市場の自浄性認識にあったことはすでにみた通りであるが、「シヴィク共和主義やキリスト教思想の伝統における商人に着せられていた汚名を想起するとき、……人間を動物から区別し、彼に明確に人間としての尊厳性を付与したのは、労働の果実の交換による利己心の追求であった(12)」とするスミスの思想は革命的であったといえよう。

『国富論』は、人間のありのままの堕落した本性を前提しながら、それを自然的進歩の原理としての自己の生活改善願望と交換性向に切り換《チャンネル》えることによって、公共の福祉実現の作用因化したものであったのであるが、こうした『国富論』の自然主義的性格をより明確に示しているのが、人間の虚栄心や利己心追求の意図しない帰結としての商業⇩自由・解放論である。

(4)　商業自由論の主題

『国富論』の読者には周知のように、スミスは『国富論』第三編で大地主の虚栄心と商人や職人の利己心の意図しない帰結としての封建制の解体＝農村の解放論を展開している。彼はそこで、商業の発達以前には、他に使い途がなかったため領民の維持に充てられてきた収入が、商業の発達に伴って、虚栄心を満足させる子供の玩具まがいの装身具や奢侈品と交換されるようになった結果、封建制が解体するに至った過程を次のように要約している。「このようにして、公共の幸福に至上の重要性をもつ一つの変革が、公共に貢献する意図を少しももたない二つの階層の人々によってひき起された。大地主の唯一の動機は、最も子供じみた虚栄心を満足させることであった。商人や職人たちは、それほど馬鹿げてはいないが、もっぱら自分の利益だけを念頭に置いて、一ペニーでも儲けられれば儲けようという、彼ら自身の小商人根性を追求して行動しただけである。両者のいずれも、前者の愚行と後者の勤勉が徐々にもたらしつつあったかの大変革について、何も知りもせず、予見もしていなかったのである」（WN, III. iv. 17, O. ii. 64-65）。スミスは、封建制の解体とそれに伴う農村の解放が、商業の発展の必然的帰結で、大所有者の虚栄心と商人や職人たちの利己心がその推進母体である次第を見抜いていたのである。中世社会において国家権力以上に恐るべき力を行使した教会権力の没落も、「技術と製造業と商業の漸進的な改良」の意図しない帰結であり、僧侶たちが「より多くの地代を大領主と同じやり方で自分自身の個人的な虚栄心と愚行を満足させるのに使いたいと願った」（WN, V. i. g. 25, O. iii. 183）ためであるとする第五編の議論も、同じ系譜に属するものに他ならない。スミスは、万人が商人になるにつれて、縦《タテ》の人格的依存・隷従・支配関係が人格的自由の関係にとって代られる次第を明らかにすることによって、商業の発達が封建的腐敗を解消し、隷従の代りに自由と独立をもたらす次第を論証したのである。スミスは、多くの研究者が一様に指摘しているように、商業を封建的腐敗の溶解剤と考え、「卑屈な依存」に伴う道徳的腐敗に代る「秩序と良い統治と、それに伴う個人の自由と安全」(WN, III. iv. 4, O. ii. 53) の使者と考えたのであるが[13]、この思想も『国富論』ではじめて登場したものではない。スミスは、ロンドンとパリ、グラスゴウとエジンバラの治安《ポリース》のちがいの原因を論じた『法学講義』Bノートの有名な文章が示すように、『法学講義』段階においてすでにいち早く、従属が人間を腐敗させるのに対し、商業が独立を導く次第を明言していたが (Cf. LJB, 204-5)、『国富論』ではこうした認識をさらに一歩進めて、商業の発達に伴う「現金関係・契約関係」が人格的依存・従属関係を解体して、「人間が道徳的に立派《ディーセント》な生活をすることを歴史上はじめて可能にした[14]」次第を強調するとともに、こうした社会の商業化による封建制解体の最大要因が大地主や僧侶たちの虚栄心にあった次第の論証を中心にするようになったのである[15]。

このようなスミスの論理は、『国富論』初版の虚栄心論《ヴァニティ》が、『感情論』第四部の地主の虚栄心論を商業⇓自由の論理に基づく封建制批判にまで拡げたものである次第を示しているが、こうした商業⇓自由論と一見対立するかにみえる彼の重商主義批判も、前述の封建制批判の論理と本質的には同じ文脈に属する次第が注意される要がある。封建体制は、商業が発達すればおのずから解体するので、商業を先行的に発達させることも、その限りでは何ら批判さるべき事柄ではないにもかかわらず、スミスが重商主義をきびしく批判したのは、重商主義的な規制や独占・特権が、経済の自然の運行を阻害するだけでなく、商人や製造業者たちを腐敗・堕落させるため、封建的依存・隷従関係が生み出す腐敗と結果的には同様な問題が生まれると考えたために他ならないからである。彼が都市の商業の解放性をはっきり承認しながら、重商主義をきびしく論難した最大の理由は、重商政策が、富裕の自然的進歩を遅らせること以上に、商業⇓自由(徳性)の実現を妨げ、その担い手《トレーガー》を腐敗させる点の認識にあったのである。スミスは、商業と製造業が秩序と良い政治を導入し、それに伴って諸個人の自由と安全が確立されても、重商政策はこのシナリオの勝利者自身を腐敗させるから、きびしく批判されねばならないと考えたのである。彼が「規制や禁止、独占、補助金、苛酷な要求、暴利をなくすことができれば、……商人階級も、努力と節約と正直と、中下層の運命である世間一般の商業的徳性の領域にいやいやながらも引っぱられてゆくであろう(16)」という趣旨の思想を展開していたのも、こうした重商主義観を表現したものといえよう。

　このようなスミスの商業社会観が、富のたんなる極大化を目的とするものでないことは明白である。彼が、『国富論』の主張は経験的・実証的事実に反するとする『国富論』の出版直後におけるパウネルやアンダスンらの批判にもかかわらず、第二版改訂にさいし、原理は一切変更の必要がないとした理由も、のちに第四章でふれるように、こうした彼の主題と関係があったのである。スミスは、フィッツギボンズなども指摘しているように、規制の効率性《エフィシエンシー》を問題にしたのではなく、重商主義が、商人や製造業者の私利のために他の諸個人の自由を犠牲にする点で正義に反する（従って、非道徳《アモラル》である）だけでなく、規制や特権・独占で保護される重商主義者自身を腐敗・堕落させる次第を明らかにすることを通して、自然的自由の原理に立脚する自由な体制《リベラル・システム》の確立を『国富論』の主題にしていたのである(17)。「スミスは、重商主義の理論、それが創り出した制限、それらの制限から利益を得る人々を攻撃することによって、富裕の進歩を助けるだけでなく、商人たちを商業的徳の領域にひきこむことによって、イングランドの道徳的再生をも手助けしようとしたのである(18)」という解釈の生まれる根拠もそこにある。スミスは、成長の目的を他の重商主義者のように「イングランドの富と権力の発展」（高消費）に求めていたのではなく、商業の力による社会の文明化に求めていたのであるとする見解も(19)、こうした『国富論』の性格を強調したものといえよう。スミスは、重商主義が、富の増大の方策として間違っているだけでなく、商人層を中心にする中産市民層自身の自由と独立性の確立にもマイナスに機能すると考えたがゆえに、重商主義を商業⇩自由の敵としてイデオロギー的にきびしく弾劾したのである。前章でふれたスミスの重商主義観の二面性を解く最大の鍵はここにあるといえよう。

(5) 『国富論』の文明化論的構造

『国富論』は、こうした形でヒュームがすでにみていた商業⇩自由の本質をより経済学的に明確化することによって、封建制の崩壊の必然性を論証する一方、封建制の解体による自然的自由の単純な体系の貫徹・実現を妨げる重商主義政策（規制や特権・独占）を批判することによって、「富と徳」を同時に実現し、社会を文明化しようとしたものであったのであるが、『国富論』のこうした商業⇩文明化論的性格は、彼の生産的・非生産的労働論や、高賃銀論、資本蓄積論などにも反映されているといえるであろう。

周知のように、スミスは、非生産的労働を封建的従属と結び付け、家来や従者の怠惰に商業社会の下層民の勤勉を対比させ、前者を非生産的、後者を生産的としている。スミスがこのように生産的・非生産的労働の理論を「従属の問題に関連させ[20]」、生産的・非生産的労働の概念を封建主義の特色をなす卑しい社会関係と市場関係との対比においてとらえていることは、彼の関心と主題が社会の商業化による封建的従属からの解放にあった次第を示しているといえよう。「スミスの非生産的労働論の唯一の首尾一貫した説明は、生産的労働が市場関係に取り囲まれているのに対し、非生産的労働者たちは貴族制に依存している点にある[21]」とする指摘は、こうしたスミスの生産的・非生産的労働論の本質的側面を衝いたものといえるであろう。

スミスの高賃銀論の根拠も、「低賃銀が前資本主義的行為規範を強化するのを嫌った」点にあり、彼は高賃銀が労働者の生活改善意欲を駆り立て、「職工たちが中産階級的向上心をもち、市場社会に対する敵愾心を捨てるのを助長するのを願った[22]」ためであるという解釈も、高賃銀論の背後にひそむスミスの願望を見抜いた見解ということができるであろう。スミスは、資本支出が成長と雇用を促進するのに対し、消費支出がそれを抑制することに注目し、低賃銀は労働者の活力をそぐので、過度の所得の不均衡は怠惰を招き、成長を阻害すると考えたのである[23]。彼が勤労者階級に好意的であったのも、こうした考え方に照応するが、彼の高利潤反対論がその対極をなすことは明らかである。彼は、『国富論』の原文（e.g., WN, I. viii. 44, IV. vii. c. 61 etc.）の示すように、高賃銀が労働者を勤勉にするのに対し、高利潤は業者の節約心をなくすので道徳的にも好ましくないと考えたのである[24]。このようなスミスの高賃銀論がマンデヴィルの低賃銀論に代表される当時の貧困学説の克服を意図したものであることは周知の事実であるが[25]、マンデヴィル批判から出発したハチスンも、労働供給を維持するための低賃銀を支持し、必需品が安いと人民は怠惰になるとしていたのであった[26]。スミスの高賃銀論は、こうした思想風土の下で、ヒューム的な奢侈⇓勤労《インダストリ》⇓知識⇓自由の実現可能性を中産層のみに対してではなく、下層民にも求めようとしたものということもできるであろう。

スミスの高賃銀肯定、高利潤反対論は、近代的人間形成を志向するものであったのであるが、『国富論』の資本蓄積論も、消費の増大よりも社会の文明化を視野においたものであった次第が注意される要がある。スミスが資本の蓄積過程を農業の「合理化」による農村の解放＝文明化の過程とみていたことは彼の静止状態論からも明らかであるというプラッシュの見解は[27]、スミスの『法学講義』＝『国富論』の主題が当時の文明衰退論に対する応答であったというV・ブラウンの見解とも符合する面があるといえよう[28]。『国富論』は、自然の原理に立脚するイージーシステム（自然のままでよい制度）を確立することによって、自由な商業の下で可能になる「富と徳」の実現を妨げる封建的依存・隷従や、重商主義的規制・独占・特権に伴う腐敗・堕落からの中産市民層と下層身分の解放・独立（自立性の確立）による社会の文明化を究極目的とするものであったのである。

スミスの楽観主義の一つの根拠もここにある。スミスの楽観主義の根拠としては、一般に指摘される①生産力の発展認識、②ヒューム的な貨幣ヴェイル説に伴う問題[29]とならんで、既述のような③自由⇩必然の形而上学が考えられるが、それ以外にさらに、④商業⇩自由の担い手である中下層の自由・解放・独立（マナーの涵養・自立性の確立）による社会の文明化自体がスミスにとっては自己目的であった点がその要因としてあげられるであろう[30]。スミスが、新しい商業社会の推進主体としての中産市民層自身を腐敗・堕落させる重商主義的規制・特権・独占を自然的自由の原理と正義の侵害としてきびしく批判し、立法者の介入による経済秩序の確立を意図するポリティカル・エコノミーに反対した最大の理由の一つはそこにあったのである。彼が、ポルトニーへの手紙の中で、ステュアートの『経済学原理』に言及し、「その中のあらゆる誤った原理は、私の書物の中で明白で疑う余地のない反論に直面するであろう」（Correspondence, 132）と語っていたのも、こうした視点からみるとき、それなりに首肯しうることであろう[31]。

しかし、『国富論』の究極主題が「富と徳」の実現にあったということは、『国富論』の倫理性を強調する多くの研究者の主張するように、スミスが『感情論』で展開した「公平な観察者」視点に立脚する配分的正義と福祉の実現を『国富論』の直接の主題にしていたことを意味しない。『国富論』（初版）の主題は、交換的正義の法の支配下における自然的自由の体系のエクイティ性（富と徳の実現可能性）論証にあり、哲学者や観察者がその設計者ないし指揮者としての役割を果たすことは、次章でみるように何ら要請されていないからである。そうした視点が出てくるのは、後述のように第三版以降のことで、初版の論理はあくまでも自然的自由の体系に立脚する商業⇩自由＝富と徳性実現論証と、その実現を妨げる封建遺制と重商主義体制批判にあったのである。

こうした商業⇩文明化論は、モンテスキュー以来の商業⇩自由論の系譜に属するもので、ヒュームやロバートスン、ミラーその他も、「交換と生産と分業の発達を生活様式《マナーズ》と文化と啓蒙の発展の原動力として独立の主題にしていた[32]」ことは、ポーコックの指摘する通りである。その中でもとりわけヒュームが『イングランド史』の中で展開した商業

⇩自由の原理に基づく封建制解体史論が、スミスの商業⇩自由論の直接的な下敷になっていることは明白である。[33]この問題についても、「スミスは明白にヒュームから強い影響を受けているので、ヒュームを読んでからスミスに移る人は誰でもすでにみた（déjà vu）の感を経験するであろう」が、ヒュームとスミスとでは「万事が微妙に異なっている」[34]次第が注意される要がある。ヒュームの商業⇩自由論は、坂本達哉が鮮明にしたように、彼の大陸旅行経験に基づく生活様式《マナーズ》の変革を商業⇩文明化の前提条件にする生活様式前提論であるのに対し、[35]スミスの商業⇩自由論は、必ずしもマナーズ（勤労の精神、生産的生活様式）の存在を前提するものではなく、逆に、商業が発達すればおのずからマナーも改善されるというより普遍的な商業⇩自由の一般理論として、既述のような形ですべての人間を市場の論理そのもののうちに組み込むことを通して有徳化しようとするマナー創出・涵養論的性格をもっているからである。われわれはそこに文明社会論としてのヒュームの商業社会観とスミスの商業社会論との距離を感ぜざるをえないが、スミスがこうした論理を展開しえたことの背景には、既述のようなヒュームにはない自然神学観と、それをベースにする『感情論』の論理があった次第が注意される要がある。スミスが『国富論』で自然的自由の体系《システム》の貫徹を阻害する条件さえ排除されれば、「富と徳」が自然に実現されるとした根本原理は、『感情論』の自然主義的倫理学の根幹をなしていたスミスに独自な自然神学観にあったからである。『国富論』の意義と独自性は、こうした富と徳の自動実現の場としての市場の論理を発見することによって、自由な商業が封建制からの解放による市民の自立を可能にする次第を明らかにするとともに、その実現を妨げる重商主義体制の批判を通して、富と徳が両立する上品な社会《ディーセント・ソサエティ》の構築可能性を理論的に論証した点にあったのである。

二　環境道徳論の展開

(1) 徳性の環境規定性

スミスは、合邦前後以降におけるスコットランドの最大の問題であった経済発展による富裕の増大とそれに伴う徳性の腐敗という問題に関し、徳の論理で経済問題を解決しようとした多数派に対し、ヒュームとともに商業の論理で道徳問題を解決しうることを示したのである。だが、スミスやヒュームのいうように、商業が発達すればおのずから「富と徳」が実現されるとすれば、正義の遵守（不侵害）以外に特別の徳性は必要がないだけでなく、商業社会では悪徳もなくなる筈である。それなのに実際には商業社会にもさまざまな悪徳が存在するのはなぜか。その原因は、すべて商業⇓自由（有徳化）の実現を妨げる環境条件にあるので、その原因をなす封建遺制と重商主義体制を排除すればよいというのが、上の商業⇓自由論の結論であったが、こうした商業⇓徳性論に対応する『国富論』の徳性観をより具体的に示しているのが、環境道徳論とでもいうべき『国富論』の徳性観である。

スミスは『国富論』の中でさまざまな形で国民の道徳性に関連する思想を展開しているが、その特色は人間の道徳性が範疇的に分類されている点にある。たとえば、「地主」や「金持」は、「貨幣を主として浪費に使うことに慣れている」ので、必然的に「怠惰」・「乱脈」になりやすい。これに対し、「自前の職人」や「商人」や「製造業者」は、「貨幣が利潤を伴って再び戻ってくる」（WN, III. iv. 3, O. ii. 52）ことを知っているので、自然に勤勉で節約的になるが、「雇い職人」や「徒弟」は、「勤勉になったところで直接には何の利益もないため怠けがちになり、……自然に労働に嫌悪の情を抱くようになる」（I. x. c. 14, O. i. 204）。「兵卒」も、同じような理由で、怠惰で放蕩に走りやすい。「丹誠と勤勉は、製造業者の常であり、怠惰と放蕩は、兵卒の常である」（IV. ii. 43, O. ii. 145）。スミスのいう「勤勉な人々」と「怠惰な人々」との対比も、所得源泉が収入か資本かという経済関係の仕組に基づく分類で、個々の人間の道徳性を問題にした概念ではない。「資本の借手がそれを直接消費のための資財《ストック》として使うのは、浪費家の役割を演ずることで、勤勉な人々の維持のために予定されたものを怠惰な人々の維持に使い果たすことになる」（II. iv. 1, O. i. 548）から、好ましくないという論理である。

　このようなスミスの道徳観をより端的に表現しているのが、有名な二つの道徳体系論（階層道徳論）である。文明（階級）社会にはつねに二つのちがった道徳体系があり、「上流の人々」は「放縦な体系」に従うが、「一般庶民」や「身分の低い人」は、「厳格な体系」に従わざるをえないという思想（V. i. g.10 f., O. iii. 166 f.）は、『感情論』の未開人と文明人、上流―下流の道徳観と同じ論理であるが、人間の置かれた環境と道徳観念とを対応的にとらえるスミスの思想の特色を象徴しているといえよう。

(2)　性格決定論の根拠

　こうした思想に象徴される『国富論』の道徳観の最大の特色は、徳性の環境被規定性を重視している点にある。それは、人間の徳性を彼の置かれた環境（Situation or. circumstances）によって説明するもので、道徳論というより環境論に他ならず、『感情論』の倫理学の根幹をなしていた「想像上の立場の交換」もここでは前提されていない。このような道徳観が厳密な意味での倫理学ではないことは明らかであるが、スミスは道徳論の核心をなす性格改善・矯正の問題に無関心などころか、逆に、可成り明確な性格決定論を展開している。

「生産的労働を維持する基金《ファンド》と不生産的労働を維持する基金との割合が、あらゆる国において住民の一般的性格が勤勉であるか怠惰であるかを必然的に決定する」。「下層身分の人々が主として資本の雇用によって維持される商工都市の住民は、一般に勤勉で真面目で豊かである」が、「下層身分の人間が主として収入の消費によって維持される都市では、彼らは一般に怠惰で放縦で貧乏である」（WN, II. iii. 12, O. i. 525)。「資本が優勢なところでは勤勉が支配し、収入が優勢なところでは怠惰がはびこる」。「収入の消費によって維持される人々の大部分の怠惰が、資本の使用によって維持されるべき人々の勤勉を腐敗させることは確かである」（WN, II. iii. 12, 13, O. i. 527, 528)。

「浪費」を習いとする「地主」と「利潤」追求を主とする「商人」の「習慣の差異は、どんな仕事をする場合にも自然に彼らの気質《テンパー》や性向《ディスポジション》に影響を及ぼす」（WN, III. iv. 3, O. ii. 52)。

「カディスやリスボンの商人たちの生活様式《マナーズ》をアムステルダムのそれと比較すると、商人たちの行動や性格が資本の利潤の高低によってどれほどちがった影響を受けるかが分かるにちがいない」（IV. vii. c. 61, O. ii. 383)。

これらの引用は、いずれも人間の性格（character, temper, disposition）が所得の形態によって決定ないし影響されるという思想の表現であるが、この性格決定論もスミスの独創ではない。上の第一節の論理ともどもモンテスキューやヒュームの読者には既知の事柄であるが[36]、スミスがヒュームにならってこうした性格決定論ないし環境道徳論を展開したのは、直接的には『国富論』の主題が道徳論ではなく、自然の原理に立脚する人間行動のそれぞれの環境に即した必然法則の解明にあったために他ならないとみることもできるであろう。スミスは、人間行動の自然法則の解明を『国富論』の主題としていたため、人間の行為の相互関連を客観的な事実問題として分析・記述することを通して、普遍的な因果法則性を認識しようとしたヒュームと同様、人間の性格や徳性も、労賃その他の価格の決定と同じようにすべて環境（事情）によって決定されるとしたと考えられるからである。しかし、スミスが『国富論』でこうした価格決定論的な徳性の環境規定論を展開したのは、必ずしも彼が『国富論』では道徳問題を、ヒュームの政治学の方法に従って、『感情論』の主題と無関係に、社会科学の論理で割り切ることを意図していたことを意味しない。反対に、スミスの性格決定論は、『感情論』（初版）の主題のいわば必然的帰結として展開されたものであった次第が大きく注意される要がある。

スミスの『道徳感情論』は、別著で詳説したように[37]、状況（Situation）の考察を中核にするものとして、観察者が当事者の状況を詳しく考察したときに、観察者と当事者の感情が一致する点に人間の行為や感情の適宜性の基準を求める点に、ハチスンやヒュームらの先行の情念倫理学と異なる最大の特色をもつものであった。そうした『感情論』の原理をより具体化した『法学講義』正義論の主題は、『感情論』の同感原理に基づく正義のケース―環境分析による法の一般規則化にあったが、その前提をなす環境条件は、時代や社会によって大きく異ならざるをえない。財産のほとんど存在しない狩猟社会や、農業中心の封建社会の正義感で商業社会の契約関係を律しえないのは、理の当然である。スミスが『法学講義』でいわゆる四段階理論を展開することによって、それぞれの段階《ステージ》に固有の自然法を論証したのはそのためであったが[38]、『国富論』の環境道徳論は、この『法学講義』の四段階（環境＝法）理論に完全に照応する論理として、観察者の同感原理に立脚する適宜性＝徳性観念が人々の置かれた環境条件によって基本的に規定（決定）される次第を明らかにすることを通して、徳性改善のためには人々の置かれた環境条件を変えてゆくことが不可欠な次第を明確化したものに他ならない。スミスが『国富論』で徳性の環境規定性を強調した根拠はここにある。スミスは、人間の徳性や正義の観念がそれぞれの時代や社会や階級等の環境条件によって基本的に規定されている事実の認識から、一般の道徳論とは逆に、環境条件を変えることによって、社会科学の論理で道徳問題を解決しようとしたのである。

こうした考え方に立脚するスミスの思想を具体的に表現しているのが、既述の労働基金の配分比が性格を決定するという議論である。彼は、生産的労働者は勤勉で、不生産的労働者は怠惰である事実に鑑み、前者の労働基金を増大することで、国民の富裕の増大と徳性の改善を意図したのである。スミスが『国富論』で第四段階の商業社会の自然法を明確化することによって、それに反する封建遺制や重商主義をきびしく批判したのも、こうした環境道徳論の論理に照応するものであったのであるが、彼の分業⇩疎外論も、こうした環境道徳論に対応するものであったといえるであろう。スミスは、ウエストその他多くの研究者の指摘するように、文明社会の環境条件が、無限の多様性を生み出し、社会を豊かにする反面、大多数の人間から仕事の多様性を奪い、逆に愚鈍化する事実に鑑み、労働者の環境改善のための教育を行うことによって、労働者階級の道徳性実現阻害条件を排除しようとしたのである(39)。スミスが徳性の環境規定性を強調したのは、ローゼンベルグのいうように「人間の誤った行動の原因が、彼らの独自の心理的体質にではなく彼らの特定の境遇《シチュエーション》と機会にあり、少数の聖人型以外のほとんどすべての人間は、同じような状況では同じように行動すると期待されうる(40)」と考えたためであるよりも、自然的自由の体系の実現のためには、自然の原理に反して人間を悪徳化する環境条件を特定する必要があると考えたためであったのである。

(3) 性善説と原罪論的人間像

スミスが『国富論』で展開した徳性の環境被規定論は、このような含意をもつものであったのであるが、この環境道徳論は一種の性善説を前提しているといえるであろう。悪は自然の実現を妨げる環境に基づくものであるとすれば、性は善であることになるからである。スミスがオウエン的環境論者であったという解釈(41)が生まれる一つの背景はここにあるが、こうした性善説的想定は彼の人間観と一見大きく対立するかにみえる。スミスが『国富論』の中で展開している人間像は、多くの研究者が一様に指摘しているように陰気《グルーミイ》で原罪論的性格をもっているからである。[42] 説得よりも暴力を好む人間の自然の傲慢性、さらには、そうした傲慢さを生む人間の底抜けの自惚れ《ヴェイングローリー》、虚栄心《ヴァニティ》や貪欲などの度しがたさに関するスミスの見解については、すでにみた通りであるが、彼が人間を「自己愛に支配され、自己欺瞞の世界に生き、自惚れ屋で、嫉妬深く、悪意に満ちた、喧嘩好きで、怒りっぽい[43]」存在として描いていることは、否定しがたい事実である。彼が、マルサスのように「実在の人間は、必要によって強制されない限り、惰性的で、無精で、労働を嫌悪する[44]」存在でしかないとする「原罪」思想をもっていたかどうかは不明だが、「スミスの経済人が、〃物理的必要……によってではなく、想像力や貪欲、底抜けの自惚れ、法外の馬鹿さ加減、圧倒的な自負心〃の激動によって燃え上る[45]」存在であることは、前にみた通りである。スミスは「人間の堕落性」(Depravity＝原罪のための生来的罪深さ)をはっきりと認め、人間を「御しにくい生物(unruly creatures)[46]」と考えていたようにみえるが、「こうした人間の条件に関する陰気《グルーミー》な見解は、原罪に関する古来の神学的関心を想起させる」もので、「スミスの同時代人であった進歩の予言者たちの楽観主義的見解とは調和しない[47]」ものであった。「人間に関するスミスの心像《イメージ》がマルクスやフロイトのそれよりずっと悲観的で、……彼の道徳的擦れっ枯らしぶりは彼を当時の自由主義的人文主義の哲学から遠ざける[48]」性格をもっていたことは明らかである。

　こうした多分にアウグスティヌス＝カルヴァン主義的な人間像は、人間の改善(human betterment)可能性を認める啓蒙の楽観主義と一見対極的であるかにみえるが、スミスの主題がこうしたアウグスティヌス主義的人間像をそれとして容認しながら、それを文明化する点にあったことはすでにみた通りである。スミスはハイルブローナーその他多くの論者の指摘するような両極分裂的なヴィジョンを抱きながら[49]、その揚棄を主題にしていたのであるが、こうしたスミスの人間観の暗さと明るさ＝悲観的人間像と底抜けの楽観主義との並存の根拠をなすとともに、こうした性悪説的人間把握を性善説的楽観主義に切り換える転化の論理としてスミスが利用したのが、カルヴァン主義的キリスト教の原罪―贖罪説である。神の予定した自然の必然法則がみえないことから、善悪無差別《インディファレンス》の自由に走り、さまざまな罪を犯す人間の度しがたい原罪性も、キリストの贖罪のお陰で免罪され、逆に、人間の自由な自然のままの行動が神のデザイン実現の作用因として機能するという論理は、原罪論的人間像の楽観主義への転化の論理そのものであるからである。彼が、一方で原罪論的人間像を抱きながら、他方で性善説的楽観思想を展開し、キリストの贖罪のお陰で義認されたイノセントな人間が悪徳に走るのは、ひとえに環境のせいであるとしながら、なおかつ悪徳は悪徳として批判の対象にしていたのも、人間は自然の必然法則からの自由をもつと考えていたために他ならないといえよう。こうしたキリスト教的神学観に立脚するスミスの環境道徳論が、唯物論とは根本的に異なることは明白である。唯物論的環境論では、法則からの自由に伴う道徳的責任論は成立しないだけでなく、性善説的環境論と性悪説的な原罪論的人間像との関連も説明しえないからである。[50] スミスは、唯物論者とちがって、必然法則から逸脱する自由をもつ人間がデザイン実現のための作用因としての役割を果さず、逆に、デザイン実現を妨げる環境条件に安住することから悪徳が生まれると考えたのである。スミスは、こうしたカルヴァン主義的キリスト教の原罪―贖罪思想を前提していたがゆえに、一方ではすぐれて原罪論的な陰気《グルーミー》な人間像を展開しながら、他方でそうした人間の原罪論的行動が摂理（福祉）実現につながるというすぐれて楽観主義的な思想を展開することができたのである。彼が前述のような一見すぐれて唯物論的な環境論的徳性論を展開することを通して道徳問題を社会科学的に解明しようとしたのも、彼が唯物論者であったためではなく、逆に、キリスト教的な原罪―贖罪観念を前提していたために他ならない。すべての人間に大なり小なり存在する虚栄心や高慢心などのアウグスティヌス主義的な人間のfallen Natureも、贖罪のお陰で義認され作用因化できるとすれば[51]、悪徳は天性（性格）の問題ではなくなり、自然的自由の体系の貫徹を妨げる環境条件を科学的に特定し除去することが道徳問題解決の途になるからである。

ありのままの原罪論的人間像を前提しながら、その道徳性を社会科学的な分析の対象としたスミスの論理は、こうした神学観に立脚していたのであるが、スミスの意義はもとよりこうした原罪―贖罪観念を前提していた点それ自体にあったのではない。スミスの偉大さは、こうした原罪論的人間認識を人間行動についての楽観主義に切り換える論理と場を発見した点にある。コーズの言葉を借りていえば、スミスは、「利己心が勤勉を増進し、憤慨が他人の侵略的な行動をくじき、虚栄心が親切な行為を導く」ように、「人間のあまり心地よくない資質が善を生み出す次第をみていた[52]」のであるが、このように人間のアウグスティヌス主義的な堕落した本性を神のデザイン実現のための作用因に切り換える論理としてスミスが展開したのが、生活改善願望と交換性向による人間の虚栄心や説得・支配欲の誘導・切り換え論で、その場が自由競争市場であったことはすでにみた通りである。人間の改善可能性を認める啓蒙の楽観主義のルーツが、人間の生来的堕落性（natural depravity）を強調するアウグスティヌス主義者の悲観的人間像のうちにあったというミュラーの主張も[53]、こうしたスミスの思想と照応するといえよう。スミスは、人間の天性の堕落性から生まれる虚栄心や支配欲を生活改善願望や交換性向化することによって、自然の欲求に従う人間の行動が、その意図しない帰結として富裕と徳性の実現につながる次第《プロセス》を明らかにするとともに、そうした自然的自由の単純な体系の実現を妨げる環境条件の排除を『国富論』の主題としていたのである。

『国富論』が重商主義体制批判を中心主題とする制度論である最大の理由の一つもここにある。『国富論』に固有の道徳論がないのは、『国富論』が経済学の書物であったからではない。人間の堕落した本性さえも昇華されるのに悪徳がはびこっているのは、商業社会の自然法に反する環境のせいであるとすれば、問題は個人の性格（character）の良し悪しではなく、悪徳を生み出す制度・体制の問題になるからである。悪の根源は、商業社会における自然（自由⇩必然）の体系《システム》の貫徹を妨げる封建遺制や重商規制等の環境＝制度にあり、人間自身はイノセントであるとすれば、そうした悪徳を生み出す制度＝環境条件を排除すればよいことになるのは理の当然である。独占に伴う「高い利潤率は、商人の性質に通常ごく自然に備わっているかの節約という美徳をことごとく破壊してしまうように思われる」（WN, IV. vii. c. 61, O. ii. 381）というスミスの言葉は、独占や規制がなくなれば、商人も自然に道徳性を回復するという彼の信念を現わしているといえよう。スミスの重商主義批判が、商業⇩自由の実現を妨げる体制（制度）批判による「富と徳」実現論であることは前にみた通りであるが、『国富論』の環境道徳論は、そうした制度批判のための論理的前提をなすものであったのである。

(4) 商人批判の主題

こうした制度批判論としての『国富論』初版の性格は、商人批判の内実からも傍証される。スミスは、『国富論』の中で商人や製造業者たちの横暴をきびしく批判し、彼らの言動を非難・弾劾している。「『感情論』と『国富論』の商人描写は根本的に異なっている。……『感情論』では描写は肯定的であるのに、『国富論』では商人は不当な政治的影響力を行使することによって、公共の福祉を脅かしかねない[54]」存在とされているといわれる根拠はそこにある。事実、『国富論』では、商人は通常、市場の競争を妨げ、交易に対する保護的障壁を構築するように政治家に影響力を試みることによって、公益を犠牲にして自分の経済的利益を追求する[55]」存在として描かれている。しかし、こうした商人批判が、商人の人格批判の形で展開されているのは、『国富論』第三版以降のことで、初版の商人批判は重商主義体制批判に伴う制度批判の枠内で展開されている次第が注意される要がある。

その証拠にスミスが『国富論』の中で展開している商人のエゴ、詭弁批判の実例をいくつかあげてみることにしよう。

「貿易差額説を最初に考え出して普及させたのが、独占精神であったことは疑う余地がない。……もし商人や製造業者たちが自分たちの利害をからめた詭弁を持ち出して人々の良識を混乱させることがなかったならば」、「大多数の人々の利害と正面から対立している」彼らの利害に基づく「この命題が問題にされることもなかったであろう」(WN, IV. iii. c. 10, O. ii. 185)。

輸入制限は、「私利と独占精神に由来する」だけでなく、「国民的偏見と憎悪から起こる」場合もあるが、「国民的偏見と憎悪は、特定の商人たちの私利私益によって鼓吹されるのを常とする」(IV. iii. a. 1, 4, O. ii. 152, 154)。「国内市場の独占によって最大の利益を得るのは、商人と製造業者たちである」(IV. ii. 16, O. ii. 126)。「商人と製造業者たちは、……排他的同業組合精神に慣れているので、……国内市場の独占を彼らのために確保してくれるような外国品の輸入に対する諸制限のそもそもの発案者であったように思われる」(IV. ii. 21, O. ii. 130)。

「奨励金は、国内市場において国産穀物の真実価格をではなく、名目価格を騰貴させるものであるため、……農業者にも農村の大地主にも何らみるべき貢献をせず、製造業を阻害するだけで」、唯一の利得者は穀物商人だけである。「それゆえ、私のみるところでは、この一群の人々こそが奨励金の存続ないし更新を最も熱心に望んだ人々なのである」(IV. v. a. 21, 22, O. ii. 216-218)。

これらの文章が商人を直接の批判対象にしていることは明白である。しかし、批判内容は、重商主義政策を促進するため、その必要性を立法者や国民に説く彼らの詭弁の暴露とその根拠の経済的利害関係分析を主とするもので、そうした行動に走る商人や製造業者たちの人格批判はなされていない。論理の基本は、「商人や製造業者」が「地主」

や「農業者」とちがって、必ずしも全国民的利害と合致する立場にないのに、自分たちの利益を維持するための政策を公益につながるかのごとくいいふらして法案化させるのは問題だという論法である。スミスがこうした点の経済分析を根拠に商人のエゴや詭弁性を声を大にして強調したことの背景には、もとより、彼らの傲慢性批判の意図があったとみることも可能であるが、『国富論』初版には、『感情論』第六版の傲慢論にみられるような人格批判のニュアンスはみられない。逆に、地主や商人たちの高慢心《プライド》や虚栄心《ヴァニティ》が、彼ら自身の意図しない帰結を生み出す作用因として肯定的にとらえられていたことはすでにみた通りである。スミスが「商人や製造業者たちの卑劣な貪欲さや独占根性は、矯正することはおそらくできないだろうが、本人以外の他人の静穏を攪乱させないようにするのは、極めて容易であろう」（WN, IV. iii. c. 9, O. ii. 185）という楽観的な見通しを語り、彼らの高慢心《プライド》や虚栄心の矯正（性格改善）ではなく、他人の前での抑制を説いたのも、こうした考え方に照応するものに他ならない。しかし、スミスも『国富論』では、『感情論』とちがって、こうした楽観主義的見解を無条件に肯定していた訳ではない。「製造業者たちが獲得している独占権を多少なりとも削減しようと企てる……ような法規の提案者を暴力と不法行為で攻撃させ、……立法府を威嚇する」（WN, IV. ii. 43, O. ii. 147）製造業者の横暴ぶり批判などには、『感情論』六版の傲慢批判につながるはげしさが感じられるが、『国富論』初版の商人批判は、あくまでも「商人や製造業者の卑劣な貪欲さや独占根性」や、彼らの「根も葉もない嫉妬」（IV. vii. b. 44, O. ii. 332）と、それらを正当化する詭弁や、「他の人々の法外な利得について苦情はいうが、自分たちの資本の高利潤については口をぬぐって語ろうとしない」（IV. vii. c. 29, O. ii. 360）彼らのずるさに対する批判を主にするもので、彼らの人格非難、傲慢批判にはなっていない。あくまでも重商主義体制批判という制度批判の枠内での商人批判にすぎない。その典型が周知の東インド会社の使用人論である。「私は東インド会社の使用人たちの人格一般に対し何も忌わしい非難を浴せようとしているのではない。ましてや、特定の人物について、その人格《キャラクター》を問題にしているのではない。私が非難したいのは、〔植民地〕統治の制度と、使用人たちの置かれている地位《シチュエーション》であって、そこで行動した人々の人格《キャラクター》ではない。彼らは自分たちの地位が自然に促すままに行動しただけのことである」（IV. vii. c. 107, O. ii. 432）。この文章は、『国富論』初版の商人批判が商人や製造業者個々人の人格や高慢批判ではなく、環境道徳論の論理に基づく制度批判の文脈で展開されたものに他ならない次第を象徴しているといえるであろう。

スミスが『国富論』の中で展開している「浪費家」批判も、彼らの徳性批判ではなく、浪費のもたらす経済的非効用の科学的解明にすぎないことは明白である。『国富論』初版の商人批判は、このように制度批判論の枠内にとどまるもので、商人の横暴・強欲・詭弁などの原因がすべて重商主義制度そのもののうちにある次第を明確化し、制度を変えることで商人たちをも道徳化しようとする文明化論の文脈の中で展開されたものであったのである。

(5)　世論の浄化力に対する信頼

しかし、スミスは、『国富論』の執筆過程（おそらく、七三年春ロンドン到着以降）における商人や製造業者たちの行動、とりわけ、彼らが地主や立法者たちに対して行った世論操作の実態認識の進展に伴って、『国富論』初版の「序論と本書の構想」の示すように、商人たちを中心とする「特定の階層の人々の私的な利害関心と偏見」（WN, (i). 8, O. i. 4）の問題に大きく注目するに至り、世論の偏見性を痛感するようになったと思われる。こうした世論の偏見性認識は、公平な観察者の立場の体現者を世論に求める『感情論』初版の見解と異なるだけでなく、上巻の補論で詳説したようなエリオットの批判に答えて行った二版における世論に対する良心の優位論証とも異なる、世論の本質と信頼性そのものに対するより根本的な懐疑の表明であり、『感情論』六版で展開された国民的偏見と世論の問題につながる契機がみられる。『感情論』六版の問題意識の出発点が『国富論』（初版）におけるスミスの現実認識そのもののうちにあったとする見方がそれなりに根拠をもつと考えられる一つの証左はここにある。しかし、『国富論』初版ではスミスはまだ『感情論』初版と同様、世論の浄化力（それに照応する市場における競争の摂理）に対する信頼をもっていたので、世間に知れわたり、（小宗派間の）競争が行われれば、おのずから世論を歪める偏見も是正されてゆくと考えていたように思われる。彼が『国富論』初版で商人批判を『感情論』六版のような人格批判の形で行わずに重商主義体制・制度批判として展開したのも、こうした世論の浄化力に対する信頼に基づくものであったといえるであろう。スミスは、重商主義体制とその担い手《トレーガー》としての商人や製造業者の行動の実態を彼らの置かれた状況に即して理論的に論証し、「国富は、生産からよりも輸出からより直接的に生まれる」とする「重商主義体制によって確立された偏見」（WN, IV. v. a. 25, O. ii. 221）や、彼らによって鼓吹された「国民的偏見と憎悪」（IV. iii. a. 1, 4, O. ii. 151-2, 154）の問題性を公衆の前に明らかにすれば、事態はおのずから改善され、重商主義者も有徳化することができると考えていたかにみえる。『国富論』初版でも、既述のようにきびしい商人批判が展開されながらも、そこではまだ『国富論』三版以降にみられるような彼らの人格批判や、『感情論』六版の中心主題となった傲慢批判がなされていない理由はそこにある。スミスは、『国富論』の執筆・改稿過程における重商主義批判の進展―とりわけ、その推進者としての商人の行動をめぐる現実認識の深化に伴って、『感情論』六版改訂の主題につながる問題を感じはじめながらも、『国富論』初版の論理そのものは、『感情論』初版の原理、さらには、その根幹をなす自然神学思想に立脚するものであったため、重商主義制度と政策の問題点を明確にし、その推進者である商人や製造業者たちの世論操作の欺瞞性を暴き出しさえすれば、あとは余計な手を出す必要はないと考えていたのである。

（1）Rosenberg, N.: Adam Smith and the Stock of Moral Capital, ASCA, VII. p.53.
（2）Brown, V.: *Adam Smith's Discourse*, London 1994, p.53.
（3）『国富論』の倫理的解釈者たちは、たとえばL・シュナイダーのように、『国富論』ではスミス自身が観察者の役割を演じ、観察者視点からの商人批判や、大衆のエクイティ要求をしているので、「『国富論』では〝公平な観察者〟という句は使われてなくとも、観察者は依然として前提されている」というが（Cf. Schneider, Louis: Adam Smith on Human Nature and Social Circumstance, in *Adam Smith and Modern Political Economy*, ed. by O'Driscoll, pp.59-60）、これは『国富論』の主題と市場の観察者機能を混同した議論であることに注意されたい。
（4）Brown, V., *op.cit.*, p.188.
（5）Muller : *Adam Smith in his time and ours*, N. Y. 1993, p.153.
（6）Cf. *Ibid.*, p.53.
（7）Brown, *op.cit.*, p.215.（傍点引用者）。本文の示すように、『感情論』でも、虚栄心や高慢心の作用因機能と徳性化の可能性は承認されているが、ストア原理に照せば、それ自体は道徳的とはいえないとされていた点、『国富論』とはニュアンスを異にしていることに注意されたい。
（8）Cf. Coase, R. H.: Adam Smith's View of Man, *Journal of Law & Economics*, 19-3, 1976, pp.536-7.
（9）星野彰男『市場社会の体系―ヒュームとスミス』新評論　第二章参照。
（10）Minowitz : *Profits, Priests, & Princes*, Stanford 1993, p.86.
（11）「商業社会における社会制度の見えない手の最大の功績は、身分や是認に対する潜在的には卑しい願望を相対的に有徳な行為形態に転換《コンヴァート》した点にある」（Muller, *op.cit.*, p.135）ということもできるであろうが、それは、こうした論理に立脚している次第に注意されたい。
（12）*Ibid.*, p.70.
（13）Cf. Rosenberg, N., *op.cit.*, p.55.

(14) Muller, *op.cit.*, p.137.

(15) スミスが、『法学講義』では商業社会の負のコストに否定的・悲観的であったのに、『国富論』ではより楽観的になり、負のコストは教育によって克服しうるとしていた（Cf. Fitzgibbons : *Adam Smith's System of Liberty, Wealth and Virtue*, Oxford 1995, pp.154-159）ことの背景は、こうした商業化のメリット認識の進展にあったといえよう。

(16) Merrill, B.: Adam Smith's Commercial Society as a Surrogate for Morals, ASCA, V. pp.97-98.

(17) Cf. Fitzgibbons, *op.cit.*, pp.172-174.

(18) Merrill, *op.cit.*, p.98.

(19) Cf. Prash, R. E.: The Ethics of Growth in Adam Smith's *Wealth of Nations*, ASCA, VII. pp.276-278.

(20) Perelman, M. A.: Adam Smith and Dependent Social Relations, ASCA, VII. p.4.

(21) *Ibid.*, p.5.

(22) *Ibid.*, p.9.

(23) Cf. Rimlinger, G. V.: Smith and the Merits of the Poor, ASCA, IV. p.228.

(24) Cf. Merrill, *op.cit.*, pp.98-99.

(25) Cf. Winch, D. : *Riches and Poverty, An intellectual history of political economy in Britain, 1750-1834*, Cambridge 1996, pp.76-77.

(26) Cf. Hutchison, T. : *Before Adam Smith, The emergence of political economy, 1662-1776*, Oxford 1988, p.197.

(27) Cf. Prasch, *op.cit.*, pp.269-279, esp., pp.277-278.

(28) Cf. Brown, V., *op.cit.*, pp.144-147.

(29) この点については、小林昇、川島信義、竹本洋、大森郁夫その他のステュアート研究者の諸論考参照。T・ハチスンも、スミスが、この競争的自由の単純な体系が貨幣論でもそのまま適用できるとする過度の楽観主義に陥り、「単純な体系」妥当の前提条件を十分に検討しなかった点を批判している。Cf. Hutchison, T.: Adam Smith and The Wealth of Nations,

Journal of Law & Politics, 19-3, 1976, p.522.

(30) スミスが現実認識の進展に伴い、デザインがそのまま通用しない次第を認めるようになりながらも、最後まで「自然的自由」にこだわった最大の理由は、上の③と④の点にあったのではないであろうか。

(31) Cf. Winch, *op. cit.*, p.88.

(32) Pocock, J. G. A.: *Virtue, Commerce, and History*, Cambridge 1985, p.199. 田中秀夫訳『徳・商業・歴史』三八〇ページ。

(33) 坂本達哉『ヒュームの文明社会—勤労・知識・自由』創文社　第五章、とくに二七一—三、二七九、二八一—二ページ参照。

(34) Fitzgibbons, *op.cit.*, p.17.

(35) 坂本達哉　前掲書、第三—五章参照。ただし、この坂本説は、前述のポーコック説とは異なっている。ポーコックは、バークを生活様式⇓商業（マナー前提）論の提唱者とし、ヒュームはスミスらとともに、その逆の交換関係だけから文明社会の創造が可能であるとする思想の主張者として概括している。Cf. Pocock, *op.cit.*, p.199.

(36) ヒュームの性格決定論については、坂本達哉　前掲書、とくに一六七ページ以下参照。

(37) 拙著『市民社会理論と現代』後編第三章参照。

(38) 拙著『アダム・スミスの自然法学』とくに、第二部第四章参照。

(39) ギンズバーグも、スミスの教育論が環境道徳論的性格をもつ次第を認めている。Cf. Ginzberg, Eli: An Economy formed by Men, *Adam Smith and Modern Political Economy*, ed. by O'Dricoll, pp.38-39.

(40) Rosenberg, N.: Adam Smith and Laissez-Faire revisited, in *Adam Smith and Modern Political Economy*, p.30.

(41) Cf. Rimlinger, *op.cit.*, pp.227-228.

(42) Cf. Spiegel, H. W.: Adam Smith's heavenly city, *History of Political Economy*, 8-4, 1976, pp.483-4.

(43) Coase, *op.cit.*, p.535.

(44) Pullen, J. M.: Malthus' theological ideas and their influence on his principle of population, *Histoy of Political Economy* 13-1,

1981, p.43.

（45） Ditz, G.W.: The Calvinism in Adam Smith, ASCA, V. p.249.

（46） Schneider, L., *op.cit.*, p.57.

（47） Spiegel, *op.cit.*, pp.483-4.

（48） Ditz, *op.cit.*, p.248.

（49） Cf. Heilbroner, R. L. : The Paradox of Progress: Decline and Decay in The Wealth of Nations, in *Essays on Adam Smith*, Oxford 1975, pp. 524-539.

（50） 多くの研究者は、スミスがヒュームの影響を受けていたことから、スミスをヒュームと同様に唯物論的に解釈し、スミスもヒュームと同様アモラル（非宗教的）であったにちがいないとしている。これに対し、最近の研究は、フィツギボンズなどのように、スミスをストアと解することによって、スミスの中にヒューム的な科学性とヒュームとは異なる宗教性をみようとしているが、ストア的神学観だけではスミスの原罪論的人間像とそれに立脚するスミスの思想の動態はとらえきれないといえよう。

（51） シュナイダーも、スミスが、是認も称賛もしないけれど、仁愛的で有用な機能を果すため免罪（redemption）される多くの現象を認めていたとして、その例に虚栄心をあげている。Cf. Schneider, L., *op.cit.*, p.55.

（52） Coase, *op.cit.*, p.543.

（53） Cf. Muller, *op.cit.*, pp.49-50.

（54） *Ibid.*, p.170.

（55） *Ibid.*, pp.131-132.

第三章　『国富論』の国家論

一　国家論の原理と枠組

(1)　市民社会における国家の必然性

『国富論』の自然的自由の体系は、自然の原理に従う人間の自由な活動がおのずから富裕のみならず徳性の実現をも可能にするとする思想であったのであるが、そのような自然的自由の体系実現のためには、実際には自然的自由の原理に立脚する市民社会の論理を超える原理が必要になる。分業⇩富裕の前提条件をなす正義の徳性は、市民社会における人―人関係そのものの中から自然に形成されうるとしても、正義の執行・強制機関としての政府は、自然の産物ではないので、市民社会の外部に人為的に作る必要があるからである。市民社会は、自然の原理に基づく自由＝作用⇩目的の論理の妥当・貫徹する世界であるが、それは正義の法の遵守を前提するため、生活改善願望に基づく各人の自由な労働の成果の交換が富裕を導くためには、自然の原理にはない制度の確立が必要になるのである。政府が市民社会（自然的自由の世界）の論理の実現条件として、市民社会の外部に要請される所以はそこにある。

この国家は、上の論理の当然の帰結として、本来的には自然の体系《システム》の貫徹保障のための交換における正義の維持機関にすぎない。『国富論』は、そうした交換的正義の法の強制機関としての政府の下における自然的自由の体系のエクイティ（配分的正義）性論証を主題としたものであった。交換的正義が市民社会における法の原理たりうるためには、交換的正義さえ守れば、おのずから社会全体としてのエクイティ（配分的正義）が実現される次第が論証されねばならないからである。スミスが、『国富論草稿』の中で、文明社会には「所有の重大な不平等（が存在する）にもかかわらず」、イングランドの貧しい日雇労働者さえ、何百・何千人もの集団の指導者であるインディアンの酋長よりはるかに豊かな生活をしている次第を強調した（ED, 3-4, 6, 10）背景はそこにある。『国富論』は、こうした論理に基づいて、交換的正義さえ守ればおのずから全般的富裕が実現されるという、交換的正義の支配下における自然的自由の体系のエクイティ（配分的正義性）論証を第一・二編の理論編の主題とするものであった。しかし、『国富論』が交換的正義のエクイティ論証を主題にするものであるということは、その可能性が理論的に論証されればそれで良いことを意味しない。逆に、エクイティの実現保障がその本来の課題であることを示すものに他ならないといえよう。その課題に対する解答として展開されたのが、第三・四編の封建慣行・遺制批判と、〃自然〃の原理の展開の順序を逆転させる重商主義批判である。

スミスは、自然的自由の追求がエクイティの実現になるのを阻害する条件の排除を第三・四編の主題としていたのであるが、第五編は、そうした積極的阻害条件がなくとも、政府が交換的正義の維持に配慮するだけではエクイティが実現されないため、国家の配慮が必要になる場合について論じたものに他ならない。経済学原理論としての『国富論』が、経済学そのものの固有の主題とは一見異質の国家論を含む積極的根拠はそこにある。『国富論』第五編は、のちに第二節で具体的に論証するように、自然の摂理（作用因の論理、ないし、偶然・自由＝作用⇩目的の意図しない帰結の論理）がそのままでは妥当・貫徹しないため、自然の英知を補完する国家の英知が必要になる場合の具体的特定化をその固有の主題とするものであったのである。スミスが、「正義と公共の利益が、〔利己的な〕個人や集団や、無知で利己的だが有力な個人や階級、ないし、人々の偏見によって不正な立法や経済政策をするように説得され圧力をかけられた政府によって、たえず脅かされ傷つけられている」現実をきびしく批判し、『国富論』全体を通して、経済原理の意味と適用とその帰結が、諸個人と集団と公共に対する正義の基準によって検証されている[1]のも、そのためであったといえるであろう。スミスは、『感情論』と『法学講義』において交換的正義の原理とそれに立脚する法の一般理論の確立を主題としたが、彼の道徳哲学は本来、同感原理に基づく自然的正義（エクイティ）の実現を主題とするものであるため、自然の原理に委ねるだけではエクイティが実現されない場合には、国家が自然的自由の体系貫徹のために配慮をするのは当然であると考えていたのである。

(2) 政府の責務と政府論の主題

こうした市民社会における国家の必要性から生まれる政府の第一の責務が、自然的自由実現の前提条件をなす交換的正義の法の維持・強制と国防にあることは、改めて指摘するまでもない。スミスは、「人間は自分の勤労の成果を確実に享受することができるなら、自然に自分たちの生活状態の改善に精を出す」(WN, III. iii. 12, O. ii. 42）ので、正義さえ保障されれば、失政や障碍があっても、各人の生活改善の努力が進歩を可能にすると考えていたため、正義の維持（司法）を国防と並んで第一・二編で理論的に論証した自然的自由の体系実現のための主権者の第一の義務としたのである。

しかし、自然的自由の体系が、個々の行為者の意図しない帰結としての配分的正義を実現するためには、自然的自由の原理の貫徹を妨げる障碍があってはならないので、その妥当・貫徹を妨げたり遅らせたりする制度（環境条件）の改廃が、国防と交換的正義の法の維持と並んで、国民の「富と徳」に責任がある政府の配慮の対象になるのは、理の当然である。彼が『国富論』の理論編で、定住法や徒弟条例（WN, I. x. c. 8 f., 58 f., O. i. 200 f., 234）、長子相続法や限嗣相続制（III. ii. 2-6, O. ii. 12-16）などの自然的自由実現の障碍となる封建遺制の撤廃にふれた所以はそこにある。重商主義も、自然的自由の原理に基づく富と徳の実現を遅らせ妨げるものとして批判の対象とされたことは、前章で詳説した通りである。彼が『国富論』第三・四編で奨励金制度その他の重商主義政策をきびしく批判したのもそのためであったが、彼の主題は、重商政策やそれを推進する国家権力の経済過程への介入自体を全面的に否定する点にあったのではない。その次第は、彼が重商主義をきびしく批判しながらも、その一方で規制解除のさいにおける政府の慎重な配慮の必要を説いていただけでなく、〝自然〟の体系《システム》の実現のための法の援助の必要すらはっきりと承認していた事実の中に端的に示されているといえるであろう。たとえば、彼はアメリカ植民地問題にふれた個所で、祖国を病気から救うには、「植民地貿易の排他的独占を許している諸々の法律を適度に徐々に緩和して、大幅に自由にしてしまう」ことが必要であるが、「完全な自由が必然的に確立する自然的な……均衡」を一挙に実現しようとすると、いろいろ問題をおこすので、「最初にどのような制限を撤廃し、最後にどのような制限を撤廃すべきかとか、完全な自由と正義の自然的体系はどのようにして漸次的に実現されるべきかとかの決定は、将来の政治家と立法者の英知に一任しなければならない」（WN, IV. vii. c. 44, O. ii. 370-371）とのべている。同様に、輸入禁止撤廃などの規制解除のさいにも、大きな混乱を引きおこさぬようにするため、「自由貿易は、徐々に段階的に、いろいろ留保をつけて慎重に再開されることが必要である」（IV. ii. 40, O. ii. 143）としている。こうした配慮とならんで、封建制度や重商主義規制のために自然の体系が歪められている場合における〝自然〟の実現のためには、法の保護・奨励が必要で効果がある次第もはっきりと承認されている。[2]彼が航海条例や等額課税を肯定していたのも、同じ考え方に基づくものに他ならない。スミスは、政治権力の経済過程への介入を機械的に排除していたのではなく、作用因の論理に立脚する自然の体系の実現に必要な障碍の排除を国家の課題としていただけでなく、そのための立法者の慎重な配慮の要をも認めていたのである。彼が「慎重な立法者」としてのソロンに最初に直接言及したのは、『国富論』第二版（WN, 2 ed. Vol.2, p.132, IV. v. b. 53）においてであるが、[3]立法者にソロン的慎重さを求める思想は、上述のような形で初版でもすでにはっきりと展開されていたのである。『感情論』第六版の慎重な立法者観のルーツは、『国富論』初版の **prudent lawgiver**（WN, IV. vii. a. 18, O. ii. 298）観のうちに潜んでいたのであるが、『国富論』初版では立法者の課題が自然の原理の貫徹を妨げる条件を上手に排除してゆく点に求められていた次第が注目される。『国富論』第四編は、こうした形で自然的自由の体系の実現を妨げる事情を除去する一方、自然の摂理の実現のために立法者の慎重な配慮を必要とする場合《ケース》を個々のケース—環境に即して具体的に特定することを主題とするものであったのである。[4]スミスの重商主義批判が多くの例外規定を含んでいるのも、こうした国家論からすれば至極当然のことであったといえるであろう。

『国富論』は、『感情論』と同じ神学的原理を前提しながらも、『感情論』のような摂理的楽観主義に基づく抽象原理論にとどまることなく、自然の原理を実現するために政府の慎重な配慮が必要になる場合を個々のケース—環境に即して具体的に特定することを課題にしていたのであるが、国家の英知が必要になるのは、以上の場合だけではない。『国富論』第五編の国家論（狭義の治政論《ポリース》）は、上述のような自然の体系の妥当・貫徹を妨げたり遅らせたりする条件がなくても、自然の原理に任せておくだけでは自然の原理自体が上手く機能しないため、国家の英知が必要になる場合の具体的特定を固有の主題とするものであった。[5]スミスは、第五編のいわゆる国家論で、自然の原理だけでは済まない問題を考察の対象とし、市民社会の体制《システム》そのものが生み出す否定的側面の是正者としての国家の機能をより積極的な考察の対象としていたのである。しかし、『国富論』第五編の主題が自然の原理が上手く機能しない場合における国家の役割の考察にあったということは、スミスが古典的な最良政体論《ポリタイア》の展開を意図していたことを意味しない。周知のように、アリストテレス以来の古典政治哲学の主題はポリタイア論で、近代の思想家たちも、ヒュームに至るまでほぼ一様に政体論を扱っているが、スミスは『国富論』初版段階では政体論には積極的な関心を示していない(6)。スミスの自然的自由の体系は、体制《システム》批判を主とするもので、人知よりも自然の英知を認めるものであるため、政体論には関心がなかったのである。この根本理念は、第五編でも変っておらず、第五編の主題も、既述の第三―四編の場合と同様、自然の原理を回復するための制度論に他ならない次第がはっきりと確認される要がある。

ヴァイナー以降の近年のスミス研究では、本書の序章でふれたように、スミスの反政府性は、原理の問題ではなく、国家介入の失敗と濫用をみていたためであるとする論調が一つの潮流となっているが、スミスの経済的自由主義は、一部の人間の利害のからんだ詭弁に動かされる「政府が、本質的に不完全で、腐敗しやすく、不正に傾き、制御困難なものである(7)」との確信に基づくもので、スミスが政府に基本的不信をもっていたことは否定しがたい事実である。にもかかわらず、スミスが国家に期待し、政府の役割を認めていたのは、自然の原理に基づくエクイティの実現のためには、自然の体系《システム》の貫徹を妨げる条件の排除とならんで、その実現を促進する制度的条件整備が不可欠であると考えたためで、国家理性による自然の代替のためではない。スミスの政府批判は、原理の問題で、『国富論』は、意図と帰結の乖離・逆転を想定する意図しない帰結の理論を根幹にするものとして、国家理性・計画主義とは原理的に性格を異にするものであったことは明らかである。

(3)　自然の原理と国家の原理

スミスの国家は、自然の体系の補完者にすぎず、その代替者ではないのであるが、彼はこうした自然の補完者としての国家の原理に公益（効用ないし便宜）とエクイティをあげている。彼が人民の福祉と公共の利益ならびにエクイティを法と国家の究極原理とし、それを判断原理としていることは、『国富論』におけるさまざまな言及からも明らかであるが、こうした効用・便宜視点とエクイティ視点は、共感原理に基づく自然の体系《システム》と時に対立するかにみえる。大衆の共感の不安定性に対し、公共の利益とエクイティの認識・体現者としての哲学者の同感の理性的性格が強調される一つの背景もそこにある。しかし、国家が公益とエクイティを原理とするのは、（交換的）正義の保障だけでは自然の原理が有効に機能しない場合に、国家が自然の原理の究極の目的である公益とエクイティの実現促進者として、自然の体系の究極の目的実現を自らの直接主題とすることの当然の帰結にすぎず、国家が自然の原理と異なる目的をもつことを意味するものではない。国家は、自然の原理だけではその意図しない帰結である公益とエクイティが実現できない場合に、自然の体系の究極の目的である公益とエクイティの実現阻害条件の除去を直接の目的とするため、公益とエクイティを原理として掲げるものにすぎない。国家が自然の体系にとって代って、自らの力で理性的・計画的に公益とエクイティを実現できると考えるのは、「本当は神の知恵であるものを人間の知恵であると想像する」（TMS, II. ii. 3. 5, M.136）人間の傲慢でしかない、とスミスは考えていたのである。

スミスが、『法学講義』の「正義」論に続く「治政《ポリース》」（行政）論で、自然の原理に立脚する経済世界の自然法則を解明することを通して、政府のなすべき事柄を特定しようとした理由もそこにある。『法学講義』の治政論は、正義論の根本原理である「自然の原理」に立脚する経済世界における「自然的自由の体系」のエクイティ性を保障するために行政がなすべき事柄を特定しようとしたもので、自然の体系が上手く機能しない場合に、その目的である公益とエクイティの実現を可能とするために行政のなすべき事柄の解明を自然の原理の経済的帰結の分析を通して行ったものに他ならない。彼が治政論で、(イ)自然の原理に立脚する経済世界の自然法則論証を通して、『講義』の「正義」論で論証した交換的正義の法の支配下における「自然的自由の体系」の配分的正義性を明らかにした上で、(ロ)その目的である公益とエクイティの基準に照らして、富裕の進歩を妨げたり遅らせたりする環境条件を暴露することを通して、(ハ)国家《ポリース》がなすべき事柄を特定しようとしていたのが、その何よりの証左である。「治政」論は、正義論の目的である自然の原理の貫徹による公益とエクイティ実現のために行政がなすべき事柄を明確にするために、自然の原理に立脚する経済世界の自然法則を解析した上で、その実現のために国家がなすべき事柄の確定を主題とするものであったのである。治政《ポリース》論が国家論であると同時に経済論であった所以はそこにあるが、そのことは、治政《ポリース》経済論が正義論と異なる原理に立脚することを意味するものではない。治政論は、自然の体系が上手く機能しない場合に、正義論の究極の目的である公益とエクイティの原理に照らして、その実現阻害条件を除去することを主題とするものにすぎず、同感＝正義の原理と異なる便宜＝効用原理に立脚するものではないからである。

しかし、これまでのスミス解釈の伝統的・通説的見解では、こうした自然の原理に立脚する正義の原理とその補完者としての行政＝国家の原理との関係は必ずしも正しく理解されず、共感原理に基づく自然の原理が通用する正義論と、公益（便宜・効用）・エクイティ視点に立脚する行政論とが多分に対立的・断絶的にとらえられてきたようにみえる。その典型が、共感原理の妥当する正義・法の世界と、効用・便宜原理に立脚する行政論とを対立させ、後者を経済学と同一視する見解である。こうした見解が生まれた背景は、スミスがグラスゴウ大学で行った道徳哲学講義の第四部門で、正義の原理にではなく、便宜の原理に立脚する問題の考察をしていたのが、のちに『国富論』の主題となったという、有名なジョン・ミラー証言解釈にあったと考えられる。[8] しかし、ミラー証言には実際には右の通説の示すようなことはどこにものべられていない。その次第を明確にするため、原文を引用することにしよう。

「彼は、彼の講義の最後の部分で、正義の原理にではなく、便宜の原理に基づいて、国家の富と力と繁栄を増大させることを目論んでいる政治的諸規制を吟味した。この観点から、彼は、商業、財政、宗教的・軍事的施設に関する政治的諸制度を考察した。彼がこれらの主題についてのべたことが、のちに彼が諸国民の富の本性と原因に関する研究という表題の下に出版した著作の実質を含んでいた」（EPS, 275）。

この原文の文意をより直訳的に補足すれば、原文は「正義の原理にではなく、便宜の原理に立脚している政治的諸規制を吟味《エクザミン》」することを通して、そのような便宜の原理に基づいて「国家の富と力と繁栄を増大させることを目論んでいる政治的諸規制を批判した《エクザミン》」ことが第四部門の主題であったとしているだけで、原文ではどこにも経済学＝『国富論』が便宜の原理に立脚しているとはのべられていない。逆に、『国富論』の主題が、公益（効用・便宜）の名において私の利益を正当化した重商主義的諸規制（行政《ポリース》）批判にあった次第を想起するとき、上の原文は、こうした便宜・効用原理に立脚する行政批判が第三部門の正義論（法の一般理論）に続く第四部門の主題をなし、それがのちに『国富論』の内容を構成するに至った次第を示すものとみる方が至当であろう。[9] ミラー証言は、便宜＝効用の名において国富の増大を目論む行政の正義の原理に基づく批判が第四部門の主題であった次第を明示しているのであるが、上の原文がこうした『国富論』の本来の主題の文脈に沿う形で解されずに、経済学が便宜の原理に立脚する行政論であるかのごとく誤読されるようになった原因としては、次のような事情が考えられる。

第一は、経済理論が公益・効用・便宜を原理とする行政論で展開されていることから、商業上の便宜・効用を行政の原理とする一般通念に影響されて、行政＝便宜・効用＝経済（学）が同一視されることになったのではないかと考えられる点である。上の講義の第三部門（法学）が「正義に関連する道徳の分野」（EPS, 274）とされていたことも、第四部門＝経済学＝便宜という誤解を増幅させる一因となったことであろう。しかし、こうした同一視は、経済活動の目的と手段（目的因と作用因）を混同するもので、自然の原理（作用因の論理）に立脚する経済学が一般的富裕（効用）の実現を目的とするものであるということは、それが共感原理に立脚する正義の原理と本質的に異なる便宜の原理に立脚する行政論であることを意味しない。『法学講義』の行政論《ポリース》は、反対に、公益・便宜・効用原理に立脚する行政（Police, Political Economy）の正義＝自然＝経済の原理に基づく批判を主題とする行政批判論として展開されたものに他ならない次第がはっきりと確認される要がある。

　上述のような誤読を増幅させた第二の事情としては、スミスの伝記作家であったデューゴルド・ステュアートが「正義と便宜」、「衡平《エクイティ》と便宜」の一般諸原理の確証を立法者の科学としての経済学の主題としていた点が考えられる。[10] ステュアートは、交換的正義の配分的正義性がきびしく問われるようになった一八世紀末の一九世紀的社会環境の下で、「立法者の科学」である法学の一部門をなす経済学が「衡平と便宜」を根本原理とすべきことを強調したのであるが、[11] 衡平と便宜は「立法原理」論としての経済学の究極目的を示すものに他ならず、それに至る手段の体系としての経済学の原理ではない次第が注意される要がある。（共感原理に基づく）「正義と便宜」（効用）は、スミスにおいては法の原理と経済の原理という形で分離・対立するものではなく、正義は、自然の共感感情に従う各人の自由な経済活動がおのずと公益とエクイティにつながってゆくことを可能にする経済活動の前提条件をなすと同時に、その目的をなすものに他ならない。[12] 他方、便宜・効用がエクイティとともに行政の原理として登場するのは、自然の原理に任せておくだけでは、その本来の目的である公益と衡平が達成されない場合があるためで、便宜・効用が共感原理に立脚する正義の原理と本質的に異なる行政＝経済の原理であるためではない。スミスの治政《ポリース》経済論は、商業社会においては、個別のエクイティよりも取引の安全を保障するため契約遵守を優先する方が公益に合致するから、その方が望ましいという、商業上の必要に基づく経済＝便宜＝効用＝行政（原理）論に対し、正義の法の支配下における自然的自由の体系（自由な経済活動）の自然＝法則（エクイティ）論証をすることを通して、行政の対象をなす経済世界においても自然の原理に立脚する正義の原理が貫徹している次第を確証することによって、商業＝便宜＝公益＝行政原理の名において商業の利益を優先する行政（重商主義）を批判することを主題とするものであったのである。(13)『国富論』の国家論は、こうした大前提の下で、自然の感情原理に従う人間の自由な経済活動が、その意図しない帰結としての公益を実現する条件を整備するための行政論《ポリツァイ》として展開されたものであったのである。

二 国家論の主題

スミスが、公益とエクイティを治政の原理とする第五編の国家論においても、作用因の論理を根幹に置き、国家が公益の名において直接経済過程に乗り出すことを原理的に否定していた理由はそこにある。彼は、「少数個人の自然的自由の行使が、全社会の安全を脅かす恐れがある場合には、すべての政府が法律によって抑制しているし、さるべきである」（WN, II. ii. 94, O. i. 505）が、「公益という一種の国家理性のために」営業《トレード》の自由を妨げることは、「正義の常法を犠牲にするもので、……最も緊急の必要がある場合に限って行使さるべく許容しうる」（IV. v. b. 39, O. ii. 258）ものであるとしていたのである。このようなスミスの思想は、『国富論』の国家論が作用因の論理を前提した上で、自然の英知に任せていただけではエクイティが実現しえないため、国家の英知が必要になる場合《ケース》の特定を主題とし、公益を正面から持ち出す国家理性主義そのものは原理的に否定していたことを示すものといえよう。

(1) 国防論

スミスは、こうした考え方に立脚する第五編の国家論で、自然の英知以外に国家の英知が必要になるケースとして、第一に国防をあげている。「個々人は、一つの特定の職業《あきない》に自らを限定する方があれこれ沢山手がけるよりも自分の利益を促進することが分かるから」、「分業は、個々人の慎慮に基づいて自然に導入される」が、「軍人という職業を他の一切の職業から分離した別個の特殊職業たらしめうるのは、国家の英知だけである」(WN, V. i. a. 14, O. iii. 12)。分業は、「交換本能に支えられ、自らの地位を不断に改善しようとする利己心に促されて、……『事物自然の成り行き』として進行する」が、「国防に関しては、私人の利己心と慎慮は無力であり、私人の利己心を誘導する国家の英知が必要[14]」になるからである。スミスは、このような論理に基づいて、国防における国家の英知の必要根拠を国防に関しては分業原理が妥当しない点に求めているが、このスミスの論理が、民兵とは本質的に異なる常備軍の整備を必要とする近代国家の本質認識に依拠していることは明らかである[15]。スミスは、彼の所属していたポーカークラブでも支配的な潮流であった民兵支持論に対し、商業社会では、それまでの狩猟⇓牧畜⇓農耕社会とちがって、常備軍が不可欠になるため、交換・分業性向に基づく自然の体系《システム》が機能しない領域が生まれることを認め、そこに国家の責務をみたのである。

しかし、このような軍事力に支えられる政府への服従をもたらす要因は、卓越・年齢・富・出生という人間の自然の感情原理に即して説明されている。スミスは、政府への服従の原理、ないし、その根拠をなす権威の原理を人間の自然の原理に即して基礎付けていたのであるが[16]、その一方で、後になると財産の不平等に起因する政府の形成の「必要性についての考慮」が、生まれや財産に起因する「自然の権威」の原理とならんで、「権威と服従を維持し確保するのに大きく役立つようになる」（WN, V. i. b. 12, O. iii. 39）としている。こうした政府形成の必要性についての考慮から服従を導く「功利の原理」は、「権威の原理」の根幹をなす自然の原理と原理を異にするが、彼は制度としての政府自体は、自然の原理に基づくものではないので、政府への服従も、必ずしも自然の原理に基づく必要はなく、共同生活の「必要性についての考慮」から正当化される場合が多いことを認めていたのである[17]。スミスが自然の原理に即さぬ功利（効用判断）が服従の根拠になるのも、別に自然の原理と抵触しないと考えた理由の一つはそこにあると推測されるが、こうした論理展開も、彼の国家論が自然の原理を根幹に置いた上で、それだけでは済まないケースの特定を主題にしていた次第を示すものといえるであろう。

スミスは、右のような第一節の軍事費論に続く第二節の司法費論では、裁判官制度の確立過程の歴史的概観を通して、商業の発達が司法体系の精密化を必然ならしめる次第を明らかにしている。その上で、裁判所の腐敗防止のための制度論を展開している。こうした主題の展開の仕方も、『国富論』が自然の原理を前提した上で、その貫徹を妨げている制度を改善すれば、腐敗はなくなるという環境道徳論をベースにしている次第を示すものといえよう。

(2) 教育論

スミスは、次の第三節の「公共事業と公共施設の経費」論の第二項で、教育について論じているが、彼は教育においても自由競争が一番良いとして、教育に対する国家助成に基本的に反対している。彼が経済学と同じ原理を他の領域にも適用する「最初の〝経済帝国主義者〟であった[18]」といわれる所以はそこにある。しかし、スミスが教育や宗教においても競争が望ましいとしていたことを経済帝国主義と解するのは、スミスの問題意識とはずれた概括で、真実は彼が教育についても自然＝自由の原理を中心に問題を考えていた次第を示すものに他ならない。スミスは、上述のような形で教育においても自然の原理が根幹をなしている次第を明らかにした上で、「社会の仕組が上手くできていて、政府が何も注意しなくても、社会の仕組が求めるほとんどすべての能力や徳性が自然に形成されるような環境に大部分の個人を必然的に置く場合には」、政府が教育に配慮する必要はないが、社会の仕組がそうなっていない場合には、「国民大衆が底なしに腐敗堕落してしまうのを防ぐために、政府が一定の配慮をする必要がある」(WN, V. i. f. 49, O. iii. 142-3) として、そうした配慮が必要になる場合《ケース》を明らかにしている。その典型としてスミスがあげているのが、分業の発達に伴う疎外の問題である。

分業は、国民大衆の仕事をごく単純な作業に限定することになるため、必然的に人間を愚鈍化し、精神を麻痺させ、武勇の精神をも朽ちさせる。それが、「進歩した文明社会ではどこでも政府が防止の労をとらぬ限り、労働貧民、つまり大部分の国民が必然的に陥らざるをえない状態である」(WN, V. i. f. 50, O. iii. 143)、とスミスは考えたのである。スミスは、こうした分業の疎外性を六〇年代前半の『法学講義』においてもすでにはっきりと認識し、商業社会では、正直と時間厳守の徳性が涵養される反面、分業の結果、視野が局限されて愚鈍化するのに、逆に、教育が軽視され、武勇の精神が減退するので、「これらの欠陥を除去することが真剣な注意に値する問題である」(LJB, 328-333) としていたのである。こうした『講義』の思想は、スミスが商業社会の悪影響自体は『講義』段階からすでに明確に見据えていたことを示しているが、彼は商業社会ではこうした分業の生み出す直接的害悪だけでなく、人間の社会性形成の根幹をなす共感的相互作用(sympathetic interaction)の範囲が狭くなるため、「個人の発達が歪められ、精神的・道徳的・肉体的不具化を帰結する」[19]事実にも気付いていたように思われる。彼が、「身分の低い人間も、田舎の村にいる間は彼の行動も注目されるため、自分の行動に気を配る」が、「大都会に出てくると、……彼の行動は誰からも観察も注目もされなくなるため、自らを顧みずに、あらゆる低劣な道楽や悪徳に身を持ち崩し」、「世に埋もれて、不善のうちに身をひそめる」（WN, V. i. g. 12, O. iii. 169）としていることは、彼がこうした商業社会の問題点を認識していたことを示すものといえよう。[20] スミスは、こうした商業＝文明社会の生み出す道徳感情や武勇の精神の衰退の危険性を痛感し、「この種の精神的不具や奇形化、卑劣が国民大衆の間に拡がってゆくのを防ぐことは、政府の最も真剣な配慮に値する」（V. i. f. 60, O. iii. 152）と考えていたのである。

スミスが「商業社会における腐敗の絶えざる危険性[21]」ないし文明の生み出す疎外現象をすでにはっきりと認識していた次第が多くの研究者によって一様に指摘されてきたのも当然であるが、この分業（商業）⇩疎外論は、商業⇩自由論と一見、原理的に対立するかにみえる。分業⇩疎外は、封建的依存・隷従の生み出す腐敗とちがって、商業の発達＝分業の進展が必然的に生み出す腐敗であるからである。商業社会は、人間の自由・独立・道徳化を可能ならしめるポジの反面、それを相殺する否定的な側面をもっているのであるが、このネガは、自由の抑制（封建慣行や商業独占・規制）から生まれるものではなく、逆に、自由の行きすぎから生まれる点で、第三・四編の制度批判論とは基本的に性格を異にする問題であるといえよう。スミスはヒュームとちがって、商業社会そのものの生み出す商業社会の陰の問題を『法学講義』⇩『国富論』初版段階ですでに明確に認識していたのであるが、[22] 彼はこうした商業社会の生み出す道徳的腐敗から国民を救うことは政府の道徳的責務であるとしていたのである。[23] スミスが『感情論』（初版）においても、正義の維持とならんで、「良い規律を確立し、あらゆる種類の悪徳や不適宜性をくじくことによって、国家の繁栄を促進する」（TMS, II. ii. 1. 8）政府の役割に言及していたことは、第一部で論及した『感情論』の原文の示す通りであるが、政府の責務が公益とエクイティないし富裕と徳性の実現にある以上、国民が道徳的に腐敗・堕落する場合、国民の徳性涵養が政府の配慮の対象になるのは当然である。

彼が『国富論』第五編で青少年教育のための施設の整備・充実による国民の徳性改善の必要性を強調した根拠もそ

こにある。しかし、そのことは、必ずしもスミスが自然的自由の原理を否定して、ウィンチやイヴンスキーその他の最近の教育論解釈にしばしばみられるように、国民の道徳教育ないし「下層身分の〝性格〟改善[24]」を主権者の義務とするに至ったことを意味しない。右の『感情論』の原文も、そのような趣旨で展開されたものでないことは第一部でみた通りである。スミスは、商業⇩自由の理想の実現を不可能にする分業⇩疎外＝国民大衆の道徳的腐敗・堕落を解消するため、国家による教育施設の整備・改善を説いたが、この教育論は、各人の自由な行動が徳性実現につながることを可能にするための条件整備を主とした制度改革（環境道徳論の文脈に属する環境整備）論で、いわゆる道徳教育論ではない次第が注意される要がある。スミスは、教育を「自然的自由の学説の不可欠な構成部分である」と考え、教育に労働者の疎外防止効果だけでなく、商人の詭弁にだまされやすい地主や労働者が彼らの真の利害を自覚するように仕向けることによって、自然的自由の体系を正常に機能させる役割を期待していたのである[25]。「教育の効用に関する彼の分析は、自然的自由の体系と完全に両立する[26]」というフリーマンの解釈が説得力をもつ根拠はここにある。スミスの教育論は、商業文明社会の環境の生み出す分業⇩疎外の克服による自然的自由の理想の回復論として、既述の商業⇩自由―環境道徳論に照応するものであったのであるが、以上のようなスミスの教育論は、彼が『法学講義』⇩『国富論』初版段階でもすでにはっきりと商業社会そのものの生み出す「富と徳」の分裂の可能性を認めながらも、『国富論』初版段階では、商業社会の生み出す害悪に対してより悲観的であった『法学講義』とちがって、教育施設の整備・充実によって自然的自由の実現を妨げる環境条件さえ改善すれば、富＝徳の理想が回復できると考えていたことを示すものといえるであろう[27]。『国富論』が教育論を含んでいたのは偶然ではないのであり[28]、スミスは、「富と徳」の実現という課題を現実化するためにはその実現阻害条件の排除が必要であると考えたため、作用因主体の愚鈍化の防止、無知・蒙昧の一掃は国家の配慮に値するとして、教育にその役割を期待したのである[29]。

⑶　宗教論

教育論に続く次の第三項で展開されている宗教論では、はじめに、聖職者に対しても、財政や軍事・行政にたずさわる人々の場合と同様に、国家が配慮し「公けの奨励」をする必要があるとしていたヒュームの見解に対し、僧侶たちの打算的な精励がセクト主義を助長し、民衆を邪道に導く恐れがあるのは、セクトの数が少ない場合だけで、セクトの数が多くなればお互いに自制せざるをえなくなるから、政府が介入する必要はないという議論がなされている。スミスは、「宗教の教師たちの利害のからんだ積極的な熱心さが危険で厄介なものになるのは、その社会に一つの宗派だけしか許されていないか、大社会全体が二つか三つの大宗派に分かれている場合だけで」、社会が数百、数千の小宗派に分かれている場合には、「各小宗派の教師たちは、自分が一人だけなことが分かっているので、ほとんどすべての他の宗教の教師を尊敬することを余儀なくされるし、互いに譲り合う方が都合もよく気持ちがよいことに双方が気付くようになると、時とともに彼らの大部分の教理も、不条理や欺瞞、狂信の混ぜ物とは無縁な、純粋で合理的な宗教になることは確かである」(WN, V. i. g. 8, O. iii. 163-165) と考えたのである。このようなスミスの考え方が競争市場原理を宗教にも適用した思想であることは明らかであるが(30)、スミスは、こうした「競争的宗教市場」原理が各宗派の教義そのものをも純粋な合理宗教（理神論）化して、各宗派間の自由な商業市場関係の成立を可能にした近代史の展開過程を念頭に置きながら、商業社会における国家と宗教の在るべき関係を模索していたのである。スミスの商業⇩自由論が、前章でもふれたようにヒュームのそれより透徹している次第は、ヒュームの宗教政策論を批判したこの宗教論そのものにも端的に示されているといえるであろう。しかし、スミスも、宗派の数が多くなれば、競争原理が働き教義そのものも合理化されるから国家の介入の必要はないとしても、階級社会では、上流人には「放縦」が許されても、下層民は「厳格主義の体系」に従わざるをえないことから、「小宗派の道徳は、……むしろ不快なくらい厳格で非社交的」（WN, V. i. g. 12, O. iii. 170）になることに伴う問題を指摘している。これも、既述の環境道徳論の原理に立脚した論理であるが、スミスはこうしたセクトの道徳観の硬直性に伴う弊害を是正するためには、その矯正策として政府が科学の振興と民衆娯楽の奨励に配慮する必要があるとしている。こうしたスミスの論理は、彼が国民の教化のための宗教についても自由放任を原則としながら、行政《ポリツァイ》が必要なケースの特定を主題としていたことを示しているといえよう。

こうしたスミスの宗教論の基本性格は、常備軍でも対抗しうべくもなかった強固な教会権力を打倒したのは、商業の発達に伴う「事物の自然の成り行き」であったという、この項の後半部で展開されている商業⇩自由の論理に基づく教会権力解体論により明確に示されているといえるであろう。この教会権力解体論も、経済帝国主義の展開であるとか、[31]「社会学による神学の代替である[32]」というよりも、彼が第五編でも僧侶や領主の虚栄心の意図しない帰結の論理を基本にしていた次第を示すものに他ならないという方が正しいであろう。スミスは、『国富論』の国家論のハイライトをなす教育や宗教問題についても、人間の自然の原理に基づく社会科学の論理を基本にした上で、ポリツァイが必要な領域をそれぞれのケースに即して具体的に特定することを第五編の主題にしていたのである。

スミスが第三節の第一項で展開した道路や運河などの公共施設や公共事業に関する議論も、自然の原理を基軸にした上で、国家の英知が必要になる場合《ケース》について論じたものに他ならないことは、改めて指摘するまでもない事実であるといえよう。

三　スミス国家論の制度論的性格

スミスは、上述のような形で自然の英知と異なる国家の英知の必要を説いたが、彼のいう国家の英知は、自然の英知に取って代るものではなく、自然の英知（自然の体系《システム》）の限界・欠陥を補うものにすぎないことは明白である。スミスの国家・行政論が、ジェームズ・ステュアートのそれのように、立法者（国家理性）の力による〝自然〟の誘導・指揮・監督論ではなく、自然の英知実現のための体制批判・制度改革を主体にするものであったことも、この事実を確証するものに他ならない。スミスの国家（行政）論は、『国富論』初版までは当時の大方の国家論や道徳的《モラル・カヴ》政府《アメント》論のように、政治家や立法者が自然を誘導したり指揮・監督することを意図したものではなく、あくまでも自然的自由の体系の実現を可能とする制度の確立（換言すれば、作用因の論理の貫徹を保障するための体制批判と制度改革）を主題とするものであったのである。(33) スミスが、既述のように国家理性に基づく公益実現を非常の場合に限定し、「主権者の注意」を地主や農業者が「彼ら自身のやり方で、彼ら自身の判断に従って、自らの利益を追求」することができるような「行政制度」（system of administration）の確立（WN, V. ii. c. 18-19, O. iii. 234）に求めていたことも、こうした彼の思想を象徴するものに他ならない。『国富論』は、第一・二編で理論的に論証した自然的自由の体系の実現阻害条件排除のための体制《システム》批判・制度改革論（第三―五編）に他ならず、自然の原理の貫徹を妨げる条件さえ制度的にクリアすれば、あとは自然に任せる方がよいという、自然の体系《システム》（自由＝作用⇩目的＝必然の論理）の妥当・貫徹に対する全面的な信頼を前提したものであったのである。(34) 彼が、自然の原理に反する行政《ポリース》は無意味で、却ってマイナスになるとしていたことも、こうした考え方に基づくものに他ならない。スミスは、制度さえ真当なら、自然の原理に立脚する作用因の論理が正常に機能し、意図しない目的を自然に実現するから、政府や立法者が直接経済過程に介入したり人民の教化に積極的に関与したりする必要はないと考えていたのである。彼が、かりに多くの研究者たちが強調するように、国家の役割を積極的に肯定していたとしても、国家のなすべきことは、意図しない帰結の論理に象徴される自然的自由の単純な体系の制度的保障で、それ以上のことにはかかわるべきではないというのが、『国富論』初版の国家論であったのである。

しかし、スミスが『国富論』の執筆過程で気付きはじめた特定の商人たちの利害によって鼓吹された国民的偏見や業者の傲慢性の問題は、どんなに制度が良くても、制度を変えても、それだけで済む問題ではない。それらは、必ずしも制度に還元できない人間（主体の倫理性）の問題だからである。こうした『国富論』初版の論理では済まないより深刻な「富と徳」の乖離・対立問題を明確に自覚し、それに正面から向き合うようになったのが、『国富論』第三版改訂の主題である。

（1） Billet, L.: The Just Economy: The moral basis of *The Wealth of Nations*, ASCA, II. p.218.（傍点引用者）。

（2） Cf. e.g. WN, III. iv. 20, O. ii. 68-69.

（3） 第二版におけるソロンへの言及の契機については、Cf. Ross, I. S.: *The Life of Adam Smith*, Oxford 1995, p.355.

（4） 『国富論』がこうした方法に立脚していた次第を明確に認識するためには、スミスが『法学講義』で展開していた同感原理に基づくケース―環境分析論のもつ方法的意義が深く顧みらるべきであろう。詳しくは、拙著『アダム・スミスの自然法学』第二部第四章参照。

（5） 『国富論』第五編では、古代の学問成立史論とローマ法成立論以外には、自然＝必然用語が大幅に少なくなっていることも、上の事実と関係があるといえよう。

(6) Cf. Minowitz : *Profits, Priests, & Princes*, pp.21-22. Muller : *Adam Smith in his time and ours*, pp.171-2.

(7) Billet, *op. cit.*, p.215.

(8) 以下のジョン・ミラー証言解釈とそれをめぐる正義と便宜の問題については、詳しくは拙稿「最近のアダム・スミス研究と経済学の成立問題—新村聡著『経済学の成立』をめぐって」岡山大学経済学会雑誌二七—四、二三八ページ以下参照。

(9) 「ポリース」(治政経済)論の内発ベースが、『法学講義』Aノートの「正義」論の中で展開された四段階分析過程における分業進展認識のうちにあったことも、この点を傍証するものといえよう。

(10) Cf. Stewart, D.: Account of the Life and Writings of Adam Smith, EPS, 309, 310. 福鎌忠恕訳六二、六三、六五ページ参照。

(11) Cf. Stewart, D.: *Lectures on Political Economy, The Collected Works of Dugald Stewart*, ed. by W. Hamilton, Vol. VIII, Edinburgh 1855, p.10.

(12) 「正義と便宜」を法の原理と経済の原理とに峻別する見解は、『国富論』全編が既述のように交換的正義の下における自然的自由のエクイティ性論証を根幹とする配分的正義実現論として、『法学講義』の「正義」論、より原理的には『感情論』の自然的正義論の主題の展開・完成である次第に着目することなく、また、ステュアート自体でも「正義と便宜」ないし「衡平《エクイティ》と便宜」が共に経済の原理とされている次第を看過したものといえよう。

(13) その次第は、別稿でケイムズの『衡平法原理』に即して具体的に論証したように、スミスの治政経済論が、ケイムズにおける同感⇩正義論と経済=便宜=公益=行政(原理)論との分裂の克服・揚棄論的性格をもっていた事実からも証明されよう。ジョン・ミラー証言の通説的解釈の主張する法=正義、経済=便宜=効用=行政論は、実際にはスミスの理論ではなく、スミスによって批判・克服されたそれまでの自然法思想家たちの思想にすぎないのである。この点、詳しくは、前掲拙稿二四三—四ページを参照されたい。

(14) 大河内一男監訳『国富論』Ⅲ、一三ページ脚注。

(15) Cf. Winch, D.: *Riches and Poverty*, Cambridge 1996, p. 118. なお、スミスにおける常備軍—民兵問題については、田中秀夫『文明社会と公共精神』(昭和堂)第四章「スミスにおける常備軍と民兵軍—分業と公共精神」参照。

(16)「権威の原理が、原始的な人間の情念と見えない手の働きと、〔歓喜への同感感情に基づく〕富を見せびらかし、貧乏を隠す社会的傾向とにそれぞれ部分的に依存している」（Heilbroner, R. L.: The Socialization of the Individual in Adam Smith, ASCA, V. p.127）といわれるのも、この事実を傍証するといえよう。

(17) 権威の原理と功利の原理については、詳しくは、田中秀夫「権威の原理と功利の原理」『思想』八七九号参照。

(18) Anderson, G. M.: Mr Smith and the Preachers: The economics of religion in the Wealth of Nations, ASCA, VI. p.256.

(19) Brown, M.: *Adam Smith's Economics*, p.98.

(20) この点に注目したものとして、Cf. Winch, D.: *Adam Smith's Politics*, p.117. 永井・近藤訳一四二—三ページ参照。ローゼンベルグも、こうした事実に着目して、分業⇩疎外とならんで、商業化に伴う家族関係の稀薄化をあげている。Cf. Rosenberg, N.: Adam Smith and the Stock of Moral Capital, ASCA, VII. pp.47-49.

(21) Brown, M., *op.cit.*, p.122.（傍点引用者）。

(22) ウィンチも、ヒュームは商業と自由との関係について楽観的であったが、スミスは『法学講義』ですでに商業の精神の生み出す疎外＝腐敗現象に注目していた次第を指摘している。Cf. Winch, *op.cit.*, Ch. 4, esp., pp.80-82. 邦訳九八—一〇一ページ参照。

(23) スミスが、既述の引用文の示すように、政府の注意なしにも人民の徳性が自然に形成される場合があることを認めた上で、そうでない場合には、「人民大衆のほとんど全面的な腐敗と堕落を防ぐために政府の注意が必要になる」として、そのケースを分業の発展による腐敗・愚鈍化に求めていたことは明らかである。「スミスは、経済的進歩に落し穴があることを悟り、……こうした種類の腐敗・堕落を防止するのは明らかに政府の責任である」（Rimlinger, G. V.: Smith and the Merits of the Poor, ASCA, IV. p.230）と考えていたのである。

(24) Cf. Winch, D.: *Riches and Poverty*, p. 119. Evensky, J.: Adam Smith on the Human Foundation of a Successful Liberal Society, *History of Political Economy*, 25-3, 1993, pp.401-403.

(25) Cf. Freeman, R. D.: Adam Smith, Education and Laissez-Faire, ASCA, I. pp.379-383. Evensky, *op. cit.*, pp.395-408.

(26) Freeman, *op.cit.*, p.383.

(27) 『法学講義』と『国富論』との間には、分業疎外を中心とする商業社会の悪影響観に微妙な差異があり、前者では「商業精神の生み出す負の効果」に悲観的であったのに対し、後者では商業の発展に伴う社会の文明化のもたらす力により信頼が寄せられ、教育改革さえすれば、「自由社会は、文化的適応を通して上述のような道徳的衰退の恐怖に対抗することができる」という気持が強くなっていることに注意されたい。Cf. Fitzgibbons: *Adam Smith's System of Liberty, Wealth and Virtue*, pp.154-156.

(28) スミスの疎外論が、『国富論』の教育に関するセクションにあったことのもつ意味に注意されたい。Cf. Fitzgibbons, *op.cit.*, p.156 f.

(29) スキナーのスミス教育論解釈は、ウィンチに従って、教育における国家の役割を強調しようとする明確な問題意識の下に展開されているにもかかわらず、彼がスミス教育思想の詳細で包括的な紹介・検討を通して導き出しているスミス教育思想の根本原理に関する見解は、上述の拙論と本質的には全く同じであることに注目されたい。Cf. Skinner, A. S.: Adam Smith and the role of the state : education as a public service, in *Adam Smith's Wealth of Nations, New interdisciplinary essays*, ed. by S. Copley & K. Sutherland, Manchester 1995, pp. 70-95, esp., pp. 93-94.

(30) この点、詳しくは、Cf. Charles G. Leathers & J. P. Raines: Adam Smith on Competitive Religious Markets, *Journal of Political Economy*, 24-2, 1996, esp., pp.503-4, 508.

(31) Cf. Anderson, G. M., *op.cit.*, pp.256-260.

(32) Minowitz, *op.cit.*, p.174.

(33) スミスの政府論が、契約の正義の維持だけでなく、国民の腐敗・堕落防止をも国家の責務に含めながら、moral government 論に立脚する当時のシヴィク思想やポリティカル・エコノミーと根本的に異なる所以はここにあるが、スミスと彼らの根本的相違点は、作用因の論理に対する信頼の有無にあるといえよう。

(34) この信頼は、カルヴァン主義的逆説を想定する神学的必然論に基づくものであったがゆえに、ケネー的完全自由主義よりもより柔軟で、政府の失政や障碍があっても、各人の生活改善願望と交換性向がそれらを克服するとするものであった次第を想起されたい。

第四章　『国富論』第三版改訂の主題

(1)『国富論』の出版延期の理由

スミスは、一七七二年九月三日付のウィリアム・ポルトニー宛の手紙の最終節で次のようにのべている。「私の書物は、この冬のはじめまでには印刷する準備ができていることでしょう。しかし、一つには、娯楽の欠如や一つ事をあまりに考えすぎることから生まれる健康不良と、一つには、上にのべた副次的な仕事から惹起した中断のため、公刊はもう二—三月遅れることを余儀なくされるでしょう」(Correspondence, 132)。この書簡は、『国富論』の完成が間近かに迫っている次第を『国富論』の内容とステュアートの書物に言及したついでに打ち明けたものであるが、同年一一月二三日のデヴィド・ヒュームのスミス宛手紙にも、「クリスマスごろ数週間こちらに来て、少し気晴らしをしてからカーコーディに戻って、秋までに仕事を完成してロンドンに行って印刷するように……」(Correspondence, 134)と書かれており、『国富論』の完成が間近かに迫っていたことを示している。それらの予告ないし期待通り、「スミスは、一七七三年の春には、自分で考えていたように『国富論』を事実上完成したので、それにおそらく若干の最終的な手を入れてから出版社の手に渡すべく、ロンドンに向けて出発した」が、以後七六年春(三月九日)に公刊されるまで、彼はロンドンで生活し、「その三年間は『国富論』〔の改稿〕に費やされた」[1]とされている。スミス自身も、ジヨン・レーのいうように、「ロンドンに行ったとき、そこで始めようと考えた新しい調べ事がそれほど長く手間取るとは思っていなかった[2]」であろうが、スミスはなぜロンドンに行ってから、はじめの予定を変更して、出版を大幅に延期したのであろうか。彼がロンドンに着いてから改稿・増補した個所を識別する証拠をわずかしか持たないわれわれには、その理由は正確に知るべくもないが[3]、出版予定稿の印刷を大幅に遅らせてまで加筆・改稿を決意させた理由の一つが、アメリカ植民地問題にあったことは確かである。スミスは、『法学講義』ではアメリカに大きな注意を払っていた形跡がないが、その後における重商主義の実態批判の進展に比例して、重商主義者の利害がからんだホットな現実問題となった「アメリカが、スミスの自由市場理論の開示にとって〔避けて通れない〕主要な事例研究になった[4]」のは、自然の成り行きでもあったといえよう。内外の多くの研究者が一様にアメリカ問題に「ヒュームが不満を訴えた出版の遅延を説明する[5]」根拠を求めたのも当然であるが、スミスが出版を延期した背景には、そのもう一つの理由として、彼がロンドンに着いてからはじめて実感するに至った商人や製造業者たちの行動の実態認識があったのではないかと考えられる。そう推測する根拠は、これまで考察してきた初版の論理と、それとはかなりトーンを異にする形で展開されている商人や製造業者の横暴非難の論調との間に微妙なギャップがみられる点にある。スミスは、カーコーディで『国富論』を執筆中、既述のような神学観に立脚する自然的自由の体系の理論的論証と、その実現を妨げる封建遺制と重商主義体制の制度的批判を中心にした論理の構築に専念していたが、ロンドンに出てきて、改めて当時すでにホットな問題となっていたアメリカ問題の重大さを痛感するとともに、そうした植民地問題の元兇的な役割を果している商人や製造業者たちの言動の田舎にいるときには実感できなかったあざとさと横暴ぶりを認識するようになったため、すぐにも出版する積りであった書物の刊行を大幅に遅らせてまで全般的な加筆・改稿をすることになったのではないかと推測される。その点に言及したイヴンスキーの言葉を借りていえば、「スミスは、一七六三年から七三年までの間は〔商人利害《コマーシャル・インタレスツ》が巨大な影響力を行使しはじめた政治的カオスの〕舞台の上にいなかった」ため、気付かなかった商人利害を中心とする「利害立法」のすさまじさに驚愕し、[6]その批判を『国富論』に書き加えたため、『国富論』の論理と商人批判の論調との間に微妙なズレが生まれたのではないかと考えられるが、こうした商人利害の政治行動の実態を正面からよりきびしく全面的な批判の対象にしたのが、八四年の『国富論』第三版である。

(2)　第三版改訂の基本主題

周知のように、スミスは、一七八四年末（一一月二〇日）に公刊された『国富論』の三版でかなり大幅な増補・改訂を行い、同時に一―二版の読者の便宜のために、三版改訂個所を別冊にまとめた「『国富論』の一―二版の増補と訂正」版をも出版している。スミスは、この改訂に先立って、『国富論』の非経験性を鋭く論難したパウネルやアンダスンの批判に答えるために、七八年（二月二八日）に八〇個所に及ぶ修正と追加を施した二版改訂版を出版していたが、[7]二版の改訂は事実や文体の訂正を主としたもので、パウネルやアンダスンの批判に言及したホルト宛書簡でも、「私は二版で沢山の修正をしたが、実質的な変更は何もしておらず、それらのいずれも一般原理や体系の構想にほんのわずかでも影響を及ぼすものではない」（Correspondence, 208）とのべている。スミスが二版でこのように大幅な修正をしなかったのは、既述のように『国富論』の主題が、当時すでに一般に問題にされていたような規制の効率論ではなく、人間を腐敗堕落させる封建的な政治体制に代る自由な体制を確立する点にあったためであった。[8]スミスは、自然的自由の原理に立脚する自由な体制の確立を主題とし、その根幹をなす自然の体系の妥当性を二版でも全面的に確信していたため、自説を基本的に修正する必要はないと考えていたのであるが、三版では、事実の訂正と表現の改善、情報の追加にとどまっていた二版とちがって、かなり大幅な増補・改訂が行われているだけでなく、ホットな現実問題に対する論争的性格をもった政策的助言が展開されていることが注目される。[9]

三版改訂がこのような形で行われた背景としては、野沢敏治の第三版研究の示すように、『国富論』の刊行前後から胎動しはじめた産業革命の進展に伴う産業構造の変革と、それに対応する重商主義の政策転換過程におけるイギリスの国内産業資本の勝利が考えられる。[10] シェルバーン（Petty, William, first Marquis of Lansdowne, better known as Lord Shelburne, 1737-1805）の改革の失敗[11]は、それを象徴するものであった。スミスは、シェルバーンの敗北が重商主義の勝利を意味することを知り、商人利害《マーカンタイル・インタレスツ》への応答として「増補と改訂」をしたのであるが[12]、彼はその間の政争の過程で商人利害を勝利に導いた商人・製造業者の横暴を目の当たりにしたのであった。「喧噪がつねに威嚇し、党派がしばしば政府を圧迫する国では、通商規制は、一般に公共を騙し欺くことに最も利益をうる人々によって指図される」（Correspondence, 248）という、ラロシュフコー宛手紙は、ピットの提唱したアイルランド提議や英仏通商条約締結にさいして、圧力団体としての商工会議所を結成し、立法に干渉することによって、生産資本の独占を図った産業資本の在り様に対するスミスのつよい憤りの感情を表現したものといえよう。[13] スミスが命をけずる思いで三版改訂に全力を傾注したことの背景には、こうした重商主義の動態に関する現実認識があったのであるが、彼が三版で行った増補・改訂個所の中ではとりわけ次の諸点が注目される。[14]

第一は、スミスが三版で行った補足・訂正・加筆のうちにはたんなる論理の明確化ないし理論的精密化の域を超えた現実問題に対する言及や政策提言的な姿勢が強く滲み出ている点である。しかし、三版改訂でより以上に注目される第二点は、初版でも既述のような形で展開されていた商人・製造業者批判が一段と激化しているだけでなく、その内容が名指しの人格批判の傾向を強めている点である。

すでにみたように、スミスは、初版でも第四編でかなりはっきりと「商人と製造業者たちが国内市場の独占を確保するための外国産品の輸入規制の最初の発案者であったように思われる」（WN, IV. ii. 21, O. ii. 130）として、国内市場の独占主義の元兇が商人や製造業者であった次第を暴露している。七八年の二版ではこうした視点がより明確になり、第一編第九章の利潤論の末尾に追加された節をも、「商人や製造業者たちは、高賃金が価格を引上げ、その結果、国の内外における財貨の売れ行きを減ずる点で悪影響をもたらすと不平を鳴らしているが、彼らは高利潤の悪効果については黙して語らない。彼らは自分たちの利得の有害な効果については沈黙を守り、他人の利得についてだけ不平をいうのである」（WN, 2 ed. Vol. 1, p.120, I. ix. 24, O. i. 164）という商人非難の言葉で結んでいる。これらの事実は、スミスの商人批判が『国富論』刊行前後からすでにかなりきびしくなっていた次第を示しているが、八四年の三版では、批判の対象が重商主義制度を悪用する商人の手口そのものに向けられていることが注目される。

たとえば、第四編への追加挿入個所では、「漁業に対するトン数奨励金は、船員と船舶の数を増加するので、国防には寄与する」かも知れないが、「立法府は〔商人たちに〕まんまと騙されている」（WN, IV. v. a. 27-28, O. ii. 222-3）として、重商主義的な制度そのものよりも、その運用面の実態・在り様に批判の眼が向けられている。『感情論』六版で大きな問題となる「国民的偏見と敵意」が「特定の商人たちの私利私益によって鼓吹されるのを常とする」（IV. iii. a. 4, O. ii. 154）次第の指摘も初版からみられるが、三版挿入分では、商人の嫉妬がそれを加速している点について、次のような趣旨のことが語られている。フランスとの貿易は、対アメリカ貿易よりはるかに有利で相互に利益になるものであるが、「隣国であるため、両国は必然的に敵となり、そのため互いの富と力が互いにより恐るべきものになり、国家的親善の利益を増すはずのものが国民的敵意の激しさを煽ることのみに役立っている。両国は共に富裕で勤勉な国民でありながら、それぞれの商人と製造業者たちは、相手の熟練と活動による競争を恐れているので、商人的嫉妬が刺戟され、国民的敵意という暴力によって互いに激昂し激昂させられてしまう」（IV. iii. c. 13, O. ii. 189-190）。

この議論自体は、初版の論理とくに異なるものではないが、貿易収支が不利な国に対する国民的反感を利用して、「人々の良識を混乱させる」「商人や製造業者たちの利害に基づく詭弁」（IV. iii. c. 10, O. ii. 185）に対して、競争のメリットを結論的に説いていた初版の論理のあとで、改めて再度当時ホットな問題であった英仏関係の例を持ち出して、国民的敵意と商人的嫉妬の相互増幅関係を問題にしたことは、国民的偏見を利用して私益を図る商人の嫉妬《マーカンタイル・ジェラシー》に対する批判的視点がより強まっていることを示すものといえよう。

こうした商人批判の視角の変化をより明確に示しているのが、三版に挿入された戻税の例外規定論である。スミスは、初版では、戻税は「産業の自然的均衡」（IV. iv. 14）を回復するので、輸出奨励策としては「最も合理的であると思われる」（IV. iv. 2, O. ii. 193）として、戻税制度に肯定的な評価を下している。その上で、商人や製造業者が独占的地位にある自国の植民地に輸出する場合の戻税だけが批判されていたのが、三版では、自分たちの商品と競争関係になるのを恐れる製造業者の要求で戻税制度の運用に「多数の例外」規定が設けられ、「製造業者の嫉妬の対象になるある種の財貨は、国内消費用に輸入することが禁じられる」ようになっただけでなく、これらの財貨の「再輸出にさいしては、税金が全く還付されない」（IV. iv. 7, O. ii. 196）次第が具体的に論じられている。その経緯を論じた三版挿入分の議論には、重商主義の原理そのものよりも、重商主義制度を自分たちの都合の良いように運用する商人たちの横暴ぶりに対する強い非難の調子が滲み出ているといえよう。スミスは、戻税に例外規定を増やして、それなりに合理性をもっていた制度を不合理にした犯人が商人たちである次第の暴露をこの挿入個所の主題にしていたのであるが、こうした三版の論理展開は、上述のような悪徳業者がいる限り、どんな制度を作っても悪用されたらどう仕様もないので、自然的自由の体系《システム》を守るためにも彼らの非道の実態を徹底して暴き出す必要があるという、制度批判だけでは済まない人間の問題の重要性に対する自覚・認識に基づくものといえるであろう。

(3)「重商主義の結論」増補

こうした三版増補改訂の意図をより集約的に示しているのが、第四編に新たな第八章として挿入された「重商主義の結論」の章である。この章の増補は、キャナンによれば、「スミスが一七七八年に関税審議官に任命されたことによるところが大きいことは疑いない[15]」といわれる。他方、大河内一男監訳の訳者注では、この「第八章は、その表題が『重商主義の結論』とされ、あたかも第四編全体の総括のような印象を与えるが、事実上はあくまで、第一章から第七章に至る叙述に対する具体的事例に基づく増補訂正ないし特殊な事例の追加と考えるべきであろう[16]」とされている。しかし、この「結論」の増補は、イヴンスキーの指摘するように、自然的自由の体系を歪める「重商主義者の利害の依然たる力に対する彼の返答を示す[17]」性格が強く、重商主義制度そのものよりも、それを悪用する商人の横暴批判の文脈で書かれていることが注目される。その次第は、この章の議論の内容そのもののうちに明白に示されているといえよう。

スミスは、この章の冒頭で、重商主義は、「輸出奨励と輸入阻止」を富国の「二大手段」とするものであるのに、「若干の特殊な商品については、逆のプランに従って輸出を阻止し輸入を奨励する」政策をとっているが、それらは「わが国の貿易商や製造業者たちが自分たちの私的な利害打算から」、「貿易差額」の増大という名目で「特定の商品の輸出を制限〔時には禁止〕することによって、他の多くの商品をはるかに多量に、よりよい値段で輸出する」ことを可能にしたり、製造業の原料の輸入を免税にさせたりすることによって、自分たちの儲けを増大させるためのあくどい方策として、「立法府から強引に取り付けた」(WN, IV. viii. 1, 3-4, O. ii. 433-438) ものに他ならない次第を明らかにしている。こうした八章導入部の論理は、七章までの議論でふれなかった論点の「増補訂正」ないし「特殊事例の追加」というより、重商主義制度そのものを自分たちの私利私益の増大のため、貿易差額増大という名目の下に自分たちに都合の良いように改変するよう立法府に強要する業者の貪欲と横暴さに対する人格的非難ないし批判を主としている。その点、初版の制度・政策批判とは多分に異なった問題意識に立脚していることは明らかであるといえよう。「わが国の商人や製造業者たちが、彼らの不合理で暴虐な独占を擁護するために騒ぎ立てて立法府に強要した法規のあるものに較べたら、財政に関する法令の中の最も残酷なものですら、なおかつ寛大で穏当であると私は断言してはばからない。独占擁護のための諸法令は、ドラコの法律のごとくことごとく血で書かれているといっても差支えない」(IV. viii. 17, O. ii. 443-4) という彼の言葉は、こうした三版新八章増補の意図を象徴したものといえよう。

新八章の「結論」は、重商主義制度そのものよりも、それを自分たちに都合の良いように作り変えて独占をむさぼる業者の強欲・横暴・傲慢さに対するスミスの怒りをこめた感情に基づく業者 (mercantile interests) 批判を主題とするものであったのであるが、初版の制度批判と異なるこうした人格批判の色彩は、「羊毛の輸出禁止は、毛織物製造業者の利益を増進するだけの目的のために、羊毛生産者の利益をある程度害することは確かである」(IV. viii. 30, O. ii. 454) という言葉などからも窺われるように、批判対象が具体的に特定化されるようになっている点にも示されているといえよう。彼がこの章の結び部分で、「わが国民のご自慢の自由が……商人や製造業者のくだらぬ利益のために公然と犠牲にされている」とし、「消費こそ生産の唯一の目的であり、生産者の利益は、消費者の利益を促進するのに必要な限りでのみ配慮さるべきものである」のに、「重商主義体制では、消費者の利益は終始一貫、生産者の利益の犠牲に供されている」(IV. viii. 47, 49, O. ii. 464) という思想を上述のような業者批判の結論的な形で展開しているのも、三版増補の中心主題が奈辺にあったかを示すものに他ならない。こうしたイデオロギー的表現も、もとより必ずしも三版になってはじめて登場したものではなく、初版でも、営業《トレード》の自由の侵害は、「人間の最も神聖な権利の明白な侵害であり、……商人や製造業者たちの根も葉もない嫉妬に基づく」（IV. vii. b. 44, O. ii. 331-2）次第が指摘されているが、三版では消費者主権のイデオロギーが明確に商人批判の文脈で展開されていることが注目される。

(4)　特権会社批判の意図

三版では、その他にさらに第五編（V. i. e.）に新たに「商業の特定部門を助成するために必要な公共事業と施設について」と題する議論が増補されている。この増補の狙いは、独立戦争の進展と植民地問題の深刻化の中で、「重商主義的独占と植民地支配を危機と戦争の根因として一層きびしく批判することにあった[18]」といわれるが、この項の議論は、未開国との自由な交易を保障するためには政府の保護が必要であることから、立法府がやるべきことを肩代りして、国家主権を私の営利目的に利用する特権会社の実態・在り様を暴露することによって、それが必然的に腐敗・堕落しやすい体質である次第を明らかにする点が中心になっている。この特権会社論も、形式的には初版の公共事業・施設論では論及しなかった特定部門の公共事業の在り方について論じたものということもできるが、この章の論理展開も、公共事業・施設の在り方を論じた初版の制度論の理論的補足というよりも、特定の特権会社の腐敗・堕落ぶりを個別的に名指しで批判することを意図したものとして、初版の制度・体制批判論とはトーンが異なる次第が注目される。スミスが、こうした特権会社の腐敗・堕落の原因は株式制度と独占にあるとした上で、そうした制度が「会社の使用人の怠慢、浪費、汚職」（V. i. e. 25, O. iii. 91）の原因になっている次第を強調していることも、上の解釈と何ら矛盾するものではない。この使用人論も、原理的には初版の環境道徳論とそれに立脚する制度批判論と同じであるが、使用人の人格弁護がなされていた初版とちがって、三版では、どう管理機構を変えてみたところで、株主や役員は自国民の幸福や自分の領土の改良には無関心なのでどう仕様もないとされており、制度さえ良くすればという初版の楽観主義は影をひそめ、批判の眼が使用人の行状そのものに移っていることが注目される。こうした微妙なニュアンスの変化も、制度を変えるだけでは済まない人間の問題に眼が向けられていることを示すものといえよう。

(5) 商業社会の陰認識の進展

スミスはこのように『国富論』第三版では重商主義の担い手《トレーガー》である商人批判を激化し、その横暴性と傲慢性に対する人格的非難の調子を強めるとともに、批判対象を具体的に特定化している。彼は、自然的自由の体系を実現するには、その実現を妨げる制度を理論的に批判するだけでは不十分で、制度を悪用する人間の強欲や傲慢性を何とかしない限り問題は解決しない次第を強く意識するようになったのであるが、その点に三版増補改訂の最大の動機があったことは、以上の叙述から十分論証しえたといえよう。クロプシーがいち早く指摘していたように、「商業を社会における徳の現実的代替物に任命することを意図した」、「商業は徳の代替物である」という（初版の）「理論が疑問にふされ」、「商業自体の面においてさえ徳性の究極的不可欠性が主張される[19]」ようになったのも、そのためであった。スミスは、自然的自由の理想を実現するには、制度的障碍を除去するだけでなく、制度を悪用したり、それに便乗する人間の問題にも対処しなければならぬことを強く自覚するようになったのであるが、こうした論調の変化は、初版の商業⇒自由、環境道徳論の自己否定ではないとしても、正義さえ守られれば、逆転や独占、失政などがあっても進歩はするとしていた初版の楽観主義の後退を意味するものに他ならない。「スミスが、〔イヴンスキーのいうように〕初期の著作では、重商主義の諸悪（たとえば、限嗣相続と長子相続、徒弟制、定住法等[20]）を社会的進歩の上昇潮流が侵蝕して終局的には除去するであろう歴史的な人工物と同一視していた」のに、成熟期には、「重商主義を、彼がかつて人類を意図せずして……理想社会に導くであろうとしていた人間本性の同じ情念そのものによって養育された生きた有機物とみるようになった」[21]とまで断定できるかどうかは別として、スミスの重商主義観ないし重商主義批判の力点が大きく変化したことは明らかであるといえよう[22]。

こうしたスミスの見解の変化の原因としては、分業⇩疎外認識とは質的に性格を異にする商業社会の陰認識が考えられる。スミスは、既述のように、商業の発展が生み出す分業に基づく疎外の事実を六〇年代からすでにはっきりと認識していたが、彼は『国富論』初版段階ではこの疎外は教育施設の整備・充実によって基本的に克服しうる問題と考えていたのであった。スミスが、彼の論理の非経験性、超越性、形而上学的性格や、自由の原理の過度の一般化を指摘したパウネルやアンダスンらの批判にもかかわらず、二版では「一般原理や体系」は変更の必要なしとしていた根本の理由も、こうした制度改革に対する信頼にあったといえよう。スミスは、二版ではまだ初版と同様、人間の野蛮な支配欲をも文明化する市場の論理と自然の体系《システム》のもつ自然治療力を確信していたため、商業（分業）の生み出す疎外（人間の腐敗・堕落）は教育（制度改革）によって克服できると考えていたのである。これに対し、スミスが三版で提出した問題は、こうした教育制度の改革によって解決できる問題とは本質的に異なる、制度を悪用して私益を図る人間（商人や製造業者の強欲・横暴・傲慢）の問題であった。「スミスは『法学講義』では、分業と教育の軽視にからむ商業社会のさまざまな否定的な特性をあげていたが、『国富論』においては、スミスがかつて〃商業精神の不利益〃と同一視していたこれらの問題は、商業精神に育てられた商人利《マーカンタイル・インタレスツ》害の人を腐敗させる強い力に対する関心に比較して影が薄くなっている」[23]というイヴンスキーの指摘は、『国富論』三版以降の問題としてみる限り、こうした主題の変化を的確にとらえたものといえよう。

こうした見解の変化に対応する『国富論』三版の増補改訂が、シェルバーンの改革の失敗に象徴される商人利害の支配化への返答《レスポンス》であったことは明らかである。三版がすぐれて論争的な性格をもち政策助言が多くなっていることの根拠はここにあるが[24]、スミスは、こうした状況の下で、党派や独占が以前のように商業が進歩すればいずれは消滅するものとは考えられなくなり、逆に、「富を求める競争において、自分たち自身のための利益を作り出そうと企む党派の見える手の方が、進歩の見えない手よりもより強力になった[25]」次第を強く意識するようになったのである。スミスが『国富論』三版で初版の倫理学にはなかった人格批判の色彩を強めるに至った背景が、こうした商業活動そのものの生み出した問題にあったことは確かであるといえよう。

『国富論』初版の自然的自由の体系は、本書第一部で詳説したような『感情論』初版の情念倫理学の論理的帰結の展開であったが、七〇年代中葉以降における現実認識の進展に伴って、スミスは、『感情論』の神学観をベースにした『国富論』初版の商業⇩自由＝富と徳実現論の理想とは逆に、富裕と徳性とが両立しない現実を認めざるをえなくなり、そのジレンマの解決に改めて取り組むことになったのである。『感情論』六版増補改訂の最大の契機がそこにあったことは、上述のような『国富論』三版の主題と『感情論』六版の思想との対応関係を知るとき、おのずから明らかになることであろう。

（1） Rae, John: *Life of Adam Smith*, Kelley Rep., New York 1965, pp.262, 264.

（2） *Ibid.*, p.264.

（3） レーは、スミスがこの間に行った訂正と変更の例証として、地代章における皮革の価格論、植民地章の植民地における精糖の衰退に関する所見、賃金章におけるアメリカの賃金論、収入論、規制会社論などをあげている。Cf. Rae, *op. cit.*, pp.256-257.

（4） Ross, I. S. : *The Life of Adam Smith*, Oxford 1995, p.250.

（5） Campbell, R. H. & Skinner, A. S.: *Adam Smith*, London & Canberra 1982, p.159. 久保芳和訳『アダム・スミス伝』二〇一

ページ。Cf. *Correspondence*, 149.

（6）Cf. Evensky, J. M.: The Evolution of Adam Smith's Views on Political Economy, ASCA, VI. pp.381-382.

（7）『国富論』二版改訂については、野沢敏治 『国富論』の改訂をめぐる問題圏—第二版研究 千葉大学法経研究一四号、羽鳥卓也 スミスにおける「価値の源泉」—『国富論』第二版の改訂個所をめぐって—三田学会雑誌、六七巻六号（のち同氏の『国富論研究』に所収）参照。Cf. Ross, *op. cit.*, p.345 f.

（8）Cf. Fitzgibbons : *Adam Smith's System of Liberty, Wealth and Virtue*, pp.172-174.

（9）Cf. Ross, *op. cit.*, pp.352-3. 野沢敏治 スミス自由貿易論と諸国民の富—『国富論』第三版研究 千葉大学法経研究一七号 九一ページ参照。

（10）野沢敏治 前掲論文 とくに、一〇四—五、一一三ページ以下参照。Cf. Ross, *op. cit.*, pp.349-353.

（11）シェルバーンの改革については、Cf. DNB, Vol, 24, pp. 1005-13. Ross, *op. cit.*, pp.351-353.

（12）Cf. Evensky, *op. cit.*, pp.384-5. Ross, *op. cit.*, pp.350-1.

（13）野沢敏治 前掲論文 一一二、一一七ページ参照。

（14）『国富論』三版改訂個所については、前掲論文 九一ページ参照。

（15）*The Wealth of Nations*, ed. by Edwin Cannan, London 1922, Vol. 2, p.160 Note.

（16）大河内一男監訳『国富論』Ⅱ、四三五ページ注。

（17）Evensky, *op. cit.*, p.384.

（18）大河内一男 前掲邦訳 Ⅲ 六七ページ注。

（19）Crospey, J.: *Polity and Economy, An interpretation of the principles of Adam Smith*, The Hague 1957, p.92.

（20）この例示は、正確には封建遺制の諸悪で、重商主義のそれではない。念のため付言しておく。

（21）Evensky, *op. cit.*, p.380.

（22）コーツも、『国富論』の各版におけるスミスの重商主義批判の強化と批判内容の変化に言及している。Cf. Coats, A.

W.: Adam Smith and the mercantile system, *Essays on Adam Smith*, ed. by Skinner, A. S. & Wilson, T., Oxford 1975, pp.219-223.

(23) Evensky, *op. cit.*, p.383.

(24) ロスも、シェルバーンの改革の失敗を契機とした三版の論争性を認めている。Cf. Ross, *op. cit.*, p.352.

(25) Evensky, *op. cit.*, p.379.

第三部　商業社会の道徳的再建論の展開

――『道徳感情論』第六版改訂の意図と問題点――

第一章　『道徳感情論』第六版改訂と商業社会観の変容

一　改訂の経緯と改訂理由

『道徳感情論』第六版は、スミスの死の直前の一七九〇年五月に公刊されたが、そこにおける主要な改訂点としては、まず第一に第二版の主要な改稿点であった第三部の良心論にさらに全面的な増補・改訂がほどこされ、新たに二つの章が追加される形で観察者概念の再構築がなされた点があげられる。より以上に注目すべき大きな変更は、それまでの版にはなかった「徳性の性格」論が、第五部のあとに新たに第六部として挿入された点である。この新六部が六版の最大の特色で、「六版における主要な変更が全く新しい第六部の包摂にあった」[1]ことは、グラスゴウ版『感情論』の編者の指摘する通りである。それ以外のめぼしい変更点としては、初版の一部四編三章の「ストア哲学について」と題する章が、一部分前章に合体された他は第七部の学説史の方に移され、新たに付加された議論を含め、そこで本格的なストア論が展開される一方、それまでストア論のあった一部三編三章ではストア論に代って「道徳感情の腐敗について」の議論が新たに展開された点と[2]、二部二編三章の正義論の末尾にあった贖罪節が全文削除された点などが注目される。

キャンベルとスキナーによれば、スミスはこうした『感情論』の改訂の必要を八一年の第五版刊行以前の「一七七〇年代末までに」すでに認めていたとのことであるが[3]、ヘンリー・マッケンジーがウィリアム・カーマイケルに語ったところによると、スミスは八三年には『道徳感情論』と『国富論』の双方の可成りの変更と改善を含む改訂をはじめていた様子が窺われる[4]。八四年に公刊された『国富論』第三版がその成果であったことは容易に推測されるが、『感情論』の改稿については、八五年四月二一日付のキャデル宛手紙ではまだ「あまり重要でない若干の変更をする」(Correspondence, 244) だけで済むと考えていたようにみえる。同年一一月一日付のラロシュフーコー宛の手紙でも、『感情論』の改訂は「この冬の終わりまでにやりとげたい」(Correspondence, 248) とのべていることからみて、この段階ではまだ「あまり大幅な改訂」は考えていなかったことが窺われる[5]。ところが、八八年三月一五日のキャデル宛手紙では、第三部の良心論と道徳哲学説史の最終部分を中心に「『道徳感情論』のすべての部に多くの増補と改訂を行いつつある」(Correspondence, 276) ことが報告されている。スミスは、八五年以降から『感情論』の本格的な改稿に取り組みはじめたのであるが、しかし、八八年春の時点ではまだ六版六部に徳性論を挿入する計画はスミス自身の念頭にはなかったようで、「第五部の直後に徳性の性格という題目の下に実践道徳体系に関する全く新しい第六部を挿入した」(Correspondence, 287) ことは、八九年三月三一日付のキャデル宛手紙ではじめて明らかにされた点である。

六版改訂は、このような経緯で最低四年以上の歳月をかけて、「六回以上も書き直し」(Correspondence, 276)、「大ざっぱに数えても書物の三分の一位は新たに書かれた[6]」結果、「大変拡大された書物[7]」となったが、この仕事はスミスにとっては大変きびしい労働であったようにみえる。彼は、前述のキャデル宛手紙の冒頭で、「前にお便りして以来、私はお約束した『道徳感情論』の新版の準備に極めて骨の折れる労働をしてきました。〔それで〕私は健康を害しさえしました」(Correspondence, 287) とのべているが、スミスはなぜそれほどまでにして六版改訂に打ち込んだのであろうか。その理由を明らかにすることは本書全体の主題でもあるが、その理由が何であれ、スミスは、六版が「彼の見解を印刷して発表する最後の機会になるであろうことを確信したので、それをこの世へのお別れのメッセージとして企画した[8]」ため、残されたすべての精力を傾けて改訂に取り組んだことは確かであるといえるであろう。

このような経緯で執筆された六版改訂の理由ないし根拠については、当然のことながら研究者の間でさまざまな解釈がなされている。私の主題に関連する限りで私が目にした主要な見解を類型的に列挙すれば、次のように整理することができるであろう。

まず第一に、本書の第一部第一章で論及したディッキー＝ラファエル論争の一方の当事者であるラファエルの形式的不備説があげられる。スミスは、『感情論』初版の第六部で道徳哲学の主題として自ら設定した二つの課題のうちの第一の「徳性の本性」論を一—五版では展開していなかったので、省略を修復するため新六部を中心とした改訂をしたという解釈である[9]。

第二は、六版改訂はリードの批判に応答するためであったというリードの影響説である。周知のように、リードは、一七八八年に公刊された『人間精神の能動的力能』の二ヵ所でスミスに言及している[10]。六四—八〇年にかけて行われたグラスゴウ大学講義の中でも、リードはスミスに関説し、スミスの理論の要約と評価を行っている[11]。この両者で展開されているリードのスミス批判を一言に要約すれば、(イ)是認の原理を行為者の情動と観察者の同感とが調和ないし一致（concord）する点に求めるスミスの同感の体系では、徳は人々の変りやすい意見と情念に依存せざるをえないため相対性を免れず[12]、(ロ)道徳判断を他人の意見への顧慮に還元するスミスの理論は、真実の徳性の代りに徳の外見（appearance of virtue）ないし幻影（shadow of virtue）を人々の身につけさせるだけの称賛（esteem）愛論でしかないという[13]点にある。スミスが六版で後述のように、称賛愛や是認願望は、「徳のみせかけ」を促すものにすぎないとして、

「称賛に値することへの愛」を強調したのは、こうしたリードの批判に答えるためであったというのがこれらの論者の主張である。

以上の二つの説は、六版改訂の契機を『感情論』初版の論理の形式的不備ないし理論的欠陥に求める見解といえるが、こうした原因内在説に対し、前述のラファエルとの論争の当事者として、一—六版間における主題と関心の変化に大きく注目したディッキーは、六版改訂の契機を一八世紀中葉以降におけるイングランドの消費社会化に伴う中産階級の腐敗に求めている。スミスは、中産階級が「一七五〇年代以降イングランドを〝汚染〟した顕著な消費〝悪習〟」に染まるようになったため、それまでのように「慎慮・倹約の人の有徳性をもはや当然のこととして前提しえない」ことを感じて改訂をしたという解釈である(14)。

こうした視点をより内在的に展開したのがドワイヤーである。彼は、中流の「奢侈と社会的移動性の増大に伴う道徳感情の急激な腐敗」、その帰結としての「道徳共同体」の解体のうちに六版改訂の原因を求めている。ドワイヤーは、スミスが「社会的態度の〝鏡〟としての初期の良心観」を捨てて、Praise-worthy 論を根幹とする徳性論を展開するに至った最大の契機はそこにあると考えたのである(15)。

こうしたディッキー＝ドワイヤー的視点をより政治史的角度から深化したのがイヴンスキーの解釈である。彼は、一七六〇年代以降における商人利害《マーカンタイル・インタレスツ》の支配化に伴う中産道徳の腐敗、とりわけ八〇年代初頭におけるシェルバーンの改革の失敗に象徴される重商主義の勝利を契機に、「商人利害が商業によって侵蝕されるよりもむしろ刺戟される」次第をつよく意識するようになったことのうちに、スミスが初期のヴィジョンとは本質的に異なる論理を展開するに至った理由をみている。六版改訂が小規模改訂の最初の予定とちがって大幅になったのも、商人利害の生み出す腐蝕的な結果を相殺する論理を構築する必要に迫られたためであったと考えられたのである(16)。

私見は、これらの諸説のいずれとも同じでないが、改訂の契機を商業文明のジレンマに当面したスミス自身の現実認識の変化に求める点で、右の第三以下の諸説と共通する面が多いので、六版改訂の理由を『感情論』初版の形式的不備ないし論理的欠陥に求めるラファエル＝リード説の妥当性の検証から問題を出発させることにしたい。

第一のラファエル説は、六版六部が「徳性の本性」論であるとの想定に立脚しているが、六版六部の徳性論は、のちに第三章で論証するように、スミスが初版六部で展開した「徳性の本質」論の中心主題とした自説の適宜性＝徳性論の梃入れを主題としたもので、スミスが初版六部で道徳哲学の第一主題としてあげた「徳性はどこに存するか」という徳性の本質（本性）論それ自体のそれ自体としての展開を意図したものではない。スミスが初版六部で道徳哲学の第一主題として自らに設定した「徳性の本性」論の内実は、本書の第一部で論証したように、適宜性が徳性たりうる次第を論証する適宜性＝徳性論証を中心主題としたものであったが、六版六部の「徳性の性格」論は、その補強・梃入れ理論に他ならず、初版の第一主題と本質的に異なるものではない。スミスは、六版ではたしかに第三部の良心論を徳性論化する一方、新六部では適宜性論の徳性論化とならんで、慎慮や慈恵の徳の実態解明を通して「完全な徳性」の可能性を追求している。しかし、それらはすべて初版の適宜性＝徳性論の梃入れのためになされたものにすぎず、ラファエルのいうように初版では徳性の本性論が展開されていなかったから、道徳哲学としての形式的不備を補うために導入されたものではない。新六部の徳性論が、既述のように第三部の良心論の徳性論化を中心とした八八年段階の改稿内容には含まれておらず、八九年時点になって計画を突然変更する形で急に挿入されたことも、六版改訂の基本主題が道徳哲学体系としての『感情論』の形式的不備を補うための補修説とはなじまないといえよう。

六版改訂はリードの批判を契機とするというリードの影響説の方が、その限りでは執筆経緯により適合的である。スミスが改訂の計画を「突然変更」して「完全に新しい第六部を挿入することを考えるようになったのは、リードの

『能動的力能』を読んだのちのことである[17]」という篠原久や伊藤哲的解釈が生まれる根拠もそこにある。しかし、スミスがリードの書物を読んで新六部を書いたというのは、六版六部の論理内容に適合しない。新六部は、後述のように、慎慮や慈恵の徳性の実態批判を中心主題としたものに他ならず、「スミスの理論は、〝徳の外見〟（the appearance of Virtue）を説明しえても、真に有徳なものは説明しえず[18]」、「われわれの道徳感情……を人々の意見への顧慮に還元する」のは、「あまりにも評価（esteem）愛に傾きすぎ、徳の幻影（the shadow of virtue）をその実体に代替するものに他ならない[19]」という、リードの称賛愛＝徳の外見論に対する直接の応答を主体としたものではないからである。六版の論理がリードの批判に対する応答という性格をもっていたとすれば、称賛愛と称賛に値することとの区別を明確化した六版三部の良心論の論理の方がむしろそれに該当すると考えられるが、スミスがリードの論考を読んでから称賛愛と称賛に値することへの愛（worthy 愛）とを区別する論理を改めて構築するに至ったとは、前出のキャデル宛手紙と『能動的力能』の出版時期が一月もちがわないことから考ええない[20]。六版改訂がかりにリードの批判を契機とするものであったとすれば、「スミスが、おそらくケイムズ経由で〔グラスゴウ大学の講義でなされていたリードの〕異論のことを聴いて、……リードの異論に（少なくとも部分的に）答えるために『感情論』の大幅な改訂を行う気になった[21]」と考える方が妥当性をもっている。しかし、スミスが六版で称賛愛は「徳の見せかけ」にすぎないとして、称賛に値することへの愛を強調するに至ったのは、リードに批判されて初版の適宜性＝徳性論では「真に有徳なもの」を説明しえないことを知ったからであると考えるのは、スミスを侮辱した解釈であるだけでなく、『感情論』初版の論理と問題提起に対する自らの根本的無理解を表明するものに他ならない。『感情論』初版の中心基本主題は第一部でみたように、他人の是認・称賛願望としての称賛愛のうちにその worthy 感覚への転化の契機を求める「徳の社会化」論の構築を意図した点にあり、適宜性と「真の徳性」とが異なることは、スミス自身が初版で明言していた点であるからである。スミスは、他人の是認・称賛を求め、否認・非難を恐れる人間の自然の感情のうちに社会的徳性形成の誘因をみていたのであって、称賛愛それ自体は徳性ではないことは先刻承知していたのである。

リードのもう一つの批判点である同感原理に基づく徳の相対性の問題についても、スミスはその相対性克服の論理を「状況に即した適宜性」(situational propriety) のうちに求めていたので、リードの批判は取り立てて反論するに値しない的外れの批判と受けとめていたのではないかと思われる。グラスゴウ大学講義におけるリードのスミス批判を最初に紹介したダンカンとベアードの言葉を借りていえば、リードはスミスを誤読していただけでなく、スミスが問題の所在を知っていたことに対しても無知であった[22]ということができるであろう。もとより、「スミスの理論は、徳の外見を説明しえても、何が真に有徳であるかを説明しえない」というリードの主張は、二つの点において誤読であるという上の両者のコメント自体は、ノートンとステュアート・ロバートスンが批判するように[23]、六版の論理を典拠にしている点で根本的に逆立ちした論証でしかないが、スミスがリードに指摘されるまでもなく、称賛と称賛に値することとの差異を明確に認識し、前者は徳ではないことを踏まえた上で初版の論理を展開していたことは確かである。そのスミスが六版で一見リードの批判に同じる形で称賛愛は「徳のみせかけ」にすぎないとして、称賛に値することへの愛を強調したのは、称賛愛が初版の想定のようにworthy愛に転化する契機にならず、逆に道徳感情を腐敗させる事実を彼自身が認めざるをえなくなったために他ならない。こうした初版の論理と六版の主題との差異を無視して、リードの批評に六版改訂の契機を求めるのは、ラファエル説と同じように初版の論理の不完全性を想定するものであるが、スミスはリードの論評を聴いて自らの論理の誤謬ないし不完全さに気付いたから六版改訂をしたのではない。

スミスが六版改訂をしたのは、彼自身が何らかの別の理由で初版の論理の欠陥ないし不十分性を感じるようになったためであると考えられるが、改訂が『感情論』の形式的不備やリードの批判を契機とするものではないとすれば、その理由はもっと別の事情に求められねばならない。その理由として考えられるのが、初版の「徳の社会化」論では前述のディッキー、ドワイヤー、イヴンスキー説が大なり小なり想定していたような商業社会の陰の問題に十分応答しえないのではないかという、スミス自身の現実認識の深化の問題である。

『国富論』のうちに商業社会の陰認識がみられることは、ヴァイナーやクロプシーがいち早く指摘していた点であるが、ポーコックの影響下に展開された最近の政治思想史的スミス解釈は、スミスが商業社会における絶えざる腐敗の危険性を認めていた事実を大きくクローズアップすることになったといってよいであろう。スミスが、自由放任資本主義のイデオローグであったとしてきた旧来のスミス像とちがって、商業社会の光だけでなく陰の問題をもしっかり見据えた思想家であった次第は、最近のスミス研究ではむしろステレオ化した知識になっているのであるが、問題は陰認識の内実にある。『国富論』初版の論理は、第二部で論証したように、商業⇩自由論を根幹とするものであった。商業の進歩は、長子相続法や限嗣相続制、徒弟制や定住法等の封建遺制だけでなく、「党派や独占の力」をも「侵蝕し、最終的には除去する」(25)ので、商業が進めば富と徳が自然に実現されるというのがスミスの論理であった。多くの研究者がスミスにおける商業社会の陰認識の典型例としてあげている分業に基づく愚鈍化の問題は、商業が解決しうる問題ではなく、逆に商業そのものの進展が生み出す問題であるが、この疎外も、教育制度を整備すれば解決しうる問題であるというのが『国富論』(初版)におけるスミスの思想であったことは、すでにみた通りである。スミスは、自然的自由の体系《システム》を阻害する条件を制度的に排除し、自然の英知の限界は国家の英知で補えば、分業のひきおこす商業社会の陰の問題もすべて解決でき、富と徳が実現できると考えていたのである。それが彼のいう自然的自由の体系の理想像であったことは第二部で論証した通りである。

こうした自然的自由の体系、その象徴をなす商業⇩自由の論理に基本的な信頼が置かれている限り、その根幹をなす『感情論』の思想も原理的に大幅に改訂する必要は本来存在しない筈である。とすれば、スミスが『国富論』第三版刊行直後から『感情論』の本格改稿に着手し、四年以上の歳月をかけて極めて過酷な労働に従事したのは、『感情論』の論理自体に欠陥があったためであるとラファエルやリード説論者が考えたのも無理からぬ点があったといえるかも知れないが、そうでない以上、改稿の理由は、スミス自身が『感情論』初版の論理を母体にした『国富論』の商業⇒自由の原理の妥当性に疑問を感じるようになったためであるとする解釈の方が説得力をもつことになるであろう。『国富論』三版が徹底した商人批判であったことは前章で論証した通りであるが、スミスは『国富論』刊行前後以降における商業社会の現実認識の進展に伴って、「商人利害が商業によって腐蝕されるよりもむしろ活性化される」次第を認めざるをえなくなるとともに、自由の論理に内在する危険性を強く感じるようになっていったのである。スミスは、『国富論』初版では障害や失敗、独占や失政があっても、商業が進めばすべては自然に改善され、重商主義の諸悪も除去できると考えていたのに、八〇年代以降、商人たちの傲慢は、封建的徒食や従属などとちがって、商業が進んでも減少せず、逆にひどくなってゆく点で商業の論理そのものの生み出す腐敗である次第をはっきりと認識するようになったのである。彼が、重商主義の諸悪は商業が進歩すれば除去できるとの信念を失い、分業と教育の軽視を商業の生み出す商業社会の陰の問題と考えていた『法学講義』とちがって、『国富論』（とりわけ、三版以降）では商人利害の腐敗に関心を集中し、商業社会の真の陰は、分業疎外よりも、商人の腐敗にあると考えるようになったのはそのためであったといえよう[26]。

　スミスは、商業⇒自由の理想の実現を妨げる商人や製造業者の横暴が商業の発達に伴って逆に肥大してきた彼らの傲慢・腐敗の産物である次第を認識し、「重商主義を、〔『感情論』初版や『国富論』初版では〕人類を意図せずして……理想社会に導くであろうと主張していた人間本性と全く同じ情念によって養われた生きた有機体とみるようになった[27]」

のであるが、それは『感情論』の共感的相互作用原理に立脚する『国富論』のeasy system of Nature（自然のままでよい体系《システム》）に対する信頼の喪失・評価の逆転を意味するものであった。こうした形の商業社会の陰認識に伴う共感的相互作用の動態過程に対する信頼の喪失、(28) それに起因する『感情論』（初版）の論理の不十分性の自覚が、商業社会の陰認識の帰結としての『感情論』六版改訂の主要な理由をなすとすれば、それに付随するもう一つの理由としては、『国富論』の論理と現実認識との乖離をあげることができるであろう。スミスは、第二部で論証したような『国富論』三版の論理に象徴される商業社会の現実認識（商人批判）と『国富論』初版の論理（重商主義体制批判の原理論）とのギャップに当面して、この断絶を克服して初版の理想を回復するための論理の構築を『感情論』六版改訂の主題とすることになったのである。

二　商業社会観の変質

『感情論』六版改訂は、『国富論』で想定されていたような徳性の環境規定⇩制度・体制批判論だけでは済まない商人の横暴に象徴される商業社会の陰認識を契機とするものであったのであるが、こうした陰認識の進展に伴ってスミスの商業社会観自体が大きく変化してきた次第は、次のような『感情論』六版の思想のうちに端的に示されているといえるであろう。

(1)　道徳感情腐敗論の展開

第一の最も端的な徴候は、『感情論』の初版にはなかった「道徳感情の腐敗」論が六版の議論のすべての根底をなしている点である。スミスは、既述のように六版で初版の一部四編三章のストア節を全面削除して、その代りに道徳感情腐敗論を挿入したが、この道徳感情腐敗論は、上述のような商業社会の陰認識の進展に伴う彼の認識視角の根本的逆転を象徴するものに他ならない。初版では、上述のストア論に先立つ一部四編二章の「野心の起源と身分の区別について」と題する章で、「悲哀よりも歓喜に全面的に同感する」人類の自然の性向のうちに富追求性向の起源を求める議論が展開され、「金持や権力者の情念についてゆこうとする人類のこの性向に身分の区別と社会の秩序が基づいている」（TMS, I. iii. 2. 3, M.76）次第が強調されている。彼が、初版四部一編の有名な欺瞞章で、人間が自然に瞞されて「富と地位の快楽」を「偉大で美しく高貴なもの」であるかのごとく崇拝することが勤労《インダストリ》を刺戟し、社会を文明化するとしたのも、この論理に対応したものであった。スミスは、『感情論』初版では人間の自然の感情原理を全面的に肯定した議論を展開し、それを『国富論』の論理の根底に置いていたのであるが、上述の一部四編二章（六版では、一部三編二章）の議論に続けて新たに挿入された六版一部三編三章の道徳感情腐敗章では、冒頭の「金持や権力者に感嘆しほとんど崇拝する一方、貧乏でいやしい状態にある人々を軽蔑し少なくとも無視するこの性向は、身分の区別と社会の秩序を確立・維持するために共に必要であるけれども、同時に、道徳感情の腐敗の大きな最も普遍的な原因である」（I. iii. 3. 1, M. 95. 傍点引用者）という断定から議論がはじめられている。この六版一部三編三章冒頭の議論には、人間の自然の性向の自然的徳性化が可能であるとしてきた『感情論』⇩『国富論』の論理とはちがって、自然の性向のままに任せるときに生まれる道徳感情の腐敗現象という、自然の原理のマイナス面についての明確な自覚と認識がみられるといえるであろう。スミスは、『感情論』六版改訂の主題を『感情論』初版と『国富論』のライト・モティーフであった自然の原理の腐敗認識からはじめているのである。

　こうした視角の変化が、『感情論』⇩『国富論』の根幹をなしていた欺瞞の摂理論、そのベースをなす歓喜への同感論、さらには、それらの論理に立脚していた『国富論』の商業⇩自由論の後退、ないし、それらへの懐疑の増大を意味するものかどうかはひとまず別にして、スミスが『国富論』以降こうした道徳感情の腐敗認識に比例して、富観そのものをも大きく変化させ、人間の自然の感情原理に基づく富追求性向のもつ意義に懐疑的になってきたことは明らかである。たとえば、スミスは、富や権力への憧れのうちに進歩の契機を求めていた『感情論』初版の論理とは逆に、六版では道徳感情の腐敗の最も普遍的な原因がこうした憧れそのものに求められている。こうした視角の変化は、ドワイヤーやミノヴィッツの指摘するように、初版では「誤った宗教観念だけがわれわれの自然的感情の極めて重大な錯乱をひきおこすほとんど唯一の原因である」(1 ed. 312, III. 6. 12, M. 232) とされていたのに、六版では富や権力称賛性向が「最も普遍的な腐敗の原因」とされている点にも端的に示されているといえよう。[29] 六版六部の徳性の性格論の議論も、「金持や成功者に感嘆する性向に道徳感情の腐敗」の原因を求める議論を前提した論理であることは、ドワイヤーの指摘する通りである。[30] スミスは、『国富論』を間にはさむ三一年間に富の社会的機能について考えを変え、「富の集中は、道徳的にも経済的にも有害である[31]」と考えるようになったのである。

(2) 虚栄心観の逆転

スミスにおける商業社会観の変化を示す第二の徴候は、虚栄心《ヴァニティ》―プライド観の変化のうちに示されている。『感情論』初版は、第一部で詳説したように、「一七世紀のモラリストがプライドと呼んでいた是認、他人の承認願望」としての称賛愛が「われわれの廻りの人々の判断を考慮させる」ことが、「われわれの自然のエゴイズムを抑制するのに役立つ[32]」ように、人間は自然に構成されているという論理に立脚するものであった。スミスは、『感情論』(初版)では、人間の虚栄心やプライドに基づく他人の尊敬《エスティーム》獲得願望を逆手にとり、それを道徳感情化することによって、虚栄心や支配欲の自制を考えていたのであるが、『国富論』は、第二部で論証したように、人間の虚栄心を生活改善願望の推進母体とした上で、その交換性向化による人間のむき出しの支配欲の誘導を意図したものであった。『感情論』初版と『国富論』は、虚栄心やプライドの負の面よりもそのプラスの側面を評価していたのであるが、『感情論』六版ではこうした『国富論』までの虚栄心―プライド観とは逆に、人間の虚栄心や称賛愛が生み出す腐敗の危険性が強調されている。スミスが、次章で詳説するように、六版三部の良心論でPraise-worthy論を改めて展開するに至った最大の理由はそこにあったのであるが、六版の虚栄心観で最も注目される点の一つは、「虚栄の人が自分自身称賛に値するとは考えていないことで称賛されることを望む」原因が、「金持や身分の高い人に感嘆し模倣するわれわれの性向」(I. iii. 3. 7, M.98) に求められている点である。スミスは、称賛に値することよりも称賛そのものを求める称賛愛と富崇拝とがパラレルな関係にあることをみていたのであるが、この事実は、スミスの称賛批判（良心論）が商人批判を背景にしていた次第を示すとともに、初版の論理の道徳性に懐疑的になったことを示しているといえるであろう。スミスは、経済の論理としての欺瞞理論の半面の危険性を明確に認識するようになったのであるが、こうした認識の変化・逆転の根本原因が、称賛に値することよりも、称賛そのもの、さらにはその獲得の手段としての富それ自体に感嘆する人間の自然の性向から生まれる商人の言動の度しがたさや下層民の行動の実態認識にあったことは明らかである。

スミスが六版でこうした人間の自然の性向の度しがたさにより悲観的になっていた次第は、六版に追加された次の言語論からも傍証される。「われわれは、他の人々に感嘆することから、われわれ自身が感嘆されることを願うようになるように、他の人々によって指導され指揮されることから、われわれ自身が指導者になり指揮者になるように願うことを学ぶ。……信じられたいという願望、他の人々を説得し指導し指揮したいという願望は、われわれの自然の願望のうちの最強のものの一つであるように思われる。それは、おそらく人間本性の特徴的能力である言語能力のよって立つ基礎をなす本能である。他のいかなる動物もこの能力をもっていない。……実際に優越し指導し指揮する願望という大きな野心は、人間にだけ特有なもののように思われるが、言語は、野心のための、実際に優越し、他の人々の判断や行動を指導し指揮するための偉大な道具である」(TMS, VII. iv. 24-25, M.436-7)。この文章は、言語が他人に優越し他人を説得・指導しようとする野心の偉大な道具である次第を決疑論批判の文脈で関説したもので、『国富論』の交換性向論とは全く無関係な議論であるが、交換性向を「理性と言語能力の必然的帰結である」(WN, I. ii. 2)とすることによって、人間の説得・支配欲を交換性向化しようとしていた『国富論』の交換性向論と対比するとき、言語による説得・支配欲を人間の最大の自然の願望とし、そのすさまじさを強調している点で、『国富論』の交換性向化による野心や支配欲の誘導論とは明らかにトーンが異なっていることが注目される。スミスが六版でこうした言語観を展開したのは、彼があらゆる詭弁を弄して世論を操作して自分たちの利益の実現を図る商人や製造業者たちの交換価値追求活動の実態を知って、改めてそこに示された人間の支配欲のすさまじさを痛感するようになったためである。と断定する根拠はどこにもないが、全く関係がないとはいえないであろう。いずれにしても、スミスは、人間の虚栄心に基づく交換価値追求活動の実態に批判的になったため、初版の虚栄心―プライド観とは一〇〇％正反対の虚栄心観を展開することになったことは確かである。彼が六版六部の最終編の自己規制論の後半部で、「虚栄の人」と「傲慢な人」について詳細な議論を展開していたのも、六版改訂の中心主題がまさしくその点にあった次第を確証するものに他ならない。『国富論』の自然的自由の体系は、人間の利己心や虚栄心に基づく生活改善願望に社会改革の推進力を求めるものであったが、『感情論』六版の虚栄心論は、こうした自然の原理に基づく自己改善願望が富と徳を導かずに、逆に虚栄の人の原因になっている事実に対する警告ないし批判を意味するものとなっている。こうした『感情論』六版の論理が直ちに『国富論』の自然的自由の体系の否定ないし信頼の喪失を意味するものではないとしても、自然の原理に立脚するイージー・システムのもつ危険性に対するスミスの危惧を示すものに他ならないことは明らかであるといえよう。

(3)　市場観の変化

こうしたスミスの認識の変化は、市場観にもみられる。『国富論』の市場観は、第二部でみたように、自由な競争市場においては、価格は自然価格を中心に上下するので、(イ)個々の交換当事者がいちいち観察者視点に立つ必要がないだけでなく、(ロ)各人の自己利害関心に基づく行動そのものが、競争の浄化力のお陰で自然に社会化されて富と徳の実現に資するというものであった。多くの研究者が、「市場は、自己統制を奨励し、情念を社会的に有益な方向に誘導するための有効な制度的メカニズムである[33]」とスミスが考えていたとする根拠はそこにある。「スミスにとっては、市場は人間の情念を公共の利益に誘導する社会制度の最も顕著な範例であった[34]」のであるが、このような市場観が商業社会の道徳性を認める商業⇩自由論の論理に立脚していることは改めて指摘するまでもない事実である。『国富論』の市場観は以上のようなものであったが、その一方でスミスは、『国富論』執筆段階以降における商人や製造業者の経済行動の実態認識の進展に伴って、競争の浄化力に対する信頼を弱め、市場の道徳性に関する見解を微妙に変化させていったことも紛れもない事実である。そうした見解の変化は、「『感情論』と『国富論』の商人像が根本的に異なり」、「『感情論』〔初版〕では商人が慎慮と適宜性をもって行動する性格として大変好意的な光で描かれているのに、「『国富論』では〔商業そのものについては、原理的に『感情論』と同じ考え方なのに、〕商人は、不当な政治的影響力を行使することによって公共の福祉を脅かしかねない[35]」存在とされていることからも窺われる。『感情論』

では、地主や大金持の奢侈が公益を結果するとして、「虚栄と奢侈」の「贖罪機能（redeeming function）」が肯定されていたのに、『国富論』では、「奢侈が、〝贅沢な〟、節約と注意深さの〝経済的徳性〟を破壊するため、究極的には富裕を減退させるもの」としてより否定的に描かれているのも、同じような『感情論』と『国富論』との根本的な分裂[36]を感じさせる。分業疎外観は、『法学講義』以来のものではあるが、市場の文化的効果に肯定的な見方がなされていた『感情論』と対比するとき、やはり市場の道徳性に関するスミスの見解の微妙な変化を窺わせる一例といえよう。スミスは、上の諸例の示すように、商人の行動が市場の論理の実現を妨げるだけでなく、市場そのものが生み出す矛盾があることを時とともにはっきり認めるようになっていたのである。しかし、スミスが競争の浄化力に対する信頼を失い、市場の道徳性に関する見解を変えるに至ったことについては、その原因がもっと明確にされねばならない。多くの研究者は、その根拠を分業が進み市場が拡大すると、共感の自動制御《フィード・バック》機構《メカニズム》が十分に機能しなくなるため、社会感情が稀薄化する点に求めている[37]。しかし、市場が正常に機能していれば、個々の交換当事者がいちいち観察者視点に立つ必要はないので、市場の拡大それ自体は必ずしも市場の道徳性否定の理由にはならぬであろう。共感の自動調整メカの稀薄化が問題になるのは、何らかの別の理由で競争の浄化力が正常に機能しない場合のことになるが、その要因としては、商人利害の肥大化に伴う市場の浄化力の減退が考えられる。スミスが、次章以下でみるように、六版六部で同感の慣行性を強調することによって、分業の進んだ大社会では同感機能が減退するとする一方、市場社会では必要ないとされた観察者論の根本的再構築を試みた一つの背景はそこにあるといえるであろう。スミスは、『法学講義』＝『国富論』初版段階では分業の生み出す疎外（愚鈍化）現象は教育によってカバーできるので、同感概念自体の手直しはとくに必要ないと考えていたが、商人利害の肥大化した商業社会では競争の浄化力が十分に機能しない事実を認めざるをえなくなったため、市場の正常な機能回復のための論理として観察者の同感理論の再構築を

『感情論』六版改訂の主題とすることになったのである。

(4)　世論の偏見性認識

スミスが『国富論』以後、世論の偏見性を強調するようになったのも、右の事実と無関係ではない。スミスは、第一部でみたように、『感情論』初版では良心の支柱としての「公平な観察者」と世論を事実上同一視していただけでなく、外なる第三者の声に耳を傾けて自らの行動を律する点に徳性の原理としての適宜性の基準を求めていたのであった。ドワイヤーの言葉を借りていえば、初版では「世論が上品・下品、功績と罪過や特定の行為に付される徳性の度合を測定する唯一の基準である」とされており、「スミスは、世論の道徳的機能に全面的な信頼を置いているようにみえた[38]」といえるであろう。これに対し、世論に対する良心の優越性論証を主題とするに至った二版の論理のうちには、初版とちがって、世論に対する良心の優越性の主張だけでなく、その根拠を世論の誤謬ないし偏見性に求める視点も含まれているかにみえる。しかし、二版の中心主題は、第一部補論で詳説したように、世論に対する良心の優越性論証にあり、二版ではいまだ公平な観察者視点を導くべき世間の声そのもののパーシャリティ（世論の偏見性）は直接的には問題になっていない次第が注意される要がある[39]。

市場における競争が公平な観察者視点を自動的に実現するとする『国富論』の世界においても、基本的には同様な見方が成立する。競争の浄化力を認めることは、独占や偏《パーシャリティ》見があっても長期的には解消されて、偏見や独占のない状態の実現が可能なことを意味するからである。しかし、スミスは、こうした市場の浄化力に対する信頼の喪失に比例して、その原因ないし帰結としての世論の浄化力に対する信頼をも失っていったようにみえる。競争が観察者視点の実現につながらないのは、世論が利害や偏見のために正常に機能しないことによる面が大きいからである。その次第は、世論が正常に機能して独占がなくなれば、競争原理が貫徹するようになる点にも示されているといえよう。スミスが『国富論』の中で商人の利害と結びついた国民的偏見の危険性を強調し、[40]商人の世論操作による立法府支配の現実をきびしく批判した理由はそこにあったのである。『国富論』がこうした「特定の階級の人々の私的な利害関係と偏見」（WN, Introduction, 8, O. i. 4）の産物である重商主義体制の制度的批判を主題とするものであったことは、『国富論』の「序論」の示す通りである。しかし、スミスは、『国富論』刊行後、改めて『国富論』で意図した制度批判だけでは、自然的自由の体系《システム》の実現を妨げる「特定の階級の人々の私的利害と偏見」はなくならないだけでなく、逆に、偏見の下では同感的相互作用が正常に機能しないため、世論が却ってマイナスの役割を果す場合さえある次第を痛感するようになったのであった。スミスが、『感情論』六版で改めて観察者の同感理論の妥当を妨げるセクトのパーシャリティ論や国民的偏見論を展開する一方、そうした偏見にとらわれやすい「現実の観察者」と異なる「想定された公平な観察者」論の構築を意図した理由はそこにある。市場や世論が正常に機能していれば、観察者視点が自動的に実現されるから、観察者論は初版の論理が主題にしていたような外なる「第三者」視点の一人称化論で事足りるが、正常に機能しない場合、同感機能を腐敗させる世論の偏見性にとらわれない「内なる観察者」視点の確立が必要になるからである。スミスが『感情論』六版で観察者概念の再構築を試みたのは、『感情論』の形式的不備やリードの批判のためではなく、商業社会の実態認識の進展に伴って逆に市場の浄化力を信頼しえなくなり、世論の偏見性を痛感せざるをえなくなったためであったのである。『国富論』は『感情論』の論理的帰結であったが、『感情論』六版は逆に『国富論』の現実認識を問題意識の出発点とし、その帰結として展開されたものであったという解釈の正しさは、こうした点にも示されているといえるであろう。

(5)　富＝徳観の変容

こうした商業社会観の変化をより端的に表現しているのが、富＝徳観の変化である。周知のように、スミスは、『感情論』六版一部三編三章の「道徳感情腐敗」章の第五節で次のような思想を展開している。「中流・下層の生活状態においては、徳への道と財産への道とは、少なくともそのような地位にいる人間なら手に入れることが合理的に期待できるような財産への道とは、幸いにして大抵の場合ほとんど同じである。すべての中流・下級の職業においては、真実で堅固な職業的能力が、慎慮、正義、不動、節制の行動と結合すれば、成功しそこなうことはめったにない。……それゆえ、正直は最良の政策であるという古い良き諺は、このような境遇においてはほとんど常に完全に真実である。それゆえ、このような境遇においては、われわれは一般にかなりの程度の徳性を期待できる。しかも、社会の善良な道徳にとって幸せなことには、こうした境遇が人類のほとんど大多数のものである」(I. iii. 3. 5, M.96-97)。この議論は、次の第六節で展開されている上流人の世界にみられる放縦な徳性との対比において語られているため、これまでの一般的解釈においては、スミスが(六版においても)中下層における富と徳との合致を積極的に主張していたことの証左とされてきたのであった。しかし、スミスはこの節の三節前の第二節で次のようにのべている。「われわれは、尊敬に値するものであることと尊敬されることとを共に望む。軽蔑すべきものであることと軽蔑されることとを共に恐れる。しかし、世の中に出ると、われわれはすぐに英知や徳性が必ずしも尊敬の唯一の対象ではなく、悪徳や愚行が軽蔑のそれでもないことを知る。われわれはしばしば世間の尊敬に満ちた関心が、賢者や有徳者に対してよりも、金持や偉い人により強く向けられることをみる。……人類の尊敬と感嘆にあたいし、それを獲得・享受することは、野心と競争心の大きな目的である。このそれほど願望される目的の達成に同様に到達する二つのちがった道がわれわれに提示されている。一つは、英知の研究と徳の実践によるものであり、もう一つは、富と上流の地位の獲得によるものである。……しかし、英知と徳性の真実不動の感嘆者は少数で、人類のうちの大多数の群衆は、富と上流の地位の感嘆者であり崇拝者であり、もっと異常に思われるかも知れないが、最もしばしば利益をはなれた感嘆者であり崇拝者なのである」（I. iii. 3. 2, M. 95-96）。

このテーゼは前述の中下層論とトーンを異にするので、この二つのテーゼは、「完全にパラドックスを含む[41]」かにみえるが、スミスは必ずしも相反する見解をのべたのではない。その次第はこの章全体の構成を知るとき明白になることであろう。スミスは、(イ)この章の前段の導入部で、人間のもつ称賛願望のため「大多数の群衆（the great mob of mankind）」が富と上流の地位の崇拝者となり、徳よりも富を追求する現実に言及した上で、(ロ)中段の第五―六節では逆に、真面目に勤労《インダストリ》に従事する中下層の場合には、『国富論』の環境道徳論の論理の教えるように、富と徳とが合致する次第を力説している。この論理は、その限り、スミスが「群衆《モブ》」と中下層とを明確に区別し、富の追求が徳性の実現にもつながる中下層の場合には富と徳とが乖離することはないと六版でも考えていたようにも読めるが[42]、続く(ハ)第七節以下の後段では、世の中では徳よりも富の力が尊敬されるため、群衆《モブ》だけでなく「大部分の人間（the greater part of men）」が「金持や偉い人に感嘆し模倣する性向に駆られて」、「称賛に値するとは自分でも考えないことに対して称賛されることを願う」（I. iii. 3. 7, M.98）ようになる次第が批判されている。このようなこの章全体の論理展開が、人間一般、とりわけ、中下層民の称賛愛が富と徳の実現につながるとしていた『感情論』初版と『国富論』の論理と微妙にトーンを異にすることは明らかである[43]。スミスは、『感情論』初版では、富や権力願望は、道徳的には虚しいものでしかないとしながら（富=徳は否定）、富裕実現には役立つとしていたのに対し、『国富論』では、人間が悪徳に走るのは環境のせいで、中下層の場合には富と徳とが合致するとしていたのが、『感情論』六版では、商人や中下層も称賛愛を自己目的化すると腐敗するので、富と徳とは中下層の生活環境においても必ずしも両立しなくなるとしているのである。スミスは、前述の原文の示すように、『感情論』六版でも『国富論』の環境道徳論の論理に基づいて、中下層における富＝徳の可能性を原理的には承認しながらも、六版のこの章では歓喜への同感感情から生まれる道徳感情の腐敗のため、中下層の場合にも富と徳とが実際には一致せず、富追求が自己目的化している現状の批判を主題としていたのである。(44) 彼が、上の第七節に続く次の第八節の冒頭で、「財産への志願者たちは、この羨望される境遇を手に入れるためにあまりにもしばしば徳性への道を放棄する」(I. iii. 3. 8, M.98) とのべているのが、その何よりの証左である。スミスは、「中流下層身分は、彼らの階級道徳を実践するかも知れないが、彼らが実際に賛美するのは、富と上流の地位のエートスであり(45)」、知と徳の崇拝者は少数でしかないことをみていたのである。

このようなこの章の議論が、『国富論』の環境道徳論の原理の実現を妨げる道徳感情の腐敗認識に基づいていることは、この章の題名そのものの示す通りである。スミスは、徳性への道を自ら否定する中産の財産願望のすさまじさに気付くとともに、その根源が称賛に値することよりも称賛そのものを愛する中流の野心ないし虚栄心そのもののうちにあることを知って、初版とは逆に、批判の的を僧侶から中産階級に移すこととなったのである。(46) スミスが、「世紀が進むにつれてより悲観主義的にさえなり、一七九〇年に『道徳感情論』の最終版を書くようになった時までには、スミスはもはやイギリスのジェントリーやヨーマンの思慮深い行動にあまり信頼を置いていなかった(47)」のであるとか、『感情論』の「最終版における彼の主たる悩みは、中産身分の過度の野心にあった(48)」というような見解が生まれる根拠はそこにある。

スミスは、『国富論』の自然的自由の原理がその理想とする「富と徳」を実現せず、逆に、富偏愛・徳軽視になっている中下層の現実を批判の対象としたのであるが、こうした富＝徳観の変化は、『国富論』の経済人のモデルをなす「慎慮の人（the prudent man）」観にも反映されている。スミスは、後述のように『感情論』六版で「慎慮の徳」の積極的基礎付けを行っているが、「慎慮」は所詮「一定の冷たい尊重（cold esteem）をうる」（VI. i. 14, M.448）だけのものでしかないとしている。この言葉は、ディッキーの見解に対するラファエルの批判の示すように、必ずしもスミスが六版になって初版の慎慮の人に対する温かい評価を変えたことを意味しないが[49]、彼が次の節でそのような慎慮の徳を政治家や立法者に要請される「上級の慎慮」に対比させていることは、六版では中下層の徳性としての経済人の慎慮に完全には信頼しえなくなったことを示すものといえよう[50]。「スミスは、一七五九年には慎慮の人が彼の共鳴する価値の〝保有者〟であると仮定していたのに、一七九〇年にはその人に信頼しえなくなっていた[51]」ので、「虚栄の人（vain man）」や「傲慢な人（proud man）」と「慎慮の人」とのちがいを明確化することによって[52]、経済人の倫理を再構築する一方で、一般の慎慮の人と異なる上級の慎慮を説くことになったのである。「スミスが、一七九〇年までに毎日の経験過程に道徳的秩序が自発的に啓示されることにより信頼しえなくなり、賢明な人を商業社会の道徳的羅針盤の保障者に提供した[53]」という解釈が生まれる根拠もそこにあるといえよう。

(6) 『感情論』六版改訂の主題

『感情論』六版改訂は、こうした富と徳観の逆転に象徴される道徳感情の腐敗認識の契機ないし原因をなした商人や製造業者の横暴・傲慢批判による中流のモラルの改善を暗黙の主題とするものであった。スミスは六版では中下層の徳性実現により懐疑的になり、とりわけ中流の野心、その体現者たる「虚栄の人」と「傲慢な人」を主たる批判の対象にするようになったのであるが、こうした中流批判はもとよりスミスのみの専売ではない。ヒュー・ブレアやマッケンジーらに代表されるスコットランドの知識人や『モニター』なども、ドワイヤーの論証するように、一八世紀後半における消費社会化の現実の下で、中流の奢侈の増大に伴う中流の腐敗をきびしく批判するとともに、その原因が「公衆の称賛を称賛に値することよりも上位に置く、中下層の生活状態にある諸個人の傾向」のうちにあることをみていたのであった(54)。穏健派知識人たちも、当然のことながらスミスと同じような時代の動向に対する危機感をもっていたのであるが、モダレイツがこうした現状打破の道を仁愛原理に基づく「道徳共同体」の再建に求めていたのに対し、スミスはそうした仁愛原理に基づく道徳共同体再建論の時代錯誤性をはっきりと見抜いていたのであった。彼が六版六部で後述のように仁愛道徳論の実態をきびしく批判した理由の一つはそこにあったといえるであろう。

しかし、その反面、スミス自身も、上述のような中下層における道徳感情の腐敗の原因が同感原理に立脚する自然的自由の体系《システム》そのもののうちに内在することを認めざるをえなくなったため、自説の弱点・不十分性を補うための自らの理論の補修・梃入れの要に迫られることになったのであった。彼が『感情論』六版で同感原理に立脚する公平な観察者概念そのものの再構築を改訂の中心主題とした最大の理由はそこにある。スミスは、一八世紀末におけるモラルの解体の現実の中で、リードの常識哲学や穏健派知識人の道徳共同体再建論と異なる自説の本質的正しさを改めて確証するため、四年以上の歳月をかけて同感原理に立脚する良心論と、交換的正義論を根幹とするミニマリスト・モラルの補修・再検討を行うことになったのである。しかし、この課題は、既述のような商業社会観の逆転を契機としているだけに、当然のことながら初版の基本概念そのものの原理的変質・転換の可能性を内蔵するものであった。その有無・実態の検証が以下の主題となるが、その次第を具体的に証明するため、次に六版三部と新六部における増補・改訂の主要内容を大まか概観した上で、その意味・問題点・概念内容のより批判的な検討を初版の論理との対比において行うことにしよう。

（1） TMS, Introduction, p.18.

（2） このようなストア論を中心にした『感情論』六版改訂についていち早く論じた文献としては、正田庄次郎「『道徳感情論』第六版改訂の意義について」 北里大学教養部紀要 一五号 一－一九ページがある。

（3） Cf. Campbell, R. H. & Skinner, A. S.: *Adam Smith*, London 1982, p.203. 久保芳和訳二五七ページ。

（4） Ross, I. S.: *The Life of Adam Smith*, Oxford 1995, p.345.

（5） Cf. Raphael, D. D.: Adam Smith 1790: the man recalled; the philosopher revived, in *Adam Smith Reviewed*, p.110.

（6） Dickey, L.: Historicizing the "Adam Smith Problem", *Journal of Modern History*, 58-3, 1986, p.592.

（7） Raphael, *op. cit.*, p.104.

（8） Hont, I.: The Political Economy of the "Unnatural and Retrograde" Order: Adam Smith and Natural Liberty, *Schriften aus dem Karl-Marx-Haus, Französische Revolution und politische Ökonomie*, Nr. 47, 1989, pp.140-141.

（9） Cf. Raphael, *op. cit.*, esp., pp.108-112.

（10） Cf. *The Works of Thomas Reid*, ed. by W. Hamilton, Edinburgh 1858, pp.557, 565.

（11） グラスゴウ大学におけるリードのスミス論については、Cf. Duncan, E. H. & Baird, R. M.: Thomas Reid's criticisms of Adam Smith's theory of the Moral Sentiments, *Jour. Hist. ldeas*, 38, 1977, pp.509-522. Norton, D. F. & Stewart-Robertson, J. C.: Reid on Adam Smith's theory of morals, *Jour. Hist. Ideas*, 41-3, 1980, pp.381-398. Stewart-Robertson & Norton: Thomas Reid on Adam Smith's theory of morals, *Jour. Hist. ldeas*, 45-2, 1984, pp.309-321.

（12） Cf. Stewart-Robertson & Norton: Thomas Reid on Adam Smith's theory of morals, 1984 Version, p.318.

（13） *Ibid.*, p.315. Reid: *Works*, p.557.

（14） Cf. Dickey, *op. cit.*, esp., pp.606, 609.

（15） Cf. Dwyer, John: *Virtuous Discourse, Sensibility and Community in late Eighteenth-century Scotland*, Edinburgh 1987, esp., pp.171-172.

(16) Cf. Evensky, J. M.: The Evolution of Adam Smith's Views on Political Economy, ASCA, VI. pp.372-394. esp., p.380 f., citation, p.385. ditto, Smith on the Human Foundation of a Successful Liberal Society, *History of Political Economy*, 25-3, 1993, pp.408-411.

(17) Shinohara, H.: The Practical System of Morality in Adam Smith, *Adam Smith, International Perspectives*, ed. by H. Mizuta & C. Sugiyama, New York 1993, p.28. 伊藤哲「T・リードとA・スミスにおける自己規制論」関東学院大『経済学研究科紀要』一五―一六合併号　二―五ページ。柘植尚則「スミス倫理学に関する一考察」イギリス哲学研究、第一六号、一〇―一一ページ参照。

(18) Norton & Stewart-Robertson, *op.cit.*, 1980 Version, p.384.

(19) Reid : *Works*, p.557.

(20) リードの『能動的力能』の出版は、八八年二月中旬から三月中旬までの間（伊藤、前掲論文、五ページ参照）、スミスのキャデル宛手紙は、八八年三月一五日付である。

(21) Norton & Stewart-Robertson, *op.cit.*, p.384 Note.

(22) Cf. Duncan & Baird, *op.cit.*, pp.518-522.

(23) Cf. Norton & Stewart-Robertson, *op.cit.*, p.384.

(24) Cf. Viner, J.: Adam Smith and Laissez-faire. Cropsey, J.: *Polity and Economy*, The Hague 1957. Winch, D.: *Adam Smith's Politics*, Cambridge 1978. Brown, M.: *Adam Smith's Economics*, London 1988, p.122. etc.

(25) Evensky : The Evolution of Adam Smith's Views on Political Economy, p.379.

(26) Cf. Evensky, *op.cit.*, pp.374-388.

(27) *Ibid.*, p.380.

(28) オズワルドも、「スミスが、時のたつにつれて同感それ自体の社会化機構にあまり信頼しえなくなり、一七五九年には、社会の全構成員の日常の事柄を規制する規則の根源が公衆の平生の実践に直接根ざしていることを信じていたが、一七九〇年までに、彼は、……労働階級の世間的慎慮が、専門化によってだけでなく、奢侈の誘惑と金持の虚栄心によって傷つけられていることに絶望したように思われる」（Oswald, D. J.: Metaphysical Beliefs and the Foundations of Smithian Political Economy, *History of Political Economy*, 27-3, 1995, p.470）とのべている。

（29） Cf. Dwyer, *op.cit*., p.173. Minowitz, P.: *Profits, Priests & Princes*, Stanford 1993, p.184.『感情論』六版では、「分派と狂信は道徳感情のすべての腐敗の要因のうちで常にとびぬけて最大（by far the greatest）のものである」（TMS, III. 3. 43）が、「最も普遍的な腐敗の原因」は、富願望であるとされるように変っていることに注意されたい。

（30） Cf. Dwyer, *op.cit*., p.174.

（31） Merrill, B.: Adam Smith's Commercial Society as a Surrogate for Morals, ASCA, V. p.94.

（32） Muller, J. Z.: *Adam Smith in his time and ours*, New York 1993, p.104.

（33） *Ibid*., p.131.

（34） *Ibid*., p.153.

（35） *Ibid*., pp.132, 170.

（36） Schneider, L.: Adam Smith on Human Nature and Social Circumstance, *Adam Smith and Modern Political Economy*, ed. by. G. P. O'Driscoll, Iowa 1979, pp.55-56.

（37） Cf. Brown, M.: *Adam Smith's Economics*, esp., pp.98-99. Johnson, R. D.: Adam Smith's Radical Views on Property, Distributive Justice and the Market, ASCA, VII, p.107.

（38） Dwyer, *op.cit*., p.170.

（39） 第一部補論で論証したように、二版の主題は、世論に対する良心（神の声）の優位性論証にすぎず、スミスが二版で世論に対する良心の優越性を認めたのは、必ずしも世論の偏見性ないし誤謬認識に基づくものではなく、二版ではいまだ世論の道徳性に対する根本的疑問はもたれていなかったことに注意されたい。

（40） 伊藤哲　アダム・スミスの商業社会における精神―独占精神・公共精神・体系の精神　関東学院大学大学院記念論文集Ⅰ、五八―六二、六九―七〇ページ参照。

（41）　Merrill, *op.cit.*, p.100.

（42）　上の第二節の great mob of mankind と第五節の middling & inferior station とをスミスが全面的に区別した論理を展開していたかどうかは微妙な問題である。モブは、アディスンやヒュームの指摘するように、文字通り手から口への「動物的な生活に明け暮れる」人々を意味するのに対し、inferior station は、villein の末裔《マツエイ》である農民層を主体とする身分的に下位の人々を指すと解すれば、両者を同一視するのは根本的な誤読ということになる。スミスも本章でモブはミーハー的な富と権力の崇拝者であるのに対し、中下層は真面目に勤労に従事する存在としてとらえている。その限り、スミスは六版でも中下層の場合には富＝徳が一致すると考えていたとする解釈が成り立つかにみえる。しかし、スミスは、上の第二節でもわれわれ自身が富と権力の崇拝者で、徳性の真の崇拝者は少数でしかないとしているだけでなく、上の二―六節に続く七―八節の主題は、中下層と区別されたモブだけではなく、the greater part of men にみられる称賛愛の自己目的化の帰結として、「財産への候補者」自身が徳への道を放棄する事実の指摘にあるので、この章全体の論旨が中下層における富への道と徳への道との分裂論証にあることは明白であるといえよう。

（43）　中下層における富＝徳論は、以上のようなこの章の論理構成、さらにいえば、この章の主題がこの章の表題や第一節の原文の示すように、歓喜への同感が富と徳ではなく道徳感情の腐敗を生む点の批判にあった次第を看過したものでしかないといえよう。

（44）　坂本達哉によれば、ヒュームは、「貨幣愛こそ諸悪の根源である」として、貨幣崇拝に伴う腐敗の危険性を説いたウォーレスやブラウンらの奢侈⇒腐敗論に対し、「貨幣愛を抑制」する「名誉心と徳の感覚」が「知識と洗練の時代には自然に豊かになるであろう」として、「商業社会の発展が生む市民的徳性と名誉心とが貨幣崇拝の傾向を圧倒してゆく」（坂本達哉『ヒュームの文明社会』三五五―六ページ）としていたといわれる。第一・二部でみたように、『感情論』初版の Praise⇨worthy 論は、こうしたヒューム的な商業⇒自由論をより理論的に論証したものであり、『国富論』は、より経験的にこうした貨幣愛の交換性向への誘導による問題解決を試みたものであったが、『感情論』六版は、こうしたヒューム的楽観主義に立脚する論理とは逆に、虚栄心原理に内在する底抜けの「貨幣愛」と「称賛愛」との癒着の危険性を主題としたものに他ならない。スミスは、ここでもすでに、道徳的主題に関しては、その認識論的懐疑主義とは逆に、顕著な楽観主義を表明し、文明社会の将来に明るい展望をもっていたヒュームとは完全に異なった局面にあるといえよう。

（45） Merrill, *op.cit.*, p.100.

（46） Cf. Dwyer, J.: *Virtuous Discourse*, p.173.

（47） Dwyer, J.: Virtue and improvement: the civic world of Adam Smith, in *Adam Smith Reviewed*, p.212.

（48） Dwyer : *Virtuous Discourse*, p.173.

（49） Cf. Raphael, *op.cit.*, pp.106-108.

（50） 交換的正義さえ守れば、慎慮だけで事足りるとしてきたスミスが、『感情論』六版になって「上級の慎慮」を持ち出したことは、配分的正義は政治家が考えるから商品交換者は契約を守りさえすればよいとしたホッブズ的な「契約者の正義」と「調停者の正義」との二分論への後退を感じさせる面がないではないといえよう。

（51） Dickey, *op.cit.*, p.598.

（52） Cf. Dwyer, *op.cit.*, p.175.

（53） Oswald, *op.cit.*, p.471.

（54） Cf. Dwyer, *op.cit.*, esp., pp.174-176.

第二章　良心概念の転換

一　新三部　良心論の再構築

『感情論』六版改訂の第一の中心主題をなす新三部の良心論は、初版の第一編相当部分と二版増補個所を中心に前半部分がさらに精密化され、章も二章増えて全六章構成になっているが、新たに執筆された第二章の「称替への愛好について、称賛に値することへの愛好について、ならびに、非難の恐怖について、非難に値することの恐怖について」と題する章では、称賛・非難とそれに値することとの異同の明確化に基づく議論が展開されている。この議論の元となる称賛・非難とそれに値することとの区別自体は、本書の第一部第三章でみたように、初版でも「称賛または非難される値うちがある（merited praise or blame）という意識について」と題する第一編ですでにはっきりと論及されていた点で、実のない称賛は虚栄にすぎない次第まで明言されていたのであった。しかし、初版の三部一編の論理の眼目は第一部で論証したように、人間は「称賛を喜ぶだけでなく、称賛に値することをしたことを喜ぶ」（TMS, 1 ed. 248, M.175）ように自然に構成（constituted by nature）されており、何の称賛がなくとも、それに値することをしていれば、人々が「もっとよく事情を知ったならば……自分に与えられるであろう喝采と感嘆を先取りして」（1 ed. 249, M.176）自己満足するが、反対に、非難に値することをした場合には、非難がなくても、人々の「軽蔑と嘲笑を先取り」して

「戦慄する」（1 ed. 251, M.177）とする点にあった。こうした初版の第一編の論理は、その主題がその表題自体が示すように「称賛・非難」の自己意識化にすぎず、そこではいまだ称賛・非難とそれに値することとの差異の生み出す問題は、良かれ悪しかれ主題になっていなかったことを示しているといえよう。スミスは、初版では、称賛とそれに値することとのちがいを十分に承知しながらも、称賛愛や虚栄心の徳性化と、罪を犯した場合における処罰に値するとの ill desert 感覚の自然性の論証を主にしていたため、称賛・非難とそれに値することとの差異の生み出す問題を突き詰めて考えることはなかったのである。しかし、六版では、称賛愛がそれに値することへの愛につながらず、逆に称賛を自己目的化することから生まれる道徳感情の腐敗の問題に着目するようになったため、上の初版の第一編を「明確な自己是認と自己否認の原理について」と改題した第一章に続く第二章で、たんなる「称賛への愛好」と「称賛に値することへの愛好」との異同を明確化することによって、虚栄心に基づく称賛愛と異なる worthy 愛に基づく良心論の再構築を意図することになったのである。彼が、われわれの行為に対する「他の人々の明確な是認は、われわれ自身の明確な自己是認を必然的に強固にする」（TMS, III. 2. 3, M.237）が、それだけでは人間は「社会に適したもの」とはならないので、自然は人間に「是認されることの願望だけでなく、是認されるべきものであることへの願望をも付与した」（III. 2. 7, M.237）として、「他の人々の是認によって確認されることを必要としない」「明確な自己是認」の原理に基づく「徳性への愛好」について語り、それと「徳のみせかけ」（III. 2. 7-8, M.237-8）にすぎない是認願望との差異を強調した所以はそこにある。

スミスは、称賛愛が称賛に値することへの愛につながらず、逆に自己目的化する点に道徳感情の腐敗の原因をみたため、自己是認の原理を他人の是認・称賛欲求にではなく、worthy 愛に求めることになったのであるが、非難については、Blame⇒worthy 感覚にまつわる問題ではなく、身に覚えのない非難に当面した場合における非難に値しないことへの自己満足の困難性の問題を主題にしている。スミスは第一部でみたように、初版では悪いことをしたときには自然に非難に値することを感じて後悔するという ill desert 論を展開していたが、六版では同じ議論が繰り返されたあとで、unmerited Blame の問題が新たな問題として展開されることになったのである。スミスが六版でこの問題に着目した一つの契機が有名なカラスの処刑事件にあったことは、文中に「不運なカラス」の例をあげていることからも明白であるが、彼はそこで人間が身に覚えのない不当な非難に当面した場合、非難に値しないからといってそれに耐え（自己満足）うるものではなく、人並以上に強い人間でも大きく苦しむ次第を力説している。スミスが六版で一—二版とちがって良心と世論の矛盾・対立を主題にしていたことはこのカラスの例からも明らかであるが、ここでのスミスの主題は、このように良心と世論とが対立する現実の中で、世間の評価（称賛や非難）に惑わされぬ徳性の真の原理としての worthiness を維持することの大変さを明確にする点にあった次第が注意される要がある。彼が、カラスのケースに象徴される値うちにあわぬ非難論のあとで、同じように世論に懸念せざるをえない例として、数学者や自然科学者とちがって、自分の判断に完全に満足することのできない詩人の例をあげているのも、この章の主題がまさしくその点にあった次第を示しているといえよう。

スミスは、こうした第二章の論理展開の示すように、六版では初版のように公平な観察者視点を「先取り」するだけでは済まない是認・称賛願望の強さや世論の力を痛感せざるをえなくなったため、初版の論理を補強する必要に迫られることになったのである。彼が、初版では、「われわれは実際には決して何の明確な是認が与えられなくとも、自分たちが自らを明確な是認の自然の対象たらしめたと考えて喜ぶ」（TMS, 1 ed. 248, M.175）としていたのに対し、六版では、「他の人々が獲得または遂行した場合には感嘆するし称賛に値すると考えるような資質や行為を自分たちが獲得または遂行したことについて、自己のひそかな良心だけで満足しうる人は極めて稀である」（III. 2. 28, M.247）

としているのも、こうした評価の変化を示しているといえよう。こうした評価の逆転がスミスの現実認識の変化に基づくことは明らかであるが、スミスは、六版では、こうした自己満足の困難性は、「最も賢明な自然の創造者が人間に彼の兄弟たちの感情と判断を尊重することを教え、彼らが彼の行動を是認するときには喜び、否認するときには傷つくことを教え」ることを通して、「人間を人類の直接の裁判官とし、……、彼の兄弟たちの行動を監督するために、彼を地上における彼の代理人に任命した」（III. 2. 31, M.248）ことに基いているとしている。この論理の後半の神の代理人論は、別著で詳説したように、『感情論』の論理（地上の正義論）の神学的正当化論として二版に挿入（TMS, 2 ed. 204）されたものであるが[1]、二版では地上の問題に関するわれわれ自身の裁判権を正当化する根拠とされていたこの論理が、六版では逆に、自己満足の困難性論証の論拠にされていることが注目される。スミスは、二版では、神の正義（審判・賞罰）が具体的に分かると、人間は何もしなくなってしまうので、人間にはそれがみえないように神は人間を作ったが、規則がないと困るので、人間自身を彼の兄弟たちの行動を監督するための地上における彼の代理人に任命したとしていたのである。この二版の論理は、地上の法廷の裁判権を神の名において正当化したものであったが、六版では逆に、人間が人類の直接の裁判官であることが自己満足の困難性の根拠にされているのである。こうした論理の逆用が、二版と六版の良心論の主題の決定的な異質性を象徴していることは明白である。スミスは、二版でも、周知のようにこうした神の代理人としての人間の地上の「下級の法廷」の決定が自然の原理に反する場合には、「彼ら自身の胸中に確立された法廷である上級の法廷に提訴しうる」（2 ed. 205）として、いわゆる胸中の法廷論を展開しているが、二版では、「内なる人」の「上級の法廷」の「下級の法廷」に対する優越性が抽象的・超越的に説かれるだけに終っているのに対して、六版では、地上の法廷より「ずっと高い法廷である彼ら自身の良心の法廷」の主体である「胸中の内なる人（the man within the breast）」が、実際の称賛だけを願望する「外なる人（the man without）」とちがって、称賛に値することだけを唯一の原理として生きる次第が克明に語られている。六版三部二章の良心論のハイライトが、こうした Praise-worthiness 追求主体としての内なる人の論理を「実際の称賛への欲求に全面的に依拠している」外なる人（III. 2. 32, M.248）との対比において確立した点にあることはいうまでもないが、スミスはさらにこうした Praise-worthiness だけを基準に行動する内なる人（その対自態である「想定された公平な観察者（the supposed impartial spectator）」）の判断も、外なる人が一斉にがなり立てやかましく反対する場合には動揺し、「胸中の半神」すら無知な弱い人間の判断に惑わされることを想定して、次の第三三節で、胸中の法廷よりも「さらに一層高い法廷である、すべてを見ているこの世界の裁判官の法廷への控訴」（III. 2. 33, M.249）を説いている。(2)

こうした六版の思想を前述のような神の代理人論を基軸とする二版の論理と対比するとき、われわれはスミスが、神の名において正当化していた地上における「神の代理人」としての「現実の観察者」の判断に信頼しえなくなっている次第を知ることであろう。彼が、二版で増補した良心論のより本格的な改稿を決意した最大の理由がここにあることは明らかである。スミスは、初版の想定のように称賛愛や虚栄心が称賛に値することへの愛に結びつかぬだけでなく、称賛を自己目的化して徳性への道を放棄する現実に直面したため、一―二版の基本主題をなしていた地上の法廷（地上の正義・人―人関係倫理）論とは本質的に性格を異にする主体の内面倫理の確立を良心論改稿の中心主題とすることになったのである。こうした六版良心論の主題と性格をより明確に示しているのが、次の第三章の良心の権威論である。

「良心の影響と権威について」と題する六版三部三章の前半部分（III. 3. 1-11, M.199-206）は、二版で三部二章（2 ed. 209-218）に挿入されたものであるが、この二版からの再録部分では、その冒頭の「われわれがわれわれ自身の利害と他の人々のそれとの正しい比較をなしうるのは、……この内なる裁判官に相談することによってのみである」（III. 3.

1, 2 ed. 209-210, M.199）という原文の示すように、「胸中の人」、「内なる裁判官」（judge within）による対立利害の比較の社会哲学が展開されている。「公平な観察者《インパーシャルスペクテーター》」視点が「自愛心の強い衝動」を抑制する原理である次第の論証を「対立する諸利害の正当な比較をするためには、立場を交換して、……第三者の場所から第三者の目をもってみなければならない」（III. 3. 3, 2 ed. 211, M.200）という論理に基づいて行うことが中心主題とされているのである。スミスが、この数節あとで、所有の侵害はいかなる理由からも許されず、「貧乏人も金持から詐取したり盗んだりしてはならない」（III. 3. 6, M.203）次第を内なる人の名において説いていることも、二版から引き継がれた前半部分の議論が初版の正義論の内面主体化論に他ならない次第を示しているといえるであろう。これに対し、第一二節以下の六版新稿部分（III. 3. 12 f., M.253-270）では、正義論のベースをなす侵害⇒憤慨モデルではなく、「私的な悲運（misfortune）」モデルの議論が展開されていることが注目される。

彼は、この六版挿入分の議論を、身内や親友の悲運への無関心は非難されるが、関心は過度であっても許されるのに対し、自分自身の悲運は強く感じすぎるので、抑制が必要である次第の説明からはじめている。その上で、スミスは、こうした悲運に当面したさいの「われわれの受動的な感情」抑制の論理として自己規制論を展開し、人間は「自己規制の偉大な学校である世間の雑踏と業務の中で」、「実在の、または想定された観察者の感情を顧慮」（III. 3. 21, 25, M.257, 258）することを学ばねばならぬという思想を展開している。彼は、観察者原理に基づく人間の感情抑制の論理を、初版のような人―人関係のモラルの原理としてではなく、悲運に見舞われたさいの感情抑制のための自己規制の論理として展開したのである。スミスは、六版では初版とちがった形で自己規制を基礎付けることによって、自己規制こそが明確な自己是認と観察者の喝采をもたらす道である次第を明らかにしたのであるが、この六版の自己規制論でも初版と同じ情念論が前提されていることが注目される。彼によれば、人間は受難しても、「人間の自然の構造上、苦悩は決して長続きしない」。人間は永久的な境遇には「自己を適応させる」もので、「人間生活の悲惨と混乱」は「一つの永続的境遇と他のそれとのちがいを過大評価することから生まれる」ものにすぎず、「虚栄と優越というつまらぬ快楽を除けば」、快楽は誰しも同じであり、人間はどう仕様もない悲運の下では平静になるという（III. 3. 29-31, M.261-3）。このような思想がすぐれてストア的であることは明白であるが、初版では他人の前での情念抑制を説くモレスの原理として展開されていた情念論が、六版では悲運にさいしての感情の自己抑制というよりハチスン的な情念抑制視点から展開されていることが注目される。

その上でスミスは、こうした自らの本源的・利己的感情の完全な自己規制と、他の人々の感情に対する鋭い感受性から生まれる人間愛との結合こそが「最も完全な徳性」を構成するもので、人間愛と自己規制という「愛すべき徳性と尊敬すべき徳性」を兼備した人間こそが「われわれの最高の愛と感嘆の……対象である」（III. 3. 35, M.265）としている。この思想も、論理自体は初版と同じであるが、六版では、この二つの徳性は実際には必ずしも両立しうるものではないとして、「人間愛というおだやかな徳性が育成される境遇」と「自己規制というきびしい徳性を形成するのに最も適した境遇とが決して同じでない」（III. 3. 37, M.266）次第が強調された上で、こうした自然的には両立しがたい徳性を身につけるには、孤独を避け、「世間と社会の日光の中で」「見知らぬ人々と共に生きる」（III. 3. 39, M.267）要があり、それが道徳感情の腐敗を防ぐ道であるとされている。

二　想定観察者概念と道徳的自律論

こうした六版増補・改訂部分の良心論の核心、初版のそれとの最大の相違点は、称賛に値すること（Praise-worthiness）を求める「想定された公平な観察者（the supposed impartial spectator）」概念が提出された点にある。六版の良心論は、最近までの支配的解釈では、「外なる人」と異なる胸中の「内なる人」の概念を提出した二版のそれに近いとされてきたが(3)、二版の良心論では、第一部の補論で詳説したように、内なる人の外なる人に対する優越性の根拠が「人類の代表者・神の代理人」である点に求められているだけで、称賛愛が良心を導かずに逆に腐敗につながる点についての自覚ないし認識は、初版と同様基本的に欠落していたのであった。それに対して、六版では胸中の人の対自的表現である「公平な観察者」の内実を「抽象的人間・人類の代表者・神の代理人」に求める二―五版の議論は削除され、それに代って、称賛ではなく称賛に値することを希求する存在としての「想定された公平な観察者」論が展開されている(4)。スミスは、六版では称賛自体を自己目的化する現実の観察者とちがって、称賛に値することのみを希求する観察者を想定することによって、良心の基盤を称賛や虚栄心が worthy 感覚を導く点に求めていた初版の良心論の非現実性を克服する論理を構築しようとしたのである。彼が六版で上級（良心）と下級（世論）の二つの法廷の原理のちがいを明確化し、「これら二つの法廷の判決は、若干の点では類似的で同族的であるが、実際には異なった別の原理に立脚している」（III. 2. 32, M.248）とした理由もそこにある。スミスは、「実在の観察者」の判断が実際の称賛への願望に基づくのをみて、彼らとはちがって、称賛に値することのみを願望する観察者を概念的に想定し、彼に良心の担い手を求めることによって、称賛に流されて徳性を放棄しない主体の倫理を確立しようとしたのである。

六版良心論は称賛の自己目的化の現状認識を契機としたものであったのであるが、スミスがこの良心論の中で既述のように「不運なカラス」に言及していたことから、六版の良心論展開の契機がカラス事件の衝撃に求められていたことがあった(5)。スミスは、カラスのケースをみて良心と世論の乖離を認識し、世論の圧力に対する良心の信頼性の論証を六版良心論の主題にしたのではないかと考えられた訳である。しかし、カラスの話は、「六版に付加された〃根拠のない非難〟[6]」の例として挿入されたもので、荒恵子なども指摘しているように、世論に対する良心の優越性を論証するための事例として引用されたのではない[7]。スミスは、既述のように、二版ですでに地上の倫理の神学的根拠を明らかにすることを通して、世論に対する良心の優越・絶対性を基礎付けていたからである。六二年三月のカラスの処刑や、スミスのトゥルーズ滞在中に展開されたヴォルテールの無実キャンペーンよりのちに刊行された三―五版でスミスがとくに良心論の改訂をしなかった一つの理由はそこにあったということもできるであろう。彼が世論に対する良心の優越・絶対性の根拠を、六版でも二版と同様、「神の法廷」に求めていることも、右の事実を傍証するものに他ならない。スミスは、カラスの苦悩のうちに根拠のない非難に耐えられるほど強くない人間の姿をみて、改めて良心の絶対性の根拠を「すべてをみているこの世の裁判官」（III. 2. 12 & 33, M.240, 249）の判決に求めたのであるが、そのことは、スミスがカラスのケースを契機に根拠のない非難をする世論に対する良心の優越性の論証を六版良心論の主題とするに至ったことを意味しない。その論証は、六版固有の主題ではなく、原理的には二版ですでに済んでいた点であり、六版固有の主題は、実在の観察者のように称賛に流されない「想定された公平な観察者」像を構築する点にあったからである。

スミスが良心論の再構築を意図した理由が、既述のように称賛願望が良心形成につながらず、逆に道徳感情の腐敗を生む事実の認識にあったことは、以上の諸点からも明白である。スミスは、他人の是認・称賛願望が観察者の眼を意識するところに成立するものであることから、そこに称賛愛や虚栄心の徳性化の契機を求めたが、第三者としての世間のもつ道徳的機能は称賛を媒体とするものであるため、称賛に眼がくらむ人間は、「称賛の先取り」としての Praise-worthiness の自覚に「自己満足」しないで、称賛自体を自己目的化するに至る点に問題の根源がある事実の認識から一―二版と異なる六版の主題を出発させていたのである。こうした人間の度しがたい称賛願望から生まれる道徳感情の腐敗防止のための Praise-worthy 論の確立が六版改訂の最初の中心主題であった次第は、八八年三月一五日付のキャデル宛手紙では良心論が改訂の中心主題であるとされていた事実からも推測される。スミスは、Praise-worthy 論の再構築を六版改訂の基本主題にしていたのであるが、このような worthy 論が他人の是認・称賛に惑わされない「自己是認」の原理の確立を意図したものであった次第は、「称賛に値しない場合に、称賛を願うことや、それを受けいれることさえ、最も軽蔑すべき虚栄の結果でしかありえず」、「他の人々の是認によって確認されることを必要としない」「自己是認（self-approbation）」の愛だけが「徳性への愛好である」（III. 2. 8, M.238）としていることからも明らかである。スミスは、他人の是認・称賛願望そのもののうちにその徳性化の契機を求めた『感情論』初版と『国富論』の論理の限界ないし弱点に気付いて、他人の是認・称賛に惑わされない「自己是認」の原理の確立を良心論改訂の主題としたため、六版では第三部の第一章の表題を「明確な自己是認と自己否認の原理について」と改題することから問題を出発させていたのである。

スミスは、晩年になって、他人の是認・称賛願望のうちにその徳性化の契機をみるイージー・システムから、より内省的な自己是認論へとスタンスを移していたのであるが、このような六版の論理が良心概念自体の重大な変質を含意していることは否定しがたい事実である。他人の是認・称賛願望を徳性化の契機とする初版の良心論も、徳性自体は称賛愛と異なる称賛に値することへの愛＝自己満足に求めていた限り、六版の論理と本質的には何ら異なるものではないが、初版の良心論は、あくまでもいわゆる「徳の社会化」論として、社会の他の構成員との間の道徳的一体化（moral conformity）を目的とするものであった[8]。これに対し、六版の良心論は、他人の是認・称賛ではなく、それに値することの愛好に基づく自己是認の原理の確立を主題としている点で、初版の道徳的順応論とは基本的に性格を異にする「道徳的自律」（moral autonomy）論の構築を意図するものであったといえるであろう[9]。

スミスは、徳の社会化論から道徳的自律論へと良心論の主題を転換させていたのであるが、この移行も必ずしも初版の論理の全面否定を意味するものではない。彼が、是認願望は「徳性のみせかけと悪徳の隠蔽を促す」ものにすぎず、是認に値することの欲求だけが「徳性への真の愛を鼓吹するのに必要である」（III. 2. 7, M.237）とした節の数節あとで、初版の悔恨論の思想をそのまま再録し、人間は「誰もそのことを決して知るはずがないことを確信しうるとしても、そのことに復讐する神が存在しないと自ら信じるようになりえたとしても、依然として彼の全生涯をにがいものにするに十分なだけ、こうした〔恐怖と悔恨の〕感情を感じるであろう」（III. 2. 9, 1 ed. 251-2, M.177）としていることも、初版の論理の梃入れによる道徳性の強化が六版良心論の主題であった次第を示しているといえよう。スミスは、歓喜への同感感情に基づく称賛愛がそれに値することへの愛につながらず、逆に道徳感情を腐敗させる現実を痛感したため、他人の是認・称賛に左右されない自己是認の原理を構築することによって、自律性をもった主体の倫理を確立しようとしたのである。彼が既述のような形で六版良心論の第三章で自己規制と人間愛に基づく「最も完全な徳性」の実現を要請した根拠もそこにある。

この「最も完全な徳性」論は、「徳の社会化」論としての初版の良心論（不完全徳性論）とは明白にトーンを異にしている。初版では徳性の基準としての適宜性が、観察者視点に立てば誰でも**go along with**できる点に求められていたのに、ここでは既述のように「人間愛という愛すべき徳性（**the gentle virtue of humanity**）」と「自己規制というきびしい徳性（**the austere virtue of self-command**）」（III. 3. 37, M.266）という必ずしも両立しがたい二つの徳性を兼備することが要請されているだけでなく、それは一般市民の容易に到達しうるところではないとされている。のちに第四章で論及するように、スミスが六版では中下層の道徳性に絶望し、ストア的な「賢明な少数者」（エリート道徳）にアピールしていたという見解の生まれる背景はそこにある。しかし、彼が同じ章の中で、「自己規制の偉大な学校」を「世間の雑踏と仕事」（III. 3. 25）に求め、道徳感情の腐敗防止の道を「世間と社会の日の光に戻り、見知らぬ人と共に生きる」（III. 3. 39）点に求めていたことは、六版良心論がストア的超越・観想論ではなく、あくまでも中産道徳の改善を目的としたものであった次第を示しているといえよう。スミスが六版三部三章の良心論の最終部分（III. 3. 42 f., M.268-9）で、国際関係と党派の問題に関説し、その自己偏愛性《パーシャリティ》を問題にしているのも、六版良心論の主題が称賛に流される現実の観察者の実態解明によるその腐敗防止にあったためで、一見、六版良心論の主題と無関係にみえる問題のうちに六版三部の主題が鮮明に示されているといえよう。

三　贖罪論と良心論

既述のように、スミスは、六版で二部二編三章の正義論末尾の贖罪節を全文削除し、それに代えてより異教的な極楽・地獄論を挿入している。この削除についても、スミスはその理由を明らかにしていないが、一般には「スミスが一七九〇年よりずっと以前に（自然宗教の形は保持しながらも）キリスト教の教理に対する信仰を放棄した」(10)証拠とされている。最近のスミス研究の成果を集約したロスの『スミス伝』でも、「彼は六版では〔カルヴァン主義的血統の〕堕落した虫螻（vile insect）論を追放し」、「紛れもなくヒューム的なタイプ」の極楽・地獄論を代替させたと断定されている。(11)スミスの神学思想を直接の研究主題としたミノヴィッツは、もっと踏みこんでスミスが六版で、(イ)贖罪節だけでなく、(ロ)二版で追加されたすぐれてカルヴァン主義的なキリスト教神学の教義（のうち、「創造条項」だけを残して、「啓示」に関する条項）をも削除し、それに代えて、(ハ)より異教的な自己贖罪（atonement）論を展開していた次第を強調している。(12)彼は、こうした一―六版間の差異を明確にすることを通して、「スミスは、宗教に関して『感情論』のテキストの中で、とりわけ彼の死の年の一七九〇年に出た六版でいくつかの重大な変更を行ったが、これらの変更は全体として正統信仰からの巧妙な離脱を構成している」と断定している。[13] この解釈は、他の論者の六版信仰放棄説と同様、六版まではスミスが正統的な信仰をもっていたことを示す論拠にもなりうるが、ミノヴィッツは、正統的な信仰を捨てたといわれる六版をも含めて、『感情論』が、修正部分においてさえ『国富論』よりはるかに敬虔的であることから、『感情論』における神の遍在を認めた上で、『感情論』の神は、聖書の神、キリスト教的な救済者としての神ではなく、宇宙の創造者としての神に他ならないとしている。[14]

こうした「救済者としての神」から「創造者としての神」への関心の移行が一七―一八世紀思想の一般的傾向であることは、桜井徹の研究の示すようにボイル講義の神学者たちの思想などにも示されている通りで、[15] スミスも一般的な意味では何らその例外ではない。問題は、スミスが初期の「天文学史」段階でストア的な創造者としての神観念をいち早く提出していたのに、[16]『感情論』では逆に、二版で挿入され六版で削除された世界の審判者としての神観念（TMS, 2 ed. 203-4）とならんで、人類の救済者・贖罪者としての神の存在を前提する贖罪論（TMS, 1 ed. 203-6, M.142-4）を展開していた点にある。[17] スミスはこの贖罪節を六版で改めて削除したが、当面の問題はスミスが『感情論』一―五版でなぜ贖罪論を展開していたかにある。スミスが『感情論』でこうしたキリスト教的神観念を展開した理由を理解するためには、別著で論証したように、ハチスンの自然神学に対するヒュームの認識批判と、それに対するケイムズの対応を知る要があるが、[18] いずれにしてもスミスがその著作の中ですぐれてキリスト教的な人間の弱さと不完全さを明白に前提した議論を繰り返し展開している以上、スミスが一―五版でこうしたキリスト教的人間像に照応する人格神の贖罪論を展開していた理由とともに、六版で贖罪節を削除した理由が改めて問題にならざるをえない。通説はその理由を既述のようにスミスの信仰放棄に求めているが、スミスが六版で贖罪節とその論理的前提をなすカルヴァン神学的教義（その根幹をなす啓示条項）を削除した理由は、信仰放棄のためとか、贖罪節がもともと教会関係者に対する口先奉仕《リップ・サービス》にすぎないものであったためではなく、前述のような良心概念の転換に伴う人間の自己責任倫理確立要求との論理的非整合性認識によるものであった次第が注意される要がある。『国富論』の自然的自由の体系が、神の設計した自然の必然法則の逸脱＝原罪⇩贖罪＝自然（自由）⇩必然（富と徳実現）論を前提していたことは第二部でみた通りであるが、『感情論』六版の問題は、こうした自然的自由の帰結が徳性を導かずに、逆に道徳感情の腐敗（富と徳の対立）をもたらす事実の自覚・認識にあった。そうした道徳感情（とりわけ、中産モラル）の腐敗の現実認識に基づいて良心論の再構築を意図したスミスにとって、人間のありのままの自然の欲求（善悪無差別《インディファレンス》の自由）をそのまま免罪する贖罪論が（地上の正義の前提条件として）、新たに挿入された第一部の道徳感情腐敗論（I. iii. 3）と第三部の良心論の中間に位置するのは好ましくないと考えられるようになったとしても不思議ではない。[19] スミスが六版で贖罪節を削除した最大の理由はそこにあったと考えても、的外れではないといえよう。スミスは、欺瞞理論の道徳性に対する懐疑の増大に伴って、人間的自然の解放理論の神学的支柱としての贖罪論が主体の自己責任倫理と両立しないことに気付いて削除したのである。

スミスが上の二部二編三章の贖罪節に続く次の編の二部三編三章の六版追加個所（II. iii. 3. 4, M.169-170）で、聖地に足を踏み入れた人間は、その瞬間から贖罪を必要とする罪深い人間（piacular）になるので、しかるべき償い（proper atonement）をしない限り神の復讐を招くとして、atonement をキリストの救済とは逆の自己贖罪の意味で使っていることも、上の解釈と矛盾するものではない。ミノヴィッツは、スミスが右の第四節の六版追加部分で上述のような形で「古代の異教」の例をあげ、atonement をキリストの犠牲とは逆の意味に使っていることから、「スミスが削除されたキリスト教的文節の代りに異教の称賛を代替した[20]」ことをキリスト教的信仰放棄の証左としている。しかし、聖地の例は一つの例示にすぎず、原文は、「古代の異教では、……聖地を侵した人間は、知らなかったとしてもその瞬間から贖罪を要するものとなり、適切な贖罪がなされるまで……強力な見えない存在の復讐を受けるように、同様に、すべての罪のない人間の幸福は、自然の英知によって同じようにすべての他人の侵害に対して神聖化され、……勝手に踏みこんではならず、どこかを知らずに何気なしに侵犯した場合でさえ、そうした意図しない侵犯の大きさに比例した何らかの償い、贖罪を必要とするのである」（II. iii. 3. 4, M.169）という、当事者の行為責任を説いたものに他ならないとみる方が正しいであろう。贖罪節は、もともと人間が地上の正義の主体となるための神学的基礎付け論として展開されたものにすぎないため[21]、地上の倫理の再確立が中心主題となった六版では削除され、逆に、人間の不正は、神の犠牲によって宥されるものではなく、自分で償う必要があるとの思想にとって代られることになったのである[22]。スミスが六版で、「キリスト教的な愛ないし仁愛の徳をストア的な自己規制の徳と対比させ」、ストア的な「自己規制の役割がキリスト教的愛のそれより優勢になった[23]」のも、こうした贖罪節削除に照応する思想の変化を示すものといえよう[24]。スミスが、既述のように六版で公平な観察者としての内なる人を「抽象的人間・人類の代表者・神の代理人」（TMS, 2 ed. 208）と同一視していた二—五版の論理を削除し、それに代ってより主体的な想定観察者論を展開したことも、人類の代表者や神への依拠ではない自己責任倫理の確立が六版の主題になっていた次第を傍証するといえるであろう。

しかし、スミスがこうした形で六版になってキリスト教的愛の思想を放棄し、それに代えて当事者責任倫理を強調したことは、必ずしも初版以来の『感情論』のカルヴァン主義神学的枠組自体の放棄を意味するものではない。彼は六版でも「あらゆる目的は、自然がそれを獲得するために樹立しておいた手段によってのみ獲得されるべきであるということは、それ自体必然的で不可避的な規則であるだけでなく、人類の勤労と関心を喚起するためにも有用で適切でさえあるように思われる」(III. 5. 11, M.219)という、カルヴァン主義の神学観に立脚する初版(1 ed. 291)の論理をそのまま使用している。新たに追加された六版六部で、「運命が好意的であるか敵対的であるかによって、運命は同一の性格を一般的な愛と感嘆の対象にしたり一般的な憎悪と軽蔑の対象にしたりする。しかし、われわれの道徳感情のこうした著しい不整合は、決して効用がない訳ではない。それで、われわれはこの場合にも他の多くの場合と同様に、人間の弱さと愚行の中にさえ神の英知に感嘆してよいのである」(VI. iii. 30, M.489)という、初版と全く同じ神学的論理が展開されているのも、同じ事実を示すものといえよう。

通説は、こうした私見とちがって、スミスが贖罪節を削除して、ヒューム的な極楽・地獄論(II. ii. 3. 12, M.145)を代置したことから、この事実をスミスの信仰放棄ないし正統信仰からの離脱の証左としている。しかし、二部二編三章は、本来その表題の示すように、正義を侵犯した人間は当然処罰に値するとの ill desert の意識をもつように創られているという、「自然の構造の効用」論の展開を主題としたもので、その最終部分の贖罪節に先立つ最後の小節(TMS, 1 ed. 202, II. ii. 3. 12, M.142)は、こうした自然の構造を宗教的に正当化したものに他ならないので、贖罪節に代って新たに挿入された極楽・地獄論が、二部二編三章の自然の構造の効用論⇩その宗教的正当化論と何ら矛盾するものではないことは明白である。六版の変更は、贖罪節の代りに、それに先立つ自然の構造の効用の宗教的梃入れ論の結論を正義(正しいものへの報償)=極楽、不正義(邪悪なものへの処罰)=地獄論として単純明快に表現したものに他ならない。と解する場合、スミスが初版ではなぜそうしなかったのかが当然問題になるであろうが、スミスが初版では正義⇩極楽、不正義⇩地獄論ではなく、人間の原罪(不正義)に対する贖罪論を展開したのは、「自然の構造」の宗教的正当化論を自然的自由=原罪=神の刑罰⇩キリストの贖罪という形で行うことによって、ありのままの人間の自然(human Nature)の解放を意図したために他ならない。「自然の構造の効用」論の結論が正義=極楽、不正義=

地獄論では、正義感情のたんなる宗教的正当化論に終ってしまい、自然の構造の効用論の意図するありのままの「人間の自然」の解放はありえないからである。そのため、スミスはあえて正義の自然的感情を導く自然の構造の効用論の結論部分で贖罪論を展開したのである。(25) スミスが六版でこうした含意をもっていた贖罪節を削除したのは、彼がこうした自然の構造の効用を根拠とする人間的自然の解放論の反面の危険性を感知し、贖罪論と良心論（自己責任倫理）との非対応性を認めたために他ならない。彼が次の二部三編三章の「道徳感情の不規則性の究極原因」論に、キリストの贖罪（救済）に代る形で前述のような自己贖罪論を挿入したのもそのためで、贖罪節の削除⇩それに代る極楽・地獄論⇩自己贖罪論の展開は、信仰放棄のためではなく、「人間の弱さと愚行の中にさえ神の英知と善性を感嘆する」（II. iii. 3. 2, M.167）ためにも、主体の自己責任倫理の確立が不可欠と考えるようになったためであったのである。

（1）拙著『アダム・スミスの自然神学』四四―五ページ。本書第一部補論参照。
（2）この「すべてを見ているこの世の裁判官」なる言葉は、カラスに関説した節の次の節（III. 2. 12, M.240）でも使われている。
（3）本書第一部一八七―一八八ページ参照。なお、前出の柘植尚則や荒恵子の論考なども、こうしたこれまでの二＝六版一体説に批判的になっているといえよう。
（4）初版でも、supposed equitable judge（TMS, 1 ed. 254）なる用語が、公平な観察者と同義的に使われているが、六版の想定観察者のように Praise-worthiness の追求主体としてとらえられてはいない。
（5）水田洋「アダム・スミスにおける同感概念の成立」一橋論叢　六〇―六、一九六八、一七―一九ページ参照。
（6）Ross : *The Life of Adam Smith*, p.384.
（7）Cf. Ara, Keiko : Moral Judgement which involves the Vulgar Multitude　関東学院大学「経済学研究科紀要」第一八号、一―二五ページ。

（8）二版の改訂は、良心の究極的根拠を神に求めただけなので、二版の良心論も上述のような初版の論理ととくに異なるものではないといえよう。
（9）Cf. Muller, J. Z. : *Adam Smith in his time & ours*, N. Y. 1993, p. 106.
（10）Raphael : Adam Smith 1790 : the man recalled ; the philosopher revived, in *Adam Smith Reviewed*, Edinburgh 1992, p.116.
（11）Cf. Ross, *op.cit.*, p.382.
（12）Cf. Minowitz : *Profits, Priests & Princes*, pp.191-195.
（13）*Ibid.*, pp.188-189.
（14）Cf. *Ibid.*, esp., pp.189-190.
（15）桜井徹　ボイル・レクチャーズと市場社会論　一橋論叢　一一五—一、とくに一六二ページ参照。
（16）ミノヴィッツは、「天文学史」＝啓示神学説をとっているが、これは「天文学史」の宗教論が異教的な多神教の分析を中心にしている点を一面的に重視したための謬見で、「天文学史」の主題はこうした多神教から科学的な一神教への移行を論証する点にあったことは明らかであるといえよう。
（17）『道徳感情論』の贖罪論については、拙著『アダム・スミスの自然神学』後編第二章参照。本節は、そこで必ずしも十分に概念把握されていなかった論点を補足・明確化したものである。
（18）拙著　前掲書　前編とくに第四章参照。
（19）前章でみたように、『感情論』初版や『国富論』では、地主や大金持の奢侈が公益を結果するとして、「虚栄心と奢侈」の「贖罪機能（redeeming function）」が肯定されていたのに、『感情論』六版ではそれに否定的になっていることも、この事実に照応するものといえよう。
（20）Minowitz, *op.cit.*, p.195.
（21）拙著　前掲書　一九二—九ページ参照。
（22）第三部（III. 2. 9, M.178）では、初版（1 ed. 253）でも同様な趣旨の自己贖罪論が展開されているが、これは罪を犯したときには、仲間の宥しを乞うために自然に自分で罪を atone することを願うようになるものであるとの初版の良心論の論理に基づくもので、上述の正義論における贖罪観の変容とは意義が異なることに注意されたい。

（23）　Raphael, *op.cit.*, p.105.（傍点引用者）。

（24）　六版における贖罪節削除とのちに第四章で詳説するようなストア的「完全徳性」論の積極肯定化との論理的対応関係にも注目されたい。

（25）　この点も、『感情論』の基本主題が自然のロゴスの認識・服従・一体化のうちに徳性の完成をみるストアの理性的自然観からのありのままの人間的自然の解放にあった次第を想起するとき、よりよく理解しうることであろう。

第三章　実践道徳論の展開

一　新六部「徳性の性格」論の主題

『感情論』六版改訂の第二の中心主題、というより最大のハイライトは、全文新たに執筆された新六部の徳性論にあるが、その表題をなす「徳性の性格」論では、初版では主題とされなかった「個人の性格」論が正面から展開されている。この事実は、『感情論』初版の批判対象であったフランシス・ハチスンの『情念論』の実践倫理学の主題が個人の「性格（temper）改善」論であった次第を想起するとき[1]、大変興味深いが、こうした新六部の「徳性の性格」論の主題と内実を検討するに当っては、具体的な考察に入る前に、その表題が「徳性について」ではなく、「徳性の性格について」となっているのはなぜかの検討からはじめる要がある。この問題については、六版六部は徳性論であるとの先入観が強いため、「徳性の性格について」と題された理由が一般には必ずしも明確にされていないが、スミスが六版六部をあえて「徳性の性格」論と題した理由を理解する一つの手掛りは、初版六部四編における古代の道徳学者の方法についての言及のうちにみられる。

スミスによれば、古代の道徳学者は、「それぞれの個別的な徳性の基礎になっている心的感情はどこに存するのか、友情や人間愛、寛大、正義、度量およびその他のすべての徳性の本質を構成しているのは、どのような種類の内的な気分または情動であるのか」という問題と、「それらの感情のおのおのがわれわれを方向づける一般的な行為の仕方や通常の行動の調子や行程は、どのようなものであるのか、あるいは、友情的で寛大な勇敢で正しい人情ある人が通常の場合にどのようにして行為することを望むか」（VII. iv. 3, M.418）という二つの問題を確認しようと努力してきたという。その上でスミスは、上の第一の「個別的な徳性の基礎になっている心的感情を特徴づけるには、繊細な筆法と精密な筆法とを共に必要とする」（VII. iv. 4, M.418）のに対し、後者の「おのおのの徳性がわれわれを促すであろう通常の行為の仕方が何であるかを一般的なやり方で叙述することは、はるかに容易である」（VII. iv. 5, M.419）としている。

この論理は、スミスが『修辞学・文学講義』の中で性格記述の方法としてあげている性格記述の直接的方法と間接的方法と同じである(2)。その点に注目した篠原久は、「スミスが、〝徳性の性格について〟の新しい部で彼自身の実践的道徳体系を展開するさいに、『〔修辞学・文学〕講義』における性格描写に関する議論と同様に、性格の類型《ジャンル》ないしタイプとしての性格に関する自らの議論を自分自身で利用している(3)」次第を強調している。その具体例として篠原は、『感情論』六版六部三編の自己規制論の中で、『修辞学・文学講義』の「『率直型の人間』と『単純型の人間』が、『高慢な人間』（proud man）と『虚栄的な人間』（vain man）として対比されている(4)」例などをあげている。こうした事例にみられるような『修辞学・文学講義』の性格記述の方法が、どの程度、どのような形で新六部の徳性の性格論に生かされているかどうかは個別的に検証する要があるが、六版六部の徳性論が『修辞学・文学講義』の性格記述の方法に照応する「性格」論として展開されている事実自体は、スミスが第一・二編の慎慮論と慈恵論を「その人自身の幸福〔ならびに〕他の人々の幸福に作用する限りでの個人の性格について」という表題の下に考察していることからも明らかである。

徳性とはもともと「卓越した称賛に値する性格を構成する精神の気質」（VII. ii. intro. 1, M.330）を指すものである以上、徳性論が性格論であるのは当然であるが、篠原はこうした『感情論』の徳性論と『講義』の性格論との類比を超えて、さらに新六部の「徳性の性格」論は、「徳性の性格」を構成する感情《アフェクション》は、「利己的か仁愛的か」のいずれかなので、「徳性が適宜性に存しない場合には、それは慎慮か仁愛かのいずれかに存するにちがいない」（VII. ii. intro. 4, M.331）という、初版六部二編の「徳性の本性（the Nature of Virtue）」論の主題の展開であるとしている。(5) スミスは、六版六部で「徳性の性格」分析を通して、初版六部二編（六版七部二編）の「徳性の本質」論の主題を展開したというのが、篠原の六版六部の徳性論解釈であるのである。

この篠原説はラファエルの六版＝初版の欠陥是正説とも照応するが、六版六部は、のちに具体的に論証するように、スミスが初版六部二編で道徳理論の第一の主題としてあげた徳性の本性（本質）論の展開ではない。スミスが道徳理論の第一の中心主題とした「徳性の本性」論は、徳性論それ自体の展開を主題にするものではなく、徳性の本質が何に存するかとの設問で、彼はその問いに対して、第一部で明らかにしたように、徳性の本性＝本質が関係＝適宜性のうちにある次第を論証することによって、観察者の同感が徳性の原理たりうる次第を確証しようとしたのである。六版六部の「徳性の性格」論がこのような徳性の本性（本質）論ではないことは明白である。スミスが新六部で実際に展開しているのは、のちに具体的に論及するように、さまざまな徳性の性格＝性質・特有性・実態の解明であったからであるが、スミスがそこで展開していた徳性の性格＝実態・特性論の意図と内実は、篠原のように『修辞学・文学講義』の性格記述の方法を適用した個人の「性格論」として総括するだけでは十分にとらえきれない次第が注意される要がある。新六部の「徳性の性格」論の主題は、のちに具体的に論証するように、制度では解決できない個人の性格の歪みや集団のパーシャリティの問題を解決するための徳性の実態・特有性分析にあり、スミスが新六部を「徳性の性格」論とした理由は、個人の称賛または非難に値する性格の分析を手掛りに、それぞれの「徳性（praise-worthy character）」の character（特質・特性・特徴）を解明することを通して、その実態・問題点を摘出する点にあったからである。六版六部の徳性の性格（性質）論は、道徳感情の腐敗認識に基づいて、「称賛に値すること」を愛する「称賛に値する性格」の確立を意図した新三部の良心論とちがって、そのような「称賛に値する性格」としての徳性の性質・特質・実態分析を通して、徳性の問題を良心論とは別の角度から考察することを意図したものであったのである。このような徳性の性格論の主題が、スミス自身の商業社会観の変化に照応する中産道徳の現状批判を背景に、良心論の徳性論化だけでは中産モラルの腐敗の現実に対処するには不十分ではないかという、すぐれて現実批判的な問題意識に基づくものであったことは、良心論の改稿よりあとの八九年段階になって改めて新六部の執筆構想が俄かに浮上してきたことからも知られよう。(6)

二　慎慮論の批判対象

「徳性の性格」論の第一の主題をなす慎慮論は、慎慮の対象規定からはじまっているが、その主題が「慎慮の人」の性格記述に基づく慎慮の徳の特質＝実態明確化にあることは明白である。そうした慎慮の人の性格分析に基づく六版の慎慮観の第一の特色は、慎慮の人の反傲慢性・反虚栄性が強調されている点にある。スミスが慎慮の人の性格を傲慢な人や虚栄の人との対比において描いていることが、その次第を何よりも雄弁に物語っている。「慎慮ある人は、たんに自分が理解していることを他人に説得するだけでなく、自分が理解していると公言することは何でもつねに真剣かつ熱心に理解しようと勉強する。……彼は、〔傲慢な人や虚栄の人のように〕狡猾な欺瞞者のずるい策略や、僭越な衒学者の傲慢な態度や、皮相で生意気なにせ学者の自信たっぷりの断言のいずれによっても、貴方をだまそうと努めることはない」（VI. i. 7, M.445）。慎慮の人は、何よりも誠実で抑制的で傲慢でなく、「衒学者の傲慢な気取り」や「山師的な技巧を嫌い」、自己規制的であるというのが、六版の慎慮の人観の特色をなす点であったのである。

スミスは、こうした慎慮の人の性格の第二の特色として、勤勉で節約的であるが、冒険は好まず、他人に干渉せず、非党派的である点をあげている。こうした慎慮の人の性格描写は必ずしもブルジョワ的ではなく、六版の慎慮論はウェーバー的資本主義の精神を体現したブルジョワ道徳論であるとするミノヴィッツ的解釈と異和感を感じさせるが(7)、正しくはブルジョワ的資本主義的でないというより、政治的でない(a political)点に、スミスは慎慮の人の一つの特色を求めていたというべきであろう。ミノヴィッツも、「スミスが慎慮の人の非政治的《アポリティカル》性格を強調している(8)」事実を認めているが、スミスは、立法府を動かして自分たちの私的な利益を実現しようとする商人や製造業者たちの横暴や党派性を目の当たりにしていたため、「他人の事柄の運営に影響」を与えようとしたり、「徒党を組まない」で、「自分自身の事柄に限定する」（VI. i. 13, M.448）点に慎慮の人の理想を求めたのである(9)。このような六版の慎慮観は、中下層自身が、既述のような理由で慎慮的でなくなり傲慢化・虚栄化しつつある現実に対する批判的視点とともに、「経済人」の在るべき姿をモデル化することによって、商人や業者の飽くなき支配願望を抑制することを隠された主題とするものであった次第を示すものといえよう。

こうした六版の慎慮論の特色は、初版のそれとの差異からも証明される。初版では本書の第一部で紹介した四部二編の慎慮の定義の示すように、(イ)自らの行為の帰結を識別しうる「すぐれた理性と理解力」と、それに基づいて、(ロ)将来のより大きな快楽のために現在の快楽を抑制する「自己規制」が慎慮の要件とされ、その視点から慎慮の徳性が描かれていたのに、六版では上述のような形で慎慮の人の非傲慢性と非政治性の強調が中心になっている。同じような変化は、『感情論』初版と『国富論』では、ディッキーもいうように、上流人や金持が虚栄的であるのに対し、中下層は慎慮的で勤勉で節約的であるとされていたのに、[10]『感情論』六版では、中流の虚栄化が強調されている点にもみられる。既述のように、六版では、自己の健康・財産・評判についての配慮に向けられる慎慮は、所詮「冷たい敬意《コールド・エスティーム》」の対象にすぎぬとして、そうした下級の慎慮と異なる「上級の慎慮」が賛美され、その担い手が政治家や立法者などの賢明な少数者に求められていることも、同じような変化を窺わせるといえよう。

この上級の慎慮観は、全集版の編者のいうように、スミスの慎慮観が六版ではよりストア化し、ストア的な自己規制の徳性に接近していることを感じさせる。[11]多くの研究者が『感情論』のストア性を強調する一つの根拠もそこにある。しかし、六版慎慮論の中心主題は、第一章でもふれたように、「慎慮の人」と「傲慢な人」や「虚栄の人」との差異の明確化による中産倫理の再建にあり、上級の慎慮と下級の慎慮とのストア的二分論に基づいて、両者を断絶的にとらえ、一般《ヴァルガー》の経済人には自己の健康・財産・名声に関する配慮しか期待しなかったとみるのは、六版慎慮論の基本主題を見誤るものといわねばならない。

他人にかかわる徳性としての正義の徳性については、第二編の序論で、正義の問題は、自然法学の主題なので、「細部に立ち入ることは、現在の主題には属さない」との理由で、「隣人の幸福をいかなる点においても害したり妨げたりしない」「正義の人（just man）」の性格には「大きな人間愛と大きな仁愛」（VI. ii. intro. 2, M.451）が伴う次第が簡単に言及されるだけにとどまっている。この正義論は、初版の交換的正義論の当然の帰結で、上述の「正義の人」の性格規定にみられる人間愛と仁愛の属性化も、正義の人の完全有徳者化を直接主題としたものではない。しかし、正義の条件を「不侵害」に求めるだけにとどまっていた初版の論理と対比するとき、正義の人の性格の中には「大きな人間愛と大きな仁愛が伴わないことはほとんどありえない」（VI. ii. intro. 2, M.451）としている点に微妙なニュアンスの変化が感じられる。スミスは、『感情論』初版から『国富論』初版段階までは、交換的正義さえ遵守されれば、配分的正義（全体としてのエクイティ）はおのずから実現されると考えていたが、必ずしもそういえない現実に当面したため、正義の人にも人間愛や仁愛を求めることになったのではないかと思われる。[12] こうした正義の人の性格規定は、スミスが六版では交換的正義の実態認識に基づいて、初版の交換的正義論の基本論理と矛盾しない範囲で、正義の人に配分的正義の担い手的な性格をも滲ませることによって、法律さえ侵犯しなければよいという法律万能の交換的正義の下での腐敗の現実に対処しようとしていた次第を示すものといえよう。

三　慈恵論の内実

(1) 慈恵論と慣行的同感論

スミスは、正義の問題について右のように語ったのち、同じパラグラフの中で次のようにのべている。「この編では、私はただ、第一に諸個人に対して、第二に諸社会に対して、われわれの善行を配分し、われわれの極めて限られた慈恵の能力を方向づけ雇用するために、自然が計画しておいたように思われる順序の根拠を説明することだけに努めたい」（VI. ii. intro. 2, M.451-2）と。この宣言は、慎慮論に続く徳性の性格論の第二の中心主題をなす慈恵論が慈恵的感情《アフェクション》の発現する自然の順序《オーダー》を明らかにすることを主題としたものである次第を示しているが、こうした慈恵論の主題設定は、「自然の行為の他のすべての部分を規制しているのと同一の謬つことのない英知が、この点においてもまた自然の勧告の順序を指示していることが分かるであろう」（VI. ii. intro. 3, M.452）という、上の引用に続くこの編の「序論」の最終節の原文の示すように、スミスが慈恵の問題を本書第一部で論及した自然神学的自然概念に基づいて解析しようとしていたことを示しているといえよう。彼がこの編で冒頭から「慣行的同感（habitual sympathy）」概念を持ち出し、それを鍵用語にして慈恵感情を説明した謎を解く手掛りもそこにある。こうした前提を踏まえることのもつ意味は、論が進むにつれておのずから明らかになるであろう。

スミスは、この編の第一章で、慈恵感情が、各人の「彼自身への配慮」（his own care）に基づく家族への愛着からはじまり、親族⇒職場の同僚や隣人、恩人へと愛着《アフェクション》の対象が拡大してゆくにつれて自然に減退してゆくものとしてとらえ、その根拠を共感ないしその基礎をなす「自然的愛着《ナチュラルアフェクション》」の慣行性に求めている。彼が初版で共感理論の中核概念にしていた「相互同感」も、身内の場合には「彼らの共通の幸福にとって最大の重要性をもつ」ため、「その同感を一層慣行的なものにする」が、関係が薄くなり、「相互同感の必要がなくなる」と「慣行的であることも少なくなる」（VI. ii. 1. 4-5, M.453）とされている。スミスは慈恵感情の源をなす「愛着と呼ばれるものが、実際には慣行的な同感に他ならない」（VI. ii. 1. 7, M.453）次第をみていたのであるが、このように同感感情そのものの慣行性を強調する慈恵観、その原理としての慣行的同感論が、他人の幸福にかかわる正義や慈恵の徳の根本原理とされてきた初版の想像的同感（imaginative sympathy）論と対極的な原理に立脚していることは明白である。[13] 想像的同感論は、同感主体が想像力の力を借りて自分と立場や利害・感情を異にする相手の境遇に意識的に身を置いてみる点に徳の原理としての適宜性の成立基盤を求めるものであったのに対し、スミスが六版で慈恵感情の分析原理とした慣行的同感論は、想像力よりも、愛着の慣行性を重視・強調するものであるからである。六版六部二編の議論が、想像的同感原理に立脚するヒラの等市民関係から成る市民社会における人―人関係道徳論としての初版の社会哲学や、称賛に値することを強調する六版三部の良心論とは基本的に異なった発想に立脚していると考えられる根拠はここにある。

スミスは、六版でももとより想像的同感の意義と必要性を何ら否定しているのではなく、この章でも真の友情や「徳性への愛に基づく愛着《アタッチメント》」（VI. ii. 1. 18）は、たんなる慣行を超えるとしている。しかし、一般に仁愛の最も代表的な対象と考えられる「不運な人々」や「貧乏な人々」、「惨めな人々」への同情は、「結合関係」や「個人的資質」、「過去の奉仕」に基づく慈恵に次ぐものとして（VI. ii. 1. 20, M.460）、個人に向けられる慈恵の一番最後に言及されているにすぎない。というより、そこでも具体的にはほとんど問題にされず、主題的にはもっぱらこれらと対をなす「幸運な人々」や「富裕な人々」と「上流の人々」に対する同感が、「身分の区別」と「社会の平和と秩序」を可能にする次第が強調されているだけである。この節の議論は、初版の論理と全く同じで、初版と同様、歓喜への同感感情に媒介される欺瞞の摂理が「自然の仁愛的な英知」に基づくものとして明確に承認されている。この六版六部二編では、六版一部三編三章の中心主題をなしていた道徳感情の腐敗論が姿を消していることも、この事実に照応するものとして注目される。

こうした慈恵論の内実は、その主題が慈恵という言葉から一見想像されるような仁愛理論の展開ではないだけでなく、慎慮論とちがって性格分析としての色彩も薄く、もっぱら慈恵感情の慣行性の明確化による慈恵の実態暴露にあった次第を示しているといえるであろう。こうした慈恵観は、一見、「完全な徳性」の条件として慎慮・正義・慈恵の「三つの徳性」の兼備を要請した「第六部の結論」と矛盾するかにみえるが、スミスは慈恵自体を否定したのではない。彼が新六部でこうした慈恵論を展開したのは、穏健派知識人たちが徳性の本質をなすものとしていた仁愛感情の実態・本質を人間の自然の感情原理に基づいて暴露することを通して、逆に、そうした人間の「自然的愛着」の慣行性を超えた「想像上の（意識的な）立場の交換」に基づく「公平な観察者」視点の実現こそが、すべての徳性の根幹をなす次第を確証するためであったといえよう。スミスは、初版六部の道徳哲学学説史で展開した「徳性の本質」は、仁愛にではなく、関係にあるとの原理に基づいて、六版の慈恵論でも仁愛原理に立脚する慈恵の実態を暴露することを通して、慈恵も観察者の同感を唯一の原理とする次第を明確化したのである。彼がこの慈恵論でも胸中の偉大な同居者としての観察者の同感を徳性の唯一の原理としている次第は、次の第三編の自己規制論や第六部の結論で繰り返し指摘されているので、改めて強調するまでもない点であるが、スミスが「徳性の性格」論の中心主題としての慈恵論をこうした形で展開した最大の理由の一つは、本部の第一章でもふれたように、一八世紀後半の社会動向に関しスミスと同様な現実認識をもちながら、仁愛原理で対処しようとしていた知識人《リテラティ》たちの仁愛共同体論の非現実性を批判する点にあったのではないかと推測される。スミスが上の慈恵論で、慈恵感情の慣行的有限性を明確にする一方で、初版と同じ欺瞞の摂理の妥当性を強調したのも、知識人たちの仁愛共同体論の観念性を暴露し、ありのままの人間のエゴをそれとして前提した上での想像上の立場の交換に基づく公平な観察者視点の実現だけが真の慈恵への道である次第を改めて確証する意図に基づくものであったといえよう。

(2) 国家論の主題と有徳者政治学の内実

スミスの慈恵論は、慣行的同感概念に基づく慈恵の実態暴露を主題とするものであったのであるが、六版六部の慈恵論のより大きな特色は、慈恵的感情の対象として国家論が展開されている点にある。国家は、「われわれが自然に最も愛し最も崇敬するすべての人々」を含んでいるので、自然に慈恵的な愛着の対象となるが、それだけに慣行的であり、偏愛的《パーシャル》にならざるをえない。その次第は、私たち自身の国家観を顧みれば直ちに明らかになる事実である。私たちは、自分の国の優越性やその担い手たちを「最も党派的な感嘆をもって眺める」。逆に、「近隣国民の繁栄と強大化を最も悪意のある嫉妬と羨望をもって眺めたいという気持ちになる」（VI. ii. 2. 2-3, M. 462-3）。国民的偏見が、こうした祖国愛の偏愛性《パーシャリティ》や近隣国への嫉妬心に基づいていることは明白である。スミスは、「国民的偏見」や「集団的利己心」が、個々人に対する慈恵感情と同様、慣行的同感感情に基づいている次第を明らかにすることによって、自然《ナチュラル》的愛着《アフェクション》に基づく愛国心や国民的偏見の実態を暴露したのであるが、こうした国民的偏見論が『国富論』の議論の反映であることは、『国富論』の読者には周知の事柄である。スミスは、祖国愛や国民的偏見が慣行的同感に基づく次第を明確にすることによって、愛国心の一面性《パーシャリティ》に目醒めさせようとしたのである。

しかし、六版の慈恵論のより注目すべき特色は、こうした同感感情の慣行性から生まれる党派性《パーシャリティ》一般を否定する点にあったのではない。六版の慈恵論の特色は、むしろ、そうした常識的理解とは逆に、各個人が自分の属する特定の一部分に愛着をもち注意を向けることが、全体の利益を最も良く促進する結果になるという、作用⇓目的の自然の英知論がそのまま肯定されている点にある。「われわれは、自分たちの国を巨大な人類社会の一部分として愛するのではない。私たちは、それをそれ自身のために、そのような考慮とは独立に愛するのである。自然の他のあらゆる部分の体系と同じように、人類の愛着《アフェクション》の体系《システム》を考案したかの英知は、巨大な人類社会の利益が各個人の主要な注意を大部分が彼の能力と理解力の双方の領域内にあるその特定の一部分に向けることによって、最もよく促進されるであろうと判断していたように思われる」（VI. ii. 2. 4, M. 464）とされているのである。この論理が初版の自然神学思想と全く同じであることは明白である。しばしば引用される有名な国家の階層的基本構造論（VI. ii. 2. 7-9, M. 465）も、その原文の示すように、同じ文脈で展開されたものであり、各人の属する特定の階層への愛着（attachment or affection）と、それに伴う権力や特権を維持する能力に「その特定の政体《コンスティチュウション》の安定性が依存する」次第を主張したものに他ならない。この論理が、名誉革命体制の寡頭制的権力支配構造をそのまま容認・前提したものであることはいうまでもないが、それをスミスの保守性の表現としてのみ解するのは、スミス思想の真実とはずれた発想で、スミスの基本論理は、特定社会への各人の偏愛的《パーシャル》な愛着と、その特権を維持しようとする努力が、逆に全体の安定と繁栄に寄与する次第を明らかにすることによって、商業社会の安定性を論証する点にあったのである。[14] 一度手にした特権を容易に手放そうとしない「党派性《パーシャリティ》も、時には不正であるかも知れないが、だからといって無用だという訳ではなく、……全体系の安定と永続に実際には貢献している」（VI. ii. 2. 10, M. 465）というのも、同じ原理に基づくものに他ならない。

こうしたスミスの論理がたんなる現状肯定論ではない次第は、彼がこうした自然の英知だけでは済まない場合も想定し、そうした場合における「政治的英知」の必要を認めている点にも示されているといえよう。彼は、その例として祖国愛の二つの原理が分裂する場合をあげ、そうした場合における「政治的な英知の最高の努力の必要」（VI. ii. 2. 12, M. 466）を認めている。その点に初版と六版との微妙な差異があることは明らかであるが、続く数節でも、公共精神論と立法者論を中心にした指導者論が展開されている。スミス思想の政治学的性格が注目される土壌はそこにあるが、六版の公共精神論と立法者論は初版のそれとは多分に性格を異にしている次第が注目される。

『感情論』の初版では、公共精神は、本書の第一部第四章でみたように目的―手段の転倒例として論及され、公共精神が「手段を目的よりも高く評価する……体系の精神」によって逆に促進される次第が強調されている。その一方で、公共精神と人間愛が対立する場合があることが指摘されている。それに対し、六版六部では、「本当の同胞感情に基づく」公共精神と「理想的な体系の想像上の美しさ」を追求する体系の精神とが明確に区別された上で、「公共精神が全面的に人間愛と仁愛によって促進される人間」（VI. ii. 2. 15-16, M. 467）が賛美され、人間愛と仁愛が公共精神の基礎たるべきことが強調されている。こうした六版の公共精神論は、スミスが目的よりも手段を自己目的化する体系の精神から本当の同胞感情に基づく公共精神を救い出し、体系の精神と異なる公共精神の真の姿を明らかにすることによって、商業文明のジレンマを解決するための新たな公共概念を確立しようとしていた次第を示すものといえよう。(15) ウィンチその他が、スミスも徳性の「腐敗」の「解毒剤」を「公共精神」に求めるシヴィク伝統の下にあったとする背景はここにあるが、(16) スミスの公共精神論は、ヴィヴィエンヌ・ブラウンなどの指摘するようにシヴィク的な政治的範疇ではなく、慈恵論の中で「oikeiosis と慈恵というストア的な道徳的範疇の用語で提示されている(17)」ものにすぎない次第が注意される要がある。

立法者観についても同様なことが指摘される。スミスは、初版でも数ヶ所で立法者について論及しているが、一一五版の立法者観は、第一部でみたように、いずれも「テキスト全体に対して何らの有機的な機能を果しておらず(18)」、政府の政策にかかわらない一般的な用法にすぎない。『感情論』初版の論理は立法者を必要とするものでなかったため、スミスは六版までは立法者について積極的な言及はしていなかったのである。『法学講義』にも、ウィンチやホーコンセンに代表される最近のスミス研究が重視する「立法者の科学」用語はなく、立法者は『講義』でも公共精神や政治的徳性の担い手としてはとらえられていない。(19) これに対し、『国富論』では、第二部でみたように、自然的自由の体系《システム》実現のために立法者の慎重な配慮が必要な場合《ケース》について語られているが、『国富論』の論理も立法者に企画者《プロジェクター》的機能を求めていないことは明らかである。(20)『国富論』の「立法者の科学」用語は、第四編の重商主義批判編の冒頭で「政治経済学」批判の文脈で語られたものにすぎず、『国富論』の主題がポリース論としてのポリティカル・エコノミー批判にあった次第は、ヴィヴィエンヌ・ブラウンの指摘する通りである。(21)『国富論』は、自然的自由の体系の確立（立法者神話の打倒）を主題とするものであったため、そのために必要な制度と立法者の機能と役割をそれとして認めながらも、立法者自体については積極的に立入った言及はしていなかったのであるが、『感情論』六版では、『国富論』の立法者像とちがって、「政治家と立法者」が「人類のすべての偉大な保護者、教育者、恩恵者」（III. 2. 35, M. 251）と同一視され、「立法者の性格」が「すべての性格の中で最も偉大で最も高貴なもの」（VI. ii. 2. 14, M. 466）とされるに至っている。スミスが、六版では立法者をすべての徳を体現した「上級の慎慮」の担い手と同一視し、立法者に「公平な観察者」の役割を期待していたのも、こうした六版の立法者観を象徴するものに他ならない。スミスは六版では立法者に対する評価を大幅に変更し、すべての徳性を体現した公共精神の持ち主としての立法者の性格を賛美するようになっていたのであるが、その原因が『国富論』の刊行前後から次第に強くなっていった自然の原理に立脚する道徳感情の腐敗認識にあったことは明らかである。スミスは、商人や製造業者の利害や偏見が生み出す自然的自由の歪曲の例を目のあたりにして、自由の生み出す党争⇩腐敗の危険に対処するため、商人の利害や国民的偏見に流される世論を公益に合致するように調整する点に政治の課題を見出し、立法者に公益と世論との調整機能を託すこととなったのである。[22] 彼が立法者に既存の特権を尊重し、「公共的な調整をできる限り人民の確立された慣行や偏見に順応させる」（VI. ii. 2. 16, M.468）ことを期待し、その模範としてソロンを賛美したのは、多くの立法者が陥る体系の精神化を批判するためであったが、より以上に、政治家の英知への期待の表明でもあったことは確かである。[23] スミスは、商人の世論操作による立法府支配の現実に対抗するためには、立法者と法の制定権をもつ立法府の在り方が問題であり、「進歩の主たる敵は、彼がかつて主張したような進歩の上げ潮によって腐蝕される生命のない歴史的人工物ではなく、活動的な恐るべき反対党である」[24] 次第を認識するに至ったため、超人的な力能と徳性を身につけた立法者の手による政治的指導《リーダーシップ》の必要を認めることになったのである。彼の自然的貴族（natural aristocracy）論も、こうした背景の下でのリーダーシップの確立要請に基づくものであったといえるであろう。[25]

ウィンチの提唱した「アダム・スミスの政治学」のもつ意義がそれとして評価さるべき根拠はここにある。スミスは、中産モラルの腐敗の現実に直面して、新三部で試みたような良心（徳性）論の再構築だけでは現実の腐敗に対応するには不十分と考えたため、「公共精神をもった真に有徳な人の手になる穏健で人間的な政治学[26]」を構想することになったのであるが、それを根拠にウィンチその他の主張するように、スミスの基本主題が、シヴィク的な立法者観に立脚する「立法者の科学」の確立にあったとみることには問題がある。[27]六版六部の公共精神論の中心主題は、体系の精神が初版で想定していたように公共の精神につながらないで、逆に、「人類への愛、……本当の同胞感情に基づく公共精神に、体系の精神が混じり合い」（VI. ii. 2. 15, M. 467）、公共精神を体系の精神化して、公共精神の担い手を傲慢化する点の批判にあったからである。彼がこの節で公共精神と体系の精神との差異を明確にした上で、「体系の人」は、ソロンとちがって、「自分の理想的な統治計画の想像上の美しさに眩惑されるため」、「彼ら自身の詭弁のとりこになって」、社会のさまざまな成員をチェス盤の駒のように自由に動かそうとするが、それは「最高度の傲慢である」（VI. ii. 2. 15-18, M.467-9）として、「体系の人」の傲慢性をきびしく批判した理由はそこにある。スミスは、公共精神の体系の精神化による傲慢化を批判していたのであるが、この批判も作用因の論理に依拠していることは明白である。体系の人が傲慢なのは、「人間社会というチェス盤の中では、すべての単一の駒が……それ自身の運動原理をもっている」ことを無視して、「彼自身の判断を正邪の最高基準として打ち立てる」（VI. ii. 2. 17-18, M. 468）ためであるとされているからである。こうしたスミスの思想は、彼が作用因の論理を無視して、すべてを自分の構想に従って体系化しようとする立法者にみられる公共精神（慈恵感情）の傲慢化を批判の対象にしていた次第を示しているといえるであろう。

スミスは、人間の自然の愛着に基づく慈恵の実態を慣行的同感原理に基づいて明らかにすることによって、穏健派知識人たちの仁愛共同体論を批判する一方、同じ慣行的同感原理に基づく国民的偏見や党派性にも一定の効用があることを認めながら、そうした慈恵感情（公共精神）の傲慢化の批判を新六部の慈恵論の中心主題にしていたのである。スミスが次の第三編の自己規制論で、成功した立法者の自己陶酔性や虚栄心批判（大変革者の「過度の自惚れと自己感嘆」（VI. iii. 28, M. 487）批判）を主題にしていたことも、この事実を傍証するといえよう。こうした慈恵論の内実は、その主題が徳性論としての仁愛理論の展開やシヴィク的な政治理論の確立にではなく、自然の原理に基づく道徳感情の腐敗の実態批判にあった次第を示しているといえるであろう。スミスが立法者や公共精神の問題を公益と世論との調和を図るための政治的指導性論《ポリティカルリーダーシップ》として展開しながらも、そうした「政治的問題」がすべて「個人の道徳的特性に関する道徳的範疇《モラルカテゴリー》である慈恵の一般的項目の下で語られている[28]」ことも、この事実を確証するものに他ならない。六版六部の中心主題は、自然の摂理を否定する人間（projector）の傲慢批判にあったのであるが、こうした六版六部の「徳性の性格」論の性格をより鮮明に示しているのが、次の第三編の自己規制論である。

四　自己規制論と傲慢批判

スミスは、新六部の「徳性の性格」論の最終編で、慎慮・正義・慈恵の「三つの徳性」の統括原理としての「自己規制」論を展開している。この自己規制論では、その二つの主題として、古代の道徳学者の例にならって、(イ)「恐怖や怒り」のように、「一瞬間でさえも抑制するのにかなりの自己規制の行使を必要とする情念」と、(ロ)「利己的な満足への愛」から生まれる欲求のように、「短期的には抑制しやすい」が、不断の誘惑のため長期的には「大きな逸脱へと誤り導く傾向の強い情念」（VI. iii. 2, M.473）の抑制について論及されている。この後者の情念の代表例としてスミスがあげているのが、「過度の喝采」を求めることから生まれる性格の歪みとしての「高慢と虚栄」である。スミスは、この後者のうちの高慢の原因を世間的な基準を判断原理とすることから生まれる「過度の自己評価」に求めている。[29] 人が高慢になるのは、自分が世間よりずっとすぐれていると思うからである。あるいは、世間が自分を正当に評価せず、不当に低く見積っていると考えるからである。「高慢な人」は、その点「虚栄の人」のように根拠《ユワレ》なき名声を求めるものではなく、正当な評価を要求しているだけなので、それ自体としてはとくに非難されるいわれはない。問題は、こうした世間的な基準を判断原理とすることに基づく「過度の自己評価と思い上がり」から生まれる傲慢・自惚れや「過大な自己感嘆」が、謙虚さを失わせ、逆に、他人蔑視や将棋の駒視につながるだけでなく、法外な野心や陰謀、「破滅的な冒険」などを導き、果ては正当に評価する「自分の最良の友人をすら疑う」に至る点にある。「はじめは若干の点では欠陥があっても、全体としては愛すべき尊敬すべきものであった性格が、最後には軽蔑すべき嫌悪すべきものとなる」（VI. iii. 32, M. 490）のは、そのためであるとスミスは考えたのである。

スミスが六版改訂分の各所で既述のような形で傲慢論を展開したのは、こうした高慢の問題性を痛感したために他ならないが、第三編の自己規制論は高慢な人に対して必ずしもそれほど批判的・否定的ではない。「人間の弱さと愚行の中にさえ神の英知を感嘆する」（VI. iii. 30, M. 489）スミスは、高慢な人に対してむしろ好意的で、この編の「高慢と虚栄」論の結びの個所でも、「ほとんどすべての場合に、いかなる点においても卑下しすぎるよりも、すこし高慢でありすぎる方が良い」（VI. iii. 52, M. 500）とまでいいきっている。こうした自己規制論の締めくくり方は、既述のような六版全体にみなぎる傲慢（arrogance, insolence）批判のはげしさを想起するとき、一見奇異の感すら抱かせるが、この結びの言葉は、彼の期待に反していつの間にか傲慢になってしまった古典的自由主義社会の指導層たちに対する彼らの再生への期待をこめた励ましの気持を表白したものとみることもできるであろう。[30] スミスは、彼の構想した古典的自由主義社会の担い手である中下層の腐敗、とりわけ、その中核推進主体である中産商業市民層の傲慢化の現実に直面して、その根本原因が富を徳と同一視し、世間並みの称賛に自己満足する点にある次第を見出したため、彼らの行動様式をえぐり出し、その実態をきびしく批判したが、それはもとより彼らを彼の構想する古典的自由主義社会から排除するためではなく、彼らの道徳的再生が自由な社会実現の不可欠の前提条件をなすと考えたために他ならない。『感情論』初版や『国富論』では多分に肯定的に評価されていた高慢《プライド》問題が、六版で改めて本格的な論究主題として考察された理由もそこにある。スミスは、既述のように『感情論』初版や『国富論』でも高慢《プライド》や虚栄《ヴァニティ》問題に大きく注目しながらも、虚栄心や高慢心の誘導・制度化を主題にしていたのが、『国富論』段階以降、次第に自然的自由の体系《システム》の実現を妨げる最大要因が制度を改悪・悪用する商人や業者の高慢心の傲慢化にある次第を認めざるをえなくなったため、高慢な人と虚栄の人の性格分析を通して、制度では解決できない性格の歪みの是正を六版六部の徳性の性格論の締めくくりの主題とすることになったのである。

　こうした六版六部の結論と六版改訂の契機をなした六版一部三編三章の道徳感情腐敗論の主題を対比するとき、『感情論』六版改訂が『国富論』で析出された商人や製造業者の行動実態に象徴される中下層の徳性の腐敗＝称賛愛＝富追求の傲慢化防止のための徳性再建論であった次第が改めて確認されることであろう。『感情論』六版は、ヴァニティやプライドの誘導・制度化を主題とした『感情論』初版や『国富論』とちがって、道徳感情の腐敗の帰結としての高慢＝性格の歪みを是正するための性格改善（refine）論としての実践道徳論の確立を主題とするものであったのである。(31)

『感情論』六版改訂の中心主題であった良心論と徳性論は、上述のような含意をもつものであったのであるが、こうした良心論と徳性論の内実は、その必然的帰結として、その中核概念をなす観察者概念そのものの変質をもたらすものであった次第が注意される要がある。

（1）ハチスンの『情念論』とスミスの『感情論』との関係については、拙著『アダム・スミスの自然神学』前編第三章参照。

（2）Cf. LRBL, i. 160 f., i. 189-200. 宇山直亮訳『修辞学・文学講義』一六五ページ以下、一八五―一九〇ページ参照。

（3）Shinohara, H.: The Practical System of Morality in Adam Smith, in *Adam Smith : International Perspectives*, New York 1993, p.34.

（4）篠原久『アダム・スミスと常識哲学』（有斐閣）二六五ページ。Cf. LRBL, i. 85-95. 前掲邦訳一一五―九ページ参照。

（5）篠原久　前掲書　二六三―五ページ参照。

（6）六版六部の「徳性の性格」論は、一七八八年に公刊されたリードの『人間精神の能動的力能』（*Essays on the Active Powers of the Human Mind ; An inquiry into the human mind on the principles of common sense*, Edinburgh 1788）に触発されて展開された理論的著述というより、その頃までにすでにあらかた執筆されていた新三部の徳性論化された良心論だけでは済まない道徳感情の腐敗の実態認識から、慎慮や慈恵などの徳性（「称賛に値する性格」）そのものの性質・特性・実態解明を主題とするものであったのである。

（7）Cf. Minowitz : *Profits, Priests & Princes*, pp.79-80.

（8）*Ibid.*, p.80.

（9）Cf. Charlier, C.: The Notion of Prudence in Smith's Theory of Moral Sentiments, *History of Economic Ideas*, IV. 1-2, 1996, p.277.

（10）Cf. Dickey : Historicizing the "Adam Smith Problem", *Journal of Modern History*, 58-3, 1986, pp.595-596. TMS, I. iii. 2. 5, M. 79-81.

（11）Cf. TMS, Introduction, p.9.

（12）『感情論』の基本主題がハチスン的仁愛正義論批判にあった次第（拙著『アダム・スミスの自然法学』第二部、とくに第一・二章参照）を想起するとき、これは明白な後退といわざるをえないといえよう。

（13）想像的同感概念と慣行的同感論については、拙著『市民社会理論と現代』後編第三・四章、とくに二四〇―二、二五〇―二、二八八―九ページ参照。

（14）Cf. Raffaelli, T.: Human Psychology and the Social Order, *History of Economic Ideas*, IV, 1-2, 1996, p.12.

（15）Cf. Dickey, *op. cit.*, p.591 Note.

（16）Cf. Winch, D. : *Adam Smith's Politics*, Cambridge 1978, esp., pp.30-31, 174 etc. 邦訳、三六、二一一ページ参照。なお、スコットランド啓蒙における公共精神の問題については、田中秀夫『文明社会と公共精神』（昭和堂）参照。

（17）Brown, V.: *Adam Smith's Discourse*, London & N. Y. 1994, p.137.

（18）*Ibid.*, pp.134-5.

（19）Cf. Brown, *op. cit.*, pp. 126-7.

（20）五五年文書から一七九〇年に至るスミスの立法者の科学論の一貫した主題は、ホントやウィンチの指摘するように、自然が自らのデザインを実現するのを妨げる Projector, 批判にあった次第に注意されたい。Cf. Hont: The Political Economy of the "Unnatural & Retrograde" Order : Adam Smith and Natural Liberty, pp.122-149. Winch, D. : *Riches and Poverty, An intellectual history of political economy in Britain, 1750-1834*, Cambridge 1996, p.91.

（21）Cf. Brown, *op.cit.*, Ch.5, Sect.4, esp., pp.127-134. 拙著『市民社会理論と現代』後編第一章参照。

（22）Cf. Winch : *Adam Smith's Politics*, esp., pp.168-170. 前掲邦訳　二〇三―六ページ参照。

（23）ソロンへの言及は、一般に有徳者政治学の象徴ないし論拠とされ、自由の論理の生み出す危険に対処するために政治家の英知の必要を説いた点が強調されているが、それはシヴィク的に片寄せたテキスト解釈で、ソロンへの言及は手段の論理を自己目的化する体系の精神批判の文脈の中で展開されたものに他ならない次第が注意される要がある。

（24）Evensky: The Evolution of Adam Smith's Views on Political Economy, ASCA, VI. p.383.

（25）Cf. *Ibid.*, p.374.

(26) Hont, *op.cit.*, p.148.

(27) デューゴルド・ステュアート的な立法者の科学論とスミスのそれとの差異については、拙著　前掲書　後編第一章参照。

(28) Brown, *op.cit.*, p.137.

(29) この高慢論《プライド》については、詳しくは星野彰男『アダム・スミスの思想像』（新評論）二三四ページ以下参照。

(30) Cf. Evensky, J.: Adam Smith on the Human Foundation of a Successful Liberal Society, *History of Political Economy*, 25-3, 1993, pp. 410-411.

(31) 「賢明で有徳な人」は、「自分自身の性格を完全性の原型に同化させようとしてできる限りの努力をする」ので、「毎日何かの特異点が改善され、毎日何かの欠点が訂正される」という TMS, VI. iii. 25, M.484 の原文なども、六版の徳性論が性格改善論である次第を示すものといえよう。

第四章　ストア哲学とカルヴァン神学

一　観察者概念の変容とストア的賢人像の登場

スミスは、第二章でみたように、『感情論』六版三部で実在の観察者とちがう想定観察者概念を持ち出し、それを良心の支柱とするとともに、自己規制の原理としたが、スミスの観察者概念は、一―六版間で微妙に異なり、六版には初版とちがう用法がみられる。初版の観察者論は、ありのままの人間の自然の偏愛性《パーシャリティ》を前提・容認した上で、当事者でないから「公平な観察者《インパーシャル・スペクテイター》」にその調整者としての「第三者」的機能を求めるものであった。初版の公平な観察者が世論と同一視される根拠はそこにあるが、二版では逆に、第一部補論で詳説したように、「現実の観察者」（世論）と異なる「内なる人」、「胸中の法廷」と「公平な観察者」とが同一視されている。[1] スミスは、エリオットの批判に答えるため、胸中の法廷と世間の審判とを明確に区別することによって、世論に対する良心の優位を上級―下級の対比で論証したのであるが、二版ではいまだ「全人類の明確な否認も、胸中の法廷によって無罪とされ、人類の方が間違っていると心が告げる場合には、われわれを抑圧することができず」（TMS, 2 ed. 206, M.197）、内なる裁判官としての公平な観察者の「最終決定に較べれば、全人類の感情も、……わずかな重要性しかもたないようにみえる」（2 ed.

209, M.199）という言葉の示すように、「値うちに合わぬ非難」に対する「自己満足」の困難性認識はなく、公平な観察者としての世論に対する信頼も失っていなかったため、観察者概念そのものの再検討はなされないままにとどまっていたのである。(2) これに対し、六版三部の良心論の増補個所では、「公平な観察者」が他の人々の眼と同一視される一方で、より明確に「胸中の人」化されているだけでなく、そのような「内なる人」、「胸中の半神」を指す範疇として新たに「想定された公平な観察者」（supposed impartial spectator）概念が導入されるとともに、その対立概念として「実在の観察者」とか「偏愛的観察者」（actual, real, partial spectator）等の用語が頻用されている。(3) こうした用語の使い分けによる概念内容の明確化が、良心と世論との分裂認識に基づくことは明白であるが、六版ではこうした観察者用語の分類に伴って、前者の想定観察者概念の良心概念化がみられる。スミスは、称賛を自己目的化する現実の観察者とちがって「称賛に値すること」を愛する「公平な観察者」を概念的に想定することによって、公平な観察者をたんなる第三者視点の体現者と異なる称賛に値することのみを追求する良心＝自己規制主体としてとらえ直そうとしたのである。彼が想定された公平な観察者を良心や胸中の人、胸中の半神と同一視する一方、こうした想定観察者としての「胸中の偉大な同居者、偉大な半神が規定し是認する抑制され訂正された情動に従って、自分の振舞いと行動の全体を統御する人だけが、本当に徳性のある人である」（VI. iii. 18, M. 481）としているのも、こうした考え方に照応するものに他ならない。スミスは、称賛に流される実際の観察者とちがうpraise-worthiness追求主体としての公平な観察者を想定することによって、観察者概念を徳性概念化しようとしたのである。『感情論』の「公平な観察者」が、たんなる第三者視点の体現者としての初版のそれとちがって、『国富論』の倫理的解釈者たちが強調するようなエクイティの担い手、ないし、自然的自由の矯正者的性格をもつと解される所以も、こうした六版の観察者概念に基づくといえよう。

スミスの観察者概念は、六版になって概念内容が微妙に変化していたのであるが、六版では内なる人とストア的な賢明有徳者とが同一視されているのも、この事実に対応するものに他ならない。スミスは、六版の三部と六部で「賢明な人」や「賢人」、「有徳な人」や「賢明有徳な人」等の用語を頻用している。これらの用語は、必ずしもストア的「賢人」を意味するものではなく、普通の意味で使われている場合の方が多い。それだけでなく、スミスは六版でもストア的賢人のよって立つ原理を基本的に否定している。にもかかわらず、六版ではのちに具体的に論証するように、ストア的賢人像に依拠した「完全な適宜性」の体現者が内なる人のモデルとされていることは明白な事実である。こうしたストア的賢人モデルは、六一年の二版増補分でもエピクテートゥスからの引用に続く個所（2 ed. 217-9, M.205-6）で使われているが、初版では秘儀化されていた徳性論の中心主題化に伴って、六版では『感情論』のストア倫理学的性格が顕在化している。しかし、これはそれほど不思議な事柄ではない。

二　『道徳感情論』のストア観

(1)　『感情論』のストア的枠組とストア批判

『国富論』の中でオックスフォードの教授の大半は教えるふりさえもしていないという痛烈な大学批判を行ったスミスは、オックスフォード時代にはもっぱらギリシャ・ラテンの古典を読み漁っていたといわれる。そのスミスが古代の哲学に精通しストアの教養を身につけていたことは、改めて指摘するまでもない周知の事柄である。「ストア学説の直接的参照と引用[4]」やストア思想の準用が、初版から至るところにみられるのも故なしとしない。スミスはストアを中心にした古典の教養を下敷にして、その上に『感情論』の論理を展開していたのであるが、そうしたスミス思想のストア性を改めて強調したのが、グラスゴウ全集版『感情論』の編者たちである。

『感情論』の編者たちによれば、「アダム・スミスの倫理学と自然神学はすぐれてストア的であり」、ストアの影響は、第三部の義務論と新六部の徳性の性格論にとりわけ強く、新六部の普遍的仁愛論や自己規制論は完全にストアであるといわれる。[5]『国富論』の自然的自由の体系も、彼らによれば「ストアの自然調和概念」の展開であり、スミスの見えない手もそれに「〃欺瞞〃の観念を付加した」ものにすぎないという。[6]こうした編者たちの見解は、スミス体系における欺瞞理論のもつ意義についての理解を別にすれば、『感情論』のストア性を的確に表現したものということもできないではない。欺瞞理論が後退した六版がすぐれてストア的な印象を与える所以もそこにある。

多くのスミス研究者も、ほぼ一様に『感情論』に対するストアの影響を認め、『感情論』＝ストア説をとっている。その中でも最も本格的にこの主題に接近したものとしては、ワゼックの『感情論』はストアの二元道徳論を根幹としているとの説があげられるが、[7]ごく最近の研究では、ヴィヴィエンヌ・ブラウンが、『感情論』のストア的文脈を『感情論』の対話体的《ダイアロジカル》性格のうちに見出し、『感情論』の論理をストアでとらえていることが注目される。[8]ミノヴィッツも、「〃適宜性〃と公平な観察者に関するスミスの全理論はストアから引き出されており」、「『感情論』には、〔彼のストア〕批判にもかかわらず、全体の仁愛的英知に関する準ストア的陳述が充満している」[9]としている。他方、フィッツギボンズは、ヒューム―スミスの最大の相違点をなすスミスの神学性の根拠をスミスがストア的理神論者であった点に求め、ヒューム的実証主義と異なるスミスの主題をストアの修正による古代的徳性と自由主義との融和に求めている。[10]こうした形で『感情論』のストア性を強調する一般の解釈は、必ずしも一―六版間におけるスミスのストア評価の差異にふれていないが、一部の研究者は、ドワイヤーのように、「スミスが〃賢明有徳な少数者〃だけに実践可能な自己規制の優先性の主張においてストアにより接近したのは、第六版においてであった[11]」次第を指摘している。

日本の研究は、こうした欧米の研究動向とは逆に、伊藤哲に代表されるように、スミスは一―二版ではストアに好意的であったのが、六版ではストアに批判的になり、ストアから離脱したという六版ストア離脱説的解釈がなされている。[12]しかし、こうした内外のストア論は、六版がよりストア的であるとの指摘を除き、スミス思想の真実とはほど遠いといわざるをえない。

ストアとスミスの関係を考えるにさいしては、まずその大前提として、近代思想の基本主題がストア古典的自然法観と本質的に異なる近代的社会理論の形成にあった次第が想起される要がある。ストア古典的自然法は、第二部でもふれたように、自然のロゴスのうちに倫理と法の原理を求めるものであった。ストアが、キケロの法概念などにもみられるように、[13]自然の中に刻みこまれた理性を認識し、それに服従・一体化することのうちに倫理と法の原理を求めていたのがその何よりの証左をなすが、ホッブズ以降の近代思想が、こうした自然のロゴスの認識可能性（自然と理性の同等性）を否定する主意主義に基づくありのままの人間的自然の解放・主体的再構成を共通主題とするものであったことは、改めて指摘するまでもない事実である。近代思想は、ストア古典的な自然法観＝その原理をなす理性的自然観からの人間的自然の解放を試みたものであるが、スミスの道徳哲学がこうした近代の思想伝統に立脚していることは、『法学講義』が交換的正義論の構築を主題としていたことからも明白である。「『法学講義』の法学は、自然法の伝統的な道徳的基礎の侵蝕を明示する[14]」ものであったのであるが、その基礎をなす『感情論』がより端的なストア離脱を主題とするものであった次第は、『感情論』の論理とスミスのストア観との対比からも論証される。

スミスは、『感情論』の一―二―六版を通して、のちに具体的に引用するように、ストア思想の基本的特色を①神（自然）のロゴスの認識を通して、②「自己の情念を人間の自然（本性）の支配原理である理性と適宜性への愛に完全に服従させ」（TMS, 1 ed. 132, M.88）、③自然の体系の一原子化することによって、④個別への関心を減少させ、人間の自然の偏愛性《パーシャリティ》を除去する点に求めている。それに対して、『感情論』は、こうした理性的自然観に基づいて人間的自然の昇華を図るストアとは逆に、①人間の自然の欲求、ないし「われわれ自身にかかわる事柄への関心」とその偏愛性《パーシャリティ》、ならびに、それに伴う②偶然の影響と「不規則性」や、人間の弱さと不完全性を認めた上で、③自然の偏愛性《パーシャリティ》の抑制原理を公平な観察者の同感に基づく適宜性に求める地上の交通倫理の確立を主題とするものであった。こうした『感情論』の主題と論理が、上述のような理性的自然観に立脚するストアの完全道徳論から解放されたありのままの人間の自然（Human Nature）の肯定に基づく近代的社会理論の構築を主題とするものであったことは明白である。『感情論』は、ストア的な自然のロゴスの認識に基づく人間の神との一体化、ないし、自然の体系《システム》の原子化による地上の生活への無関心《アパシー》を否定し、人間の自然の欲求や偏愛性《パーシャリティ》をそれとして承認した上で、観察者視点にその抑制原理を求めることによって、偶然や不規則性に左右される地上の共同生活の原理を確立しようとしたものであったのである。[15]『感情論』（初版）の「観察者」概念が、ストアのそれのように自然のロゴスの認識機能を中心にするものではなく、人間の自然の欲求とその偏愛性を前提した上で、第三者視点による抑制を意図したものにすぎないことが、その何よりの証左である。『感情論』の編者たちやミノヴィッツなどは、既述のようにスミスの公平な観察者論や適宜性論のルーツをストアに求めているが、[16] こうした解釈は『感情論』初版の問題意識を看過した謬見といわざるをえない。ヴィヴィエンヌ・ブラウンの指摘するように、「『感情論』は、自然と理性とのストア的等置を拒否し、公平な観察者を道徳判断形成方法として代置した[17]」点で、ストアとは決定的に異なる原理に立脚するものであったからである。「『感情論』は、想像力を理性に代る主要な道徳的動因として代置し、理性に対する自然の特権を認めることによって、ストア主義それ自体を究極的に否認した[18]」のであり、神のロゴスの認識・服従のうちに徳性をみるストアと、観察者の同感に徳性の原理としての適宜性の基準を求めるスミスとが全く異なる前提に立脚していることは明らかである。人間の自然の偏愛性を認めた上で観察者の同感にモレスの原理をみるスミスの倫理観は、自然のロゴスの認識・服従・一体化による偏愛性の克服を説くストアの完全道徳論とは対極的な論理に立脚するものであったのである。

こうした『感情論』の論理とストア思想との対極性は、『感情論』の基本主題がストアとは対極的な思想の形成にあった次第を示しているが、こうしたストアとは本質的に異なる思想の展開を可能にした根本原理が、「自分自身を人間本性と世界の偉大な守護神が彼を見つめるであろうと想像する見方で見つめ、……神聖な存在の感情に入りこみ、自分を一つの広大無辺の体系の一原子、一分子であると考える」（1 ed. 134, VII. ii. 1. 20, M.89, 346）ストアとは逆に[19]、神の予定した自然の必然法則は人間にはみえないとして、神と人間とを断絶の関係に置いたカルヴァン主義神学の論理にあったことは、第二部でみた通りである。スミスは、自然の隠された連鎖の解明を主題にした「天文学史」の科学論とは逆に、『感情論』では、個々の人間には自然の必然法則がみえないことから、人間には偶然・自由の余地があると考えて、自由に行動する人間の自然の欲求の自然調和（自由＝作用⇩目的の自然の体系《システム》の支配）を認めた上で、その実現に必要な地上の交通倫理の確立を初版の観察者の同感論の主題にしたのである。[20]

こうした論理に立脚する『感情論』の観察者の同感＝適宜性＝道徳論は、ストア的な完全徳性論を秘儀化して、正しさ（rectitude）ではなく、地上の交通道徳としての適宜性（Proprieties, fitnesses, decent and becoming actions, TMS, VII. ii. 1. 42, M.363）のみを問題にしている点で、キケロの義務（officia）論に代表されるストアの「不完全徳性」論に近いと考えられる。スミス自身も、『感情論』の基本主題をこうしたストア的不完全徳性論になぞらえているが、『感情論』は、こうしたストア的な不完全徳性論とは原理を異にする新しい市民社会倫理の構築を主題とするものであった次第が注意される要がある。『感情論』の主題と意義は、少数のエリート以外の大衆には「完全な徳性」の実現は困難だから、「不完全ではあるが達成可能な徳性の学説」（VII. ii. 1. 42, M.363）としてのセネカの「便宜（convenientia）」論的な不完全徳性論を展開した点それ自体にあるのではなく、ストア古典的な理性的自然観に立脚する「完全徳性」論（自然のロゴスの認識・服従・アパシー論）から解放されたありのままの人間的自然観に基づく地上の人間の交通倫理を確立する点にあったからである。

『感情論』の主題の本質的非ストア性を強調するこうした見解は、既述のような『感情論』＝ストアの支配的解釈と異なるだけでなく、『感情論』では一―六版を通して一貫してストア的な概念や範疇が多用されているので、簡単には納得されないことであろう。「『感情論』が、〔ブラウンの指摘するように〕ストア哲学を公式《フォーマル》には拒否しているにもかかわらず、ストア的思考範疇の存在を特色とする推理空間の中で動いている」[21]ことも、こうした疑念を増幅させるものといえよう。欧米の研究に色濃くみられる『感情論』のストア的解釈の根源は、こうしたストア的範疇の多用の事実と、前述のようなスミスの思想形成におけるカルヴァン神学のもつ意義についての理解の欠如にあったのであるが、こうした事実から生まれる議論の混乱を避けるため、次に、『感情論』のストア観をもっと具体的に各版ごとに検討することを通して、スミスのストア観の内実とその変容を明らかにすることにしよう。

（2）初版のストア観のネガ性

スミスは、『感情論』初版でも第一部からストア的完全徳性論を明確に前提した議論を展開している。それだけでなく、初版の一部四編三章と六部二編では直接ストアに論及している。しかし、初版のストア論は、自説の対極をなすストア学説の非自然性を明らかにすることを通して、自説の自然性をクローズアップするためのネガのように思われる。スミスは、「行為の適宜性について」論じた第一部の第四編で「行為の適宜性に関する人類の判断に繁栄と逆境が与える影響について」論じているが、その第三章を「ストア哲学について」と題してストアについて論じている。この章の議論は、この編の第一章の歓喜への同感論と、その帰結としての第二章の野心の起源と身分の区別論とは対極的な思想内容になっている。この第三章のストア論が「第四編全体の論旨の展開からみて、やや異質なものを感じさせる」[22]といわれる所以もそこにある。スミスは、この編の一―二章ではありのままの人間的自然（human nature）の解放に伴う偶然の影響について肯定的な論理を展開していたのに、第三章では一転してそれとは対極的なストア論を展開し、繁栄にも逆境にも左右されずに自己の情念を彼の本性（自然）の支配原理である理性に完全に服従させるストア的賢人の視点からみれば、人類が一般に従う傾向のある一―二章の論理に従って、「あるものに他のものより過度の優先権を与えることには……何も根拠がない」（TMS, 1 ed. 128, M.86）としているからである。しかし、こうした第四編の論理展開は、スミスがストアの倫理で一―二章の論理を否定し、その虚しさを明らかにしようとしたことを意味しない。スミスが行為の適宜性に関する人類の判断に対する偶然の影響を主題としたこの編の第三章でストア論を展開したのは、むしろ、偶然の影響論としての自説とは対極的なストアの思想を紹介することを通して、ストアとは本質的に異なる自説の自然性を浮き彫りにする意図に基づくものであったように考えられる。彼がこの章の結びの部分で、ストアの「掟の大半は、……人間本性の到達点を全く超えた完全を目指すことを教える」（1 ed. 136, M.91）ものであるとして「反対」の意を表明していることが、その何よりの証左をなすといえよう。

スミスが、初版の六部二編のストア論で、アリストテレス学派は、自然のロゴスへの服従＝自己規制の不十分さを人間の弱さと不完全さにふさわしいものと考え、「どんな情念でも、観察者が……それに同感しうる限り適宜性の限界を超えるものではないと考えていたように思われる」のに対し、「ストア主義者たちは、反対に最も完全な無感動《アパシー》を要求し」、「観察者の同感を少しでも要求するあらゆる情念を不適切なものとみなしていたようにみえる」（1 ed.

432-3, M.340）としていたことも、彼がこの段階ですでに明確にストアと本質的に異なる理論の展開を意図していた次第を示すものといえよう。同様に、彼がこの節の結論部分で、われわれが自分の利害を全体の利害の犠牲にするのは、他人の眼でみるからで、「宇宙の秩序への服従、われわれ自身に関するあらゆる事柄への全くの無関心《インディファレンス》が……その適宜性をひき出しうる」（1 ed. 437, M.343-4）のは、その限りにおいてでしかないとしていることも、彼がストアの論理を本質的に否定していたことを示すものといえよう。

　こうした初版の一部四編三章と六部二編のストア観と『感情論』初版の論理との本質的対極性は、ストアが「われわれ自身にとくにかかわる事柄への感受性を減少させることによって、われわれの受動的感情の自然の不斉一性を矯正しよう」（III. 3. 11, M.205）とするのに対し、スミスが個別への欲求とその不斉一性を積極的に承認した上で、その偏愛性《パーシャリティ》抑制機能を観察者の同感に求めている点に最も端的に示されているといえよう。彼が、初版の一部四編の偶然の影響論の中でそうした自説とは対極的なストア論を展開したのは、こうした自説のストアとの対極性をクローズアップすることによって自説の意義と独自性を明確化する意図に基づくものであったのである。スミスが六版になってこうした意図で展開されたこのストア章を全文削除したのは、六版では初版とは逆に、初版の論理の根幹をなしていた自然の腐敗に直面したために他ならない。彼は、人間の自然の同感感情に基づく称賛愛が称賛に値することに対する愛につながらず、逆に道徳感情を腐敗させる現実に当面したため、自説の人間的自然の解放理論の自然性を強調するためのネガとして挿入していたストア章を削除して、その代りに道徳感情腐敗論を一―二章の自然の解放論の半面の帰結として、この第三章で展開することになったのである。この事実は、それ自体、初版のストア論のネガ性を証明するが、こうした初版のストア論のネガ性をより具体的に示しているのが、見えない手のストア観である。

　周知のように、スミスは、『感情論』第四部第一編の見えない手の議論に先立つ個所で、貧乏人の息子が、歓喜への同感感情に駆られて、富や地位に憧がれ、それらを追求することの虚しさを指摘している。この議論がストアの「真の幸福」観を前提していることは、研究者の指摘する通りである。[23] しかし、見えない手の議論の主題は、ストア倫理で富や権力追求の虚しさを批判し、人間の業務に対する無関心を勧める点にあったのではない。逆に、真の幸福や追求すべき目的がみえないために、自然に欺瞞されて「富や地位の快楽」を追求することが、結果的に全人類の幸福実現につながる次第を論証する点にあったことは周知の事実である。[24] この編の論理は、たしかにストア的倫理観、真の幸福観に従って、目的―手段の転倒の虚しさを指摘しているが、人間の虚栄心から生まれる手段追求自体を否定したものではなく、逆に、手段の追求こそが人間の業務にふさわしい次第の論証を主題としたものであった。スミスは、『感情論』ではまだ『国富論』のように人間の虚栄心に基づく手段の追求が自然に富と徳の実現につながるとの論理は展開しておらず、逆に、こうした富追求活動の道徳性をストアの真の幸福観に基づいて否定しているが、この『感情論』の論理は手段（富追求）自体の道徳性を否定しているだけで、手段追求自体を道徳的に非難・弾劾している訳ではない。見えない手の理論は、神のロゴスの認識・服従・一体化のうちに徳性をみるストア倫理観とは本質的に異なるカルヴァン神学的な神と人間との断絶を前提した偶然・自由・作用⇩目的・必然の論理に立脚するものであったのであり、そこで展開されているストア的な「真の幸福」観は、それとは逆の論理の摂理性を浮き彫らすためのネガ的な比喩として使われたものにすぎないことは明白である。スミスは、この見えない手の章で、ストア倫理、その根幹をなす理性的自然観に基づいて、人間生活の現実への無感動《アパシー》を通して「真の幸福」を実現すべきことを説いたのではなく、神のロゴスがみえないままに、手段の美を追求する地上の人間も、観察者視点を守りさえすれば、それなりの幸福実現につながる次第を示そうとしたのである。

彼が二部二編三章の正義論の中核部分でキリストの贖罪にふれたのも、『感情論』の主題がストア的な完全徳性論ではなく、ありのままの人間の弱さと不完全性を前提した地上の人間の共同生活のモラルの確立にあったために他ならない[25]。彼が『感情論』の第一部でのべている徳＝卓越＝完全実現は人間には不可能であるが、不完全な徳性としての適宜性は大衆にも実現可能であるという、完全―不完全基準に基づく徳性と適宜性との区別（I. i. 5. 6-7, M. 32-3）も、初版の主題がストア論理をネガとする徳の秘儀化による適宜性＝市民社会倫理の展開にあった次第を示すものに他ならない点に注意する要がある。

『感情論』初版のストア論は、以上のようにストア哲学の論理とは本質的に異質の論理の自然性を明確化するためのネガとして展開されたものであった。スミスは、それらの個所で初版の六部二編のストア論により明確にのべられているように、ストアの本質が神のロゴスの認識・服従・一体化のうちに「徳性の本質を構成する行動の完全な正しさ」（1 ed. 432, M.340）を求める点にある次第を明らかにした上で、その手段としてのストア的アパシー論は、観察者の同感を超えるとともに、その根幹をなす対立利害の比較論とは異なる次第を論証することによって、自説のストアとの本質的異質性を明確にしたのである。初版のストア論は、このようにストアとは正反対の自然の解放論の正当性を論証するためのネガとして展開されたものにすぎず、初版の観察者の同感＝適宜性＝徳性論、そのための自己規制論をストアと結びつける思想は、伊藤哲も承認しているように[26]、初版にはどこにも存在しない。初版の観察者論が、既述のように、自然のロゴスの認識・服従・一体化・アパシー化のうちに自己規制の原理を見出すストア的自己規制論の代替概念として登場したことも、この事実を確証するものに他ならない。そのような観察者の同感を自己規制の原理とする初版の自己規制論がストアと無縁なのは理の当然である。

(3) 第二版のストア観のストア批判性

スミスが二版で展開した第三部良心論増補分にみられるストア観も、初版のそれと何ら異なるものではない。彼はそこで、われわれの隣人が彼の妻や子を失ったのを見る場合にそれを自然視するように、同じことがわれわれ自身に起っても泣き叫ばないで、同じように対処すべきであるとしたエピクテートゥスの言葉（TMS, 2 ed. 218, M.206）を引用して、それについて論評している。この論評について、伊藤哲は、「エピクテートゥスの示した行為者の『最高の度量と不動性の程度』が、スミスによって『完全な適宜性』として理解されている」ことから、スミスは二版では「ストア哲学を肯定的に評価している[27]」としている。しかし、このエピクテートゥスからの引用に続く個所（この部分は六版で削除された）でスミスが述べていることは、①こうした不動性を企てることも、われわれの幸福を自然の支配原理への固い信頼に基礎付けて完全に諦観することも、別に不合理でも無用でもないが、②こうしたストア的な自己規制は、われわれが隣人の眼で自分の行為をみるほど効果的に行われうるものではなく、また、③われわれ自身にかかわることをすべて自然の支配原理の処置に委ねることも、めったにできることではなく、逆に、④われわれ自身も世間も、ある程度の不規則性は大目にみるので、⑤自分自身にかかわる事に動かされすぎても、公平《インパーシャル》に行為すればよい（2 ed. 218-9, M.206-7）ということだけである。

　この論理が、ストア哲学の肯定的評価というより、ストアの非現実性を自説との対比において指摘したものに他ならないことは明白である。スミスは、人間を自然の体系の原子化し、われわれ自身にかかわる事柄への感受性を減少させることによって、人間の自己偏愛性《パーシャリティ》を矯正しようとしたストア的無感動《アパシー》＝自己規制論の非現実性を、人間の自然の偏愛性と人事の不規則性をそれとして認めた上で、観察者視点による均衡を説く自説との対比において明らかにすることによって、自説のもつ積極的意義を改めて確証しようとしたのである。このストア論が、観察者視点に基づく自愛心の抑制論の結論部分で、自説と基本的に異なる既存の哲学批判（2 ed. 215-9, M.204-7）の形で展開されていることも、右の事実を確証するといえよう。スミスは、初版では自説の意義と特色を明確化するためのネガとしてストアを使っていたのが、二版では明確に批判の対象とされているのである[28]。

三　第六版におけるストア評価の変容

(1)　良心の権威論と学説史のストア観

『感情論』六版のストア論も、六版の三部、六部、七部を通して、初版と同じ観察者の同感原理に基づくストア批判が論理の基調をなしている。そうしたストア批判を最も明示的に展開し、一—二版では暗示的にしか言及されていなかったストアの本質を明確にすることを通して、ストア的アパシー論を徹底的に批判したのが、初版の一部四編三章のストア章を移動・発展させた六版七部二編のストア論である。スミスが六版になってストアに批判的になったという解釈の生まれる根拠はそこにある。しかし、『感情論』はストア批判を基本主題にしたもので、六版になってはじめてストアに批判的になったのではない。反対に、六版の三部と六部では、ストア観が微妙に変化し、ストア評価が肯定的になっていることが注目される。上述の六版七部のストア批判は、むしろ、のちに詳説するようなストア接近ゆえのストアとの異同の明確化の必要に基づくものに他ならない次第が注意される要がある。

こうした六版のストア観の特色を最も典型的に表現しているのが、六版三部三章の「良心の影響と権威」論である。この第三章の基本主題は、一言に要約すれば、第二章におけるPraise-worthy論としての良心論の再構築に伴う徳性(praise-worthy character)論としての良心論の具体的内実をなす自己規制論を観察者原理に基づいて確立する点にあったということができるが、二版で第三部の良心論に増補された部分（TMS, 2 ed. 209-218, M.199-206）を再録したこの章の前半部分（III. 3. 1-11）と、六版で新たに追加された後半部分（III. 3. 12 f.）との間には微妙なトーンの変化がみられる。前半は、第二章でもふれたように、内なる人の原理に基づく比較の社会原理論としての自愛心の抑制論であるのに対し、後半は、良心（praise-worthiness）＝徳性（praise-worthy character）原理論としての自己規制論の確立を主題とするものとして、観察者視点に基づく自説の自己規制論と、神のロゴスの認識・服従・一体化に基づく無感動化《アパシー》のうちに自己規制の原理を求めるストア的自己規制論との異同の明確化、その視点からのストア批判が議論の中心になっている。スミスが六版では、良心論と自己規制論とストアとを一体的に考察しているといわれる所以はそこにある。[29] しかし、この新三部では、こうしたストア批判とは裏腹に、観察者の同感＝適宜性論の良心＝徳性（称賛に値する性格）論化に比例して、ストア評価がポジ化し、ストア的倫理観、ストア的徳性概念が積極的に肯定されている次第が大きく注目される。

　たとえば、スミスは、六版三部三章二七節（M.260 f.）以下で、ストアが賢人の幸福は常に等しいというのは、いいすぎだが、そこには真理が含まれている。人間は自らの境遇に最終的には自らを適応させるので、ストアの倫理観はその限り正しいという趣旨の思想を展開している。このような論理がストア的倫理観、ないしストア的幸福観に立脚した思想であることは明白である。スミスは、さらに、こうしたストア的幸福観の承認に比例して、ストア評価そのものを逆転させ、初版では欲求正当化論のネガとして展開されていたにすぎない〝ストア的平安〟（「完全な平静さ」）、〝真の幸福〟論を欲求肥大化批判原理とするようになっている。「虚栄と優越というつまらぬ快楽を除けば、最も高い地位が提供しうる他のあらゆる快楽は、最も卑しい地位にいても、人身の自由さえあれば、誰にも見出しうるものであり、虚栄と優越の快楽は、すべての真実で満足すべき享受の原理と基礎をなす完全な平静さとめったに両立しない」（III. 3. 31, M.263）という六版の言葉は、初版とは逆に、虚栄と優越がストア原理によって批判されていることを示している。

他方、スミスは、「運命に……黙従する人は、すぐに彼のいつもの自然の平静さを取り戻し、自分の実際の状況の最も不快な環境を最も無関係《インディファレント》な観察者が眺めるのと同じ見方で……眺める」（III. 3. 33, M.264）として、ストア的平安を観察者視点で説明している。この論理は、ストア倫理と観察者視点との合致を認めている点で、ストア的諦観の困難性を強調していた二版の論理との微妙な差異を感じさせるが、こうした視点をより明確に示しているのが、観察者視点に基づく「完全な適宜性」＝「完全な徳性」＝「完全な自己規制」をストアの「真の幸福」像、ないしストア的な賢人の理想と同一視する論理である。彼が、観察者視点に基づく自己規制論の展開を主題にしたこの章の二七節（III. 3. 27）以下で、ストア評価を俄かに積極化させ、ストア的賢人の不動性や真の幸福観や完全な平静論を観察者原理にからめて論じているのも、この事実を裏付けるものといえよう。スミスは、既述のように二版ではストア的完全思想を観察者原理に基づいて批判していたのに、六版では逆に、観察者の同感＝適宜性論とストア的倫理観とが類縁的なものとされ、ストア倫理が観察者原理によって正当化されるようになっているのである。

こうした六版良心論のストア化の根拠ないし背景としては、第一に、良心論の徳性論化に伴うストア倫理の再評価が考えられる。スミスは、良心の担い手としての称賛に値する性格（徳性）の具体的確定の必要に迫られて、初版では秘儀化していたストア倫理観を表面に持ち出さざるをえなくなったのである。しかし、スミスがこうした形で良心論の徳性論化に伴ってストアを持ち出さざるをえなくなった第二の、より本質的な理由は、観察者の同感原理に基づく適宜性＝徳性論そのものの原理的不安定性にあったのではないかと考えられる。

『感情論』倫理学の根本原理をなす同感は、感情原理であるため本質的に相対性を免れないものであった。スミスはこうした同感の相対性克服の原理を別著で論証したように観察者の同感の状況的適宜性（Situational Propriety）に求めたが(30)、この状況に即した適宜性＝徳性論も、所詮は状況の論理で、状況を超えた絶対性をもつものではない。その時々の状況や世論を超える内なる人の良心の絶対性の保障は、超越者としての神か、ストア的な自然のロゴスとの一体化のうちに見出される「完全」基準に求める他はない。スミスが、六版三部二章で内なる人の法廷よりも「さらに一層高い法廷」（III. 2. 33, M.249）としての神にアピールする一方、次の第三章で自然のロゴスとの一体化のうちに徳性の実現をみるストアの完全徳性論に関説するに至った理由はそこにある。『感情論』の観察者の同感＝適宜性論は、スミス自身が六版七部二編のストア論（VII. ii. 1. 42, M.363）の中で明言しているように、絶対的な「正しさ」を問題にする「完全徳性」論ではなく、そのときどきの状況に即した適宜性を問う「不完全徳性」論でしかないため、状況を超える良心の絶対的正しさの拠り所は神かストア倫理に求める他なかったのである。スミスが、観察者原理に立脚する良心＝自己規制＝徳性論の確立を主題とした六版三部三章の後半部（III. 3. 27 f.）で、ストアの完全徳性論の倫理観を積極的に導入し、ストア評価をポジ化した最大の理由はそこにあったといえるであろう。

　スミスは以上のような理由から六版三部三章ではストア的観念に依拠した論理を展開することになったのであるが、そのことはもとよりスミスがストアを全面的に承認するに至ったことを意味しない。この章の基本主題は、既述のように、前章の良心（praise-worthy）論の徳性（praise-worthy character）論化のための観察者視点に基づく自己規制論の確立にあった。彼がこの章の六版追加分の前半の（A）セクション（III. 3. 12-26, M.253-9）で、自らの主題をストア的無感動《アパシー》批判からはじめ、ストア的自己規制論と異なる観察者視点に基づく自己規制論を展開しているのが、その何よりの証左である。スミスが次の（B）セクション（III. 3. 27 f., M. 260 f.）で、既述のような形で観察者視点に基づく適宜性＝自己規制論とストア的な「完全な適宜性」＝「完全な自己規制」＝「完全な徳性」とを同一視することにより、前者を後者に格上げしたのも、あくまでも上の前提の下での観察者の同感＝適宜性論の完全徳性論化の要請に基づくものであった。彼は、観察者の同感＝適宜性論の徳性論化の必要からストア倫理の観察者視点に基づくとらえ直しを行ったのであるが、こうした適宜性論のストア的完全徳性論化に伴って、改めてストアと自説との相違を明確化する必要に当面したため、この章の最後の（C）セクション（III. 3. 34 f., M.265 f.）では、初版（1 ed. 44, I. i. 5. 6, M.32-3）でもすでに論及していた「感受性と自己規制」との関係を問い直す形で、完全な自己規制＝完全な徳性が観察者視点に基づく「他の人々の本源的感情《フィーリング》と共感的感情の双方に対する最も鋭い感受性」（III. 3. 35, M.265）を必要とする次第を強調したのである。スミスがそこで展開している自己規制の基礎をなす原理は他人の感情に対する感受性であるとか、自己規制は現実の観察者がいるとき最もよく実現されるという思想が、自然の体系の原子化のうちに自己規制の原理を求めるストアと自説との本源的異質性の自覚に基づくストア批判を意味していることはいうまでもない。スミスは、良心論の徳性論化に伴って、ストアの完全徳性論に徳性のモデルを求めるようになったにもかかわらず、ストア的原理に対する自説の観察者論の原理的優越性と有効性をこの段階ではまだはっきりと確信していたということができるであろう。

内外の多くの研究者が、六版に『感情論』倫理学の完成をみ、――六版間には本質的な変化はないとしてきた一つの根拠はここにある。しかし、六版三部では、良心論の徳性論化に伴って、不完全徳性論としての適宜性論のストア的な「完全な徳性」論への格上げがみられるだけでなく、その内実も微妙に変化していることが注目される。「感受性と自己規制」の関係にふれた前述の議論が、初版の自己規制論の継承であるにもかかわらず、初版とちがって、感受性と自己規制、人間愛に基づく愛すべきやさしい徳と自己規制の恐るべき尊敬すべき徳との結合の必要性と、その両立の困難性の叙述を中心にしているのが、その何よりの例証をなす。[31] 六版三部三章の自己規制論がストアのそれと根本的に原理を異にしている事実をそれなりに知りながら、多くの研究者が一様に六版の自己規制論は完全にストアだという土壌はそこにあるといえよう。スミスは、ストアを原理的に否定しながらも、良心論の徳性論化に伴って、ストアを事実上受容し、その倫理観を良心論の支柱とする議論を展開していたのである。

こうした六版におけるストア評価のポジ化のもう一つの背景としては、自然の昇華のための自己との対話《ダイアローグ》の必要が考えられる。**Praise-worthiness** 追求主体としての想定観察者＝内なる人は、世論＝称賛を判断原理とすることができないので、内なる第三者とのダイアローグ（独語）性を強めざるをえない。この内なる人は、外なる現実の観察者の現前を必要とするが、外なる「第三者」視点の一人称化だけでは、自然（利己心）の抑制はできても、自然の昇華（性格改善）はできない。それゆえ、道徳感情の腐敗防止や性格の歪みの是正のためには、想定された公平な観察者としての内なる第三者との対話（独語）による自然の揚棄が必要になる。ヴィヴィエンヌ・ブラウンの強調する『感情論』の対話性《ダイアローグ》の根拠はここにある。[32] こうした対話のモデルとして、ストアの「内的討論」論がスミスの念頭にあったというブラウンの指摘[33]には、それなりの説得力があるといえよう。

六版の良心論は以上のようなストア的性格をもつものであったのであるが、それと前後して書かれたといわれる六版七部二編のストア論は、上述の良心論のストア観に照応する対極的内容をなしている次第が注目される。

六版七部のストア論は、一言に集約すれば、ストア学説の本質が、神の感情に入りこみ、物事を神がみるのと同じ見方でみることによって、自分を広大無辺の体系の原子化し、人間生活のすべての出来事に無関心になる点にある次第を改めて明確化するとともに、そうした論理に立脚するストア的「完全徳性」論の批判を主題とするものであったといえるであろう。彼がそこで「泡の破裂と世界の破裂」を同一視し、的《マト》を「一インチそらした人も、一〇〇ヤードそらした人と同等に」不完全であった（VII. ii. 1. 39, 40, M.360, 362）とするストア的完全主義の背理性を指摘しているのも、こうしたストアの本質明確化に基づくストア批判の表現に他ならない。スミスは、『感情論』の根本原理に従って、「胸中の同居者」さえいれば、あとは自然に委せるだけでよいとすることによって、「自然がわれわれの生活にふさわしい仕事と業務としてわれわれに指定しておいたあらゆる物事の成功や失敗に全く無頓着で無関心であるように仕向ける」(VII. ii. 1. 46, M.364) ストア的アパシー論をきびしく批判したのである。

このような六版七部のストア観が、その母体《ルーツ》をなしていた初版一部四編三章のストア論よりはるかに批判的なトーンに貫かれていることは明白である。ここでは六版三部三章の後半部分にみられたようなストアに肯定的な論理も展開されていない。しかし、こうした六版七部のストア批判が実際には自らのストア接近に伴う盾の半面でしかない次第は、上述のようなストア論執筆後の八九年段階に新たに展開された新六部のストア観を知るとき、直ちに確認されることであろう。

(2) 徳性の性格論のストア観

前章でみたように、スミスは、六版六部三編で、六版三部三章ですでに原理的に明確化していた自己規制論を再度主題にしている。これまでの研究では新三部ですでに解決済みの問題をなぜ改めて問題としたのかが問われていないが、その理由は、彼が新三部で展開した想定観察者原理に基づく自己規制論だけでは、六版の中心主題をなしていた傲慢問題に十分対応しえない事実の自覚にあったように思われる。

スミスは、六版六部の自己規制論の第二七節で、〃他の人々にも一般に達成できる通常の程度の卓越に注意を向ける人々の中でも、自分は実際にはそれよりずっと上だと感じる人がいる。そのような人は公平な観察者からもそうであると認められるが、そのような人の注意は通常の完全基準に向けられるので、自分の弱さと不完全さに気付かずに傲慢になる〃（VI. iii. 27, M. 486）という趣旨のことを語っている。彼が、この原文に先立つ個所で、過度の自己評価から生まれる傲慢化を防ぐ論理として、「世間で一般に達成されている基準」と「厳密な適宜性と完全性」（VI. iii. 23, M.483）の実現という二つの基準論を持ち出し、後者を目指すべきことを強調したのは、このような問題に対処するためであった。スミスは、こうした形で、世間並みの基準よりもはるかにきびしい厳密な適宜性と完全性という六版三部ではまだ必ずしも明示的《エクスプリシット》には展開していなかった完全原理を正面に持ち出すことによって、過度の自己評価から生まれる高慢の自己規制の原理を確立しようとしたのであるが、この完全基準論がすぐれてストア的であることは明白である。ストアが神のロゴスの認識による自然の体系の原子化のうちに「完全な徳性」をみていたことはすでに繰り返し指摘した通りであるが、スミスは、初版では「どんな人間の行動もかつて到達したことがなく、永遠に到達しえない」とされていた「完全な適宜性と完全性」（I. i. 5. 9, M. 34）の理想をストアの賢人のうちに見出すことによって、それを自己規制の原理にしようとしたのである。

　スミスが新六部でストア的完全思想により傾斜していたことは、以上の事実からも明白であるが、上の論理でより以上に注目すべき点は、彼が前述の原文で、①観察者は「通常の程度の卓越」でもそれとして称賛するので[34]、観察者視点だけでは当事者の傲慢化を防げない次第を事実上認める論理を展開している事実である。上の原文は、その他さらに、②観察者は、過度の自己評価をする人に騙されることがあるので、③賢明な人は、自らの本性（自然）の真実に満足するという趣旨のことも語っている。念のため、その証左となる原文を一部抜粋すれば、上の引用の数節あとで、次のような思想が展開されている。「公平な観察者は、しばしば過度の自己評価をする人々によって完全に征服され圧倒される。成功が、彼の目から彼らの企画の無謀さだけでなく、しばしば重大な不正義をも隠してしまうので、……彼は、彼らの性格の欠陥を非難するどころか、しばしばそれを熱狂的な称賛をもって眺める」（VI. iii. 30, M.488）

が、彼らが不運な場合には、逆の見方をするようになる。人間の道徳感情がこのように偶然に左右されることも、必ずしも無用ではないが、「自分に実際に属すること以外のいかなる値うちをも自分に帰属させようとせず、他の人々が彼に帰属させることを願いもしない人は、〔こうした世間的称賛とは無関係に〕……彼自身の人格の本当の真実と確実性に満足し安心している」(VI. iii. 31, M.490)。それが「本当に賢明な人」であると。この論理は、われわれがかりに称賛に値することのみを愛する「想定された公平な観察者」になることによって、道徳感情の腐敗を防ごうとしても、所詮は第三者の称賛を基準とする観察者視点だけでは必ずしも傲慢化は防げないという、公平な観察者論の限界認識に基づくその限界克服の道をストア倫理観に求めるに至った次第を示しているといえよう。スミスは、既述のように、六版三部でworthy愛好主体としての公平な観察者を想定することによって、観察者視点に基づく自己規制の論理を展開したが、観察者は「通常の程度の卓越」でも称賛するだけでなく、しばしばだまされることがあるので、[35]観察者視点を原理とするだけでは高慢な人の傲慢化を防げないことに気付いたため、観察者視点(人―人関係倫理)とは本質的に異なる事物の論理(自然のロゴス)そのものに自己規制の原理としての完全性の基準を求めることになったのである。このような思想がすぐれてストア的であることは明白である。上の論理は、観察者がどうみるかという人―人関係のうちにではなく、事物の論理のうちに完全性の原理を求めるものであるからである。[36]

スミスは、胸中の想定された公平な観察者が従うべき原理に自然の中に植えつけられた理性への服従というストア的原理を導入することによって、観察者論とストア倫理観とを融合させたのであるが、この六版六部には六版三部でなされていたようなストア倫理観と観察者視点との合致論証を超えた観察者原理そのもののストア化(当事者の置かれた状況の観察者としての観察者概念の、自然のロゴスの観察者概念への転化)がみられるといえよう。彼が新六部で完全ストア的な賢明有徳者モデルを提出し、彼らに「完全な適宜性」=「完全な自己規制」としての「完全な徳性」の担い手を求めていることも、こうした原理そのもののストア化を示すものに他ならない。たとえば、スミスは、六版六部の「普遍的仁愛」（VI. ii. 3）論では、六版三部よりさらに踏みこむ形で、賢明有徳な人は、公益のために私益を犠牲にし、「彼自身……にふりかかるすべての非運を宇宙の繁栄にとって必要なものとして、諦観をもって服従すべきであるだけでなく、物事のすべての関連と依存関係を知っていたら、彼自身がまじめに献身的に願望すべきものと考えるにちがいない」（VI. ii. 3. 3, M.471）とのべている。このような賢人像がストアのそれであることはいうまでもないが、スミスはここでははっきりとストア的諦観を承認しているだけでなく、「宇宙の偉大な指導者の意志に対するこの高潔な諦観（resignation）は、いかなる点においても人間本性の到達点を超えるものとは思われない」（VI. ii. 3. 4, M.471）とまでいいきっている。こうしたストア的諦観論は、断片的な表現とはいえ、「ストアの掟の大半は、……人間本性の到達点を全く超えた完成を目指すように教える」（1 ed. 136, M.91）ものであるとしていた、初版のストア論の結論とは微妙にトーンを異にすることが注目される。彼が六版六部で初版の不完全徳性論としての適宜性論に照応する下級の慎慮とは本質的に異なる「上級の慎慮」を持ち出し[37]、その担い手に「最も完全な適宜性をもって行為する」「最も完全な徳性」の所有者としての「プラトン学派あるいはアリストテレス学派の賢人の性格」（VI. i. 15, M.448）を想定していることも、六版六部が初版の不完全徳性論とは本質的に異なる完全徳性論をベースとする論理展開になっていることを示すものに他ならない。同様に、彼が六版六部で、「一定の大胆さ、神経の一定の不動性（firmness）と体質の強固さが……疑いもなく自己規制のすべての偉大な行使のための最良の準備である」（VI. iii. 19, M.481）として、「尊厳性と適宜性の感覚に基づく高貴な不動性と崇高な自己規制」（VI. iii. 18, M.481）とを同一視する形で、自己規制概念の中に「不動性」というすぐれてストア的な概念を導入していることも、六版の論理のストア化の例証としてあげられよう。観察者の同感に基づく状況的適宜性のうちにモラルの原理を求める初版の論理では自己規制に不動性は必要ないからである。

こうした例証だけから六版六部の原理自体のストア化を断定するのは行きすぎであろうが、スミスは、世間並みの卓越をもそれとして称賛する観察者視点だけでは傲慢防止には十分でないことに気付いて、観察者論にそれとは原理を異にするストア的完全原理を導入したのである。[38] スミスが『感情論』六版ではよりストア的になっているという一部の欧米の研究者の見解も、こうした解釈と符合するといえよう。

四　ストア評価の逆転の帰結

(1) 観察者概念の超人化とストア的二元論

六版におけるストア評価の逆転は、観察者の同感原理に立脚する適宜性道徳論の実態認識、とりわけ、その中核をなす観察者理論そのものの限界認識に基づくものであったのであるが、その背景にはさらに彼自身が『国富論』で積極的に正当化していた中産道徳の実態に対する苛立ちがあったといえるであろう。前述のような六版におけるストア評価の積極化が、道徳感情の腐敗認識の深刻化に伴う自然の欺瞞理論に対する評価の消極化と照応関係にあるのも、この事実を確証するものとして注目される。スミスは、『国富論』段階以降における現実認識の進展に伴って、自然的自由の体系の根幹をなしていた欺瞞の摂理の妥当性に対する疑問を深めるにつれ、それと反比例的にストア評価を積極化させることになったのである。こうした欺瞞理論とストア評価の対極性は、『感情論』のストア的前提・枠組みとともに、『感情論』の本来の主題の反ストア性を改めて確証するといえるであろう。『感情論』は、もともとストアに欺瞞理論を「付加」したものにすぎず、従って『感情論』から欺瞞理論を除去すればストアになるといわれるような内実をはらんでいたのであるが、そうした『感情論』の独自性を構成していた欺瞞理論の有効性に対する疑問が深まるにつれて、『感情論』の前提をなしていたストア倫理観の意義が見直され、ストア評価がポジ化することになったのである。しかし、こうした欺瞞理論に対する疑念の増大に比例するストア評価のポジ化は、徳性論としての『感情論』の主題そのものの質的転換を意味するものであった次第が注意される要がある。

第一部で詳説したように、『感情論』初版は、自由⇩必然、作用⇩目的の自然の摂理の貫徹・実現を保障するための地上の交通倫理の確立を主題とするものであった。スミスが『感情論』の主題を「人類のうちで最も価値のない人々でも所有している普通の通常の程度の感受性か自己規制以上を要求しない」(I. i. 5. 7, M. 33) 適宜性道徳論の展開に限定し、徳=卓越の条件をなす「完全な適宜性と完成」はいかなる人間にも不可能であるとすることによって、徳を秘儀化していた理由もそこにあったのであった。こうした初版の問題意識とは逆に、初版の適宜性道徳論の不十分性認識から出発した六版の主題は、既述のような形で観察者の同感=適宜性論にストア的倫理観、その核心をなす完全徳性論を掛け合わせることによって、適宜性論を徳性論化する点にあったのであった。その手段としてスミスが六版で展開したのが、ストア的賢人モデルに体現されたストア的完全徳性原理に基づく観察者機能の強化策であった。そのときどきの状況的適宜性を超えた、自然のロゴスの認識に基づく「最も完全な適宜性」の体現者としての理性的な観察者像が六版にみられる理由はそこにある。慎慮・正義・仁愛の三つの徳性の他にさらに自己規制というすべての徳を兼備した「完全に有徳」な人としての観察者像が、ストア的賢人モデルに立脚していることは明らかである。

こうした六版の観察者概念は、観察者機能の内実に、たんなる第三者視点を超える、「さまざまな対象と事情のすべてを」識別し、「自然か自然の創造者がわれわれの行動のために定めていた法と指示に従う」(1 ed. 431-2, M.339-340)

ストア的な「最も完全な適宜性」の体現者としての機能と能力とを要求するものといえるであろう。スミスも、観察者概念を「ニーチェ的な超人（Nietzschen 'übermensch'）」化し、「最終版では彼も現実からの理想主義的な退却の罪を犯している[39]」といわれる根拠はそこにある。スミスは、観察者に誰にでもそれなりに到達できる第三者機能とは本質的に異なる「聖人のような超人間的資質を付与する[40]」ようになったのである。

こうした観察者概念の超人化に照応するスミス解釈が、スミスの徳性論をストアの道徳的位階制（moral hierarchy）論に従って説明する見解である。たとえば、ワゼックは、スミスが適宜性を庶民にも認めながら、徳は賢明な少数者に限定し、「賢明な少数者の徳と大衆の適宜性とを区別」した論理を展開している点を強調し、「完全な賢明有徳者には聖人のような超人間的資質を容認しながら、普通の人々には適宜性の水準を果すこと以上を期待しない」スミスの「先見的な現実主義」を称賛している[41]。このワゼックの見解に代表されるような、「完全」は俗人には不可能なので、賢明な少数者、エリートだけが有徳になりえ、大衆には適宜性しか求められていないという、徳と適宜性、エリートと大衆との完全二分論的解釈は、研究者の間ではほぼ支配的な見解になっている[42]。スミス自身も、「完全な徳性」の担い手をストア的な賢人、賢明有徳者、賢明な少数者に求め、大衆はその水準に達しえないとしていることはすでにみた通りである。とりわけ、彼が六版で展開した完全な適宜性ないし上級の慎慮の体現者としての政治家ないし立法者の指導に期待する有徳者政治学の思想には、エリートと大衆とを二分するストアの道徳的位階制論の影が色濃く感じられる。

「ストアの道徳的位階制が『感情論』のスタイルと議論に痕跡を残している[43]」ことは、その限り明白な事実である。しかし、スミスが『感情論』でこうしたストア的な位階制論を前提した議論を展開していたことは、必ずしも彼がストア的なエリート－大衆論をとっていたことを意味しない次第が注意される要がある。スミスは、たしかに初版でもストアの論理に従って、「完全な徳性」としての徳＝卓越と「不完全な徳性」としての「適宜性」とを明確に区別した議論を展開しているが、初版では徳＝卓越の基準としての「完全な適宜性と完成」は人間には原理的に不可能である（I. i. 5. 6-7, 9）とすることによって、徳論を事実上秘儀化しているからである。これは、彼が初版ではストア的なエリート＝徳、大衆＝適宜性の二分論を明確に否定していたことを意味するものに他ならない。これに対し、六版では「あらゆる実行可能な環境と状況において最も完全な適宜性をもって行為する」（VI. i. 15, M.448）ことのうちに「完全な徳性」の実現をみるとともに、その担い手を賢明な少数者にみるストアの階級道徳論の論理がそのまま採用されている。しかし、この事実も、彼が六版になって初版の適宜性道徳論と本質的に異なるエリート道徳論を展開し、人間は神の完全に至りうるが、大衆には完全は不可能だから、エリート以外の中下層は不完全な徳としての適宜性に従って行動すればよいと考えるようになったことを意味しない。『感情論』の基調は、一―六版を通して、「完全な適宜性と完成の観念と比較するとき、すべての人間の行為は、永遠に非難すべく不完全であるようにみえる」（1 ed. 47, I. i. 5. 9, M.34）という初版の言葉に象徴される、エリートと大衆とを問わぬ人間一般の本質的な弱さと不完全さを前提した議論を展開している点にあり、六版になってこうしたキリスト教的倫理観に立脚する人間像を放棄した証拠はないからである。スミスは、こうしたキリスト教的人間像を一貫して前提しながら、適宜性道徳論の完全徳性論化を六版改訂の主題にしたのであり、ストア的なエリート＝完全、大衆＝不完全論それ自体の展開を意図したのではない(44)。彼が六版で改めて展開した有徳者政治学的エリート道徳論は、第二―三章でみたように、六版の良心論や徳性の性格論の基本主題をなすものではなく、中産道徳に信頼しえなくなったスミスが、中産道徳改善のための補助手段として指導者層に要請したものにすぎないことは明らかである。彼が六版六部の自己規制論で、ストアの完全―不完全基準論を改めて持ち出したのも、エリート以外は不完全基準でよいとするためではなく、世間並みの基準で満足することから生まれるすべての人間、それも世間並み以上の力量をもった中産市民層の傲慢化を抑制するためであったことはすでにみた通りである。

スミスがキャデル宛手紙の中で新六部が「実践的道徳体系を含む」(Correspondence, 287) とのべていることも、以上の解釈を確証するものに他ならない。スミスは、周知のように道徳哲学学説史の中で、ストア主義者たちの実践道徳論は、「完全な徳性」論のような「正しさではなく、適宜性」の実現を主題とする「不完全ではあるが、到達可能な徳性についての学説」(VII. ii. 1. 42, M.363) であるとしている。この規定は、六版六部の主題がストア的な完全徳性論ではなく、不完全徳性論としての適宜性論の展開・完成であった次第を示す有力な根拠と考えられるが、スミスが新六部の主題を「実践道徳論」と規定したことには、その他にさらに実践道徳用語のより一般的な用法であるハチスンの『情念論』的な性格改善・徳性涵養論としての含意も含まれていたように考えられる。六版六部の中心主題が「徳性の性格」分析に基づく人間の性格改善論としての「自己規制」論であることが、その何よりの証左をなしている。と解する場合、『感情論』六版改訂は、初版以来のスミスの一貫した主題である適宜性道徳論のより完全な徳性論化を「実践道徳」論としての「徳性の性格」(実態批判) 論の主題としたものに他ならず、不完全徳性論としての適宜性論と原理的に異なる完全徳性論としてのエリート道徳論の構築を意図したものではないということになるであろう。六版六部が厳密な意味での徳性論というより徳性の実態批判論であることは第三章で論証した通りであるが、スミスは、徳＝エリート、大衆＝適宜性のストア的二元論で現実を裁断したのではなく、神ならぬ弱く不完全な人間を対象とする地上の交通倫理としての適宜性道徳論の確立を一貫した主題としながら、その不十分性認識から適宜性論にストア的完全原理を挿入することによって、適宜性道徳論の梃入れを図ったのである。『感情論』六版は、ワゼックその他のいうような徳と適宜性との完全分離論に基づくストア的階級道徳論の展開を意図したものではなく、適宜性論の徳性論化による中産倫理の改善を中心主題とするものであったのである。スミスが『感情論』の中で「この完全な適宜性が必要とするものについて、ストア的観念をもつ人はわずかしかいないとしても、それでもすべての人は、ある程度自己を規制しようと努力する」（2 ed. 218, M.206. 傍点引用者）とし、「われわれはめったに（われわれは決して、と私は考えたい）〔厳格な適宜性と完全性の観念と普通に達成される基準との〕これらのちがった基準の双方に多かれ少なかれ注意を払うことなしに、自身について判断しようとはしない」（VI. iii. 23, M.483）とのべていることも、スミスの完全論義がエリートだけを対象とするものではないことを示しているといえよう。

(2)　自然と理性のテンション

こうしたスミスとストアの本質的異質性は、両者の立脚している原理を考えるとき、より明確になることであろう。ストア倫理の根幹は、既述のように、神のロゴスを知り、自らを体系の一部に化することのうちに完全な徳性実現をみる点にあったが、スミスの道徳哲学は、第二部でもふれたように、そうしたストア思想の根幹をなす自然の理性的認識可能性を原理的に否定し、神と人間との関係を断絶的にとらえることから出発するものであった。こうしたスミスの道徳哲学の根本前提が多分にカルヴァン神学的性格をもっている次第は別著で詳説した通りであるが[45]、スミスは、神の設計《デザイン》した自然の必然法則がみえないことから生まれる偶然・自由の感覚に基づく人間の自然の活動が、作用⇩目的の自然法則に媒介されて、個々の作用因の意図しない目的を実現するに至る自然の摂理の貫徹に必要な地上の交通倫理の確立を『感情論』の初発の基本主題にしていたのであった。スミスが六版七部のストア論の結論部分で、「自然がわれわれの行動のために大筋を描いてくれた計画と体系は、ストア哲学のそれとは全く異なっているように思われる」（VII. ii. 1. 43, M.363）とした所以も、『感情論』がこうしたカルヴァン神学的逆説に照応する自然の体系思想に立脚していた点にあることは、その前後の論旨からも明白である。「『感情論』のストア主義との究極的分岐点は、理性と自然との合致の否定に基づいている。『感情論』は自然を理性に対置しており、書物の随所にみられるすぐれてストア的なトーンにもかかわらぬ第七部におけるストア哲学拒否の基礎に横わっているのは、この対立である(46)」というヴィヴィエンヌ・ブラウンの指摘は、『感情論』とストアの神学的前提の差異から生まれたこうした両者の本質的異質性を明確に表現したものといえよう。スミスが六版においても一貫して計画・理性主義を否定し、「体系の人」をチェスの駒の論理によって批判した根拠もそこにあることは明らかである。

多くの研究者は、こうした両者の思想の原理的差異を明確化することなく、ストアと同様な用語が『感情論』にもみられることから、両者を同一視しているが、両者の用法は、多くの場合、本質的に異なることが注意される要がある。たとえば、スミスは、六版七部のストア論の中で、「賢明な人は、人間本性と世界の偉大な守り神が彼を眺めると考える見方で自分自身を眺め、……そうした聖なる存在の感情に入りこむことによって、彼自身を巨大で無限の体系の一原子、一分子と考える」(VII. ii. 1. 20, M.346)とのべているが、神の眼で自分をみることによって巨大な体系のアトムにすぎない自分を確認することと、他人の眼でみることによって、「群衆の一人にすぎない」(2 ed. 213, M.201)自分を確認することとは、決定的に異なることは明白である。『感情論』の論理の根幹をなす「観察者」の意味も、ストアのそれとは決定的に異なっていたことは、すでにみた通りである。にもかかわらず、そのスミス自身が良心論の徳性論化に伴って、観察者概念に人―人関係原理としての第三者視点とは異なる、自然のロゴスの理性的観察者的機能を付与するようになっていたことも、さまざまな例をあげて論証した通りである。

スミスは、ストア的理性主義の否定から自らの主題を出発させながら、六版では自然主義にストア的理性主義を忍びこませていたのであるが、こうした観察者概念自体のストア的変質を可能にした土壌としては、彼がカルヴァン主義的神学観とならんで、多分にストア的な神観念をもっていたことが考えられる。『感情論』の随所に色濃くみられる「宇宙という巨大な機械を考案し指揮している」（VI. ii. 3. 5, M. 473）神とか、「一つの巨大な一貫した体系を構成している」「世界の全機構《マシン》」の「全知の建築者兼指揮者」（VII. ii. 1. 37, M.360）というようなすぐれてストア的な神観念は、自然のロゴスの認識・服従のうちに徳性の実現をみるストア的倫理観と両立しうるからである。自然の隠された連鎖の解明を主題とした「天文学史」その他の哲学論文で多分にストア的な科学的神観念を展開したスミスが、『感情論』においても多分にストア的な完全思想を展開していた背景はそこにあるといえよう。

スミスは、こうしたストア的神観念に立脚するストア古典的自然法観の批判から自らの主題を出発させながらも、カルヴァン主義的逆説に立脚する自然主義だけでは済まない現実に当面して、ストア的神観念に照応する論理を復活させたのであるが、スミスが一方でカルヴァン主義的論理を前提しながら、他方でストア的な神観念に立脚する論理を展開していたとみることは、論理的には完全に矛盾しているといわれることであろう。しかし、カルヴァン主義的神学観とストア的神観念との並存を認めることは、長老派カルヴァン主義の思想伝統の下で、その骨格を保持しながら、その内実をストア化することによって、人々を神学的迷蒙から解放しようとしたスコットランド啓蒙の思想風土の下では必ずしもそれほど不可解なことではない(47)。そうした啓蒙の思想課題を最初に理論的に展開したフランシス・ハチスンのキリスト教的ストア主義の批判的継承を主題としたスミスが、一方ではカルヴァン主義の論理によってストアを批判しながら、他方ではストアの論理に従った思想展開をしていたのは、むしろ当然のことであったといえるであろう。

『感情論』六版の徳性論とストア観の二面性の根源は、こうした啓蒙の思想課題に照応したスミスの神観念の曖昧性にある。スミスがストアを原理的に拒否しながら、事実上は受容していたとする見解が生まれる背景もそこにある。

ブラウンは「公平な観察者機構の記述をめぐるテンションは、『感情論』がストア哲学に依存しながら、究極的に拒絶していることに溯らせうる」[48]としているが、こうした観察者概念と徳性観をめぐるスミスのテンションは、スミス体系の根底におけるストア哲学とカルヴァン神学との矛盾的並存に基づくものであったのである。しかし、スミスが初版のストア批判の線を後退させてストア論理を復活させたのは、ひとえに初版のカルヴァン主義的逆説に立脚する人間的自然の解放論だけでは道徳感情の腐敗の現実に対応しえない次第を痛感するに至ったためであった。とした場合、カルヴァン主義とストアとの並存から生まれるスミス思想のテンションは、スミス自身の神観念の二面性によるものである以上に、商業社会の陰の問題に当面したスミス自身の現実認識の変化によるものであったといえるであろう。スミス自身におけるストア哲学とカルヴァン神学との格闘が自然と理性とのテンションとなって現れたのは、原理の問題である以上に、自然的自由の現実・実態をみたスミス自身の苦悩の表現であったのである。

（1） Cf. TMS, 2 ed. pp.208-9, M. 198-9.

（2） 「現実の観察者」の形成する世論は、当事者ではない第三者である点では「公平な観察者」であるが、公平な観察者が世論では世論に対する良心の優位を保てないので、スミスは、二版では公平な観察者と世論とを区別し、初版とは逆に前者を「内なる人」と同一視することによって、観察者概念を内面化するとともに、世論に対する良心の優位を論証したのである。しかし、二版ではいまだ世論と区別された内なる人としての公平な観察者概念自体の内在分析はなされていないといえよう。

（3） Cf. TMS, III. 2. 32, III. 3. 21, 26, 38, 41, 42, VI. ii. 1. 22, VII. ii. 1. 34, M. 248, 249, 257, 259, 267, 268, 358, 461.

（4） TMS, Introduction, p.5.

（5） *Ibid.*, pp.6, 10.

（6）*Ibid.*, pp.7-8. ロスも、「人間の福祉についての神の計画した目的」に関する「スミスの思想の究極の源泉は、ストアの調和的に展開する自然観であり、それがまた見えない手への言及の背後に存在する」（Ross : *The Life of Adam Smith*, p.167）とのべている。

（7）Cf. Waszek, N.: Two Concepts of Morality: A Distinction of Adam Smith's Ethics and its Stoic Origin, *Journal of the History of Ideas*, 45-4, 1984, pp.591-606.

（8）Cf. Brown, V.: *Adam Smith's Discourse*, esp., Chs. 3-4.

（9）Minowitz : *Profits, Priests & Princes*, pp.89, 91.

（10）Cf. Fitzgibbons : *Adam Smith's System of Liberty, Wealth and Virtue*, esp., Chs. 2-3, & p.187.

（11）Dwyer, J.: Virtue and Improvement: the civic world of Adam Smith, in *Adam Smith Reviewed*, p.212.

（12）伊藤哲　アダム・スミスとストア哲学『経済学史学会年報』第三二号ほか。正田庄次郎『道徳感情論』第六版改訂の意義について　北里大学教養部紀要一五号参照。

（13）Cf. Brown, V., *op.cit.*, Ch. 5. esp., pp.103-4.

（14）*Ibid.*, p.100.（傍点引用者）

（15）ストアも、不変の法の支配と、その下での偶然の作用⇒それを貫く神の英知と仁愛を認め、作用⇒目的の狡知を前提している。スミスも、こうしたストア的神学観を展開している（e.g. TMS, 1 ed. 434-5, VII. ii. 1. 20-21, 37, M.341, 346-7, 360-1）。多くの研究者がスミスはストアだとする根本はここにあるが、ストアは人間にこのような自然の体系の原子化を要求するのに対し、スミスは、自然のロゴスの認識・一体化を否定し、不変の法がみえないことから生まれる偶然・自由⇒欺瞞⇒必然論をとっている点が、ストアと決定的に異なることに注意されたい。

（16）Cf. TMS, Introduction, p.7. Minowitz, *op.cit.*, p.89.

（17）Brown, V., *op.cit.*, p.113.

（18）*Ibid.*, p.62.

(19) ヒュームも、ストアの最大の誤謬は、人間が神の心を理解し、人間が神の位置にいたら従うであろう計画《プログラム》を遂行していると考える点にあるとしている（Cf. Fitzgibbons, *op.cit.*, pp.86-87. なお、こうしたヒュームのストア観については、Cf. Stewart, M. A.: The Stoic Legacy in the early Scottish Enlightenment, *Atoms, pneuma and tranquillity, Epicurean and Stoic themes in European thought*, ed. by M. J. Osler, Cambridge 1991, esp., pp.279-280, 287.）。この点は、ヒューム—スミスとも全く同じであるが、スミスはヒュームとちがって目的因の妥当・貫徹を認めている。両者の神学観の分岐点はそこにあるといえよう。

(20) 神のロゴスを知ることと、他人の眼でみることとは決定的に異なることに注意されたい。ストアには神と人間との断絶はなく、神との一体化が想定されているが、ストア的な自然の体系の原子化を拒否して、人—人の相互作用《インター・プレー》のうちにモラルの原理を求める『感情論』の原理の底には、ストアや「天文学史」的な科学の神から見えない神への移行がみられるのではないか。

(21) Brown, V., *op.cit.*, p.76.

(22) 正田庄次郎　前掲論文　五ページ。正田も、上述のような一—二章と三章との対極性に注目し、一—二章の論理のあとに「『第三章ストア哲学について』と続くのは、いかにも唐突といえる」（同上）としている。

(23) 最近の文献では、Cf. Brown, V., *op.cit.*, pp.89-92. Winch, D.: *Riches and Poverty*, Cambridge 1996, p.63. 小林昇　アダム・スミスの「見えない手」について　日本学士院紀要五〇巻三号　一六五—一七一ページ参照。

(24) 見えない手の議論が、ストア的な「真の幸福」観を比喩として使いながらも、実際にはエピキュール的基準に従っていることも、この事実を裏付けるものといえよう。貧乏を「心の状態」としてとらえるスミスの思想は完全にストアであるが、彼はそのことによってストア的諦観を説いたのではなく、人間の富追求の動機が物質そのものにではなく、虚栄心にある次第を論証しようとしたものにすぎないことに注意されたい。

(25) 和田重司は、スミスが贖罪節の中で神の完全さと人間の弱さと不完全性を対比した議論を展開していることから、スミスの贖罪論を『感情論』の中で展開されている完全—不完全基準論で相対化することによって、贖罪論のキリスト教性に否定的・消極的な見解をとっている（和田重司　アダム・スミスの経験科学と神学の問題　中央大学経済学論纂三七巻一・二合併号、とくに五六―八ページ)。篠原久も同様な見解をとっている。しかし、世間的基準を超える「完全」を神の完全性と同一視するのは、完全を神との一体化のうちにみるストアには妥当しても、人間の完全性を原理的に否定するキリスト教には妥当しない。ストア的な完全実現が可能だとしたら、人格神の贖罪の必要もないからである。和田・篠原説は、ストアの論理で贖罪論を裁断するものであるが、『感情論』は、ストア論理を下敷にしながら、それとは異なる思想の展開を意図している次第が注意される要がある。なお、スミスは、ストア的な二つの基準論を六版六部三編だけでなく、初版(**TMS, 1 ed. 47, I. i. 5. 9, M.34**)でも展開しているが、初版では完全実現は人間には原理的に不可能で、その基準でみるとき、「すべての人の行為は永遠に非難すべき不完全にみえる」という贖罪節と同じ論理を展開している。この事実も、ストアの完全―不完全論が初版ではストアとは別の思想を展開するためのネガであった次第を示すものといえよう。

(26) 伊藤哲　前掲論文　五〇―五二ページ参照。

(27) 前掲論文　五二ページ。

(28) スミスが二版で導入した自愛心抑制原理としての「理性・原理・良心・胸中の住人・内なる人」(**TMS, 2 ed. 213, M. 201**)の理性・原理も、ブラウンのいうようにストアの **hegemonikon**(正しい理性=宇宙の支配精神である神のロゴス)を念頭に置いたものと考えられないではない(Cf. Brown, V., *op.cit.*, p.57)。もし、そうであるとすれば、スミスは初版ではネガ的にしか使っていなかったストア原理を二版では良心論の中核にすえたことになるが、二版増補分全体の論旨は、(イ)対立利害の比較原理としての観察者視点に基づく自愛心の抑制論の展開、(ロ)その視点からのストア批判なので、上の原文は、ストアの **hegemonikon** というより、自然法的理性・原理と良心・内なる人とを同一視したものにすぎないとみる方が至当であろう。

(29) **Cf. Raphael : Adam Smith 1790: the man recalled; the philosopher revived, in *Adam Smith Reviewed*, p.104.**

(30) 拙著『アダム・スミスの自然法学』とくに一九五―六、二〇八、三〇九ページ参照。

(31) 初版では、「感受性と自己規制の諸徳性」が共に通常の程度の資質には存しない卓越を必要とするのに対し、「最も完全な適宜性をもって行為するには、人類のうちの最も価値のない者でさえ所有する普通の通常の程度の感受性または自己規制以上は必要でない」（1 ed. 45, I. i. 5. 7, M.33）とされるだけで、感受性と自己規制という矛盾する徳性の培養の要は説かれていない。

（32）Cf. Brown, V., *op.cit.*, Chs. 1-3. ただし、ブラウンの見解は、良心＝道徳判断論としての六版の議論を中心にしたもので、一般規則論に収斂されてゆく初版の論理との対話《ダイアローグ》性の差異は問われていない。

（33）Cf. Brown, *op.cit.*, pp.55-62.

（34）初版（1 ed. 48, I. i. 5. 10, M. 34）では、普通の程度の卓越でも、その基準で判断される場合には「最高の喝采」に値するとされている。この論理も六版と同じであるが、初版ではそれが傲慢化の原因とされていない点に、一—六版間の問題意識の差異が明確に示されていることに注意されたい。

（35）六版三部（III. 2. 32, M. 249）でも、想定観察者も、現実の観察者が一斉に反対している場合には、自由な意見をいうのを恐れためらうことがあるとしている。が、三部では六部とちがって、いまだこうした想定観察者論それ自体の限界克服の論理は展開されていない。

（36）徳性と行動の適宜性は、対象と事情のすべてを識別し、「自然に従って生き、自然か自然の創造者がわれわれの行動のために定めた法と指示に従う」ことにあり、それが「徳性の本質を構成する行動の完全な正しさ《レクティチュード》」（1 ed. 431-2, M.339-340）をなすというストアの原理を、六版ではスミスも事実上承認した論理展開をしていたといえよう。

（37）ワゼックによれば、スミスの上級の慎慮のルーツはゼノンであり、普通の慎慮の内実としてスミスが列挙しているのもストアであるという。Cf. Waszek, *op.cit.*, p.603.

（38）六版三部の想定観察者論は、worthy 愛好主体としての公平な観察者を概念的に想定することによって、称賛愛に流されやすい観察者論の難点を克服しようとしたもので、観察者機能そのものの信頼性は前提されていたといえよう。これに対し、六版六部の自己規制論における観察者概念は、三部の想定観察者論とは基本性格を異にする観察者機能論として、観察者機能の実態分析を主題にしたものといえよう。新六部では「想定された公平な観察者」用語が一カ所でしか使われていないことも、六版六部が六版三部のような観察者論の良心論としての再構築論とは異なる次第を示すものといえよう。

（39）Dwyer : *Virtuous Discourse*, p.183.

（40）Waszek, *op.cit.*, p.605.

（41）*Ibid.*, pp.597, 605.

（42）たとえば、ブラウンは、『感情論』の徳性論は、ストア的位階制を前提しており、大衆の道徳的潜在力には否定的であるという（Cf. Brown, V., *op.cit.*, pp.76-78, 208）。イヴンスキーも、ワゼック的に二つの徳性論を想定し、『感情論』には完全徳性を前提したデザイン論と、不完全人間のための実践道徳論とがあるとしている（Evensky : The two voices of Adam Smith, ASCA, VI. pp.175-192.）。ミュラーは、人間の弱さと不完全性の自覚をスミスの根幹としながら、それを大衆のみの問題としてとらえ、それにエリートを対立させるストア的二分法をとっている（Muller : *Adam Smith in his time and ours*, pp.97-98）。他に、エリート＝有徳、大衆＝富の追求者とみるディッキー説（Dickey : Historicizing the "Adam Smith Problem", p.597）などがある。

（43）Brown, V., *op.cit.*, p.76.

（44）六版の中心的批判対象が、マスとしての中産層、その中でもとりわけ世間的に成功した中産エリート層の傲慢化にあったことも、六版の完全徳性論が賢明な少数者のみを対象とするものではない次第を示すものといえよう。

（45）拙著『アダム・スミスの自然神学』後編参照。

（46）Brown, V., *op.cit.*, pp.73-74.

（47）カルヴァン主義的キリスト教とストア哲学との融合を意図した当時の思想の動態については、Cf. Sher, R. B.: *Church and University in the Scottish Enlightenment, The Moderate Literati of Edinburgh*, Edinburgh 1985, esp., Chs. 4-5. Stewart, M. A., *op.cit.*, pp.289-295.

（48）Brown, V., *op.cit.*, p.55.

終章　後世への遺言状

一　『道徳感情論』の総括性と法学非展開の理由

一七八五年以降本格化した上述のような大幅な増補・改訂作業の結果、ようやく完成した『道徳感情論』第六版は、彼の死の直前の九〇年五月に無事刊行されたが、その「前書き」はスミスがその成果にほぼ満足していたことを感じさせる。彼が『感情論』初版の最終節において『感情論』の続編として刊行を予告していた「法と統治の一般原理」論の主題についても、「私は、『国富論』でこの約束を部分的にではあるが、少なくとも治政・収入・軍備に関する限り遂行した」（**TMS, Advertisement, 2, M.442.**）としていることも、その感を抱かせる。スミスは、『感情論』の改訂稿を書き上げて、肩の荷を降ろした気持で、当面の直接の主題であった倫理学はもとより、経済学についてもいうべきことはいったので、法学以外にはもはや何も残された問題はないと考えたかにみえる。「スミスが、『感情論』六版の **Advertisement** で『国富論』で書いたことはもう済んでしまったように記しているのはなぜか[1]」というような設問が生まれる所以はそこにある。こうした設問には、『国富論』の経済理論の現実性に対する批判的視点が含まれているとも考えられるが、右の疑問を解く鍵は、『感情論』六版改訂がもともと『国富論』三版の主題への解答として展開されたものに他ならない点にあると推測される。スミスは、『感情論』六版を『国富論』、とりわけ、その第三版で展開した主題への応答として執筆したので、その主題に答えるための倫理学の再構築が完成した以上、もともと市民的人間形成論として展開された『国富論』をめぐる問題も原理的にはすべて解決されたと考えたとしても、不思議はないといえよう。

スミスが『感情論』六版のまえがきで『国富論』で書いたことはすべて済んでしまったような印象を与える表現をした一つの理由はそこにあると考えられるが、法学はなぜこの間における主たる関心の対象にならなかったのであろうか。スミスは、前述のまえがきの後半で、法学を「長い間計画してきた」「残された問題」とし、今後もなお公刊のための努力を続ける意思を表明しているが、実際には書かなかっただけでなく、法学関係の草稿は遺言ですべて焼却処分の対象にしたことは周知の通りである。これまでの研究史でも、折りにふれスミスはなぜ法学を書かなかったのかが問題にされてきた所以はそこにある。スミス自身は、その理由を多忙と老齢に求めているが、こうした弁明では済まない問題の本質は、渡辺恵一のいうように、スミスが『感情論』のあとでなぜ法学を書かずに、『感情論』から『国富論』へ直行したのかという点にある。論点をもっと明確化すれば、スミスが『感情論』刊行後、六〇年代前半におけるグラスゴウ講義の中心主題であった「正義」論をまとめずに、大陸から帰国後『国富論』の執筆・刊行に専念しただけでなく、七六年以降も、「『国富論』の改訂や『感情論』第六版の増補・改訂の『仕事』を『正義』に関する著作の刊行よりも優先させた(2)」のはなぜかが問われる要がある。その理由を明確にすることはスミス思想の一つの核心に迫ることになるであろうが、渡辺は、その理由を「『感情論』刊行以降のスミスにとって、『国富論』が狭義の法学(＝正義論)よりも重要な著作となったということだけにとどまらず、……かつて自然法学において中心的位置を占めていた『正義』論が、『国富論』出版以降のスミスにとって比較的マイナーな意味しか持たなくなってしまった[3]」点に求めている。この指摘は、概説的には是認しうるが、法学と経済学、「正義」論と『国富論』とを二分法的に分離し、「正義」論がスミスにとってマイナーな問題になってしまったとする点に、その理由を求めているのは適切でない。五〇年代から九〇年に至るスミスの道徳哲学は、『国富論』体系をも含めて一貫して正義（エクイティ）論をベースにしているからである。

『感情論』初版が正義論を中心主題とするものであり、観察者の同感がエクイティの原理であることは、第一部でみた通りであるが[4]、そう断定することは、『感情論』がエクイティの実現を直接の主題としていたことを意味しない。エクイティは、スミスの道徳哲学の根本思想によれば、自然の摂理によっておのずから実現されるもので、人間は、個々のケースのエクイティの判定主体ではありえても、全体のエクイティの実現主体ではないからである。スミスが『感情論』で自らの主題を自然の摂理の実現に必要な地上の人―人交通倫理の確立に限定し、その中核主題を観察者の同感原理に基づく交換的正義の基礎付けに求めたのも、そのためであった。そうした『感情論』の主題の展開としての『法学講義』の「正義」論は、その一般規則の具体的特定化を主題としたものであったが、交換的正義の法の遵守を社会の全成員に要求するためには、交換的正義さえ守れば、社会の全成員にそれなりのエクイティ（配分的正義）が保障される次第が具体的に論証されねばならない。スミスが、「正義」論に続く『法学講義』の第二部の「ポリース」論で、行政《ポリース》論の名において行政原理論としての経済論を展開し、経済世界の自然法則（エクイティ）性論証をした最大の理由はそこにある。ハチスンの『道徳哲学体系』―その中核をなす自然法学批判のための方法叙説としての『感情論』から出発したスミスが、『国富論』体系を展開したのも、そのためであった。『国富論』は、法学とは異なる経済学として、法学から分離・独立したものというよりも、法学（正義論）の一部門として、『法学講義』の「治政《ポリース》」論と同様、本来、法のエクイティ論証の手段として展開されたものであったのである[5]。

だが、それならば、スミスはなぜ自らの体系の根幹をなす「法学」そのものを展開しなかったのかが改めて問題になるが、それには当然のことながらいくつかの理由ないし事情が考えられる。

第一に想定される理由としては、経済世界における自然法則実現の前提条件をなす狭義の法学（交換的正義の一般諸規則の具体的特定化）そのものは、同感原理に基づく倫理と法の原理の感情論的基礎付けを意図した『感情論』や、交換的正義のエクイティ性の社会科学的論証を主題とした『国富論』とちがって、スミスにとっては必ずしも独自な固有の主題ではない点が考えられる。（交換的）正義の一般諸規則の具体的特定化は、いうまでもなく実定法学の主題に他ならず、スミスが『法学講義』で試みたように法が観察者の同感に基づく次第を論証することにはそれなりに積極的な意味はあっても、その一般規則化それ自体は、所詮は実定法学の主題に属するものにすぎないため、必ずしもそれに専念する気になれなかったとしても、不思議ではないであろう。

第二の理由としては、同感原理に基づく法学の展開には別著で論証したような原理的難点が存在する点が考えられる[6]。観察者の同感は、刑事事件の判定には十分原理たりえても、所有権の絶対性を前提する民事の原理としては必ずしも十分原理たりえないからである。スミスと同様、自然法学の感情論的再構成を意図しながらも、ハチスンが自然法的功利主義に回帰し、ヒュームが功利主義の純粋化の道を歩んだのはそのためであったが、彼らと同様な問題に直面しながら、功利主義への道を拒否したスミスは、同感原理だけでは基礎付けえない所有権法の絶対性を正当化する論理を交換的正義の配分的正義（エクイティ）性の経済学的論証に求めたのである。

スミスが、正義論から治政《ポリース》経済論に重点を移し、経済学の構築に進んだ最大の理由はそこにあったのであるが、こうした内的事情といみじくも照応することとなった外的事情としては、当然のことながら、大陸旅行前後におけるフランソワー・ケネーとジェームズ・ステュアートによる「最初の経済学体系」形成の衝撃が考えられる。スミスが大陸旅行中にケネーを中心とするエコノミストと接触したことや、ステュアートの『経済学原理』の公刊は、上述のような原理的問題に直面していたスミスに「法学」そのものの執筆よりも、『法学講義』の第二部の主題をなしていた治政経済論《ポリース》の経済学としての完成・精密化に専心させる大きな機縁となったことは容易に想像される。しかし、この第三の事情は、法学の執筆延期の理由にはなっても、七六年以降も引き続き法学に本格的に取組まなかったことの十分原因にはならない。

　スミスが七六年以降も引き続き法学を書かなかった第四のより注目すべき理由は、むしろこうした第二・第三の理由に基づいて『国富論』を執筆した結果、最初の問題意識にあった法学展開の必然性が事実上なくなってしまった点にある。スミスが『法学講義』の「正義」論で最大の関心事としていた同感原理に基づく法の状況的適宜性分析⇒その手段としての四段階環境分析に基づく慣行批判の展開⇒その根本原理としての治政経済論の分析成果は、実質的にはすべて『国富論』に全面的に吸収され、第一・二編の理論編と三―四編の歴史的現状批判論とに継承・展開・精密化されていることは、両者の論理をじっくり対比すれば容易に確認しうる事実である。彼が、大陸より帰国後、狭義の法学の構築をあと廻しにして、『国富論』の執筆に専念しただけでなく、『国富論』出版後もあえて「正義」論を根幹とする法学を『国富論』の主題とは異なる独立の著作としてまとめる必然性を見出しえないままに『国富論』と『感情論』の改訂・増補に専念した最大の理由の一つはここにある。スミスは、最初の経済学体系としてのケネーやステュアートの衝撃もあって、法学講義の中心主題をなしていた同感原理に基づく交換的正義の一般諸規則のエクイティ論証のための原理としての「ポリース」論のテーマを『国富論』としてまとめているうちに、当然のことながら、『感情論』初版の末尾で予告していた実定法（封建慣行、重商主義）批判原理論としての「自然法学」展開にさいして意図していた中心的な主題は、狭義の「法学」（交換的正義の一般諸規則の具体的特定化論としての実定法論）以外はすべて事実上展開してしまい、『感情論』初版の末尾で語った「法と統治の一般原理」論構築の意図＝その具体的展開の試みとしての『法学講義』の中心主題はすべて解決済みになっていたので、「法学」自体はすでにあえて展開する必要のない抜け殻になっていたのである。

法学非展開の理由が以上の諸点にあるとする場合、スミスが最後まで「法学」に固執したのはなぜかが改めて問題になるであろうが、その理由は、体系へのこだわりにあったといえよう。『感情論』の主題の展開としての「法と統治の一般原理」論の展開は、『感情論』の公刊以来のスミスの公約であり、ハチスンの『道徳哲学体系』、その中核をなす「自然法学」体系に代わる「法と統治の一般原理」論の構築を基本主題にしていたスミスにとっては、自らの体系完成のためにもできれば出版したいという体系へのこだわりが、事実上不可能なことを本人自身が百も承知の上での「まえがき」の言葉になったとみる方が至当であろう。

第一部で論証したような法学方法叙説としての『感情論』初版の論理構成自体も、『感情論』の論理の必然的帰結としてスミスの経済学が生誕するに至った次第を示している。『感情論』初版一―三部は、既述のように自然の感情原理に立脚する交換的正義の法の原理の確立を中心主題とするものであった。第四部は、そうした正義の法さえ遵守されれば、効用原理に依拠せずとも、自然の体系《システム》がおのずとエクイティを実現する次第の論証を意図したものであったが、流行や慣行も自然の体系《システム》の実現を妨げることがあるため、スミスは第五部で状況に即した適宜性をもたない慣行批判を行ったのであった。こうした『感情論』初版（とりわけ、四―五部）の主題がそれ自体『国富論』（とりわけ、一―二編と三編）の主題につながる契機をはらんでいることは明らかである。スミスがこうした『感情論』の主題のより具体的な精密化のための手段として展開した『法学講義』「正義」論の四段階分析は、同感⇩法のエクイティが時代や社会環境によって必ずしも同じでないことから、それぞれの時代と社会とにおける法の状況的適宜性を特定するために行われたものであったが、それは同時に状況に即応した適宜性をもたない法慣行批判原理の確立を意味するものであった。スミスは、同感原理に基づく法の状況的適宜性を確定するための四段階分析を通して、『感情論』ではいまだ十分理論化されていなかった慣行批判原理を確立することになったのであるが、この四段階分析は、立場の交換による主体の倫理の確立という倫理学から、（分業を鍵概念とする）立場（環境）の分析による法の原理の確立という社会科学への移行を意味するものであった。『法学講義』は、マルクス社会科学形成における『ドイツ・イデオロギー』的位置を占めていたのであるが、『法学講義』「治政」論は、こうした四段階分析に基づく古い慣行批判原理としての第四段階の商業社会の自然法則（エクイティ）論証を分業・交換概念中心に行うことを通して、その実現を妨げおくらせる慣行批判を行ったものであった。内田義彦や水田洋が『感情論』のうちに『国富論』の原型をみたのは、必ずしもこうした深みにおいてではないが[7]、スミスが『感情論』刊行後、法学プロパーの主題の展開を素通りして、『国富論草稿』の執筆に専念するようになったのは、既述のように、『感情論』⇩『法学講義』の主題が、もともと同感原理に基づく法の一般諸規則の具体的確定のための状況的適宜性論証によるエクイティの実現⇩その実現阻害条件の排除にあったために他ならない。彼が『感情論』の主題の展開としての『法学講義』でも、交換的正義の諸規則そのものよりも、同感⇩法のケース―環境分析＝その手段としての状況《シチュエーション》の社会科学的分析に関心を集中していたのもそのためで[8]、『感情論』の論理は、それ自体のうちに直接経済学の生誕につながる内的必然性をはらんでいたのである。スミスが、『国富論』で規制のメリットや効率の如何を問う効率《エフィシエンシー》論よりも、重商主義が正義に反する次第を論証することを通して、自然的自由の原理に立脚する自由《リベラル》な体制の確立を主題としていたことも[9]、この事実を確証するといえよう。『国富論』は、第四段階の商業社会の自然法則論証をすることを通して、それに反する封建的慣行と重商主義的独占と特権の批判を中心主題としたものであったが、こうした『国富論』の主題と構成自体も、スミスにおける経済学の生誕が、ケネーやステュアートの衝撃に基づくものである以上に、『感情論』の原理のより社会科学的展開の帰結として、『法学講義』の正義論を媒介にして成立した次第を示しているといえよう。スミスは、六〇年代前半における法学に関する講義の中での法と統治の一般原理の探求過程で、講義を踏み台に経済学の生誕を導く論理を模索していたのである。彼が、「法学」の刊行に最期までこだわりながらも、『感情論』六版改訂版の公刊に十分満足していた印象を与える最大の理由はそこにあったといえるであろう。

二　主題の変化と原理の同一性

『道徳感情論』は、スミスの道徳哲学体系全体のアルファーでありオメガであったのであるが、七六年以降におけるスミス思想の総決算としての『感情論』六版の思想と、七六年までの思想との間には道徳哲学の主題に関する微妙な変化が感じられる。その次第を既述の論点とは別の角度からシェーマ化すれば、次のように整理することができるであろう。

第一は、『感情論』⇩『法学講義』⇩『国富論』初版の中核主題をなしていた交換的正義論の展開・正当化（交換的正義の原理の道徳感情論的基礎付け⇩その一般規則化⇩そのエクイティ論証⇩その実現の制度的阻害条件としての慣行・独占批判）から、そうした制度批判論とは性格を異にする主体の人格批判を契機とするより直接的なエクイティ実現論への主題の変化である。六版の観察者論では、行為や感情の適宜性の判定主体としての観察者に、初版のようなたんなる第三者機能を超えるエクイティの担い手・体現者、実現主体的機能が付与されているのも、この事実を象徴するものに他ならない。スミスは、交換的正義の法の支配下におけるエクイティの自動的実現可能性に疑問を感じるようになるにつれて、逆に、『国富論』初版の経済世界では介在の必要を認めていなかった「公平な観察者」に、第三者視点を超える社会全体としての配分的正義の実現監視・促進者的機能をもたせるようになったのである。『感情論』六版の観察者論が、その体現者としての政治家や立法者に自然的自由の実現を妨げる独占・特権・規制批判機能にとどまらず、自然的自由の体系《システム》の欠陥矯正機能をもたせているように感じられる所以もそこにあるといえよう。

最近のスミス研究に色濃くみられる『国富論』の倫理的解釈では、『感情論』六版の観察者論がこうした性格をもっていることから、『国富論』の配分的正義論的性格を強調する解釈が多くなっている。[10]『国富論』の主題は、交換的正義の配分的正義性論証を主題とする「経済的正義」(economic justice) 論ではなく、全体としてのエクイティの政策的実現を意図する「公正経済」(just economy) 論であったとするビレットの見解など[11]がその典型をなすが、こうした解釈も、『国富論』の究極主題が配分的正義の実現にあった次第の論証を主題とするものである限り、必ずしも誤りではない。『国富論』は、交換的正義論の配分的正義性論証を主題としたものであるが、こうした主題設定自体、配分的正義の実現が『国富論』の究極主題であったことを示しているからである。交換的正義の遵守強制だけではエクイティが保障されない場合には、観察者としての政府が積極的に配分的正義実現のために関与することをスミスが認めていたのも、この事実に照応するといえよう。スミスは、配分的正義の実現を『国富論』の究極主題としていただけでなく、そのために自然的自由の体系の欠陥矯正者的機能を観察者としての立法者に認めていたのである。しかし、そのことは、『国富論』が経済的正義論と本質的に異なる公正経済論であったことを意味しない。『国富論』は、交換的正義の配分的正義性論証、その実現阻害条件としての特権・独占・規制批判を基本主題にしたもので、政府が配分的正義の担い手的機能を果たすのは、あくまでも自然的自由の欠陥是正のために他ならないからである。スミスの観察者が、ステュアートの政治家や立法者のように、経済過程（自然的自由の世界）の指揮者《コンダクター》ないし設計者《プロジェクター》として指揮・監督・計画機能を付与されたものではなく、自然的自由の欠陥の矯正者にすぎないことが、その何よりの証左である。観察者に配分的正義実現主体的機能をもたせたかにみえる『感情論』六版六部の主題が、第三部第三章でみたように高慢批判を中核にしていたことも、六版の主題が立法者＝観察者による計画・指導・統制論を中心にするものではなく、自然の摂理の実現を妨げる商人や立法者などの傲慢抑制にあった次第を示しているといえるであろう。

スミスの道徳哲学の主題の変化を示す第二の指標は、上述のような交換的正義論に照応する「義務」(officia) 論から、より実践的な道徳論への移行・変質に求められる。この転変は、『感情論』の初発の主題をなしていた正義の法の自覚的遵守のための倫理学ないし倫理の制度化論から、主体の性格改善・自己規制を中心主題とする実践倫理学への移行を意味する。スミスがこうした「実践倫理学」の展開過程で、「賢明な立法者」の指導に期待する有徳者政治学的思想を展開していたことも（それが、ドワイヤーやイヴンスキーなどのいうようなシヴィク回帰を意味するかどうかは別にして)[12]、スミスの主題と関心が六版で微妙に変化していたことを感じさせる。こうした自然法学的義務論ないし不完全徳性論からより完全徳性論的な実践道徳論への移行・変質が、倫理⇩法⇩経済の順序で展開された初発の自然法学の倫理的基礎付け、社会科学的精密化による法と統治の一般原理論展開の課題をより深めるための思想展開であるのか、それとも逆に、経済学の生誕以前の倫理学か政治学への後退を意味するものかどうかは、軽々に速断すべき事柄ではないが、スミスの後期の思想に「信条を異にする人々が相互に平和に共生することを容認する」普遍的規則の発見を主題とし、「他人の遵守を要求する権利をもつ規則の最低限」としての「正義と、徳とを区別し」、「道徳的な社会の創造は試みるべきでない」[13]としてきた自然法学の伝統からの明確な乖離がみられることは、まぎれもない事実であるといえよう[14]。

スミスは、五九―七六―九〇年の間に道徳哲学の主題と関心を大きく変え、自らの出発点をなしていた自然法学の伝統とは本質的に異なる論理を展開するに至っていたのであるが、こうした主題と関心の変化は、必ずしも原理の変化を意味しない。『国富論』の「自然的自由の体系」の根幹をなしていた偶然・自由＝作用⇩目的＝必然の自然神学観を基底とする自然の原理は、既述のように『感情論』六版でも一貫して前提されているからである。スミスがこうした自然の原理に照応する贖罪節を六版で削除したのも、道徳感情の腐敗の現実に対処するための主体の倫理確立要請に基づくもので、デザイン論自体の否定を意味するものではないことは第三部の第三章でみた通りである。[15]『感情論』六版の倫理学は、偶然・自由⇩必然の自然の摂理を前提しながら、その実現を保障するための作用因主体の梃入れを意図したものにすぎず、自然的自由の原理自体を否定したものではないからである。六版では、こうした自由な作用因の自己規制の原理としての観察者が、初版のそれとちがう超人的性格を付与されていることはすでにみた通りであるが、六版の観察者論も、人―人関係を前提するもので、クロプシーその他のいうようなカント的超越への逃避を意味するものではない次第が注意される要がある。[16]スミスが、六版でも繰り返し「胸中の人、われわれの感情と行動の抽象的で理想的な観察者は、現実の観察者の現前によって目を覚まし、義務を思い出させられる必要がしばしばある」（III. 3. 38, M.267）としていたことも、この事実を確証するといえよう。

六版の主題と内実は、このように見方によってはとても同じ書物とは思えないほど初版のそれと大きく異なっているにもかかわらず、五九―九〇年の差異は、関心と主題と強調の変化にすぎず、原理の変化ではないことは明らかである。『感情論』の初版と六版とが同じ書物か別の書物かは、もとより、前者でみるか後者でみるかによって見解が分かれる点であろうが、ディッキーのように「『感情論』の一七五九年版と一七九〇年版は全く別の書物である」[17]と断定するのは明らかにいいすぎである。しかし、反対に、『感情論』の初版と六版の主題と論理を両者が同じ一冊の書物に合体されていることから無差別に論じるのは、より以上に問題で、「アダム・スミス問題」を考える場合には、ディッキーの主張するように、「アダム・スミス問題を歴史化して」、スミスの書物を五九—七六—九〇の流れの中で発展的に読む必要があり、「『感情論』の一七五九年版と九〇年版をいかに両義《アンビバレント》的であれ結局は単一の視点の下に書かれた一冊の書物を構成しているかのごとく読むことは拒否[18]」しなければならないといえよう。

こうしたアダム・スミス問題の歴史化の必要は、前述のようなスミスのテンションが、現実認識の変化に基づくものであったことからも確証される。観察者概念をめぐるテンションや、『感情論』六版の論理の曖昧性の根源も、そこにあったことはすでにみた通りである。『感情論』六版の主題と論理が、こうした現実認識の変化に比例して、初版のそれとは明確に変化しているだけでなく、「一冊の書物」としての六版の論理が初版のように明快ではなく、その全体像を単一の視点で整理することが実際にはできないことは否定しがたい事実である。『感情論』の最終版としての六版に初版と六版の論理をそれぞれに代表した異質の徳性観が併存していることのうちに「アダム・スミス問題」をみたクロプシーの『感情論』解釈などにもみられたような[19]、さまざまなアダム・スミス問題論が展開される一つの根本原因はそこにあるということができるであろう。

三　自然の体系と現代社会

(1)　自然の体系とアダム・スミスの失敗論

『国富論』の「自然的自由の体系」は、一般に、自然の感情原理に従う各人の自由な行動が見えない手に導かれて全体の富裕の実現につながってゆく次第を経済学的に論証したものとされているが、この体系は、本論で繰り返し指摘したように、スミスが『感情論』の論理の根底に置いていた自然の必然法則がみえないままに自由に走る人間の行動が、作用⇩目的の論理に媒介されてデザイン実現に至る人間界における自然の活動《オペレーション》の体系《システム》を意味するものであった。スミスは、自由な作用因としての人間の活動に媒介されることを通して自らの目的を実現する自然の体系《システム》（自然の運動法則）の人間界における発現形態を「自然的自由の体系」として概念化した上で、その内実の道徳感情（同感原理）に基づく経験的論証を『道徳感情論』と『国富論』の主題にしていたのであるが、こうした自然の体系思想に立脚する自然的自由の観念は、『感情論』ではじめて表明されたものではない。スミスにおける自然的自由の体系の最初の明白な表現がいわゆる五五年文書にみられることは、スミス研究者の間では周知の事実である。彼はそこで次のように語っていたといわれる。

「人間は、一般に政治家や計画家《プロジェクター》によって、一種の政治的機械学の素材と考えられている。計画家たちは、自然が人間界の事柄で作用する道筋を攪乱するが、自然が彼女自身のデザインを確立するには、自然を彼女だけにまかせて、自らの目的を妨害されずに追求させること以上のことは必要としない。……国家を最低の野蛮状態から最高度の富裕に導くのに、平和と軽い税と正義《ジャスティス》の寛大な執行以外のものは、ほとんど必要ない。他の一切は、事物の自然の行程によってもたらされるからである。この自然のコースを妨げたり、事物を他の回路に無理に向けたり、社会の進歩をある特定の点で止めさせようとするすべての政府は、反自然的であり、彼ら自身を支えるために圧政的かつ暴政的にならざるをえない」（EPS, 322. 福鎌忠恕訳七八ページ）。

スミスは、こうした見解をエディンバラ時代以来の自らの講義の「不変の主題」としていたといわれるが、その通りであるとすれば、この事実は、人間界における自然の運動の体系《システム》としてのスミスの自然的自由の体系が、法学講義以降本格化した経済学研究の産物ではなく、それに先立つPre-conception（前提概念）に基づくものであった次第を示すといえるであろう。スミスは、既述のように『感情論』と『国富論』で一貫して自然の摂理を前提した議論を展開していたが、こうした自然の摂理に対する信頼がスミスの講義の不変の主題を支える前提概念をなしていたと考えることには誰しも異存はないであろう。しかし、こうした先入見に立脚するスミスにおける自然の体系概念は、一般に想定されているようなストアの「自然の体系」思想と必ずしも同じではない。スミスにおける自然の体系思想の内実をなす「自然的自由の体系」は、神の設計（予定）した自然の必然法則がみえないことから生まれる偶然・自由の感覚に基づくありのままの人間の自然の感情原理に従った活動が、作用⇓目的の論理に媒介されて、デザイン実現に至る人間界における自然の活動のシステムを意味するものであった。スミスは、ストアとちがって、作用因の自由な活動が自然に彼ら自身の意図しない目的実現につながるという作用⇓目的の自然のシステムを想定していたので、ストアのように個々の作用因が自然の必然法則に一体化するため身近な問題にアパシーになる必要はないと考えることができたのである。スミスの体系が、「自然の平易な体系《イージー・システム》」（**easy system of Nature**）とか「自然的自由の単純《シンプル》な体系《システム》」といわれる所以もそこにあるといえるであろう。

『国富論』は、こうした自然の体系《システム》としての自然的自由の単純平易な体系の衡平性《エクイティ》を経済学的に論証する一方で、その実現を妨げる制度批判をすることを通して、自然的自由の体系を現実化しようとしたものであるが、スミスはその過程で自然の原理に従って自らを律する近代的人間形成の論理をも展開することによって、商業社会が文明社会たりうる可能性を示したのであった。一七五九年に公刊された『道徳感情論』から六〇年代前半の『法学講義』をへて七六年の『国富論』に至るスミスの一貫した思想主題は、こうした形で自然の原理に従う自然の体系のメカニズムを明らかにする点にあったのであるが、『国富論』公刊以後のスミスの問題は、こうした単純平明なシステムでは済まない問題として、自然の体系《システム》そのものの生み出す自然の腐敗の問題に直面して、その矛盾の解決を迫られた点にあったのであった。彼が『感情論』六版で自然の体系の補完原理として、ストアの理性的自然概念を導入したのはそのためであった。スミスは、商業関係の発展が人間を自然に社会化し文明化する現実をみて、それを自然の原理によって理論化したが、そうした自然の原理に基づく商業の発展自体が新たな腐敗を生み出し、人間の自然を腐敗させ、自然の原理に従って行動すれば自然に上手く機能するように仕組まれた自然の体系《システム》の妥当・貫徹を阻害する現実に直面したため、その揚棄の原理をストアの理性的自然概念に求めたのである。スミスはその結果、意図せざる自然と理性とのテンションにさらされることになったが、こうした自然の体系へのストア原理の導入は、自然の体系そのものの破綻を意味するものではなくとも、『感情論』の本来の主題であったありのままの人間的自然の解放理論の精神からみれば、思想的には明白な後退といわざるをえないであろう。

スミスは、『国富論』段階以降顕在化してきた商人・製造業者の行動の実態認識の進展に比例して、自然的自由の体系《システム》の貫徹可能性に対する信頼を後退させざるをえなくなったのであるが、彼は、こうした自然的自由の体系《システム》の貫徹を妨げる人間の腐敗の契機が自然の原理そのもののうちにあることをみて、その克服のための論理の構築を『感情論』六版改訂の中心主題にしたのであった。『感情論』六版改訂の最大の主題がこうした「道徳感情の腐敗」の現実に対処するための商業社会の道徳的再建論を構築する点にあったと考えられる根拠はそこにある。スミスは、市場の論理の摂理性を確信しながらも、市場の成功そのものが生み出す商業社会の陰の問題に直面して、こうした商業文明社会のはらむ難点を克服するための商業社会の道徳的再建論を自らの体系の根源的再検討を通して構築しようとしたのである。

スミスは、市場社会の矛盾を自らの体系の矛盾としてとらえ、そのテンションを生きることの中から後世への遺言を考えたのであるが、彼の遺言は、自然の体系《システム》を守るために自然の理性的揚棄の必要を説くものであった。これは一種の逆説といわざるをえないが、こうした逆説的論理展開をスミスの自然的自由の体系の完成とみるか、あるいは一部の論者の喧伝するようなスミスの失敗とみるかは、人によって見解が分かれる点であろう。資本主義は、経済発展と引き換えに道徳《モラル》を腐敗させた。その責はスミスにあるというような単純な『アダム・スミスの失敗[20]』論は論外としても、スミスが『感情論』と『国富論』で確立した同感と観察者原理に立脚する自然的自由の単純平易な体系の精神からすれば、ストア原理の導入は、イヴンスキーが別の観点から指摘しているように[21]、「失敗」ないし破綻であるとの見方もあながち的外れとはいえないであろう。しかし、現実に矛盾がある以上、理論にも現実の矛盾を反映したテンションが生まれるのは、ある意味ではむしろ当然で、われわれとしてはあえて異質の原理を導入してまで自然の原理を守ろうとすることから生まれたスミスのテンションのうちにひそむ真理をこそ読みとるべきであるといえよう。一説によれば、スミスは「死後の名声を過度に気遣って」(excessive solicitude for posthumous reputation) いたため、名声をもたらした著書以外の一切の痕跡を消し去ろうとしたのであるといわれる[22]。『感情論』六版改訂も、そうした見方からすれば、『感情論』と『国富論』で確立された自らの名声を汚すことなく、さらに高めるためになされた死後の名声願望に基づくものであったということになるであろうが、『感情論』⇩『国富論』の根幹をなしていた単純平易な自然の体系とは異質のストア的理性原理を導入することに伴う大きなテンションにさらされてまで、自然の腐敗に対処するための道徳の再建を意図したスミスの晩年の精進のうちにたんなる名声願望を越えた社会科学者の良心をみるのは、スミスの人間性を知らぬための誤解であろうか。

(2) **自然的自由の体系の現代的意義**

スミスが『国富論』で提唱した自然的自由の体系は、野放しの自由放任を意味するものではなく、観察者の同感と特権・独占・規制排除を前提するものであったが、そうした前提を無視した善悪無差別《インディファレンス》の自由の行使が今日の資本主義的経済社会の動向にみられるような無限競争と技術万能・経済至上主義を帰結し、自然環境破壊を生み出していることは、否定しがたい事実である。こうした現代資本主義の現実は、スミスの提唱した自然的自由の単純な体系の論理的帰結ではなく、あくまでも自然的自由の体系の根幹をなす自然の体系の逸脱ないし自然の腐敗の産物に他ならない。スミス自身も、こうした現実に責任があるリバタリアンではないことは確かである。リバタリアンや自由市場論者たちは、レーガン、サッチャー主義者やハイエクのように、「市場の見えない手」の万能を信じて、国家介入に否定的・反対的態度をとっているが、スミスは第二部第三章で論及したように国家の英知を明白に承認しているからである。[23] しかし、スミスは、ウィンチや反リバタリアンなどが容認している現代の強大な政府《ストロング・ガヴァメント》的な国家の在り様は原理的に否定する自然的自由の体系《システム》の信奉者であった。この自然的自由主義は、必ずしも新古典派のように完全な自由を想定するものではなく、逆に、失政や障害があっても、正義の法さえ遵守されれば、各人の自己の生活改善の努力が必然的に富裕の進歩を実現するとするものであった。それがスミスの自然的自由の単純平易な体系、ないし、意図しない帰結の理論の最大の特色をなすものであった次第は本論でみた通りであるが、そうした「自然の見えない手」の摂理が現実には必ずしも全面的には妥当しないことも否定しがたい事実である。とりわけ、自然がさまざまな形で改造・変形・人工化されている現代の高度技術文明社会では、自然の原理はそのままでは通用しないので、大なり小なり良かれ悪しかれ見える手の指導に頼らざるをえなくなっている。そうした現代社会の現実の中で、技術によって腐蝕・損壊・人工化された自然の体系の重要性を説くのは、アナクロニズムにさえみえることであろう。

今世紀の中葉まで欧米ではアダム・スミスは死んだといわれてきたのも、この事実と無関係ではない。本書の序章でみたような三〇年間に及ぶパージの理由の一つもそこにあった。見えない手ではなく、巧妙な見える手による指導・統制の必要を強調したジェームズ・ステュアートの経済学の方が、スミスよりはるかに現実の市場経済社会の本質と動態をとらえているということで、スミスに対するステュアートの独自性と優越性が高く評価されるようになったのも、こうした現代の時代動向に照応しているといえるであろう。こうしたステュアート復興やそれに一役買ったケインズ主義に照応する形で、スミスに代表される個人主義的自由主義の欠陥是正者として登場した二〇世紀的価値体系がスミスの原理と本質的に対極的であることは、まぎれもない事実である。ヴァイナー以降、最近までのスミス研究が、自然的自由の原理よりも、『国富論』第五編の国家論のもつ意義を最大限にふくらませ、「アダム・スミスの政治学」に関心を集中してきたのも、こうした時代の空気を反映したものであったといえよう。

しかし、こうした現代社会の趨勢は、必ずしもスミスの敗北を意味するものではない。逆に、二一世紀を迎えた現代社会の現実は、「個人・自由・所有」のトリアーデを最高の価値基準としていた近代的価値体系の対極概念として華々しく登場した二〇世紀的価値体系のほぼ全面的な破産を宣告していることは否定しがたい事実である(24)。二〇世紀の最盛期にはすべてに優越する最高の価値基準として、錦の御旗、葵の印籠的な地位を占めていた国家・体制・イデオロギー・階級・組織・管理・計画・技術等の概念が一様にダウトにさらされ、福祉さえその在り様が問い直されるようになっているのが、その何よりの証左である。こうした二〇世紀的価値体系の破綻の根本原因は、一言に集約すれば、作用⇩目的の論理を中核とするスミス的な自然的自由主義を否定して、個々の成員を将棋の駒視するプロジェクト主義に走った点にあったといえるであろう。そうしたプロジェクト主義の破綻の象徴が一九九〇年代初頭におけるソヴェト共産主義の崩壊である。一九八九年以降、全世界的に顕在化した共産主義の挫折・破綻は、個々の作用因の自由と創意を前提する作用⇩目的の論理の摂理性を認めぬプロジェクト主義の誤謬、その対極をなすスミス的な自然的自由の体系の本質的正しさを改めて確証することになったといえるであろう。人間の理性の力で計画的に労働力を組織化することによって、人民全体の幸福を実現しようとすることが、神にとって代わろうとする人間の傲慢にすぎないことは、今日の社会主義の破綻に象徴されるこれまでの人類の歴史の示す通りである。社会の全成員の創造的エネルギーの開発・展開は、あくまでも個々の作用因の自由な活動の意図しない帰結の論理に従う他ないのである。政府は、自然的自由の生み出す欠陥の是正・矯正機能を果たす必要はあっても、自然の体系の指揮者ではなく、ましてや、自然の体系にとって代わる体系《システム》の設計者《プロジェクター》ではありえないというスミスの原理は、今日でも生きているといえるであろう。

このようなスミス主義的見解に対しては、おそらく多くの人々から、スミス的な自然の体系にはそれなりの真理が含まれているとしても、スミスのいう自然的自由の体系にもより以上に大きな問題があるとの反論ないし疑問が提出されることであろう。事実、スミス的自由主義の実践的帰結がさまざまな歪みを生み出していることは前にもふれた通りであるが、その原因は、自然的自由の体系の根幹をなす自然の腐敗＝その帰結としての人間の傲慢化にあり、自然の体系そのものが妥当性をもたないためではない。自然の体系《システム》は、われわれが自然の原理に従って行動する限り妥当・貫徹するが、自然の体系の作用因としての人間の自然が腐敗するとき、正常に機能しなくなり、人間界を弱肉強食の場と化するのである。

スミスは、こうした自然的自由の単純平易な体系の妥当・貫徹を妨げる自然の腐敗の原因を新しい商業社会の担い手《トレーガー》である中下層の是認・称賛・富裕願望の自己目的化のうちにみていたが、こうした人間的自然の腐敗現象は、現代では次のような事象の中に最も端的に表現されているといえるであろう。

第一は、今日の高度文明社会の私たちの日常生活において不可避的に現実化している動物としての人間的自然の限界を逸脱した欲望・消費の肥大化がもたらす人間的自然の腐敗である。今日の先進世界の人間は動物としての人間の自然の欲求を超えた高消費を当然・必然視し、経済のメカニズムそのものもそれを要求しているが、こうした欲望・消費の肥大化は、動物としての人間の自然（human nature）を腐敗・堕落させるため、各人の自然の感情原理に従った行動が自然に富裕と徳性の実現につながるように仕組まれた自然の体系・自然の摂理の妥当・貫徹を妨げ、スミスが『感情論』六版改訂の主題にしたのと同じような富と徳の不一致、徳性犠牲の富裕追求を結果していることは、誰もが認める点であるといえよう。

第二は、こうした現実の中でそれに照応する形で登場してきた新たな現象として、かつての封建的依存・隷従に代わる新しい市民的依存・従属関係の一般化が、人間の自然を腐敗させ、自立性の喪失・依存症・無気力等を生み出している点である。スミスは、人間の腐敗・堕落の根源を封建的依存・隷従関係と重商主義的独占・規制のうちにみ、自由なインダストリのうちに人間の自立と徳性への途をみていたが、現代の脱工業化・高度技術・情報化社会では、インダストリからの解放と社会体制や経済機構のマンモス的巨大化、さらには情報量の天文学的膨大化が、逆に、個人の成長阻害、自立性の喪失・無力感の増大となって、封建的依存・隷従に代わる国家や組織、情報機構《コンピューターメカニズム》への新たな依存・隷従関係を生み出していることは、今日のさまざまな社会事象の示す通りである。それが、スミス的な自然の体系の妥当・貫徹を妨げる人間の自然の腐敗・堕落（無気力・他力本願・依存症・無責任体制・個性喪失・同調志向等々）の源となっていることは、今日の青少年の心象などからも読みとれる現代社会の問題点といえよう。

現代人は、こうした現代社会のはらむさまざまな問題も技術の力で解決できると考えているようにみえるが、技術はしょせん自然の補助手段でしかなく、技術はどんなに進歩しても、自然にとって代わりうるものではない。物理的にはもとより技術（人工）が自然の代替機能を果たすことも可能になりつつあるが、技術（人工）が自然にとって代わるとき、その度合に応じて逆に自然は衰弱・腐蝕・変質・破壊され、自然の原理そのものが機能しなくなるのは、理の当然である。現代社会では自然の体系《システム》が十分に機能しなくなっているのもそのためで、技術は自然の代替者たりえないだけでなく、技術が進めば進むほど、逆に自由な作用因としての人間の活力や自然性が減退・衰弱し、自然のシステムが貫徹しえなくなってゆくのは避けがたい傾向といえよう。現代の高度技術社会では一見妥当性をもたなくなっているかにみえる自然の体系《システム》のもつ意味が改めて問い直されねばならぬ根拠はそこにある。現代の問題は、自然の体系が妥当性をもたなくなっている点にあるのではなく、逆に、人間の幸福増進のための手段の体系にすぎない技術が人間の自然を腐敗・堕落させる結果、動物としての人間の在り様を規定する自然の原理《システム》がその本来の有効性を発揮しえなくなっている点にあるのである。

こうした現代の高度技術文明社会の生み出す人間的自然（人間本性）の腐敗の危険を防ぎ、自然の体系のもっている本来の健康性（自然治癒力）を回復するためには、賢明な立法者に指導される国家の英知が不可欠である。スミスが『感情論』第六版で問題にしていたような賢明な立法者の英知＝政治家の指導の必要は、現代社会ではスミスの時代よりはるかに大きくなっているといえるであろう。しかし、国家の英知も、技術と同様、自然の英知にとって代りうるものではない。スミスが重商規制や、功利主義的な人為・政策主義に原理的に否定的な態度をとっていたのも、そのためであった。スミスは、ステュアート的な「常に活動的な政治家」（ever-active statesman）による指導・介入主義が、(25)それ自体、自然の体系の作用因である人間の自立を疎外し、逆に腐敗・堕落・従属を強化する次第をみていたのであるが、こうしたスミスの認識がたんなる昔話ではないことは、今日の日本の経済界の底知れぬ腐敗・堕落の根本原因を顧みるとき、直ちに了解されることであろう。国家の英知も技術の力も、自然の体系《システム》にとって代りうるものではなく、技術や国家が自然にとって代るとき、自然の体系《システム》が正常に機能しなくなり、反対に、人間の自然《ヒューマンネイチャー》（人間本性）そのものの腐敗・堕落を生み出すため、やがては体制そのものの解体を導くことは、共産主義世界だけの問題ではなく、資本主義世界でも同じなのである。人類は、今や世界的な地球環境破壊の危機に直面しているが、それは技術の力を利用したあくなき利潤追及を唯一の原理としてきた資本主義的経済活動と、その産物としての高消費を当然視している先進世界の人間の傲慢（思い上がり）の帰結で、スミス的な自然的自由主義の結果ではない。自然の原理は、本来、原理的に自然破壊の対極をなすもので、自然環境破壊は、自然的自由の体系の帰結ではなく、技術万能主義＝人工化＝自然否定の産物であることは明白である。現代の高度文明社会の危機の根本は、技術と資本の論理の生み出す自然の腐敗が、自然の生態系のみならず、人間界における自然の原理、自然の体系《システム》そのものの妥当・貫徹を大きく阻害し、自然的自由の体系の実現を事実上不可能にしている点にある。それを自然の無力、自然の原理の非妥当と誤解し、技術の力で現代世界の直面している諸問題に対処しうると考えるのは、それ自体、人間の理性の力を神格化し、人間が神にとって代りうると考える人間の傲慢に他ならない。『道徳感情論』六版改訂の最大の思想課題がこうした人間の傲慢批判にあったことは、自然の摂理を否定して、理性の力で何でもできると過信し、技術と経済の論理だけに従って、人間的自然の限界を超えた欲求追求の途を突き走る現代の技術万能・経済至上主義の時代思潮に対する批判的含意をもつといえるであろう。スミスは、『感情論』六版で、こうした人間的自然の腐敗・堕落の結果として、各人の自由な自然のままの活動が富と徳の実現につながることを可能にしていた自然的自由の体系《システム》の暴走・機能崩壊の危険性をいち早く察知して、人間の人間としての生存と成長に不可欠な自然の体系を守るための警鐘を鳴らしていたのである。

スミスの生きていた時代は、もとより現代の高度技術文明社会と全く異なる資本主義以前、産業革命以前の、せいぜいそれらの黎明期にすぎない。スミスの思想主題も、本論でみたように侍支配の封建社会に代る農工商の市民中心の新しい文明社会像の構築にあった。そうした時代的制約をもったスミスの思想や理論がそのまま現代に通用しないのは、むしろ当然であるが、スミスが新しい近代的な市民社会形成原理として展開した人間的自然の原理に立脚する自由で人間的な社会形成の根本原理と、その妥当・貫徹のための前提条件としての自立的人間主体形成論は、すべての真に自由な人間社会形成の前提条件をなすといえよう。そうした思想と理論をいち早く展開した先人の英知を学ばずに、単純にアダム・スミスはもう古いというのは、最近における世界的なアダム・スミス　ルネサンスの動向から何も学ばぬ人間の傲慢な思い上がりにすぎない。人間的自然の原理に立脚する自由な人間的社会形成の根本原理を明らかにした上で、その腐敗の危険性に警鐘を鳴らしたスミスの遺言を聞くことを通して、現代社会の直面している根本的な問題点を直視することこそ、私たちがスミスから学ぶべき点ではないであろうか。古典から学ぶということは、古典を現代的に解釈することではなく、古典の真実をそれ自体として明らかにすることを通して、その中から現代の私たち自身の問題を顧みる手掛りをうることであるが、『道徳感情論』と『国富論』に凝集されたスミスの思想と理論の中には、本書のなかで論及した諸論点よりもさらにはるかに多くの重大な現代に通じる真理が含まれていることは確かであるといえるであろう。

（1）経済学史学界の某長老の言葉であるが、私信なので匿名にする。
（2）渡辺恵一『国富論』の成立問題――「政治家ないし立法者の学」としての経済学――立命館経済学　四四―三号　一一三ページ。
（3）前掲論文　一一三ページ。
（4）この点、より詳しくは、拙著『市民社会理論と現代』後編第四章参照。
（5）デューゴルド・ステュアートにおいても、『経済学講義』の原文の示すように、経済学は「立法の一般諸原理」（the general principles of legislation）の解明を基本主題とする「立法原理」論として位置付けられていることに注目されたい。

Cf. Stewart, D. : *Lectures on Political Economy*, in *The Collected Works of Dugald Stewart*, ed. by W. Hamilton, Vol.VIII, Edinburgh 1855, p.10. 拙著『市民社会理論と現代』後編第一章参照。

(6) 拙著『アダム・スミスの自然法学』第二部第五章、ならびに、拙稿　『法学講義』の構成逆転をめぐる諸問題と「法学」非公刊の理由　『商経論叢』二四—二号参照。

(7) 内田義彦は、『感情論』の第四部の欺瞞理論のうちに『国富論』の経済循環像の原型をみ、スミスにおける『経済学の生誕』の母体を『感情論』に求めている。これは当時としては卓見であったが、内田の問題意識を現代の研究水準でとらえ直せば、上述のような解釈になる方が自然であるといえよう。

(8) この点、詳しくは、拙著『アダム・スミスの自然法学』第二部第三—四章参照。

(9) Cf. Fitzgibbons, A. : *Adam Smith's System of Liberty, Wealth and Virtue*, pp.172-175.

(10) 序説でふれた以外の最も新しい文献としては、Cf. Young, J.T. & Gordon, B. : Distributive Justice as a Normative Criterion in Adam Smith's Political Economy, *History of Political Economy*, 28-1, 1996, pp.1-25.

(11) Cf. Billet, L. : The Just Economy : The Moral Basis of the Wealth of Nations, ASCA, II. pp.205-220.

(12) Dwyer : Virtue and improvement : the civic world of Adam Smith. Evensky : The Evolution of Adam Smith's Views on Political Economy, ASCA, VI. esp., pp.375, 386-8.

(13) Muller, J. Z. : *Adam Smith in his time and ours*, p.59.

(14) 一八世紀の道徳哲学は、別著（『アダム・スミスの自然神学』総論）で論証したように、プーフェンドルフ的自然法学の道徳感情論的再構成を基本主題としたもので、スミスの『道徳感情論』もその点、法学の主題から良心の問題を機械的に切断した一七世紀の自然法学とは本質的に異なる次第が注意される要があるが、正義（の徳性）と（適宜性を超える卓越としての）徳とを明確に区別し、徳論を秘儀化している点で、依然として近代自然法学の伝統を前提した議論を展開していたといえよう。

(15) イヴンスキーは、スミスの『道徳感情論』は「個人の手が見えない手の活動を無力化し歪めることのないようにするための倫理学である」が、七三年以降、スミスは「見えない手の能力に懐疑的になり」、「見解を変えて」、「シヴィク・ヒューマニズムの言語を採用した」としている（Evensky, J. : Ethics and the Classical Liberal Tradition in Economics, *History of Political Economy*, 24-1, 1992, pp.61, 71-3. 同様な見解は、前に引用した彼の諸論稿にもみられる）。この見解は、スミスが最初はデザイン論を前提し、その上に古典的自由主義理論を展開していたのに、後期ではデザイン論を否定して、シヴィクに転向したとするものであるが、この転向説はスミス解釈としては肯定しがたい。そう断定する根拠は本文をみていただく他ないが、イヴンスキーのスミス解釈の根本的難点は、スミスのデザイン論が人間の弱さと不完全性を前提した理論である次第をみずに、非現実的なデザイン・ケースと現実のケースとを抽象的に二分した議論をしている点にある。スミスが「人間の弱さ（human frailty）」に直面して「心を変えて」（*Ibid.*, p.73）、政治家に国民の道徳的指導を要請するシヴィクに変身したとする解釈が生まれる基礎はそこにあるが、こうした転向・変身説は、スミスの真実とはほど遠いといえよう。

（16） Cf. Cropsey, J. : The Invisible Hand : Moral and Political Considerations, in *Adam Smith and Modern Political Economy*, ed. by G. P.O'Driscoll, JR. pp.168-169.

（17） Dickey, L. : Historicizing the "Adam Smith Problem", *Journal of Modern History*, 58-3, 1986, p.595.

（18） *Ibid.*, p.609.

（19） Cf. Cropsey, J. : *Polity and Economy, An interpretation of the principles of Adam Smith*, The Hague 1957, esp., pp.23-25.

（20） Cf. Lux, Kenneth : *Adam Smith's Mistake, How a moral philosopher invented economics and ended morality*, Boston 1990.（ケネス・ラックス『アダム・スミスの失敗』田中秀臣訳　草思社）参照。この書物のアダム・スミスの失敗論の論拠は、スミスの自由主義の結果、経済は繁栄したが、道徳は腐敗してしまった。これは国を亡ぼすものであるという点にある。しかし、こうした解釈は、スミスの道徳哲学の一貫した主題が、本書の各部で詳細に論証したように、こうした俗説とは逆に、「富と徳」とが両立する富国有徳社会の実現、そのための主体の倫理と制度の確立、それでも済まない問題への対決にあった次第を無視した妄言といわざるをえないであろう。

（21） イヴンスキーは、「スミスの道徳哲学的努力は失敗であった」（Evensky, J.M. : The Evolution of Adam Smith's Views on Political Economy, ASCA, VI. p.388）とし、その根拠をスミスが神のデザインに対する初期の楽観主義的信頼を貫き通しえずに、シヴィク論理を導入した点に求めている。このイヴンスキー説の難点については、本章の前掲注（15）を参照されたい。

（22） Cf. Winch, D. : *Riches and Poverty, An intellectual history of political economy in Britain, 1750-1834*, Cambridge 1996, Ch. 2.

（23） こうした視点を強調した最近の論考としては、Cf. Lubasz, H. : *Adam Smith and the 'free market'*, in *Adam Smith's Wealth of Nations, New interdisciplinary essays*, Manchester & New York 1995, pp.45-67.

（24） この点、より詳しくは、拙著『市民社会理論と現代』前編第一章参照。

（25） Hutchison, T. : *Before Adam Smith, The emergence of political economy* 1662-1776, Oxford 1988, p.347.

索　引（事項）

さ行

た行

な行

は行

ま行

や行

ら行

わ行

＊事項索引ページ表示は，人名索引的性格をもたせた項目以外は，主要個所のみに限定した。

索　引（人名）

あ行

か行

さ行

た行

な行

は行

ま行

や行

ら行

わ行

著者紹介

田中　正司（たなか　しょうじ）

1924年　東京に生まれる

1949年　東京商科大学（現、一橋大学）卒業

現　在　横浜市立大学名誉教授、経済学博士

　　　　一橋大学・神奈川大学元教授

専　攻　社会思想史

主要著書

『ジョン・ロック研究』（未来社、1968年）

『市民社会理論の原型』（御茶の水書房、1979年）

『ジョン・ロック研究』（共編、御茶の水書房、1980年）

『現代の自由』（御茶の水書房、1983年）

『アダム・スミスの自然法学』（御茶の水書房、1988年）

『スコットランド啓蒙思想研究』（編著、北樹出版、1988年）

『アダム・スミスの自然神学』（御茶の水書房、1993年）

『市民社会理論と現代』（御茶の水書房、1994年）

『アダム・スミスの倫理学』（上・下）（御茶の水書房、1997年）

『アダム・スミスと現代』（御茶の水書房、2000年）

『経済学の生誕と『法学講義』』（御茶の水書房、2003年）

『現代世界の危機とアダム・スミス』（御茶の水書房、2009年）

『増補版 アダム・スミスと現代』（御茶の水書房、2009年）

『アダム・スミスの認識論管見』（社会評論社、2013年）

『アダム・スミスの経験論』（御茶の水書房、2016年）

増補改訂版《ぞうほかいていばん》　アダム・スミスの倫理学《りんりがく》

——『哲学論文集《てつがくろんぶんしゅう》』・『道徳感情論《どうとくかんじょうろん》』・『国富論《こくふろん》』——

発　行——2017年11月6日　第1版第1刷発行

著　者——田中正司

発行者——橋本盛作

発行所——株式会社御茶の水書房

〒113-0033　東京都文京区本郷 5-30-20

電話　03(5684)0751／振替　00180-4-14774

印刷・製本——シナノ印刷（株）

ISBN978-4-275-02071-0 C3012　Printed in Japan